中国审判指导丛

总第60、61辑



# 立案工作指导

最高人民法院立案庭 编

人民法院出版社

**图书在版编目（CIP）数据**

立案工作指导. 总第60、61辑 / 最高人民法院立案庭编. -- 北京 : 人民法院出版社, 2023.5
（中国审判指导丛书）
ISBN 978-7-5109-3737-8

Ⅰ. ①立… Ⅱ. ①最… Ⅲ. ①法院－立案－中国－文集 Ⅳ. ①D926.2-53

中国国家版本馆CIP数据核字(2023)第014169号

**立案工作指导·总第 60、61 辑**
最高人民法院立案庭 **编**

---

**责任编辑** 路建华
**执行编辑** 杨 洁
**出版发行** 人民法院出版社
**地　　址** 北京市东城区东交民巷 27 号（100745）
**电　　话** （010）67550660（责任编辑） 67550558（发行部查询）
65223677（读者服务部）
**客服 QQ** 2092078039
**网　　址** http://www.courtbook.com.cn
**E - mail** courtpress@sohu.com
**印　　刷** 保定市中画美凯印刷有限公司
**经　　销** 新华书店

---

**开　　本** 787 毫米×1092 毫米 1/16
**字　　数** 345 千字
**印　　张** 25
**版　　次** 2023 年 5 月第 1 版 2023 年 5 月第 1 次印刷
**书　　号** ISBN 978-7-5109-3737-8
**定　　价** 100.00 元

---

# 《立案工作指导》
## 编 委 会

# 前言

2020年11月16日至17日，中央全面依法治国工作会议在北京召开。这次会议最重要的成果，是明确了习近平法治思想在全面依法治国工作中的指导地位。习近平法治思想内涵丰富、论述深刻、逻辑严密、系统完备，从历史和现实相贯通、国际和国内相关联、理论和实际相结合上深刻回答了新时代为什么实行全面依法治国、怎样实行全面依法治国等一系列重大问题。习近平法治思想是顺应实现中华民族伟大复兴时代要求应运而生的重大理论创新成果，是马克思主义法治理论中国化的最新成果，是习近平新时代中国特色社会主义思想的重要组成部分，是全面依法治国的根本遵循和行动指南。党的十八大以来，在习近平法治思想的科学指引下，我国社会主义法治建设发生了历史性变革、取得了历史性成就，全面依法治国实践取得了重大进展，充分展现出习近平法治思想的强大真理力量、独特思想魅力和巨大实践伟力。事实证明，有习近平同志作为党中央的核心、全党的核心领航掌舵，有习近平法治思想科学指引，中国特色社会主义法治道路必将越走越宽广，新时代法治中国建设前景无限光明。习近平总书记在中央全面依法治国工作会议上的重要讲话，明确了当前和今后一个时期推进全面依法治国的总体要求，用“十一个坚持”系统阐述了新时代推进全面依法治国的重要思想和战略部署，对新时代推进全面依法治国发出了总动员令，为加快建设中国特色社会主义法治体系、建设社会主义法治国家擘画了宏伟蓝图。

2021年8月开始施行的《人民法院在线诉讼规则》，对于进一步规范在线诉讼，保障当事人诉讼权利，便利人民群众诉讼，提升审判质量效率，推动形成“中国特色、世界领先”互联网新司法模式，具有重大而深远的意义。同年12月，最高人民法院审判委员会第1859次会议审议通过了《人民法院在线调解规则》，自2022年1月1日起施行。《人民法院在线调解规则》从司法解释层面对在线调解适用范围、人民法院在线调解内涵、在线调解组织和人员、在线调解程序、在线调解行为规范等作出规定，为全国法院深入推进一站式多元纠纷解决工作提供制度保障。本辑在“司法解释理解与适用”中，刊发了《〈人民法院在线诉讼规则〉理解与适用》《〈人民法院在线调解规则〉理解与适用》，供各级人民法院在工作中学习参考。

# 目　录

## 【司法解释理解与适用】

《最高人民法院关于适用〈中华人民共和国刑事诉讼法〉的解释》理解与适用 …………《刑事诉讼法解释》起草小组( 1 )
《人民法院在线诉讼规则》理解与适用 …………………………………… 刘　峥　何　帆　李承运(119)
《人民法院在线调解规则》理解与适用 …………………………………… 钱晓晨　刘雪梅　徐德芳(136)

## 【理论与实践探索】

电子送达当事人同意原则的检视与完善 …… 韩学艳　王　旺(158)
京津冀乡村振兴视域下保障农村产业发展司法协作机制探究 ……………………………………………………………… 赵海川(169)
小微信贷纠纷类型化解决机制研究
——以服务保障自贸区建设为视角 ………………………………… 杨成龙　郝　卉　郭冬冬(180)
防范预付费经营模式风险的京津冀司法协作
——基于天津市预付费合同纠纷审理现状的分析 … 秦　华(194)
探究京津冀司法协作下高质量立案机制
——基于衡水市桃城区人民法院跨域立案工作分析 ……………………………………………………………… 卢伟娜(210)

传承与发展:新时代枫桥经验在司法实践中的运用
——以京津冀三地法院深度司法协作联动化解矛盾为分析路径 …………………… 郑飞飞　孙　瑜(221)
构设京津冀地区金融类纠纷跨区域多元调解模式
——以金融借款合同纠纷“总”对“总”诉调对接机制为视角 …………………………………………… 樊　迪　易士琦(236)
高质量司法服务视野下构建劳动争议多元化解新格局研究 ………………………………………………… 李　硕(251)
民事司法确认案件地域管辖规则的实践检视与完善进路
——以京津冀三地130份裁判文书为样本分析 ………………………………………… 戴焕平　吕娟娟(270)
京津冀司法协作的技术进路
——以跨域立案为例 …………………………………… 张晓梅(283)
新时代京津冀司法协助机制的创新路径
——以示范诉讼制度构建为切入点 ……………… 郝传明(292)
京津冀司法裁量尺度统一化的障碍及实现路径
——以交通事故中“车辆统筹”案件为例 …………… 郑昌明(300)
督促程序中债权人与债务人没有其他债务纠纷的证明问题 ………………………………………………… 李阿鹏(309)

## 【案例评析】

第三人撤销之诉中第三人的主体资格 ……… 苗滋滨　柳　楠(319)
管辖权异议审查原则及协议管辖的适用 ……………… 戴　曙(328)
民事案件案由的确定 …………………………… 刘明才　李俊杰(336)
人民调解协议的效力判定 ……………………………… 刘文文(342)
刑事诉讼中法院整体回避的管辖权变更 ……………… 李　钢(349)

## 【经验交流】

2021 年人民法院一站式多元解纷和诉讼服务体系建设综述
…………………………………………………………… 徐德芳(355)

## 【司法解释】

人民法院在线诉讼规则
（2021 年 6 月 16 日） ………………………………………………（370）
人民法院在线调解规则
（2021 年 12 月 30 日） ……………………………………………（381）

# 【司法解释理解与适用】

## 《最高人民法院关于适用〈中华人民共和国刑事诉讼法〉的解释》理解与适用

《刑事诉讼法解释》起草小组*

2018年10月26日，十三届全国人大会常委会第六次会议通过《关于修改〈中华人民共和国刑事诉讼法〉的决定》（以下简称《刑事诉讼法修改决定》），自2018年10月26日起施行。这是继1996年和2012年刑事诉讼法修改后，对中国特色刑事诉讼制度的又一次十分重要的改革与完善。为正确执行修改后刑事诉讼法，最高人民法院根据法律修改情况，结合人民法院审判工作实际，制定了《最高人民法院关于适用〈中华人民共和国刑事诉讼法〉的解释》（法释〔2021〕1号，以下简称《刑事诉讼法解释》），自2021年3月1日起施行。现就《刑事诉讼法解释》的起草经过、主要原则和重点内容解读如下。

### 一、《刑事诉讼法解释》的起草背景与经过

刑事诉讼法是国家的基本法律。《刑事诉讼法修改决定》共26条，对刑事诉讼法18个条文作了修改，同时新增了18个条文，主要涉及完善监察与刑事诉讼的衔接机制、建立刑事缺席审判程序、完善认罪认罚从

---

* 起草小组成员为最高人民法院姜启波、周加海、喻海松、耿磊、郝方昉、李振华、李静，借调人员任素贤（上海市金山区人民法院）、姜金良（江苏省扬州市中级人民法院）、王婧（广东省广州市中级人民法院）、李鑫（天津市红桥区人民法院），实习生马勤（清华大学法学院）。

宽制度和增加速裁程序、为与其他法律相协调所作的修改等四方面内容。修改后刑事诉讼法从290条增加到308条。本次刑事诉讼法修改，幅度不大，但对刑事审判工作的影响十分重大。

为确保法律准确、有效实施，早在刑事诉讼法修改过程中，根据最高人民法院院领导指示，最高人民法院研究室即密切跟踪立法进程，于2018年5月正式启动修改《最高人民法院关于适用〈中华人民共和国刑事诉讼法〉的解释》（法释〔2012〕21号，以下简称《2012年解释》）的前期准备工作。为确保司法解释起草坚持问题导向，汇集刑事司法实践智慧，最高人民法院研究室向院内相关部门征求司法解释修改意见，并就若干重要专题委托天津、河北、吉林、上海、江苏、浙江、安徽、福建、江西、山东、河南、湖北、广东、广西、重庆、四川、陕西等十七家省、自治区、直辖市高级人民法院，北京一中院、北京二中院、北京三中院、上海一中院、扬州中院、温州中院、厦门中院、武汉中院等八家中级人民法院，北京朝阳法院、上海长宁法院、广州越秀法院等三家基层人民法院开展前期调研。

《刑事诉讼法修改决定》通过后，经过反复研究论证，最高人民法院研究室起草了解释稿，并多次征求中央有关部门、地方法院的意见，不断修改完善。特别是，《刑事诉讼法解释》注重吸收近年来刑事程序法学研究的最新成果，在起草过程中邀请十余位刑事诉讼法专家进行论证、提出意见，确保司法解释荟萃刑事审判经验与理论成果，最大限度实现实践与理论的有机结合。2020年12月7日，最高人民法院院长、首席大法官周强主持召开最高人民法院审判委员会第1820次会议，审议并通过《刑事诉讼法解释》。

《刑事诉讼法解释》共计27章、655条、9万余字，历经最高人民法院刑事审判专业委员会八次审议和最高人民法院审判委员会全体会议三次审议，是最高人民法院有史以来条文数量最多的司法解释，也是内容最为丰富、最为重要的司法解释之一。与《2012年解释》相比，《刑事诉讼法解释》增加“认罪认罚案件的审理”“速裁程序”“缺席审判程序”三章，增加了107条，作了实质修改的条文超过200条。

《刑事诉讼法解释》的起草，得到了中央有关部门、最高人民法院内设有关部门和地方法院的大力支持。有关部门的领导和同志多次参与解释稿的研究论证工作，提出了很多宝贵的意见，发挥了重要作用。

《刑事诉讼法解释》坚持以习近平新时代中国特色社会主义思想为指导，认真学习贯彻习近平法治思想，全面总结我国刑事审判实践的新情况、新问题，对刑事审判程序的有关问题作了系统规定。作为人民法院适用刑事诉讼法的基本司法解释，《刑事诉讼法解释》的公布施行，对于人民法院严格依照法定程序正确履行刑事审判职责，规范办案活动，保障诉讼权利，提高办案质量，确保修改后刑事诉讼法的统一正确实施，实现惩罚犯罪与保障人权的有机统一具有重要意义。

## 二、《刑事诉讼法解释》起草的主要原则

为确保《刑事诉讼法解释》合法、准确、科学，能够切实发挥规范、统一、明确法律具体适用的功能，在起草过程中，着重坚持了以下几项原则。

一是坚持法治思维，遵循立法精神。司法解释是对法律具体应用的解释，必须以法律为准绳，在法律框架内进行解释。在《刑事诉讼法解释》起草过程中，始终把依法解释作为最基本的要求，强调每一个解释条文、每一项解释内容都必须符合法律规定、符合法律精神。涉及诉讼权利的，必须充分保障；涉及权利限制的，必须于法有据；涉及审判职责的，必须严格落实。例如，在起草过程中，有意见提出，实践中经常发现通过连续怀孕逃避刑罚执行的情形，此类案件影响恶劣，监外执行的期间不应计入执行刑期。其他国家和地区也有类似做法。经研究认为，上述观点虽然具有实质合理性，但根据我国刑事诉讼法规定，只有通过贿赂等非法手段骗取暂予监外执行或者在监外执行期间脱逃的，有关期间才不计入执行刑期，故无法在《刑事诉讼法解释》中作出规定，只能在将来修改立法时提出建议。又如，尽管死缓案件二审一律开庭有很多

现实困难，需要做大量准备、协调工作，但考虑到法律规定“被告人被判处死刑的上诉案件”二审应当开庭，《刑事诉讼法解释》明确规定死缓二审案件应当一律开庭审理。

二是尊重和保障人权，强化诉权保障。尊重和保障人权是我国宪法确立的一项重要原则，是坚持以人民为中心这一中国特色社会主义法治本质要求的具体体现。《刑事诉讼法解释》严格落实这一宪法原则，依照刑事诉讼法的规定，通过具体制度设计，充分保障被告人的辩护权以及获得法律帮助的权利，充分保障辩护律师的各项权利。例如，与传统犯罪“单打独斗”有所不同，当前不少犯罪呈现出“协同作案”的局面，导致刑事案件普遍存在多被告人的现象。基于方便审理的考虑，对不少案件分案审理，虽然保证了审判的顺利进行，但对当事人质证权的行使造成了影响。基于充分保障质证权的考虑，《刑事诉讼法解释》要求以同案同审为原则、以分案审理为例外，分案审理应当以有利于保障庭审质量和效率为原则，强调分案审理不得影响当事人质证权等诉讼权利的行使。而且，审理过程中，必要时可以传唤分案审理的共同犯罪或者关联犯罪案件的被告人等到庭对质。又如，司法实践中对于讯问录音录像的性质存在不同认识，对于随案移送的录音录像，往往以“防止录音录像传播”为由禁止辩护律师查阅。为了切实保障辩护律师的查阅权，《刑事诉讼法解释》明确规定，对作为证据材料向人民法院移送的录音录像，辩护律师申请查阅的，人民法院应当准许。

三是坚持以审判为中心，有效维护司法公正。推进以审判为中心的诉讼制度改革是党的十八届四中全会部署的重大改革任务。近年来，这一改革在刑事立法和司法实践领域已取得一系列成果，积累了很多有益经验。《刑事诉讼法解释》充分吸收相关成果和经验，在证据审查判断、非法证据排除、繁简分流机制、庭前准备程序、庭审实质化、涉案财物处置等诸多方面，有针对性地作出具体规定，确保体现以审判为中心的改革要求，保障改革顺利进行并继续深化。

四是坚持问题导向，荟萃审判经验与理论成果。随着经济社会发展、法治建设深入，近年来，刑事审判出现了一些新情况，需要研究解决；理论界推出了一些新成果，需要及时吸收。为满足实践需求、体现时代发展，《刑事诉讼法解释》起草小组高度重视、充分听取全国法院特别是一线办案法官的建议，反复征求各方面的意见，邀请知名专家进行论证，以最大限度地凝聚各方面的共识和智慧，确保《刑事诉讼法解释》能够妥当解决实际问题，取得良好效果。例如，规范并案和分案审理程序、增设部分发回重审规定、完善上诉不加刑规则等，就是根据近年来刑事审判工作中反映出的新问题，经过充分征求意见、研究论证后作出的制度创设。可以说，《刑事诉讼法解释》是全国法院、各方面集体智慧的结晶。

## 三、《刑事诉讼法解释》重点条文的理解与适用

《刑事诉讼法解释》条文众多，因篇幅所限，以下仅就其中的重点内容，主要是根据《刑事诉讼法修改决定》新增，以及对《2012 年解释》和相关司法解释、规范性文件有所修改的内容，在理解和适用中需要注意的问题作重点介绍。

### （一）管辖

《刑事诉讼法修改决定》未涉及管辖问题。《刑事诉讼法解释》第一章沿用《2012 年解释》第一章“管辖”的条文，并根据司法实践反映的情况，特别是当前犯罪形态多样，流动性犯罪、新类型犯罪增多，管辖问题日趋复杂的情况，作了修改完善，主要涉及：（1）明确海上犯罪、在列车以及其他交通工具上犯罪等的管辖规则；（2）规范指定管辖；（3）明确并案和分案处理的相关规则。

1. 在内水、领海犯罪的管辖规则

《刑事诉讼法解释》第四条吸收《最高人民法院、最高人民检察院、中国海警局关于海上刑事案件管辖等有关问题的通知》（海警〔2020〕1 号，以下简称《海上刑事案件管辖通知》）第一条第一项的规定，明确

了在中华人民共和国内水、领海发生的刑事案件的管辖规则，规定：“在中华人民共和国内水、领海发生的刑事案件，由犯罪地或者被告人登陆地的人民法院管辖。由被告人居住地的人民法院审判更为适宜的，可以由被告人居住地的人民法院管辖。”

需要注意的是，《最高人民法院关于审理发生在我国管辖海域相关案件若干问题的规定（一）》（法释〔2016〕16 号）第一条规定：“本规定所称我国管辖海域，是指中华人民共和国内水、领海、毗连区、专属经济区、大陆架，以及中华人民共和国管辖的其他海域。”据此，《刑事诉讼法解释》第四条规定的“内水”应当是指领海基线向陆一侧的海上水域。

2. 在列车上犯罪的管辖规则

《最高人民法院关于铁路运输法院案件管辖范围的若干规定》（法释〔2012〕10 号）第一条第三款规定“在列车上的犯罪，由犯罪发生后该列车最初停靠的车站所在地或者目的地的铁路运输法院管辖”。根据实践反映的问题，《刑事诉讼法解释》第五条作了修改完善，规定：“在列车上的犯罪，被告人在列车运行途中被抓获的，由前方停靠站所在地负责审判铁路运输刑事案件的人民法院管辖。必要时，也可以由始发站或者终点站所在地负责审判铁路运输刑事案件的人民法院管辖。”“被告人不是在列车运行途中被抓获的，由负责该列车乘务的铁路公安机关对应的审判铁路运输刑事案件的人民法院管辖；被告人在列车运行途经车站被抓获的，也可以由该车站所在地负责审判铁路运输刑事案件的人民法院管辖。”

对比可以发现，《刑事诉讼法解释》第五条重新确立了在列车上犯罪的管辖规则。具体而言：（1）当前一些铁路运输法院处于改革期，有些地方已经把铁路运输案件交给地方法院管辖。因此，一概要求“铁路运输法院管辖”，与实际不符。（2）本条规定由“前方停靠站”而非“最初停靠站”所在地的负责审判铁路运输刑事案件的人民法院管辖，主要考虑是：“最初停靠站”只能是发现犯罪后停靠的第一个站点，而第一个站点有大有小，小站点可能根本没有警力羁押犯罪嫌疑人，不便于管辖，而用“前方停靠站”则涵盖范围更广，更符合实际需求。(3) 在一些案件中，列车刚刚驶出始发地即发生犯罪案件并抓获犯罪嫌疑人，在此种情况下，由列车始发地的负责审判铁路运输刑事案件的人民法院管辖，更具合理性。(4) 对于被告人不是在列车运行途中被抓获的，规定由负责该列车乘务的铁路公安机关对应的审判铁路运输刑事案件的人民法院管辖。但是实践中存在被告人实施犯罪后下车，在车站即被抓获的情形。为便于执法办案，避免移送案件浪费侦查资源，此种情形也可以由该车站所在地负责审判铁路运输刑事案件的人民法院管辖。

3. 在国际列车上犯罪的管辖规则

《2012 年解释》第六条规定：“在国际列车上的犯罪，根据我国与相关国家签订的协定确定管辖；没有协定的，由该列车最初停靠的中国车站所在地或者目的地的铁路运输法院管辖。”实践中存在国际列车在离开最后一座中国车站后，行为人在中国境内实施犯罪，但前方无停靠的中国车站的情形，无法依据现有规定进行管辖。鉴于此，《刑事诉讼法解释》第六条作了修改完善，规定：“在国际列车上的犯罪，根据我国与相关国家签订的协定确定管辖；没有协定的，由该列车始发或者前方停靠的中国车站所在地负责审判铁路运输刑事案件的人民法院管辖。”

4. 在中华人民共和国领域外的中国船舶内犯罪的管辖规则

《2012 年解释》第四条规定：“在中华人民共和国领域外的中国船舶内的犯罪，由该船舶最初停泊的中国口岸所在地的人民法院管辖。”实践中，有的在中国领域外航行的中国船舶内发生犯罪后，船舶可能并不马上返航回国，而是继续向外航行，只是将犯罪嫌疑人带回我国。对此种情形，依据《2012 年解释》第四条的规定确定管辖可能并不适当。为此，《海上刑事案件管辖通知》第一条第二项增加规定被告人登陆地、入境地的人民法院作为管辖选择地。经吸收上述规定，《刑事诉讼法解释》第七条规定：“在中华人民共和国领域外的中国船舶内的犯罪，由该船舶最初停泊的中国口岸所在地或者被告人登陆地、入境地的人民法院管辖。”

5. 中国公民在中华人民共和国领域外的犯罪的管辖规则

《2012 年解释》第八条规定：“中国公民在中华人民共和国领域外的犯罪，由其入境地或者离境前居住地的人民法院管辖；被害人是中国公民的，也可由被害人离境前居住地的人民法院管辖。”鉴于海上刑事案件的被告人通常是从海上登陆，同时，考虑到被告人或者被害人入境后的居住地可能与离境前居住地不一致的情况，为便于案件办理，《海上刑事案件管辖通知》第一条第三项增加规定了相关管辖连接点。经吸收上述规定，《刑事诉讼法解释》第十条规定：“中国公民在中华人民共和国领域外的犯罪，由其登陆地、入境地、离境前居住地或者现居住地的人民法院管辖；被害人是中国公民的，也可以由被害人离境前居住地或者现居住地的人民法院管辖。”

6. 外国人在中华人民共和国领域外对中华人民共和国国家或者公民犯罪的管辖规则

《2012 年解释》第九条规定：“外国人在中华人民共和国领域外对中华人民共和国国家或者公民犯罪，根据《中华人民共和国刑法》应当受处罚的，由该外国人入境地、入境后居住地或者被害中国公民离境前居住地的人民法院管辖。”鉴于海上刑事案件的特殊性，《海上刑事案件管辖通知》第一条第四项增加规定被告人登陆地的人民法院也可以管辖。经吸收上述规定，《刑事诉讼法解释》第十一条规定：“外国人在中华人民共和国领域外对中华人民共和国国家或者公民犯罪，根据《中华人民共和国刑法》应当受处罚的，由该外国人登陆地、入境地或者入境后居住地的人民法院管辖，也可以由被害人离境前居住地或者现居住地的人民法院管辖。”

7. 对中华人民共和国缔结或者参加的国际条约所规定的罪行行使刑事管辖权的管辖规则

《2012 年解释》第十条规定：“对中华人民共和国缔结或者参加的国际条约所规定的罪行，中华人民共和国在所承担条约义务的范围内，行使刑事管辖权的，由被告人被抓获地的人民法院管辖。”由于海上刑事案件的特殊性，实际办案中可能存在犯罪嫌疑人在我国领海以外（如公海）被抓获的情形，无法依据《2012年解释》第十条的规定进行管辖。基于此，《海上刑事案件管辖通知》第一条第五项增加规定被告人入境地、登陆地的人民法院也可以管辖。经吸收上述规定，《刑事诉讼法解释》第十二条规定：“对中华人民共和国缔结或者参加的国际条约所规定的罪行，中华人民共和国在所承担条约义务的范围内行使刑事管辖权的，由被告人被抓获地、登陆地或者入境地的人民法院管辖。”

8. 关于指定管辖规则

《2012年解释》第十八条规定：“上级人民法院在必要时，可以指定下级人民法院将其管辖的案件移送其他下级人民法院审判。”据此，上级法院的指定管辖似只能针对下级法院已经管辖的案件，这与实践需求和操作不完全相符。调研中，地方法院普遍建议明确指定管辖的具体情形。

经研究认为，被指定管辖的人民法院可以是本来就有管辖权的法院，也可以是本来没有管辖权，但是因为更为适宜审理案件而被赋予管辖权的法院。实践中，具体情形包括：（1）管辖不明或者存在争议的案件。（2）国家工作人员犯罪，不宜由其犯罪地或者居住地人民法院管辖的案件。例如，司法机关工作人员犯罪，因所在单位工作人员可能系其同事，依法需要回避。为避免其任职辖区人民法院审判案件引发争议，将案件指定由其他法院管辖，更为妥当。又如，重大职务犯罪案件通常指定被告人任职地点以外的法院管辖。（3）其他需要指定管辖的案件。例如，人民法院工作人员的近亲属犯罪的（犯罪地或居住地属于该院辖区），虽然不属于国家工作人员犯罪，但根据具体情况，也可能不宜由该院管辖，需要指定其他人民法院管辖。又如，专业性较强的刑事案件，可以指定具有相关审判经验的法院管辖。基于此，《刑事诉讼法解释》第二十条第二款规定：“有关案件，由犯罪地、被告人居住地以外的人民法院审判更为适宜的，上级人民法院可以指定下级人民法院管辖。”

需要提及的是，征求意见过程中，有意见提出，司法实务中指定管辖过于随意，甚至泛化，与刑事诉讼法的规定似有不符。经研究，采纳上述意见，《刑事诉讼法解释》第二十条第二款将指定管辖限定在“由犯罪地、被告人居住地以外的人民法院审判更为适宜的”情形，以防止不当适用。

9. 关于并案审理规则

从实践来看，人民法院受理案件后，发现被告人还有犯罪的，主要包括以下情形：发现被告人还有犯罪被立案侦查、立案调查的；发现被告人还有犯罪被审查起诉的；发现被告人还有犯罪被起诉的。对于上述情形，应当区分情况进行处理。其中，对于起诉至人民法院的，可以并案审理；涉及同种罪的，一般应当并案审理。

司法实践反映，并案审理不仅涉及人民法院，还涉及人民检察院。如果前后两案是起诉至同一人民法院的，并案处理相对容易操作；如果起诉至不同法院，特别是不同省份的法院的，并案处理就涉及两地法院、两地检察院的工作衔接和配合，具体操作程序繁杂、费时费力、十分困难。基于此，《刑事诉讼法解释》第二十四条第一款规定：“人民法院发现被告人还有其他犯罪被起诉的，可以并案审理；涉及同种犯罪的，一般应当并案审理。”

需要注意的是，《刑事诉讼法解释》第二十四条第一款规定“一般应当”并案审理的限于涉及同种罪的情形。从应然层面而言，对于同种罪，特别是分案处理可能导致对被告人刑罚裁量不利的，应当并案审理。有些案件，确实无法与原提起公诉的人民检察院、拟并案审理的人民法院对应的人民检察院以及上级人民检察院协商一致的，只能分案处理，在刑罚裁量时酌情考虑。故而，《刑事诉讼法解释》第二十四条第一款使用的表述是“一般应当”而非“应当”；对于分案处理对被告人的刑罚裁量无实质不利影响（如一罪被判处死刑、无期徒刑，采用吸收原则进行并罚的）和确实无法就并案问题协商一致的，可以分案审理。

《刑事诉讼法解释》第二十四条第二款明确了人民法院发现被告人还有其他犯罪被审查起诉、立案侦查、立案调查的并案处理规则，规定：

“人民法院发现被告人还有其他犯罪被审查起诉、立案侦查、立案调查的，可以参照前款规定协商人民检察院、公安机关、监察机关并案处理，但可能造成审判过分迟延的除外。”据此，此种情形下，应当参照第一款规定的原则协商人民检察院、公安机关、监察机关并案处理。实践中，如果确实协商不成的，可以继续审理。有些案件强行要求并案处理，可能导致审理时间过长，判前羁押时间人为加长，反而对被告人不利。

《刑事诉讼法解释》第二十四条第三款进一步明确了依照前两款规定并案处理后的管辖规则，规定：“根据前两款规定并案处理的案件，由最初受理地的人民法院审判。必要时，可以由主要犯罪地的人民法院审判。”需要注意的是：（1）之所以规定“由最初受理地的人民法院审判”而非“由最初受理的人民法院审判”，主要考虑是：如果最初受理的是基层法院，而还有罪行是由地市级检察院审查起诉，则并案时就不是由最初受理的基层人民法院，而是由最初受理地的中级人民法院管辖。（2）考虑到有些案件由主要犯罪地人民法院审判更为便利，故规定“必要时，可以由主要犯罪地的人民法院审判”。如果多个犯罪不属于同级人民法院管辖，一般可以认为属于中级人民法院管辖的犯罪属于主要犯罪，从而适用上述规定，由该中级人民法院并案处理。

此外，《最高人民法院关于判决宣告后又发现被判刑的犯罪分子的同种漏罪是否实行数罪并罚问题的批复》（法复〔1993〕3号）规定：“人民法院的判决宣告并已发生法律效力以后，刑罚还没有执行完毕以前，发现被判刑的犯罪分子在判决宣告以前还有其他罪没有判决的，不论新发现的罪与原判决的罪是否属于同种罪，都应当依照刑法第六十五条的规定实行数罪并罚。但如果在第一审人民法院的判决宣告以后，被告人提出上诉或者人民检察院提出抗诉，判决尚未发生法律效力的，第二审人民法院在审理期间，发现原审被告人在第一审判决宣告以前还有同种漏罪没有判决的，第二审人民法院应当依照刑事诉讼法第一百三十六条第三项的规定，裁定撤销原判，发回原审人民法院重新审判，第一审人民法院重新审判时，不适用刑法关于数罪并罚的规定。”司法实践反映，该批复要求二审法院发现被告人有同种漏罪没有判决的，一律发回一审人民法院重新审判，出发点在于避免被告人因为分案处理在刑罚裁量上遭致不利后果，但是规定过于绝对，在一些案件中不具有可操作性。问题相对突出的有两种情形：一是被告人被判处无期徒刑、死刑的，分案审理对其刑罚裁量并无实质不利的；二是一些案件无法与人民检察院在并案审理上协调一致的。前一种情形分案处理并无不妥，后一种情形只能分案处理。基于此，《刑事诉讼法解释》第二十五条在该批复的基础上，根据司法实践反映的问题作了相应调整，规定："第二审人民法院在审理过程中，发现被告人还有其他犯罪没有判决的，参照前条规定处理。第二审人民法院决定并案审理的，应当发回第一审人民法院，由第一审人民法院作出处理。"具体而言，根据《刑事诉讼法解释》第二十五条规定，第二审人民法院在审理过程中，发现被告人还有其他犯罪被起诉，决定发回第一审人民法院并案审理的，由第一审人民法院根据下列规则作出处理：（1）对于其他犯罪尚未作出生效判决的，应当并案审理。对于其他犯罪系同种犯罪的，不能适用数罪并罚的规定；对于其他犯罪系异种犯罪的，应当根据刑法第六十九条的规定进行数罪并罚。（2）对于其他犯罪已经作出生效判决，但刑罚尚未执行完毕的，应当根据刑法第七十条的规定进行数罪并罚。

（二）回避

《刑事诉讼法修改决定》未涉及回避问题。《刑事诉讼法解释》第二章沿用《2012年解释》第二章"回避"的条文，并根据司法实践反映的情况作了修改完善，主要涉及：（1）根据监察法和司法改革要求对相关条文作了修改；（2）明确对出庭检察人员的回避申请不属于刑事诉讼法第二十九条、第三十条规定情形时的处理规则。

1. 关于审判人员参与过本案其他刑事诉讼活动的回避情形

监察法规定监察机关对职务犯罪的调查权和移送审查起诉权。因此，参与过案件调查工作的监察人员，如果调至人民法院工作，也不得担任本案的审判人员。基于此，《刑事诉讼法解释》第二十九条第一款对《2012年解释》第二十五条第一款的规定作出修改完善，规定："参与过本案调查、侦查、审查起诉工作的监察、侦查、检察人员，调至人民法院工作的，不得担任本案的审判人员。"

此外，《刑事诉讼法解释》第二十九条第二款规定："在一个审判程序中参与过本案审判工作的合议庭组成人员或者独任审判员，不得再参与本案其他程序的审判。但是，发回重新审判的案件，在第一审人民法院作出裁判后又进入第二审程序、在法定刑以下判处刑罚的复核程序或者死刑复核程序的，原第二审程序、在法定刑以下判处刑罚的复核程序或者死刑复核程序中的合议庭组成人员不受本款规定的限制。"需要注意的是，《刑事诉讼法解释》第二十九条第二款的用语是"参与过本案审判工作的合议庭组成人员或者独任审判员"，而非"参与过本案审判工作的审判人员"。因此，法官助理、书记员不在其中。讨论中，有意见提出，《刑事诉讼法解释》第二十九条第二款规定"在一个审判程序中参与过本案审判工作的合议庭组成人员或者独任审判员，不得再参与本案其他程序的审判"，此处的"不得再参与本案其他程序的审判"是否包括参与审委会讨论？例如，发回重审的案件需要提交审委会讨论，原审是承办法官、发回重审时是审委会委员的，是否还有发表意见及投票的权利？经研究认为，审委会对案件有最终决定权，故"不得再参与本案其他程序的审判"当然包括参与审委会讨论，作为原承办法官的审委会委员不宜再发表意见及投票。但是，如原审时即经过审委会讨论，上级法院发回重审后仍需经过审委会讨论的，由于《刑事诉讼法解释》第二十九条将适用范围明确限定为"合议庭组成人员或者独任审判员"，故不适用上述规则，不能据此认为原审参与审委会讨论的委员都需要回避。如果适用上述规则，可能导致案件无法处理，不具有可操作性。征求意见过程中，有意见提出，"本案其他程序"是否仅指刑事诉讼法第三编的第一审程序、第二审程序、死刑复核程序、审判监督程序，司法实践中容易产生歧义，建议对"本案其他程序"的内涵进一步明确。理由是：刑事诉讼法第三编规定了第一审程序、第二审程序、死刑复核程序、审判监督程序，第五编还规定了特别程序，这两编规定的都是审判程序，且部分审判程序存在密切关联。例如，贪污贿赂、恐怖活动犯罪等重大犯罪案件的被告人在审判过程中死亡，法院依法裁定终止审理；同时，对于因需要追缴其违法所得及其他涉案财产而启动特别没收程序的，特别没收程序是否属于本案其他程序，原合议庭人员能否继续审理，实践中会存在争议。被告人在特别没收程序中归案，同样也存在类似问题。经研究认为，上述情形不需要适用回避的规定。主要考虑是：(1)“在一个审判程序中参与过本案审判工作的合议庭组成人员或者独任审判员，不得再参与本案其他程序的审判”的规定限于“本案”，即同一个案件。对于普通程序与缺席审判程序、违法所得没收程序、强制医疗程序等特别程序之间的转换，由于案由发生变化，不再属于同一案件，自然不受本条规定的限制。(2) 对于上述情形，由同一审判组织继续审理，不仅不会影响公正审判，而且由于原审判组织熟悉案件相关情况，更加便利于审判。因此，不需要适用回避制度。(3) 关于特别程序的相关条文，有的可以当然推导出不需要另行组成合议庭。例如，《刑事诉讼法解释》第六百三十八条第一款规定：“第一审人民法院在审理刑事案件过程中，发现被告人可能符合强制医疗条件的，应当依照法定程序对被告人进行法医精神病鉴定。经鉴定，被告人属于依法不负刑事责任的精神病人的，应当适用强制医疗程序，对案件进行审理。”此处明显是指直接转换为强制医疗程序，不需要另行组成合议庭。

对于发回重新审判的案件，在第一审人民法院作出裁判后又进入第二审程序、在法定刑以下判处刑罚的复核程序或者死刑复核程序的，根据《刑事诉讼法解释》第二十九条第二款的规定，原第二审程序、在法定刑以下判处刑罚的复核程序或者死刑复核程序中的合议庭组成人员不受“在一个审判程序中参与过本案审判工作的合议庭组成人员或者独任审判员，不得再参与本案其他程序的审判”的限制。征求意见过程中，有意见提出，发回重新审判的案件，一审作出裁判后又进入第二审程序、在法定刑以下判处刑罚的复核程序或者死刑复核程序的，原合议庭组成人员不得再参与该案件审理。理由是：发回重审的案件再次进入第二审程序、在法定刑以下判处刑罚的复核程序或者死刑复核程序后，由原合议庭审理，虽然可提高效率，但似难以避免先入为主，影响案件公正审理。经研究认为，对于发回重新审判的案件，原第二审程序、在法定刑以下判处刑罚的复核程序或者死刑复核程序的合议庭组成人员对案件情况比较熟悉，清楚发回重审的原因。案件再次进入第二审程序、在法定刑以下判处刑罚的复核程序或者死刑复核程序后，由原合议庭审理，不会影响司法公正，而是能更好地审查一审法院是否解决了原来存在的问题，重新作出的裁判是否合法、合理，可以兼顾公正与效率，故未采纳上述意见。

2. 关于申请出庭的检察人员回避的处理

《2012 年解释》第三十一条规定："当事人及其法定代理人申请出庭的检察人员回避的，人民法院应当决定休庭，并通知人民检察院。"实践反映，如果当事人及其法定代理人所提申请根本不属于刑事诉讼法第二十九条、第三十条规定的情形，没有必要休庭，应当由法庭当庭驳回，以保证庭审的有序推进。经研究，采纳上述意见，《刑事诉讼法解释》第三十六条规定："当事人及其法定代理人申请出庭的检察人员回避的，人民法院应当区分情况作出处理：（一）属于刑事诉讼法第二十九条、第三十条规定情形的回避申请，应当决定休庭，并通知人民检察院尽快作出决定；（二）不属于刑事诉讼法第二十九条、第三十条规定情形的回避申请，应当当庭驳回，并不得申请复议。"

### （三）辩护与代理

《刑事诉讼法修改决定》对辩护与代理作了三个方面的修改：一是增加规定被开除公职和被吊销律师、公证员执业证书的人不得担任辩护人；二是增加值班律师制度；三是与监察体制改革相衔接，删除辩护律师会见"特别重大贿赂犯罪"案件的犯罪嫌疑人应当经侦查机关许可的规定。

《刑事诉讼法解释》第三章根据修改后刑事诉讼法的规定，对《2012年解释》第三章“辩护与代理”的条文作了修改完善，主要涉及：（1）对刑事诉讼法作出调整的条文作出照应规定或者修改，特别是明确值班律师的阅卷权及参与诉讼活动有关问题；（2）明确辩护人应当及时提交书面辩护意见；（3）明确相关录音录像的查阅规则；（4）删去辩护人、诉讼代理人复制案卷材料收取费用的规定；①（5）明确律师助理参加庭审的规则。

1. 关于指定辩护与委托辩护并存的处理规则

从实践来看，有的案件法律援助机构指派律师为被告人提供辩护，被告人的监护人、近亲属又代为委托辩护人的，如何处理，存在不同做法。经研究认为，委托辩护是刑事诉讼法赋予被告人的基本诉讼权利，应当予以充分保障。在指定辩护和委托辩护并存的情况下，应当赋予被告人选择权，以其意思表示为准，否则会产生对审判公正性的质疑。基于此，《刑事诉讼法解释》第五十一条规定：“对法律援助机构指派律师为被告人提供辩护，被告人的监护人、近亲属又代为委托辩护人的，应当听取被告人的意见，由其确定辩护人人选。”

2. 关于讯问录音录像的查阅规则

关于侦查讯问录音录像，《最高人民法院刑事审判第二庭关于辩护律师能否复制侦查机关讯问录像问题的批复》（〔2013〕刑他字第239号，以下简称《批复》）规定：“自人民检察院对案件审查起诉之日起，辩护律师可以查阅、摘抄、复制案卷材料，但其中涉及国家秘密、个人隐私的，应严格履行保密义务。你院请示的案件，侦查机关对被告人的讯问录音录像已经作为证据材料向人民法院移送并已在庭审中播放，不属于依法不能公开的材料，在辩护律师提出要求复制有关录音录像的情况

① 《2012年解释》第五十九条规定：“辩护人、诉讼代理人复制案卷材料的，人民法院只收取工本费；法律援助律师复制必要的案卷材料的，应当免收或者减收费用。”《财政部、国家发展和改革委员会关于清理规范一批行政事业性收费有关政策的通知》（财税〔2017〕20号）要求“停征涉及个人等事项的行政事业性收费”，其中包括“复制费（含案卷材料费）”，并规定：“取消、停征或减免上述行政事业性收费后，有关部门和单位依法履行管理职能所需相关经费，由同级财政预算予以保障，不得影响依法履行职责。”据了解，实践中不少地方对复制案卷材料早已停收费用。鉴于此，删去《2012年解释》第五十九条的规定。

下，应当准许。”《刑事诉讼法解释》原本拟吸收上述规定。征求意见过程中，存在不同认识。一种意见建议不作规定。理由是：关于讯问录音录像的性质，目前刑事诉讼法及《最高人民法院、最高人民检察院、公安部、国家安全部、司法部、全国人大常委会法制工作委员会关于实施刑事诉讼法若干问题的规定》（以下简称《实施刑事诉讼法规定》）均将其定性为证明取证合法性的证明材料，有别于证据材料。并且，录音录像中可能涉及关联案件线索、国家秘密、侦查秘密等，尤其是危害国家安全犯罪案件、职务犯罪案件，较为敏感。如允许复制，在信息化时代，一旦传播到互联网中，可能会带来重大国家安全及舆情隐患。将录音录像定性为“取证合法性的证明材料”而非证据材料，并且根据需要调取，较为符合实际。《实施刑事诉讼法规定》第十九条和《最高人民法院、最高人民检察院、公安部、国家安全部、司法部关于办理刑事案件严格排除非法证据若干问题的规定》（法发〔2017〕15号，以下简称《非法证据排除规定》）第二十二条均采取了上述立场。实践中有个别办案机关将讯问录音录像放入案卷随案移送，这属于因对法律、司法解释理解不到位导致的不规范做法，应当予以纠正，不能因此认为讯问录音录像就是证据。另一种意见认为，讯问录音录像证明讯问过程的合法性，对于律师应该公开。如果将允许查阅、复制的范围限定为“在庭审中举证、质证的且不属于不能公开的材料”，有可能在执行中成为法院限制律师复制的理由。如果讯问录音录像涉密，可以按照涉密规定处理。

经研究，《刑事诉讼法解释》第五十四条对《批复》予以吸收并作适当调整，规定：“对作为证据材料向人民法院移送的讯问录音录像，辩护律师申请查阅的，人民法院应当准许。”具体而言：（1）根据刑事诉讼法第四十条的规定，辩护律师自人民检察院对案件审查起诉之日起，可以查阅本案的案卷材料。对于移送人民法院的录音录像，无论是否已经在庭审中举证质证，无论是直接用于证明案件事实还是用于证明取证合法性，均应当属于案卷材料的范围。基于此，《刑事诉讼法解释》第五十四条未再限定为“已在庭审中播放”。而且，移送的证据材料，对诉讼参与人应当是公开的。特别是，在公开审理的案件中举证、质证的相关证据材料，包括录音录像在内，由于不少案件要进行庭审直播，人民群众均可观看、下载。此种情形下，再以“防止录音录像广泛传播”为由禁止辩护律师查阅讯问录音录像，于理不合。即使讯问录音录像涉及国家秘密、个人隐私、商业秘密，辩护律师为行使辩护权，也是可以查阅的。并且，《刑事诉讼法解释》第五十五条对此已作充分考虑，专门规定了保密和不得违反规定泄露、披露案件信息、材料的相关问题。（2）较之一般证据材料，讯问录音录像确实具有一定特殊性。特别是作为证明取证合法性的录音录像，可能涉及侦查办案的策略方法，也可能涉及其他关联案件和当事人隐私，一律允许复制，恐难以控制传播面以及一旦泄露可能带来的影响。从实践来看，允许查阅，即可以满足辩护律师的辩护需要，充分保障其权益。基于此，《刑事诉讼法解释》第五十四条明确为“辩护律师申请查阅的，人民法院应当准许”，即对于查阅申请应当一律准许，但对复制未再作明确要求。（3）《刑事诉讼法解释》第五十四条规定的“讯问录音录像”，不限于作为证据材料移送人民法院的“侦查录音录像”，也包括作为证据材料向人民法院移送的相关监察调查过程的录音录像。《人民检察院刑事诉讼规则》第二百六十三条第二款规定：“对于监察机关移送起诉的案件，认为需要调取有关录音、录像的，可以商监察机关调取。”第七十六条规定：“对于提起公诉的案件，被告人及其辩护人提出审前供述系非法取得，并提供相关线索或者材料的，人民检察院可以将讯问录音、录像连同案卷材料一并移送人民法院。”当然，如果相关监察调查过程的录音录像未移送人民法院的，自然不属于可以查阅的范围。

3. 关于查阅、摘抄、复制案卷材料的保密要求

《刑事诉讼法解释》第五十五条强调了查阅、摘抄、复制案卷材料在保密方面的相关要求，规定：“查阅、摘抄、复制案卷材料，涉及国家秘密、商业秘密、个人隐私的，应当保密；对不公开审理案件的信息、材料，或者在办案过程中获悉的案件重要信息、证据材料，不得违反规定

泄露、披露，不得用于办案以外的用途。人民法院可以要求相关人员出具承诺书。”“违反前款规定的，人民法院可以通报司法行政机关或者有关部门，建议给予相应处罚；构成犯罪的，依法追究刑事责任。”

征求意见过程中，有意见建议删去《刑事诉讼法解释》第五十五条，理由是：律师法中已有关于律师违反保密义务的相关规定，律师行业规范中也对此进行了约束，不必在此赘述。关于“人民法院可以要求相关人员出具承诺书”的规定，根据律师法第三十八条的规定，律师应当保守在执业活动中知悉的国家秘密、商业秘密和当事人隐私。若律师违反保密义务，无论是否出具承诺书，都可以依法依规对其违法或犯罪行为予以追究。经研究，未采纳上述意见。主要考虑是：(1) 律师法、《最高人民法院、最高人民检察院、公安部、国家安全部、司法部关于依法保障律师执业权利的规定》、中华全国律师协会《律师办理刑事案件规范》已对相关问题作出明确，本条只是作了照应性规定。(2) 实践中，绝大多数律师能够保守在执业活动中知悉的秘密和相关信息，但也有极个别律师违反保密义务，违法违规散布有关案件信息，《刑事诉讼法解释》作出规定，有利于警示和规制。

4. 关于诉讼代理人查阅、摘抄、复制案卷材料的规则

《2012 年解释》第五十七条规定，诉讼代理人查阅、摘抄、复制案卷材料需经人民法院批准。当前，在强化对犯罪嫌疑人、被告人权利保护的同时，应当更加注意对被害人权利的保护。而且，从刑事诉讼法理上而言，被害人与被告人同属于当事人，诉讼代理人的权利与辩护人的权利基本相同，应当对诉讼代理人和辩护人在查阅、摘抄、复制案卷材料方面予以同等权利保护。基于此，《刑事诉讼法解释》第六十五条第一款作出修改完善，规定：“律师担任诉讼代理人的，可以查阅、摘抄、复制案卷材料。其他诉讼代理人经人民法院许可，也可以查阅、摘抄、复制案卷材料。”

5. 关于律师带助理参加庭审的规则

《刑事诉讼法解释》第六十八条吸收《最高人民法院、最高人民检察

院、公安部、国家安全部、司法部关于依法保障律师执业权利的规定》第二十五条第二款的规定，明确："律师担任辩护人、诉讼代理人，经人民法院准许，可以带一名助理参加庭审。律师助理参加庭审的，可以从事辅助工作，但不得发表辩护、代理意见。"据此，辩护律师可以向人民法院申请带一名律师助理参与庭审，从事记录等辅助工作。需要注意的是，《刑事诉讼法解释》第六十八条规定的"发表辩护、代理意见"是概称，包括申请回避、举证、质证、辩论以及发表辩护、代理意见等诉讼行为，这些行为都应当由辩护人、诉讼代理人完成，不能交由律师助理代为实施。

（四）证据

《刑事诉讼法修改决定》未涉及证据问题。《刑事诉讼法解释》第四章在《2012 年解释》第四章"证据"条文的基础上，对证据审查判断和综合运用规则作了完善，主要涉及：（1）总结推进以审判为中心的刑事诉讼制度改革的经验和成果，对"三项规程"特别是《人民法院办理刑事案件排除非法证据规程（试行）》的有关规定予以吸收，进一步丰富细化证据部分的内容；（2）根据司法实践反映的问题，对证据部分与实践相比滞后或者不协调的条文作出调整；（3）鉴于技术调查、侦查证据材料的移送与审查判断等问题存在较大争议，为统一司法适用，增加第八节"技术调查、侦查证据的审查与认定"，对《2012 年解释》第一百零七条的规定予以扩展并独立成节，对技术调查、侦查证据材料的审查判断作出专门规定。

1. 关于全案移送证据材料的问题

《刑事诉讼法解释》第七十三条规定："对提起公诉的案件，人民法院应当审查证明被告人有罪、无罪、罪重、罪轻的证据材料是否全部随案移送；未随案移送的，应当通知人民检察院在指定时间内移送。人民检察院未移送的，人民法院应当根据在案证据对案件事实作出认定。"这是根据刑事诉讼法第四十一条"辩护人认为在侦查、审查起诉期间公安机关、人民检察院收集的证明犯罪嫌疑人、被告人无罪或者罪轻的证据材料未提交的，有权申请人民检察院、人民法院调取”和《实施刑事诉讼法规定》第二十四条“人民检察院向人民法院提起公诉时，应当将案卷材料和全部证据移送人民法院，包括犯罪嫌疑人、被告人翻供的材料，证人改变证言的材料，以及对犯罪嫌疑人、被告人有利的其他证据材料”所作的照应性规定。全案移送证据材料有利于全面查明案件事实，是刑事诉讼的基本规则。从近些年纠正的冤错案件来看，一些案件就是因为没有全案移送证据材料，影响了最终裁判。例如安徽“于英生案”，侦查机关没有随案移送现场发现的第三人的血指纹。后经继续侦查，发现该第三人的血指纹即为真凶的血指纹。基于此，应当要求移送全案证据材料。从司法实践来看，个别案件存在由于未随案移送相关证据材料导致案件存疑的情况，甚至经人民法院调取仍未提供。为将相关法律规定落到实处，切实保障被告人的合法权益，有必要专门规定。

需要注意的是，《刑事诉讼法解释》第七十三条专门规定“人民检察院未移送的，人民法院应当根据在案证据对案件事实作出认定”，旨在明确人民检察院经调取未移送证据材料的处理规则。这意味着因缺乏证据材料导致有关事实存疑的，应当依法作出有利于被告人的认定。例如，在辩方举证证明被告人未满十八周岁的情况下，由于人民检察院拒绝移送相关证据导致年龄存疑的，应当作有利于被告人的认定，即认定其不满十八周岁。

2. 关于调取讯问录音录像的问题

刑事诉讼法对讯问录音录像问题作了明确，监察法第四十一条第二款也规定“调查人员进行讯问以及搜查、查封、扣押等重要取证工作，应当对全过程进行录音录像，留存备查”。而且，相关主管部门也对重要取证环节的录音录像作了进一步细化规定。但是，从司法实践来看，个别案件仍然存在由于未随案移送相关录音录像导致证据存疑的情况，甚至经人民法院调取仍未提供。为将相关法律规定落到实处，切实保障被告人的合法权益，《刑事诉讼法解释》第七十四条规定：“依法应当对讯问过程录音录像的案件，相关录音录像未随案移送的，必要时，人民法院可以通知人民检察院在指定时间内移送。人民检察院未移送，导致不能排除属于刑事诉讼法第五十六条规定的以非法方法收集证据情形的，对有关证据应当依法排除；导致有关证据的真实性无法确认的，不得作为定案的根据。”

征求意见过程中，有意见建议删去《刑事诉讼法解释》第七十四条。理由是：根据刑事诉讼法和《实施刑事诉讼法规定》，讯问录音录像无须随案移送，而是根据需要调取。无论是刑事诉讼法还是《非法证据排除规定》，都没有将“未依法对取证过程进行录音录像”或者“录音录像未随案移送”作为排除非法证据的情形。关于检察机关未提供讯问过程录音录像以证明取证合法性的问题，可以依据刑事诉讼法关于非法证据排除的规定处理。经研究，未采纳上述意见。主要考虑是：《刑事诉讼法解释》第七十四条规定与上述规范性文件的规定并不矛盾。《刑事诉讼法解释》第七十四条规定的是经人民法院调取仍未移送，进而导致相关证据的真实性、合法性或者关联性无法确认的情形。对此，无论依据哪个规范性文件的规定，还是刑事诉讼基本法理，都不能作为定案的根据。本条规定只是对此类情形予以细化，并无不妥。

需要注意的是，《刑事诉讼法解释》第七十四条规定的“讯问过程的录音录像”不限于侦查讯问过程录音录像，也包括监察调查讯问过程录音录像。《国家监察委员会与最高人民检察院办理职务犯罪案件工作衔接办法》第二十七条第二款规定：“国家监察委员会对调查过程的录音、录像不随案移送最高人民检察院。最高人民检察院认为需要调取与指控犯罪有关并且需要对证据合法性进行审查的讯问录音录像，可以同国家监察委员会沟通协调后予以调取。……”可见，调查过程的录音录像虽然不随案移送，但可以依法调取。

3. 关于行政机关在行政执法和查办案件过程中收集证据材料的使用

《刑事诉讼法解释》第七十五条规定：“行政机关在行政执法和查办案件过程中收集的物证、书证、视听资料、电子数据等证据材料，经法庭查证属实，且收集程序符合有关法律、行政法规规定的，可以作为定案的根据。”“根据法律、行政法规规定行使国家行政管理职权的组织，在行政执法和查办案件过程中收集的证据材料，视为行政机关收集的证据材料。”需要注意以下几点。

（1）刑事诉讼法第五十四条第二款规定：“行政机关在行政执法和查办案件过程中收集的物证、书证、视听资料、电子数据等证据材料，在刑事诉讼中可以作为证据使用。”实践中，有观点认为，勘验、检查等笔录的客观性强，且往往条件消失后，不能重复制作，而重复鉴定亦无必要，故对于上述行政证据材料，应当承认其刑事证据资格。基于此，《刑事诉讼法解释》第七十五条原本拟增加规定“勘验、检查等笔录”和“鉴定意见”在刑事诉讼中可以作为证据使用。征求意见过程中，有意见提出：由于行政机关收集勘验、检查等笔录、鉴定意见等证据的程序与刑事诉讼法的规定存在差异，且基于各方面等原因，这些证据可能存在无法有效检验、质证等情况，刑事诉讼法未对行政机关收集的勘验、检查等笔录、鉴定意见在刑事诉讼中的证据效力作出规定。这些证据如果在刑事诉讼中使用，并作为定案的依据，应当严格慎重把握。另有意见认为，勘验、检查笔录、鉴定意见是有一定主观性的证据材料，与书证、物证等客观性证据不同，不宜采用相同的证据审查认定规则。特别是行政执法过程中的“鉴定意见”效力不同于司法鉴定。司法鉴定需要有鉴定资质，而行政执法过程中的“鉴定意见”往往由行政机关自己作出，或者由不具有司法鉴定资质的机构作出，不具有相同的公信力，不应直接作为证据使用。经研究，采纳上述意见，沿用《2012年解释》第六十五条第一款的规定，且与刑事诉讼法第五十四条第二款的规定保持一致。

需要注意的是，《刑事诉讼法解释》第七十五条规定的是“物证、书证、视听资料、电子数据等证据材料”在刑事诉讼中可以作为证据使用，对其中的“等”，原则上应作“等内”解释，即通常只限于物证、书证、视听资料、电子数据，不包括鉴定意见、勘验、检查笔录；但是，根据案件具体情况，进入刑事诉讼程序后，如已不具备重新鉴定、勘验、检查的条件，且有证据证明行政机关进行的鉴定、勘验、检查程序合法，相关证据能与其他证据相印证，确有必要作“等外”解释的，则可以个案处理。

（2）《刑事诉讼法解释》第七十五条原本拟增加一款作为第二款：“行政机关在行政执法和查办案件过程中收集的证人证言、当事人陈述、辨认笔录，需要在刑事诉讼中作为证据使用的，应当重新收集。确有证据证实相关人员因死亡、丧失作证能力等，无法重新收集的，该证据可以在刑事诉讼中作为证据使用；经法庭调查，证言、陈述的收集程序合法，并有其他证据相印证的，可以作为定案的根据。”讨论中，有意见认为，相比于刑事司法程序，行政执法办案对程序规范、权利保障的要求较为宽松。言词证据具有易变性，故对于言词证据特别是证人证言的审查通常要遵守直接言词原则。而作出上述规定，将导致对言词证据的质证权难以落实。此外，还有可能被滥用、不当适用，规避刑事诉讼法的相关规定。例如，一旦证人联系不上，就以证人失踪为由，要求使用、采信行政机关对其录取的证言。经研究，采纳了上述意见，删去相关规定。司法实践中，对行政机关收集的言词证据，在刑事诉讼中作为证据材料使用的，必须作更为严格的限制，即仅限于确实无法重新收集，但又必须使用，且有证据证明取证程序合法、能与其他证据相印证的极特殊情形。

（3）征求意见过程中，有意见建议《刑事诉讼法解释》第七十五条增加一款，明确“公安机关在办理行政案件过程中所收集的言词证据，需要在刑事诉讼中作为证据使用的，无须重新收集”。理由是：公安机关具有行政执法和刑事司法的双重职能，在办理行政案件和刑事案件中对于取证程序的要求是完全相同的。并且，根据《公安机关办理行政案件程序规定》的有关规定，对发现或者受理的案件暂时无法确定为刑事案件或者行政案件的，可以按照行政案件的程序办理。在办理过程中，认为涉嫌构成犯罪的，应当按照《公安机关办理刑事案件程序规定》办理。因此，公安机关在办理行政案件过程中收集的证据，应当可以用作刑事诉讼中的证据。经研究认为，上述观点似有不妥，对于公安机关在行政执法过程中收集的言词证据，依法应当在刑事立案之后重新收集。主要考虑是：第一，公安机关具有行政执法和刑事司法的双重职能，这就决定了公安机关的取证活动未必就是刑事侦查，而可能是行政执法，应当受刑事诉讼法第五十四条第二款的规范。第二，监察机关收集的证据材料，无论是言词证据还是实物证据，在刑事诉讼中都可以作为刑事证据使用。其依据在于监察法第三十三条第一款“监察机关依照本法规定收集的物证、书证、证人证言、被调查人供述和辩解、视听资料、电子数据等证据材料，在刑事诉讼中可以作为证据使用”的规定。如果公安机关在行政执法过程中收集的言词证据也需要在刑事诉讼中直接使用，则需要在刑事诉讼法或者其他法律中作出专门规定。

4. 关于监察调查证据材料的使用

根据监察法第三十三条的规定，《刑事诉讼法解释》第七十六条规定：“监察机关依法收集的证据材料，在刑事诉讼中可以作为证据使用。”“对前款规定证据的审查判断，适用刑事审判关于证据的要求和标准。”

5. 关于境外证据材料的使用

《刑事诉讼法解释》第七十七条规定：“对来自境外的证据材料，人民检察院应当随案移送有关材料来源、提供人、提取人、提取时间等情况的说明。经人民法院审查，相关证据材料能够证明案件事实且符合刑事诉讼法规定的，可以作为证据使用，但提供人或者我国与有关国家签订的双边条约对材料的使用范围有明确限制的除外；材料来源不明或者真实性无法确认的，不得作为定案的根据。”“当事人及其辩护人、诉讼代理人提供来自境外的证据材料的，该证据材料应当经所在国公证机关证明，所在国中央外交主管机关或者其授权机关认证，并经中华人民共和国驻该国使领馆认证，或者履行中华人民共和国与该所在国订立的有关条约中规定的证明手续，但我国与该国之间有互免认证协定的除外。”

《刑事诉讼法解释》第七十七条原规定在涉外案件的审理和司法协助一章，将其位置调整到证据部分，主要是考虑在非涉外案件中，也存在来自境外的证据的审查运用问题。此外，根据该条规定，对于办案机关收集的境外证据材料，无须经过公证、认证程序，只需对来源等作出说明即可；只有当事人等个人提供的境外证据材料才需要经过公证、认证程序。

6. 关于法定代理人或者合适成年人不在场的未成年证人证言的处理

《刑事诉讼法解释》第九十条规定："证人证言的收集程序、方式有下列瑕疵，经补正或者作出合理解释的，可以采用；不能补正或者作出合理解释的，不得作为定案的根据：……（五）询问未成年人，其法定代理人或者合适成年人不在场的。"

根据刑事诉讼法第二百八十一条的规定，在法定代理人无法通知、不能到场或者是共犯的情况下，应当通知合适成年人到场。有意见认为，对于询问未成年证人，法定代理人或相关人员未到场的，该未成年证人提供的证言不得作为定案的根据。经研究认为，瑕疵证据不同于非法证据，并不涉及严重违反法定程序和侵犯人权的问题，只是证据的真实性受到证据瑕疵的影响。瑕疵证据不能直接予以排除，而是看证据瑕疵问题能否得到解决。询问未成年证人时法定代理人或合适成年人未到场的，违反了刑事诉讼法相关规定，但考虑到未成年证人的证言对认定案件事实具有重要作用，且在法定代理人或合适成年人未到场情况下作伪证的可能性并不大，不宜绝对排除，宜认定为证人证言收集程序存在瑕疵，允许补正和合理解释为妥。

7. 关于法定代理人或者合适成年人不在场的未成年被告人供述的排除

《刑事诉讼法解释》第九十四条规定："被告人供述具有下列情形之一的，不得作为定案的根据：……（四）讯问未成年人，其法定代理人或者合适成年人不在场的。"该项规定是新增内容。

征求意见中，有意见认为，此种情况下似不宜绝对排除。例如，在被告人本人及其法定代理人对相关证据无异议的情况下，该供述可以作为证据使用。经研究认为，合适成年人制度基于儿童最大利益原则和国家亲权理论而设立，是国家刑事司法制度对未成年人诉权的一种特殊保护。合适成年人参与未成年人刑事诉讼程序，具有监督讯问活动、抚慰未成年人的紧张情绪、帮助未成年人与讯问人员有效沟通等职能。刑事诉讼法第二百八十一条已经明确规定，对于未成年人刑事案件，在讯问和审判的时候，是“应当”而非“可以”通知法定代理人、合适成年人到场。因此，对无法定代理人或者合适成年人在场的未成年被告人供述，取证程序严重违反法律强制规定，无法保障被告人供述的真实性，故应直接强制性排除。而且，经了解，司法实践中均是如此操作的，不存在问题。基于此，决定增加上述规定。

8. 关于就专门性问题出具的报告的使用

《2012 年解释》第八十七条规定：“对案件中的专门性问题需要鉴定，但没有法定司法鉴定机构，或者法律、司法解释规定可以进行检验的，可以指派、聘请有专门知识的人进行检验，检验报告可以作为定罪量刑的参考。”“对检验报告的审查与认定，参照适用本节的有关规定。”“经人民法院通知，检验人拒不出庭作证的，检验报告不得作为定罪量刑的参考。”根据刑事诉讼法第五十条第一款的规定，可以用于证明案件事实的材料，都是证据。在司法实践中，大量的关于专门性问题的报告被用于证明案件事实，有些还被用于证明与定罪量刑直接相关的构成要件的事实，发挥着与鉴定意见同等重要的作用。无论从法条的规定来看，还是从司法实务的操作出发，该类报告可以并已经作为证据使用，特别是在盗窃、诈骗等侵财案件中，被广泛运用的价格认定报告就属于该条所讲的“报告”。目前看来，现实中的专业性问题层出不穷，司法鉴定的范围却非常有限，无法一一涵盖，允许出具报告已不仅仅是应急之策，而是已成为常态。而“作为定罪量刑的参考”，并不能反映明确的态度。基于此，《刑事诉讼法解释》第一百条作了相应调整，规定：“因无鉴定机构，或者根据法律、司法解释的规定，指派、聘请有专门知识的人就案件的专门性问题出具的报告，可以作为证据使用。”“对前款规定的报告的审查与认定，参照适用本节的有关规定。”“经人民法院通知，出具报告的人拒不出庭作证的，有关报告不得作为定案的根据。”

9. 关于事故调查报告的使用

司法实践中，事故调查报告被广泛运用。此类证据的特点是：（1）以行政机关或者事故调查组名义出具，且很多时候是集体讨论的结果；（2）内容多涉及单位就其职权范围，依照一定的程序对某一事实进行审查、认定；（3）技术性强，具有不可替代性。例如，火灾事故调查报告记录了火灾的起火时间、起火点、可能的起火原因等对案件事实认定至关重要的因素。由于上述材料无法归入现行的证据种类，实践中对其能否作为刑事证据使用，存在不同认识。基于此，《刑事诉讼法解释》第一百零一条规定：“有关部门对事故进行调查形成的报告，在刑事诉讼中可以作为证据使用；报告中涉及专门性问题的意见，经法庭查证属实，且调查程序符合法律、有关规定的，可以作为定案的根据。”

需要注意的是，根据《刑事诉讼法解释》第一百零一条规定，“报告中涉及专门性问题的意见，经法庭查证属实，且调查程序符合法律、有关规定的”，才能作为定案的根据。首先，事故调查报告中涉及的对专门性问题的意见，其性质实际与鉴定意见类似，也需要接受控辩双方质证，接受法庭调查，只有经查证属实，且调查程序符合法律、有关规定的，才能作为定案的根据。其次，事故调查报告中常常会涉及其他事项，有关事项与事实认定无关或者不属于专门性问题的，不具有证据性质，不能作为定案的根据。

10. 关于技术调查、侦查证据的审查与认定

刑事诉讼法第一百五十四条规定：“依照本节规定采取侦查措施收集的材料在刑事诉讼中可以作为证据使用……”据此，通过技术调查、侦查措施收集的材料具有刑事诉讼的证据资格已无异议。实践中存在的问题是，哪些技术调查、侦查证据材料应当随案移送？技术调查、侦查证据材料相对特殊，使用不当可能暴露有关人员的身份、技术方法，威胁有关人员的安全，增强潜在犯罪人的反调查能力或反侦查能力。因此，实践中，通常采取将技术调查、侦查证据材料转化为被告人供述、证人

证言等其他证据的方式来证明案件事实。但是，如果技术调查、侦查证据材料无法完全转化，需要运用技术调查、侦查证据材料本身来直接证明案件事实时，是否应当随案移送？经研究认为，如果技术调查、侦查证据材料要作为证据使用，则必须随案移送，进而接受法庭审查；未随案移送、未经法庭审查的，不可能具有诉讼证据的性质和功能，更不能作为定案根据；技术调查、侦查证据材料未随案移送的，人民法院只能根据在案证据认定案件事实。

基于此，《刑事诉讼法解释》第一百一十六条规定："依法采取技术调查、侦查措施收集的材料在刑事诉讼中可以作为证据使用。""采取技术调查、侦查措施收集的材料，作为证据使用的，应当随案移送。"《刑事诉讼法解释》第一百二十二条进一步规定："人民法院认为应当移送的技术调查、侦查证据材料未随案移送的，应当通知人民检察院在指定时间内移送。人民检察院未移送的，人民法院应当根据在案证据对案件事实作出认定。"

《刑事诉讼法解释》第一百一十七条明确了移送技术调查、侦查证据材料的保护措施及相关问题，规定："使用采取技术调查、侦查措施收集的证据材料可能危及有关人员的人身安全，或者可能产生其他严重后果的，可以采取下列保护措施：（一）使用化名等代替调查、侦查人员及有关人员的个人信息；（二）不具体写明技术调查、侦查措施使用的技术设备和技术方法；（三）其他必要的保护措施。"

技术调查、侦查证据并非单独的证据种类，而是通常表现为视听资料、电子数据等类型，故根据证据分类审查规定进行审查判断即可。基于此，《刑事诉讼法解释》第一百一十九条进一步强调了关于技术调查、侦查本身应当审查的要点，规定："对采取技术调查、侦查措施收集的证据材料，除根据相关证据材料所属的证据种类，依照本章第二节至第七节的相应规定进行审查外，还应当着重审查以下内容：（一）技术调查、侦查措施所针对的案件是否符合法律规定；（二）技术调查措施是否经过严格的批准手续，按照规定交有关机关执行；技术侦查措施是否在刑事立案后，经过严格的批准手续；（三）采取技术调查、侦查措施的种类、适用对象和期限是否按照批准决定载明的内容执行；（四）采取技术调查、侦查措施收集的证据材料与其他证据是否矛盾；存在矛盾的，能否得到合理解释。”

《刑事诉讼法解释》第一百二十条明确了技术调查、侦查证据材料的当庭调查及庭外核实的有关问题，规定：“采取技术调查、侦查措施收集的证据材料，应当经过当庭出示、辨认、质证等法庭调查程序查证。”“当庭调查技术调查、侦查证据材料可能危及有关人员的人身安全，或者可能产生其他严重后果的，法庭应当采取不暴露有关人员身份和技术调查、侦查措施使用的技术设备、技术方法等保护措施。必要时，审判人员可以在庭外对证据进行核实。”

《刑事诉讼法解释》第一百二十一条明确了裁判文书应当注意的问题，规定：“采用技术调查、侦查证据作为定案根据的，人民法院在裁判文书中可以表述相关证据的名称、证据种类和证明对象，但不得表述有关人员身份和技术调查、侦查措施使用的技术设备、技术方法等。”

### （五）强制措施

《刑事诉讼法修改决定》对强制措施的修改只有一处，即增加一款，作为刑事诉讼法第八十一条的第二款：“批准或者决定逮捕，应当将犯罪嫌疑人、被告人涉嫌犯罪的性质、情节，认罪认罚等情况，作为是否可能发生社会危险性的考虑因素。”《刑事诉讼法解释》第五章沿用《2012年解释》第五章“强制措施”的条文，并根据司法实践反映的情况作了修改完善，主要涉及：（1）明确了继续取保候审、监视居住的决定规则；（2）根据司法实践反映的情况对个别条文的规定作了微调，例如，对取保候审、监视居住送交公安机关执行的情形删去了“同级”的限定；（3）规定了强制措施的自动解除制度。

1. 关于继续取保候审、监视居住的决定规则

《2012年解释》第一百一十三条第二款规定：“对被告人采取、撤销

或者变更强制措施的，由院长决定。”征求意见过程中，有意见建议将“由院长决定”修改为“由院长、庭长或承办案件的审判员决定”，理由是：被告人在取保候审或监视居住的情况下，经常存在案件不能正常审结、一审与二审相互转换、宣判缓刑、判处无罪等情形，上述程序皆有法律规定，可以根据具体情况决定，只规定由院长决定显然已不适应当前司法体制改革的要求。经研究，《刑事诉讼法解释》第一百四十七条部分采纳上述意见，规定：“人民法院根据案件情况，可以决定对被告人拘传、取保候审、监视居住或者逮捕。”“对被告人采取、撤销或者变更强制措施的，由院长决定；决定继续取保候审、监视居住的，可以由合议庭或者独任审判员决定。”主要考虑是：（1）强制措施的变更涉及对被告人人身自由的限制或者剥夺，应当十分慎重。刑事诉讼法第八十九条规定：“人民检察院审查批准逮捕犯罪嫌疑人由检察长决定。重大案件应当提交检察委员会讨论决定。”与之对应，法院阶段变更强制措施，一般也应当由院长决定为宜。但是，在审判阶段延续此前所采取的强制措施的，可以由合议庭或者独任审判员决定。（2）据《刑事诉讼法解释》起草小组进一步向人民检察院了解情况，不少地方检察机关对于延续侦查阶段的取保候审、监视居住的，也不需要报请检察长批准。

2. 关于继续取保候审、监视居住的期限

《2012 年解释》第一百二十七条第三款规定：“人民法院不得对被告人重复采取取保候审、监视居住措施。”司法实践反映上述规定存在歧义。例如，一审法院对于取保候审的被告人决定逮捕，逮捕后因患病等原因不能羁押的，仍然只能取保候审，此种情况是否属于“重复取保候审”有不同认识。鉴于此，删去该款规定。

在不同审判程序中，是否可以对被告人各采取不超过十二个月的取保候审、不超过六个月的监视居住措施，存在不同认识。例如，一审已经取保候审十二个月，二审可否再次取保候审。考虑到实际情况，《刑事诉讼法解释》第一百六十二条第三款原本拟规定：“在同一个审判程序中，人民法院对被告人取保候审最长不得超过十二个月，监视居住最长不得超过六个月。”征求意见过程中，存在不同认识。有意见提出，刑事诉讼法第七十九条第一款规定，人民法院对犯罪嫌疑人、被告人取保候审最长不得超过十二个月，监视居住最长不得超过六个月。法律没有规定在不同的审判程序中取保候审、监视居住的期限可以分别计算。经研究认为，分阶段把握取保候审、监视居住的期限更符合实际。上述意见可能会导致对符合取保候审、监视居住适用条件的被告人，由于期限的限制，不得已变更为羁押性强制措施的情形，反而不利于被告人，不符合降低羁押性强制措施适用的基本趋势。但鉴于对有关问题的认识尚未统一，《刑事诉讼法解释》未作明确规定。待条件成熟时，再通过适当方式明确。

此外，征求意见过程中，有意见建议增加规定：“第二审人民法院审理期间，一审法院对被告人已经采取的取保候审、监视居住尚未到期的，继续有效，二审法院应当及时通知执行机关变更办案单位；已经到期需要继续采取取保候审、监视居住强制措施的，可以委托一审法院代为办理相关手续。”理由是：（1）参照在押被告人不同阶段仅需办理换押手续，而无须另行决定逮捕的做法，有利于提高诉讼效率；（2）一审法院已经办理过相关强制措施，且负责判决的交付执行，委托一审法院办理相关手续，有利于统一协调，减少不必要的诉讼耗费。经研究认为，上述意见认为二审法院应当与一审法院共用取保候审、监视居住的期限，又认为二审法院在借用一审法院的取保候审、监视居住的期限到期后，可以重复决定取保候审、监视居住，明显违背刑事诉讼法和《刑事诉讼法解释》的相关规定，故未予采纳。相关问题可以交由司法实践裁量把握。但需要指出的是，如果二审法院未重新办理取保候审、监视居住手续，则二审阶段的取保候审、监视居住期限只能是一审阶段取保候审、监视居住的剩余时间。

3. 关于强制措施的自动解除制度

鉴于对于交付执行刑罚的罪犯，此前采取强制措施的，法院不会出具解除强制措施文书，《刑事诉讼法解释》第一百七十二条设立强制措施的自动解除制度，规定："被采取强制措施的被告人，被判处管制、缓刑的，在社区矫正开始后，强制措施自动解除；被单处附加刑的，在判决、裁定发生法律效力后，强制措施自动解除；被判处监禁刑的，在刑罚开始执行后，强制措施自动解除。"

需要注意的是，《刑事诉讼法解释》第一百七十二条规定的"社区矫正开始""刑罚开始执行"，是指已经实际开始执行刑罚或者缓刑，而非送交执行手续。主要考虑是：被采取强制措施的被告人在实际执行刑罚前，强制措施不当然解除。实践中，有观点认为，强制措施均为判决生效前的措施，其逻辑是判决一旦生效就进入了执行程序，对罪犯监禁、监外执行或者社区矫正，不存在判决生效后还要采取强制措施的问题。这一观点不符合实际情况，有部分被判处监禁刑的被告人，由于看守所拒收或者由于等待监外执行鉴定等原因，即使判决已经生效，实际上却未能被收监执行，一方面监禁刑尚未实际执行，另一方面没有其他监管措施，势必造成监管漏洞，可能存在被判刑未实际执行又犯新罪的情况，对于审判人员也存在渎职风险，故在监禁刑判决尚未实际执行前，对被告人仍然存在监管的必要。而且，强制措施是为了保证刑事诉讼而非仅是为了刑事审判的顺利进行而设置的措施，刑罚执行也是刑事诉讼的一个重要环节。因此，应当明确强制措施的自动解除从交付执行刑罚而非判决、裁定生效之日起。

### （六）附带民事诉讼

《刑事诉讼法修改决定》未涉及附带民事诉讼问题。《刑事诉讼法解释》第六章沿用《2012年解释》第六章"附带民事诉讼"的条文，仅对个别条文根据司法实践反映的问题作了微调。

1. 关于因受到犯罪侵犯起诉要求赔偿精神损失的处理规则

刑事诉讼法第一百零一条规定，被害人由于被告人的犯罪行为而遭受物质损失的，在刑事诉讼过程中，有权提起附带民事诉讼。民法典第一百八十七条规定，民事主体因同一行为应当承担民事责任、行政责任和刑事责任的，承担行政责任或者刑事责任不影响承担民事责任。民法典第一千一百八十三条第一款规定，侵害自然人人身权益造成严重精神损害的，被侵权人有权请求精神损害赔偿。对于因犯罪行为遭受精神损失的，能否提起附带民事诉讼或者单独提起民事诉讼要求赔偿精神损失，存在不同认识。经研究，《刑事诉讼法解释》第一百七十五条第二款基本沿用《2012年解释》第一百三十八条的规定，仅将第二款规定的“人民法院不予受理”调整为“人民法院一般不予受理”，规定：“因受到犯罪侵犯，提起附带民事诉讼或者单独提起民事诉讼要求赔偿精神损失的，人民法院一般不予受理。”主要考虑如下。

第一，刑事诉讼法第一百零一条明确规定：“被害人由于被告人的犯罪行为而遭受物质损失的，在刑事诉讼过程中，有权提起附带民事诉讼……”；第一百零三条规定：“人民法院审理附带民事诉讼案件，可以进行调解，或者根据物质损失情况作出判决、裁定。”若认为对精神损失可以另行提起民事诉讼，则意味着刑事诉讼法有关只有遭受物质损失的才能提起附带民事诉讼、附带民事诉讼只能根据物质损失判赔的规定将失去实际意义。绝大部分被害人肯定会选择在刑事案件审结后，另行提起民事诉讼，要求同时赔偿物质损失和精神损失，这样势必导致附带民事诉讼制度被架空、虚置，使附带民事诉讼制度有利于切实维护被害方合法权益、有利于化解社会矛盾、有利于贯彻宽严相济刑事政策、有利于节约司法资源等重要功能无法发挥。

第二，若认为对精神损失可以另行提起民事诉讼，则意味着就同一犯罪行为，被害方可以同一理由两次提出损失赔偿要求，势必存在“一事两诉”的问题。

第三，从司法实践看，刑事案件审结后，特别是被告人被送监服刑或者执行死刑后，往往连有关赔偿被害方物质损失的附带民事判决都难以得到实际执行。若赋予被害方对精神损失可以另行提起民事诉讼的权利，只会制造“空判”，引发新的社会矛盾。

2. 关于刑事附带民事诉讼的判赔规则

死亡赔偿金及残疾赔偿金（以下简称“两金”，含被扶养人生活费）

通常高达七八十万元甚至上百万元，是否属于附带民事诉讼的判赔范围，一直是争议焦点、难点。2003 年之前，将“两金”理解为精神损失，均不在附带民事诉讼判赔范围，但《最高人民法院关于审理人身损害赔偿案件适用法律若干问题的解释》（法释〔2003〕20 号，以下简称《人身损害赔偿解释》）首次明确“两金”属于物质损失。但是，此规定是否适用于刑事附带民事诉讼案件，实践中存在不同认识，一些地方在附带民事诉讼中判赔“两金”，导致“空判”问题突出、调解难度增大、缠讼闹访凸显，影响宽严相济刑事政策的贯彻。在 2006 年的第五次全国法院刑事审判工作会议上，最高人民法院院领导在总结讲话中首次提出：“死亡补偿费不能作为人民法院判决确定赔偿数额的根据。”《2012 年解释》制定时，最高人民法院审判委员会对“两金”问题作了重点审议、研究，明确“两金”不在附带民事诉讼的判赔范围，但调解、和解的，赔偿范围、数额不受限制。此后，各级人民法院严格执行《2012 年解释》的相关规定，整体实施良好。但是，关于“两金”问题的争论一直存在。第六次全国法院刑事审判工作会议上，最高人民法院院领导在总结讲话时再次强调，要求严格执行《2012 年解释》的相关规定。

整体看来，不判赔“两金”是基于被告人普遍无力赔偿以及“空判”所引发的系列问题等而“不得已”作出的务实选择。此次征求意见过程中，有意见认为，民法典第一千一百七十九条规定，侵害他人造成残疾的，应当赔偿残疾赔偿金；造成死亡的，应当赔偿死亡赔偿金。在民法典的背景下，应当作出适当调整。经进一步认真研究，综合考虑司法实践情况，《刑事诉讼法解释》第一百九十二条维持《2012 年解释》第一百五十五条的规定不变，规定：“对附带民事诉讼作出判决，应当根据犯罪行为造成的物质损失，结合案件具体情况，确定被告人应当赔偿的数额。”“犯罪行为造成被害人人身损害的，应当赔偿医疗费、护理费、交通费等为治疗和康复支付的合理费用，以及因误工减少的收入。造成被害人残疾的，还应当赔偿残疾生活辅助器具费等费用；造成被害人死亡的，还应当赔偿丧葬费等费用。”“驾驶机动车致人伤亡或者造成公私财产重大损失，构成犯罪的，依照《中华人民共和国道路交通安全法》第七十六条的规定确定赔偿责任。”“附带民事诉讼当事人就民事赔偿问题达成调解、和解协议的，赔偿范围、数额不受第二款、第三款规定的限制。”简而言之，除驾驶机动车致人伤亡或者造成公私财产重大损失的案件外，“两金”不在附带民事诉讼的判赔范围，但调解、和解的，赔偿范围、数额不受限制。主要考虑如下。

第一，根据法律、法理以及我国的法文化传统，对附带民事诉讼不应适用与单纯民事诉讼相同的标准。刑事诉讼法第一百零一条规定：“被害人由于被告人的犯罪行为而遭受物质损失的，在刑事诉讼过程中，有权提起附带民事诉讼……”第一百零三条规定：“人民法院审理附带民事诉讼案件，可以进行调解，或者根据物质损失情况作出判决、裁定。”而根据有关民事法律的规定，对民事侵权行为，还可判令被告人承担精神损害赔偿责任。由此可见，附带民事诉讼与单纯民事诉讼存在明显不同；依据法律规定，对二者不能适用相同赔偿标准。立法对附带民事诉讼与单纯民事诉讼的赔偿责任作出不同规定，是与两类不同诉讼的性质和我国的法文化传统相适应的。单纯民事案件，责令被告人作出相应赔偿，是对被害方进行抚慰、救济的唯一手段，故有理由要求被告人承担相应更重的赔偿责任；由于无须承担刑事责任，被告人往往也有意愿、有能力作出相应赔偿。而附带民事诉讼则不同，被告人不仅要在民事方面承担赔偿责任，还要承担相应的刑事责任。判决被告人承担刑事责任，既是对犯罪的惩处、重新犯罪的预防，也是对被害方抚慰、救济的主要方式。以故意杀人案件为例，如判处被告人死刑，实已让其“以命抵命”，显然不应再要求其作出与单纯民事案件相同的精神损害赔偿，否则势必存在双重处罚的问题。传统上“打了不罚、罚了不打”的观念、做法，正是根源于此。

第二，应当深刻认识我国国情与其他国家存在的重大差异。有观点提出，在一些发达国家，因犯罪行为引发的赔偿和单纯民事赔偿适用的是同一标准。在这些国家，被告人也大多无力赔偿，也存在“空判”问题。因此，我国没有理由“特殊”。这种观点没有充分认识其他国家在经济社会发展和司法权威方面与我国存在的巨大差异：在发达国家，由于有相对完善的社会保障制度，被害人国家救助工作开展早、力度大，被害方往往无须寄望于被告人作出赔偿，国家会给予其生活救济。由于能得到国家的救济，即使形成“空判”，也不会引发缠讼、闹访问题。而我国的情况则完全不同，判决得不到执行就会引发申诉、上访，影响社会和谐稳定。

第三，按单纯民事案件的经济赔偿标准判赔导致“空判”现象突出，严重影响案件的裁判效果。如依照民事案件的赔偿标准判赔，则意味着，对命案，被害人是城镇居民的，仅死亡赔偿金一项，多则高达上百万元；是农村居民的，一般也要赔七八十万元。而刑事案件的被告人绝大多数经济状况差、赔偿能力弱，有的被执行死刑或者其他刑罚后，更无法承担如此高额的赔偿责任，相关判决往往成为“法律白条”。据调研，凡套用民事标准判赔的，赔偿到位率都极低。

第四，赔偿标准过高，实际极不利于维护被害人的合法权益，不利于矛盾化解。表面上看，设定高额赔偿标准似乎对被害人有利，但实际情况是：由于刑事被告人的实际赔偿能力很低，甚至没有，而被害方的期待又过高，远远超过被告人的承受能力，导致不少案件中原本愿意代赔的被告人亲属索性不再代赔，结果导致被害方反而得不到任何赔偿。严重犯罪中这种情况尤为普遍。赔偿数额虚高，还导致附带民事调解和矛盾化解的工作难度大大增加。套用单纯民事案件的赔偿标准确定附带民事案件的赔偿数额，常常使被害方对巨额赔偿抱有不切实际的期待，一旦被告人不能足额赔偿，就认为其没有悔罪诚意和表现，以致民事调解工作、矛盾化解工作根本无法开展。此外，根据《最高人民法院关于加强和规范人民法院国家司法救助工作的意见》（法发〔2016〕16 号），对刑事被害人的救助金额需要综合考虑多种因素，从实践调研的情况看，国家给予司法救助金额一般在几万元左右。如将“两金”也纳入附带民事赔偿范围，两者相差悬殊，显然救助工作也无法发挥实际作用。

第五，对民法典的有关规定应当正确理解。民法典第一百八十七条规定：“民事主体因同一行为应当承担民事责任、行政责任和刑事责任的，承担行政责任或者刑事责任不影响承担民事责任；民事主体的财产不足以支付的，优先用于承担民事责任。”有观点据此认为，对附带民事诉讼应适用与单纯民事诉讼相同的赔偿标准。经研究认为，对该条规定应当准确理解，应当将该条规定和民法典第十一条规定结合起来分析。民法典第十一条规定：“其他法律对民事关系有特别规定的，依照其规定。”（该条吸收了侵权责任法第五条“其他法律对侵权责任另有特别规定的，依照其规定”的规定并作了扩充。）犯罪是严重的、特殊的侵权行为，刑法和刑事诉讼法是专门规定这种侵权行为的基本法。显然，处理犯罪行为的赔偿问题，应当优先适用刑法和刑事诉讼法的相关规定，而不应当适用主要规定民事侵权的民法典规定。

第六，《2012 年解释》施行八年多来，有关规定在促进附带民事诉讼达成调解、保障被害方获得实际赔偿等方面发挥了较好的作用。此次征求意见过程中，绝大多数意见是建议维持原来的解释规定。

根据《刑事诉讼法解释》第一百九十二条的规定，同时结合附带民事诉讼审判工作实际，司法适用中应当注意：（1）对于附带民事诉讼，应当切实加大调解工作力度。在不违反自愿、合法原则的前提下，赔偿范围和数额不受限制。应当尽可能通过调解，使被害方获得实际赔偿。（2）如调解不成，通过判决结案，则应当充分考虑刑事案件被告人多为没有正常收入的无业人员和进城务工人员、赔偿能力很低的实际，实事求是地仅就被害人遭受的物质损失作出判决。对犯罪行为造成被害人人身损害的，应当赔偿医疗费、护理费、交通费等为治疗和康复支付的合理费用，以及因误工减少的收入。造成被害人残疾的，还应当赔偿残疾生活辅助器具费等费用；造成被害人死亡的，还应当赔偿丧葬费等费用。除被告人确有赔偿能力的以外，原则上不应将“两金”纳入判决赔偿的范围。（3）对因驾驶机动车致人伤亡或者公私财产遭受重大损失，构成犯罪的，要根据道路交通安全法第七十六条的规定确定赔偿责任，即

“机动车发生交通事故造成人身伤亡、财产损失的，由保险公司在机动车第三者责任强制保险责任限额范围内予以赔偿；不足的部分，按照下列规定承担赔偿责任……”（4）对符合条件的被害方，可以开展刑事被害人救助工作，给予相应国家救助。

3. 另行提起民事诉讼的处理规则

根据《2012 年解释》第一百六十四条的规定，在刑事附带民事诉讼过程中未提起附带民事诉讼，另行提起民事诉讼的，人民法院应当优先进行调解。达成调解协议的，赔偿范围、数额不受限制；如果作出判决，则应当“根据物质损失情况作出判决”，即除因驾驶机动车致人伤亡或者公私财产遭受重大损失的案件外，不应判赔“两金”。

但是，如前所述，《人身损害赔偿解释》将“两金”规定为物质损失，故《2012 年解释》第一百六十四条的规定在适用中存在一定的混乱。特别是，《最高人民法院公报》2019 年第 3 期“尹瑞军诉颜礼奎健康权、身体权纠纷案”的裁判摘要提出：“刑事案件的受害人因犯罪行为受到身体伤害，未提起刑事附带民事诉讼，而是另行提起民事侵权诉讼的，关于残疾赔偿金是否属于物质损失范畴的问题，刑事诉讼法及司法解释没有明确规定。刑事案件受害人因犯罪行为造成残疾的，今后的生活和工作必然受到影响，导致劳动能力下降，造成生活成本增加，进而相应减少物质收入，故残疾赔偿金应属于物质损失的范畴，应予赔偿。”鉴于此，为统一法律适用，《刑事诉讼法解释》第二百条作出适当调整，规定：“被害人或者其法定代理人、近亲属在刑事诉讼过程中未提起附带民事诉讼，另行提起民事诉讼的，人民法院可以进行调解，或者根据本解释第一百九十二条第二款、第三款的规定作出判决。”据此，在刑事诉讼过程中未提起附带民事诉讼，另行提起民事诉讼的，人民法院应当优先进行调解。达成调解协议的，赔偿范围、数额不受限制；如果作出判决，则应当“根据物质损失情况作出判决”，即除因驾驶机动车致人伤亡或者公私财产遭受重大损失的案件外，不应判赔“两金”。

征求意见过程中，有意见提出，民法典第一百八十七条规定，民事主体因同一行为应当承担民事责任、行政责任和刑事责任的，承担行政责任或者刑事责任不影响承担民事责任。民法典第一千一百八十三条第一款规定，侵害自然人人身权益造成严重精神损害的，被侵权人有权请求精神损害赔偿。对于因犯罪行为遭受精神损失的，在刑事案件审结后，被害人另行提起民事诉讼，人民法院判赔的范围和标准是否适用刑事附带民事诉讼的有关规定的问题，与民事诉讼法律制度相关联，情况复杂，涉及面广，各方面认识仍不一致，建议再作研究。经进一步认真研究，综合考虑司法实践情况，《刑事诉讼法解释》第二百条维持了上述规定。主要考虑如下。

第一，对被害人等在刑事诉讼过程中未提起附带民事诉讼，另行提起民事诉讼的，理应适用与附带民事诉讼相同的判赔范围与标准。否则，势必会导致同样行为不同处理的问题，既有违类案类判的基本法理，也会导致附带民事诉讼制度被架空，影响该制度重要功能的发挥。

第二，对另行提起民事诉讼的，适用不同的判赔范围和标准，表面上看似乎对被害人等有利，实际恰恰相反：绝大多数情况下，一旦刑事部分审结，被告人被送交执行刑罚，甚至执行死刑，就根本不可能再对被害人等作出赔偿，被告人的亲友也不可能代赔。基于贯彻宽严相济刑事政策，便利案件处理的基本考虑，不应当将“两金”纳入单独提起民事诉讼的判赔范围。

### （七）期间、送达、审理期限

《刑事诉讼法修改决定》未涉及期间、送达、审理期限的问题。《刑事诉讼法解释》第七章沿用《2012 年解释》第七章“期间、送达、审理期限”的条文，并根据司法实践反映的问题进一步明确了刑期的计算方法和上一级人民法院批准延长审限的有关事宜。

1. 关于刑期的计算规则

《刑事诉讼法解释》第二百零二条第二款明确了刑期的计算规则，规定：“以年计算的刑期，自本年本月某日至次年同月同日的前一日为一年；次年同月同日不存在的，自本年本月某日至次年同月最后一日的前一日为一年。以月计算的刑期，自本月某日至下月同日的前一日为一个月；刑期起算日为本月最后一日的，至下月最后一日的前一日为一个月；下月同日不存在的，自本月某日至下月最后一日的前一日为一个月；半个月一律按十五日计算。”

具体而言：(1) 以年计算的刑期，“自本年本月某日至次年同月同日的前一日为一年”，如2016年3月31日至2017年3月30日为一年；“次年同月同日不存在的，自本年本月某日至次年同月最后一日的前一日为一年”，如2016年2月29日至2017年2月27日为一年。(2) 以月计算的刑期，“自本月某日至下月同日的前一日为一个月”，如4月15日至5月14日为一个月（30天），5月15日至6月14日也为一个月（31天）；“刑期起算日为本月最后一日的，至下月最后一日的前一日为一个月”，如4月30日至5月29日为一个月（30天）；“下月同日不存在的，自本月某日至下月最后一日的前一日为一个月”，如5月31日至6月29日为一个月（30天），平年的1月31日至2月27日为一个月（28天），闰年的1月31日至2月28日为一个月（29天）。

2. 关于上一级法院批准延长审限的规则

征求意见过程中，有意见提出，关于延长审限问题。2012年刑事诉讼法解决了长期困扰刑事审判的审限不够这一“老大难”问题。但在执行过程中，由于刑事诉讼法没有明确规定上级法院尤其是高级人民法院审批延长审限的次数，一些地方自行决定高级人民法院可以审批两次，或者在延期审理后又延长审限两次，影响了法律适用的严肃性。基于此，建议对高级人民法院批准延长审限的次数作出明确规定。经研究认为，刑事诉讼法第二百零八条第一款明确规定：“人民法院审理公诉案件，应当在受理后二个月以内宣判，至迟不得超过三个月。对于可能判处死刑的案件或者附带民事诉讼的案件，以及有本法第一百五十八条规定情形之一的，经上一级人民法院批准，可以延长三个月；因特殊情况还需要延长的，报请最高人民法院批准。”据此明显可见，高级人民法院只能批准延长一次审限。因此，根据上述意见，《刑事诉讼法解释》第二百一十条第一款规定：“对可能判处死刑的案件或者附带民事诉讼的案件，以及有刑事诉讼法第一百五十八条规定情形之一的案件，上一级人民法院可以批准延长审理期限一次，期限为三个月。因特殊情况还需要延长的，应当报请最高人民法院批准。”

（八）审判组织

《刑事诉讼法修改决定》对2012年刑事诉讼法第一百七十八条作出修改。另外，修订后的人民法院组织法、人民陪审员法施行后，也要求对审判组织的相关规定作出相应调整。《刑事诉讼法解释》第八章根据修改后法律的规定，结合司法实践情况，对《2012年解释》第八章“审判组织”有关条文作出修改完善。

1. 关于七人合议庭的适用案件情形

根据人民陪审员法的规定，《刑事诉讼法解释》第二百一十三条第二款规定：“基层人民法院、中级人民法院、高级人民法院审判下列第一审刑事案件，由审判员和人民陪审员组成七人合议庭进行：（一）可能判处十年以上有期徒刑、无期徒刑、死刑，且社会影响重大的；（二）涉及征地拆迁、生态环境保护、食品药品安全，且社会影响重大的；（三）其他社会影响重大的。”

2. 关于提交审委会讨论决定的案件范围

主要是死缓案件应否提交审委会讨论决定。《最高人民法院关于健全完善人民法院审判委员会工作机制的意见》（法发〔2019〕20号，以下简称《审委会意见》）第八条列明了“应当提交审委会讨论决定”的案件范围，规定：“高级人民法院、中级人民法院拟判处死刑的案件，应当提交本院审判委员会讨论决定。”最高人民法院审管办负责人在关于该意见的“答记者问”中指出：“高级人民法院、中级人民法院拟判处死刑的案件，既包括拟判处死刑立即执行的案件，也包括拟判处死刑缓期二年执行的案件。”征求意见过程中，多数意见提出，死刑缓期二年执行的案件数量较多，一律提请审判委员会讨论决定，工作量倍增，实难做到。而且，以往死缓案件不提交审判委员会讨论，未发现存在问题。经综合考虑有关因素，《刑事诉讼法解释》第二百一十六条第二款对《审委会意见》第八条的规定作出调整，规定："对下列案件，合议庭应当提请院长决定提交审判委员会讨论决定：（一）高级人民法院、中级人民法院拟判处死刑立即执行的案件，以及中级人民法院拟判处死刑缓期执行的案件；（二）本院已经发生法律效力的判决、裁定确有错误需要再审的案件；（三）人民检察院依照审判监督程序提出抗诉的案件。"

此外，关于《审委会意见》第八条明确规定应当提交审委会讨论决定的"涉及国家安全、外交、社会稳定等敏感案件和重大、疑难、复杂案件""法律适用规则不明的新类型案件""拟宣告被告人无罪的案件""拟在法定刑以下判处刑罚或者免予刑事处罚的案件"，《刑事诉讼法解释》第二百一十六条第二款亦未明确规定为应当提交审委会讨论决定的情形，确有必要的，可以纳入第三款"对合议庭成员意见有重大分歧的案件、新类型案件、社会影响重大的案件以及其他疑难、复杂、重大的案件，合议庭认为难以作出决定的，可以提请院长决定提交审判委员会讨论决定"的情形。这一修改主要有如下考虑：（1）在司法解释中过多列举应当提交审委会讨论的情形，恐会导致对合议庭独立审理案件的质疑，难以保证效果；（2）据了解，各地法院对提交审委会讨论决定的案件范围往往有细化规定，《刑事诉讼法解释》不作明确规定，亦不会导致滥用。

### （九）公诉案件第一审普通程序

《刑事诉讼法修改决定》未涉及公诉案件第一审普通程序问题。《刑事诉讼法解释》第九章沿用《2012年解释》第九章"公诉案件第一审普通程序"的条文，并根据司法实践反映的问题作出修改完善，主要涉及：（1）总结推进以审判为中心刑事诉讼制度改革的经验和成果，对"三项规程"特别是《人民法院办理刑事案件庭前会议规程（试行）》（以下简称《庭前会议规程》）和《人民法院办理刑事案件第一审普通程序法庭调查规程（试行）》（以下简称《法庭调查规程》）的有关规定予以吸收，进一步丰富细化一审程序的内容。基于此，增设第二节"庭前会议与庭审衔接"，对庭前会议的有关问题作出专门规定。(2) 根据司法实践反映的问题，对一审程序条文存在的滞后于实践或者不协调之处作出调整。

1. 关于对提起公诉案件的并案或者分案处理规则

同案同审是诉讼的一般原则。但从实践看，有的案件，同案被告人多达几十人甚至上百人，如作为一个案件审理，势必会加长诉讼周期，既影响庭审质量和效率，也会增加当事人等诉讼参与人的诉累。对此类案件，分案审理，有其现实必要性。但是，分案审理不能随意为之，更不能通过分案审理的方式变相剥夺当事人质证权。为规范分案处理问题，《刑事诉讼法解释》增设第二百二十条，规定："对一案起诉的共同犯罪或者关联犯罪案件，被告人人数众多、案情复杂，人民法院经审查认为，分案审理更有利于保障庭审质量和效率的，可以分案审理。分案审理不得影响当事人质证权等诉讼权利的行使。"同时，在《刑事诉讼法解释》第二百六十九条进一步规定："审理过程中，法庭认为有必要的，可以传唤同案被告人、分案审理的共同犯罪或者关联犯罪案件的被告人等到庭对质。"

实践中，还存在起诉分案不当的现象，即本应作为一案起诉、一案审理的案件被分拆为两个甚至多个案件起诉。为此，《刑事诉讼法解释》第二百二十条第二款规定："对分案起诉的共同犯罪或者关联犯罪案件，人民法院经审查认为，合并审理更有利于查明案件事实、保障诉讼权利、准确定罪量刑的，可以并案审理。"

征求意见过程中，有意见建议明确分案审理或者并案审理的具体操作事宜。经研究认为，相关问题可以在司法实践裁量把握。对此，可以协商人民检察院合并或者分别起诉；人民法院在职责范围内并案或者分案的，通常可以采取决定的方式。

2. 关于开庭审理前通知出庭的规则

《刑事诉讼法解释》第二百二十一条第一款第五项规定："开庭三日以前将传唤当事人的传票和通知辩护人、诉讼代理人、法定代理人、证人、鉴定人等出庭的通知书送达；通知有关人员出庭，也可以采取电话、短信、传真、电子邮件、即时通讯等能够确认对方收悉的方式；对被害人人数众多的涉众型犯罪案件，可以通过互联网公布相关文书，通知有关人员出庭。"

上述第五项原本拟对开庭三日以前送达传票作例外规定，即在该项开始部分增加规定"除羁押的被告人外"。主要考虑是：对被告人羁押在案的，可以确保其按时参加庭审活动，故无须在开庭三日以前送达传票，实践中通常也难以做到。征求意见过程中，有意见提出，刑事诉讼法第一百八十七条第三款规定，人民法院确定开庭日期后，应当传唤当事人，通知辩护人、诉讼代理人、证人、鉴定人和翻译人员，传票和通知书至迟在开庭三日以前送达。法律没有规定被羁押的被告人可以不适用上述规定，司法解释不应对被羁押的被告人作出例外规定。此外，也有意见提出，被告人被羁押，对其具体开庭日期也应有所期待及具体准备，比如自行辩护和最后陈述等，如不提前通知，不利于保障被告人诉权。经研究，采纳上述意见，未再作出修改。

征求意见过程中，有意见提出，《刑事诉讼法解释》第二百二十一条规定中的当事人包括被害人、自诉人、犯罪嫌疑人、被告人、附带民事诉讼的原告人和被告人，实践中特别是网络诈骗案件等，被害人往往分布在全国各地，涉案人数众多，通知被害人难度大。另外，如盗窃等侵犯财产类案件，除了被告人有能力退赔外，通知被害人并无现实意义，如果所有案件均按照本条规定通知被害人，将会增加诉讼成本，浪费司法资源，且无实际意义。基于此，建议分别针对不同案件类别作出区分规定。经研究，根据上述意见，《刑事诉讼法解释》第二百二十一条第一款第五项原则规定"对被害人人数众多的涉众型犯罪案件，可以通过互联网公布相关文书，通知有关人员出庭"。

3. 关于不公开审理案件允许旁听的例外规则

《2012 年解释》第一百八十六条第三款规定："不公开审理的案件，任何人不得旁听，但法律另有规定的除外。"该款对不公开审理案件任何人不得旁听作了例外规定，源自刑事诉讼法第二百八十五条关于"审判的时候被告人不满十八周岁的案件，不公开审理。但是，经未成年被告人及其法定代理人同意，未成年被告人所在学校和未成年人保护组织可以派代表到场"的规定。《刑事诉讼法解释》第二百二十二条第三款对表述作了调整，规定："不公开审理的案件，任何人不得旁听，但具有刑事诉讼法第二百八十五条规定情形的除外。"

征求意见过程中，有意见提出，关于"不公开审理的案件，任何人不得旁听"，实践中经常出现被害人死亡的，被害人近亲属申请旁听的问题。对此，有些法院在近亲属提起附带民事诉讼的情况下，同意其作为附带民事诉讼原告人参加诉讼；而在未起诉的情况下则不允许。被害人近亲属旁听庭审的权利不应因其是否提起民事诉讼而有区别。根据人之常情，被害人的个人隐私可能对于父母、夫妻未必是隐私，"任何人不得旁听"过于绝对。故建议规定"有关个人隐私的案件，当事人均同意公开审理的，可以公开审理。案件涉及已死亡的被害人的隐私，其近亲属申请旁听的，是否准许由合议庭根据保护被害人隐私的原则决定"。经研究认为，上述意见确有道理。一般认为，涉及被害人隐私的案件，是否不公开审理，是被害人的权利，应当充分考虑被害人一方的意愿。对于涉及已死亡被害人个人隐私的案件，在被害人近亲属没有通过提起附带民事诉讼的方式参与庭审的情况下，应当考虑被害人近亲属对案件审理进程的特殊关切，将其一律排除在庭审之外，有违情理。但是，从实际考虑，此类案件被害人近亲属往往情绪比较激动，特别是在庭审过程当中，还可能因为示证、质证、辩论等遭受二次伤害，可能不利于审判顺利进行。鉴于所涉问题较为复杂，且认识尚不统一，《刑事诉讼法解释》最终未作明确规定。

4. 关于被害人推选代表人参加庭审的规则

当前，涉众型犯罪案件日益增多。有的案件被害人人数众多，均到庭参与庭审显然不符合实际，也没有必要。鉴于此，借鉴民事诉讼集团诉讼的原理，吸收司法实践经验，《刑事诉讼法解释》第二百二十四条规定："被害人人数众多，且案件不属于附带民事诉讼范围的，被害人可以推选若干代表人参加庭审。"

《刑事诉讼法解释》第二百二十四条原本拟规定所涉情形，"被害人可以推选若干代表人参加或者旁听庭审，人民法院也可以指定若干代表人"。征求意见过程中，有意见提出，根据刑事诉讼法的有关规定，被害人是刑事诉讼的当事人，参加庭审是被害人的诉讼权利。刑事诉讼法没有规定代表人诉讼制度。规定被害人由若干代表人参加诉讼或者旁听庭审，涉及对被害人参加庭审的权利的限制，没有法律依据。经研究，根据上述意见对该条表述作了相应调整，删去了"人民法院也可以指定若干代表人"的表述，规定此种情形下被害人可以推选若干代表人参加庭审。当然，关于具体推选方式，实践中可以裁量把握；确实难以确定的，也可以采用摇号等推选方式。

5. 关于庭前会议事项的处理规则

《庭前会议规程》第十条第二款规定："对于前款规定中可能导致庭审中断的事项，人民法院应当依法作出处理，在开庭审理前告知处理决定，并说明理由……"《刑事诉讼法解释》第二百二十八条原本拟吸收上述规定，明确庭前会议阶段可以对程序性事项视情作出处理。征求意见过程中，有意见提出，刑事诉讼法第一百八十七条第二款规定，在开庭以前，审判人员可以召集公诉人、当事人和辩护人、诉讼代理人，对回避、出庭证人名单、非法证据排除等与审判相关的问题，了解情况，听取意见。法律没有规定人民法院可以在庭前会议中对有关事项作出实质性处理，上述规定与刑事诉讼法的规定不一致，且法庭审判是刑事诉讼的重要环节，在未开庭的情况下对案件的重要事项作出决定是否与当前正在进行的以审判为中心的诉讼制度改革要求冲突，也需要慎重研究。经研究，采纳上述意见，《刑事诉讼法解释》第二百二十八条第三款规定："对第一款规定中可能导致庭审中断的程序性事项，人民法院可以在庭前会议后依法作出处理，并在庭审中说明处理决定和理由。控辩双方没有新的理由，在庭审中再次提出有关申请或者异议的，法庭可以在说明庭前会议情况和处理决定理由后，依法予以驳回。”据此，对庭前会议中的相关事项“在庭前会议后”而非“在开庭审理前”作出处理，且要求“在庭审中说明处理决定和理由”。

6. 关于庭前会议的参加人员范围

《刑事诉讼法解释》第二百三十条规定：“庭前会议由审判长主持，合议庭其他审判员也可以主持庭前会议。”“召开庭前会议应当通知公诉人、辩护人到场。”“庭前会议准备就非法证据排除了解情况、听取意见，或者准备询问控辩双方对证据材料的意见的，应当通知被告人到场。有多名被告人的案件，可以根据情况确定参加庭前会议的被告人。”

关于《刑事诉讼法解释》第二百三十条第一款，将《庭前会议规程》第三条第一款规定的“庭前会议由承办法官主持，其他合议庭成员也可以主持或者参加庭前会议。根据案件情况，承办法官可以指导法官助理主持庭前会议”修改为“庭前会议由审判长主持，合议庭其他审判员也可以主持庭前会议”。需要注意的是：(1) 合议庭的人民陪审员主持庭前会议并不适宜，故将庭前会议的主持人限定为“审判长”或者“合议庭其他审判员”。但是，人民陪审员可以参加庭前会议。(2) 对于法官助理是否可以主持庭前会议，存在不同认识。有意见建议明确，根据合议庭审判长授权，法官助理可以主持或参加庭前会议。理由是：应当发挥法官助理作用，且法官助理主持或参与庭前会议，可以分担法官工作，保障法官专注审判核心事务。因庭前会议可能涉及解决可能中断庭审的程序性问题、审查证据资格等问题，由法官助理主持庭前会议可以处理简单的程序性问题，同时可以一定程度上阻断非法证据对合议庭可能造成的影响，因此，在承办法官的指导下完全可以由法官助理主持庭前会议。故应将法官助理在具体案件中是否可以主持庭前会议交由法官决定。而且，这也有利于法官助理的培养。另有意见则认为，法官助理不能主持庭前会议。理由是：法官助理不属于合议庭组成人员，庭前会议是解决争议的重要程序，是审判的重要组成部分，庭前会议可以根据查明情况作出相关处理决定，所涉及的问题法官助理均无权决定并答复。经研究认为，刑事诉讼法明确规定，庭前会议由审判人员召集，法官助理属于审判辅助人员，不属于“审判人员”，不宜由其主持庭前会议。

关于《刑事诉讼法解释》第二百三十条第三款，征求意见过程中，有意见建议明确被告人应当参加庭前会议。理由是：庭前会议处理涉及被告人权利等一系列重大问题，被告人应当参加庭前会议，不应对此设定条件。经研究，部分采纳上述意见，明确庭前会议准备就非法证据排除了解情况、听取意见，或者准备询问控辩双方对证据材料的意见的，应当通知被告人到场。

《刑事诉讼法解释》第二百三十条原本拟吸收《庭前会议规程》第三条第三款规定的“被告人申请排除非法证据，但没有辩护人的，人民法院应当通知法律援助机构指派律师为被告人提供帮助”，在征求意见过程中，对此规定存在不同认识。鉴于此，《刑事诉讼法解释》第二百三十条未予吸收，留待司法实践继续探索。

7. 关于开庭审理前书记员的工作事项

《刑事诉讼法解释》第二百三十四条根据司法实践反映的问题对《2012 年解释》第一百八十九条的规定作出修改完善，规定：“开庭审理前，书记员应当依次进行下列工作：（一）受审判长委托，查明公诉人、当事人、辩护人、诉讼代理人、证人及其他诉讼参与人是否到庭；（二）核实旁听人员中是否有证人、鉴定人、有专门知识的人；（三）请公诉人、辩护人、诉讼代理人及其他诉讼参与人入庭；（四）宣读法庭规则；（五）请审判长、审判员、人民陪审员入庭；（六）审判人员就座后，向审判长报告开庭前的准备工作已经就绪。”

《刑事诉讼法解释》第二百三十四条增加第二项“核实旁听人员中是否有证人、鉴定人、有专门知识的人”。主要考虑是：根据有关规定，证人、鉴定人、有专门知识的人不得旁听庭审，但此项工作一直没有落实到具体的部门或者个人，时有发生证人等旁听庭审的情况。为保证法庭调查正常进行，建议在书记员的开庭准备工作中核实有无上述人员旁听。

随着刑事辩护全覆盖的推进，刑事案件中将均有辩护人参与。控辩双方在庭审中同样重要，应当同等对待。基于此，《刑事诉讼法解释》第二百三十四条第三项将“公诉人”与“辩护人、诉讼代理人”并列规定。

此外，司法实践中法庭规则有的内容是需要宣读给控辩双方听的，故通常会让控辩双方进入法庭后书记员再宣读法庭规则，《刑事诉讼法解释》第二百三十四条根据书记员开庭工作实际顺序，调整了《2012 年解释》第一百八十九条第二项“宣读法庭规则”和第三项“请公诉人及相关诉讼参与人入庭”的顺序。

8. 关于对被告人讯问、发问的时间

《刑事诉讼法解释》第二百四十二条第三款规定：“根据案件情况，就证据问题对被告人的讯问、发问可以在举证、质证环节进行。”主要考虑是：《法庭调查规程》第七条第二款规定：“在审判长主持下，公诉人可以就起诉书指控的犯罪事实讯问被告人，为防止庭审过分迟延，就证据问题向被告人的讯问可在举证、质证环节进行……”经研究认为，这一规定具有合理性。在证据较多、案情较为复杂的案件中，公诉人在讯问环节涉及大量与证据有关的细节问题，会影响庭审节奏，且公诉人讯问与相关证据之间的关联性也难以体现，其讯问的针对性不强，故吸收《法庭调查规程》的相关规定。同时，考虑到不仅公诉人的讯问涉及这一问题，其他诉讼参与人的发问也如此。故单列为第三款，作出统一规定。

征求意见过程中，有意见提出，对于限制行为能力的成年人参加庭审时，应当参照未成年人的规定，要求法定代理人或者合适成年人到场。经研究认为，对于上述问题刑事诉讼法未作明确规定，但基于权利保障的考虑，人民法院在具体案件中可以裁量处理。

9. 关于借阅案卷和证据材料的问题

2012 年刑事诉讼法修改，要求人民检察院在提起公诉时将所有案卷和证据材料移送人民法院，后有意见建议对人民检察院要求借阅案卷材料以备出庭支持公诉的问题作出规定。“六部委”对此问题作了慎重研究，认为人民检察院在将案件和证据材料移送人民法院之时，可以通过复印等方式为出庭支持公诉做好准备，而不能再向人民法院借阅案卷材料。当然，已经移送人民法院的证据，控辩双方需要出示的，可以向法庭提出申请。基于此，《实施刑事诉讼法规定》第二十六条规定：“人民法院开庭审理公诉案件时，出庭的检察人员和辩护人需要出示、宣读、播放已移交人民法院的证据的，可以申请法庭出示、宣读、播放。”为保证已移送人民法院的案卷和证据材料的安全，同时兼顾当庭出示证据的现实需要，《刑事诉讼法解释》第二百四十八条第一款规定：“已经移送人民法院的案卷和证据材料，控辩双方需要出示的，可以向法庭提出申请，法庭可以准许。案卷和证据材料应当在质证后当庭归还。”鉴于此，实践中，控辩双方只能申请当庭借用。对于控辩双方提出取回已移送人民法院的案卷和证据材料的，法庭应当不予准许。

《2012 年解释》第二百零四条规定“法庭同意的，应当指令值庭法警出示、播放；需要宣读的，由值庭法警交由申请人宣读”。从实践来看，该规定存在一定问题。一是示证主体通常是控辩双方，而非法庭。值庭法警只是在播放录音录像等特定情形下提供协助。二是协助出示证据的主体不限于值庭法警，还包括法官助理、书记员、法院技术人员等。基于此，《刑事诉讼法解释》第二百四十八条第二款规定：“需要播放录音录像或者需要将证据材料交由法庭、公诉人或者诉讼参与人查看的，法庭可以指令值庭法警或者相关人员予以协助。”

10. 关于向证人发问的顺序问题

《法庭调查规程》第十九条第一款规定：“证人出庭后，先向法庭陈述证言，然后先由举证方发问；发问完毕后，对方也可以发问。根据案件审理需要，也可以先由申请方发问。”经研究认为，《2012 年解释》第二百一十二条关于向证人发问“应当先由提请通知的一方进行”的规定更符合实际，故《刑事诉讼法解释》第二百五十九条第一款规定：“证人出庭后，一般先向法庭陈述证言；其后，经审判长许可，由申请通知证人出庭的一方发问，发问完毕后，对方也可以发问。”

此外，《法庭调查规程》第十九条第三款规定：“……法庭依职权通知证人出庭的情形，审判人员应当主导对证人的询问……”经研究认为，所谓“主导对证人的询问”，实际上就是确定发问的顺序。基于此，故《刑事诉讼法解释》第二百五十九条第二款规定：“法庭依职权通知证人出庭的，发问顺序由审判长根据案件情况确定。”

11. 关于庭外征求控辩双方意见的问题

《2012 年解释》第二百二十条第二款规定：“对公诉人、当事人及其法定代理人、辩护人、诉讼代理人补充的和法庭庭外调查核实取得的证据，应当经过当庭质证才能作为定案的根据。但是，经庭外征求意见，控辩双方没有异议的除外。”此次征求意见过程中，有意见提出，刑事诉讼法第一百九十八条规定，法庭审理过程中，对于定罪、量刑有关的事实、证据都应当进行调查、辩论。故而，上述规定存在不妥。经研究，根据上述意见，《刑事诉讼法解释》第二百七十一条第二款作了调整，进一步限定为“不影响定罪量刑的非关键证据、有利于被告人的量刑证据以及认定被告人有犯罪前科的裁判文书等证据”，规定：“对公诉人、当事人及其法定代理人、辩护人、诉讼代理人补充的和审判人员庭外调查核实取得的证据，应当经过当庭质证才能作为定案的根据。但是，对不影响定罪量刑的非关键证据、有利于被告人的量刑证据以及认定被告人有犯罪前科的裁判文书等证据，经庭外征求意见，控辩双方没有异议的除外。”

12. 关于补充侦查期限届满未移送证据的问题

《刑事诉讼法解释》第二百七十四条第三款规定：“补充侦查期限届满后，人民检察院未将补充的证据材料移送人民法院的，人民法院可以根据在案证据作出判决、裁定。”具体而言，该款对补充侦查期限届满后，经法庭通知，人民检察院未将案件移送人民法院，且未说明原因的，由“人民法院可以决定按人民检察院撤诉处理”调整为“人民法院可以根据在案证据作出判决、裁定”。主要考虑是：（1）《2012 年解释》第二百二十三条规定“人民检察院未将案件移送人民法院”，意味着对检察院延期审理的案件法院会将案件退回，否则不存在补充侦查完毕后的移送法院的问题。司法实践中，检察机关以补充侦查为由建议延期审理的，案件通常仍在法院并未退回。因为如果将案件退回，法院就要进行销案处理，补充侦查结束后，检察院再次起诉的，还要作为新收案件处理，程序极其烦琐且无必要。（2）补充侦查期限届满后，经通知，人民检察院未将补充的证据材料移送人民法院的，人民法院原则上应当根据在案证据材料作出判决、裁定。但是，如果人民检察院未将补充侦查时退回的案卷移送人民法院，或者拒不派员出席法庭的，可以按人民检察院撤诉处理。

13. 关于涉案财物的调查问题

《刑事诉讼法解释》将《2012 年解释》第三百六十四条的位置调整至第一审程序，旨在提醒审判人员和诉讼参与人在审判程序中高度重视对涉案财物的处理问题，《刑事诉讼法解释》第二百七十九条规定：“法庭审理过程中，应当对查封、扣押、冻结财物及其孳息的权属、来源等情况，是否属于违法所得或者依法应当追缴的其他涉案财物进行调查，由公诉人说明情况、出示证据、提出处理建议，并听取被告人、辩护人等诉讼参与人的意见。”“案外人对查封、扣押、冻结的财物及其孳息提出权属异议的，人民法院应当听取案外人的意见；必要时，可以通知案外人出庭。”“经审查，不能确认查封、扣押、冻结的财物及其孳息属于违法所得或者依法应当追缴的其他涉案财物的，不得没收。”需要注意的是，由检察机关对涉案财物的权属情况作出说明，提出处理意见，并提供相关证据材料，这符合刑事证据规则，也符合司法实际。例如，《最高人民法院、最高人民检察院、公安部关于办理电信网络诈骗等刑事案件适用法律若干问题的意见》（法发〔2016〕32 号）第七条“涉案财物的处理”第一项规定：“公安机关侦办电信网络诈骗案件，应当随案移送涉案赃款赃物，并附清单。人民检察院提起公诉时，应一并移交受理案件的人民法院，同时就涉案赃款赃物的处理提出意见。”

关于案外人对涉案财物提出权属异议的处理，《中共中央办公厅、国务院办公厅关于进一步规范刑事诉讼涉案财物处置工作的意见》（中办发〔2015〕7号，以下简称《中办、国办涉案财物处置意见》）第十二条规定："明确利害关系人诉讼权利。善意第三人等案外人与涉案财物处理存在利害关系的，公安机关、国家安全机关、人民检察院应当告知其相关诉讼权利，人民法院应当通知其参加诉讼并听取其意见。"根据上述规定，《刑事诉讼法解释》第二百七十九条第二款作了专门规定。作出上述规定，一方面，明确要求听取对涉案财物提出权属异议的案外人的意见，以落实《中办、国办涉案财物处置意见》的要求；另一方面，考虑到涉众型案件可能存在案外人众多的情形，一律通知到庭不具有可操作性，且《中办、国办涉案财物处置意见》只是要求人民法院应当"通知其参加诉讼"但并未要求"通知其参加庭审"，故规定为"必要时，可以通知案外人出庭"。

需要注意的是，随着经济社会发展，越来越多的刑事案件涉及财物处理问题，涉案财物的数额价值越来越大，利益关系也越来越复杂。当事人、利害关系人高度关注涉案财物处置问题。为强化产权司法保护，《刑事诉讼法解释》的多个条文对涉案财物的审查处理执行问题作了充实和完善。例如，在立案审查阶段，要审查涉案财物是否随案移送并列明权属情况，以及是否有证明相关财物系涉案财物的证据材料；在庭前会议中，可以就涉案财物的权属情况和处理建议听取意见；要强化对涉案财物的当庭调查，规范涉案财物的判决处理和执行。审判实践中，要适应时代发展，树立对定罪量刑和涉案财物处理并重的理念，重视做好涉案财物审查处理执行工作。

14. 关于公诉人当庭发表与起诉书不同意见的处理规则

实践中，个别案件存在公诉人当庭发表与起诉书不同意见的情形，甚至属于当庭变更、追加、补充或者撤回起诉的情形。对此如何处理，存在不同认识。有观点认为，刑事诉讼法规定的起诉主体是人民检察院，起诉书是加盖人民检察院印章的法律文书。我国法律没有赋予公诉人独立于检察院之外的主体地位，也没有允许公诉人变更起诉书的内容。鉴于这一问题在实践和理论中尚存争议，对于不涉及追加或者变更起诉的，到底采纳起诉书还是公诉意见书，属于法庭裁量范畴；对于需要追加、补充或者变更起诉的情况，人民法院应当休庭。另有观点认为，无论是否“属于变更、追加、补充或者撤回起诉”，此种情形均应当以当庭意见为准，以促使公诉人谨慎发表当庭意见。否则，当庭发表意见后，又不提供书面意见的，法院将无法处理，也有违司法诚信。

经研究认为，相关情况较为复杂，处理规则难以一概而论，需要区别对待。经综合考虑上述意见，《刑事诉讼法解释》第二百八十九条规定：“公诉人当庭发表与起诉书不同的意见，属于变更、追加、补充或者撤回起诉的，人民法院应当要求人民检察院在指定时间内以书面方式提出；必要时，可以宣布休庭。人民检察院在指定时间内未提出的，人民法院应当根据法庭审理情况，就起诉书指控的犯罪事实依法作出判决、裁定。”“人民检察院变更、追加、补充起诉的，人民法院应当给予被告人及其辩护人必要的准备时间。”司法适用中需要注意如下几点。

（1）《刑事诉讼法解释》第二百八十九条所称“公诉人当庭发表与起诉书不同的意见”，是指在起诉后未出现新的事实证据情况下，公诉人发表与起诉书不同意见的情形。对于出现新的事实、特别是体现被告人认罪悔罪态度的新事实，直接由法庭根据新的事实证据作出认定即可。例如，自首的被告人在开庭后翻供的，法庭可以直接不认定自首；认罪认罚的被告人在开庭后不认罪、不接受量刑建议的，法庭可以直接不认定认罪认罚；有的被告人在起诉后才退赃退赔，法庭可以直接认定退赃退赔这一情节。对于上述情形，无须由公诉人对起诉书作出变更，法庭在听取双方意见后直接认定即可。

（2）公诉人当庭发表与起诉书不同的意见，情况较为复杂：有的变更不影响定罪量刑，如对作案时间发表不同意见，直接变更即可。更多情形下则对定罪量刑会产生影响，但具体情况又存在差异：有的是直接变更罪名，如由职务侵占罪调整为贪污罪；有的涉及法定刑幅度的调整，如盗窃金额由 10 万元调整为 1 万元；有的只是涉及具体犯罪情节的认定，如盗窃金额由 3500 元调整为 3000 元。如果属于变更、追加、补充或者撤回起诉等重大事项的，应当以书面方式提出。而且，上述情形下，是否应当休庭，也不能简单作出统一规定，而应当交由实践裁量处理。例如，起诉书认定的盗窃金额是 3500 元，公诉人当庭发现计算有误，应当为 3000 元，量刑档次未发生变化，且所作变更有利于被告人，法庭可以继续开庭审理，但应当在庭后要求人民检察院以书面方式作出变更；相反，如果公诉人当庭改变起诉罪名，特别是由轻罪名改重罪名的，则休庭为宜，以更好地保障被告人的辩护权。又如，公诉人当庭追加起诉的，则可以以起诉书指控的罪行先行开庭，休庭后待人民检察院以书面方式追加起诉后，再行开庭就追加的起诉进行审理。

（3）人民检察院变更、追加、补充起诉的，人民法院应当给予被告人及其辩护人必要的准备时间，以充分保障被告人合法权益。

15. 关于辩护人提交书面辩护意见的问题

根据司法实践反映的问题，《刑事诉讼法解释》第二百九十条对辩护人及时提交辩护意见作出指引性规定，明确："辩护人应当及时将书面辩护意见提交人民法院。"

（1）讨论中，有意见建议明确庭审结束后提交书面辩护意见的具体时限。经研究认为，相关情况复杂，难以对时限作出明确具体规定，实践中可以裁量把握。需要注意的是，辩论原则是审判阶段应当遵循的基本原则，辩护人庭审发表的意见都是辩护意见，庭审笔录中应予载明，而且辩护人要在庭审笔录上签名。因此，书面辩护意见仅是庭审辩护的一个补充，如果庭审中辩护人已经充分发表了辩护意见，并记录在案，庭后不提交书面辩护意见对审判人员裁判没有影响。基于此，《刑事诉讼法解释》第二百九十条明确规定"辩护人应当及时将书面辩护意见提交人民法院"。对于经人民法院告知后仍不提交辩护意见的，以当庭发表的意见为准。

（2）关于书面辩护意见与当庭发表的意见不一致的处理问题，存在不同意见。有意见认为，辩护意见与当庭发表的意见存在实质性差异的，以当庭发表的意见为准。理由是：考虑到庭审中心主义、庭审实质化和公开审理的要求，当庭发表的意见经控辩双方质证、辩论，更能体现以审判为中心的刑事诉讼制度改革要求。明确以当庭发表的意见为准，可以促使辩护人庭前认真准备、庭上充分辩护。而且，认可在庭后提交与当庭发表意见差异较大的书面辩护意见，还可能带来需要二次开庭等一系列问题，浪费司法资源。另有意见认为，应当以庭后提交的书面辩护意见为准，理由是：刑事审判应当坚持实体正义优先的原则，对于庭后提交的书面辩护意见与当庭发表意见不一致，且有相关证据证明的，则应当采信书面辩护意见。必要时，可以通过庭外听取控辩双方意见或者二次开庭加以解决，不宜以节约司法资源为由对合理的书面辩护意见“视而不见”。

经研究认为，此种情形下，既有书面辩护意见，也有当庭发表意见，不宜简单“一刀切”，宜根据具体情况作出妥善处理。原则上应当以当庭发表的意见为准，但是，如果当庭发表的意见明显不妥当，书面辩护意见确有道理的，也可以采纳书面辩护意见。在裁判文书中，可以客观反映辩护意见的前后变化。鉴于相关问题比较复杂，《刑事诉讼法解释》未作统一规定，交由司法实践裁量处理。

（3）征求意见过程中，有意见提出，二审案件存在大量不开庭审理的情况，建议增加规定在指定日期提交辩护意见，以提升诉讼效率，有效维护辩护权。经研究认为，《刑事诉讼法解释》第二百九十条规定“辩护人应当及时将书面辩护意见提交人民法院”，可以参照适用于二审不开庭的情形。据此，人民法院可以要求辩护人在指定的合理期限内提交书面辩护意见。

16. 关于就新的事实和补查补证通知人民检察院的问题

《刑事诉讼法解释》第二百九十七条规定：“审判期间，人民法院发现新的事实，可能影响定罪量刑的，或者需要补查补证的，应当通知人民检察院，由其决定是否补充、变更、追加起诉或者补充侦查。”“人民检察院不同意或者在指定时间内未回复书面意见的，人民法院应当就起诉指控的事实，依照本解释第二百九十五条的规定作出判决、裁定。”需要注意以下几点。

（1）征求意见过程中，有意见提出，实践中，人民法院往往会要求人民检察院补充、补强证据材料，但现行司法解释对于合议庭发现案件需要补充侦查的，没有相关依据启动补充侦查程序，有必要对合议庭的补充侦查建议权予以明确。对此予以明确后，也可解决控辩双方对于在审判阶段由侦查机关补充调取的证据材料的来源合法性争议。经研究认为，上述问题在司法实践中客观存在，人民法院在审理案件过程中出现不少情形下需要人民检察院补查补证甚至补充侦查。基于此，《刑事诉讼法解释》第二百九十七条第一款就人民法院发现需要补查补证情形的处理作了相应规定。需要注意的是，根据以审判为中心的刑事诉讼制度改革的要求，法院应当坚持裁判中立原则，不能成为控诉方，故而该条第一款只是规定“通知人民检察院，由其决定是否补充、变更、追加起诉或者补充侦查”，即强调人民法院要依据在案证据依法裁判，确保司法公正和中立。

（2）从司法实践来看，极个别案件中，人民检察院对人民法院补充或者变更起诉的建议长时间不予回复，久拖不决。《实施刑事诉讼法规定》第三十条专门规定：“人民法院审理公诉案件，发现有新的事实，可能影响定罪的，人民检察院可以要求补充起诉或者变更起诉，人民法院可以建议人民检察院补充起诉或者变更起诉。人民法院建议人民检察院补充起诉或者变更起诉的，人民检察院应当在七日以内回复意见。”从司法实践来看，人民检察院通常无法在七日以内作出是否补充或者变更起诉的决定，往往需要通过补充侦查后才能作出相应决定。而且，补充起诉或变更起诉，相当于一次全新起诉，需要重新组织开庭。因此，此种情形下，人民法院宜协调人民检察院作出建议补充侦查的回复，从而在案件重新移送人民法院后重新计算审理期限，有效避免此种情况下案件审理期限不够的问题。当然，根据《刑事诉讼法解释》第二百九十七条第二款的规定，人民检察院不同意或者在指定时间内未回复书面意见的，人民法院应当就起诉指控的事实，依照《刑事诉讼法解释》第二百九十五条的规定作出判决、裁定。

17. 关于部分合议庭成员不能继续履职的处理规则

在庭审过程中，存在部分合议庭成员因故不能继续履行审判职责的情况。对此，《刑事诉讼法解释》第三百零一条第一款规定："庭审结束后、评议前，部分合议庭成员不能继续履行审判职责的，人民法院应当依法更换合议庭组成人员，重新开庭审理。"

但是，定期宣判的案件，在作出评议后，合议庭成员由于离职、退休等原因，可能不能参加宣判。对于此类情形，是否需要重新组成合议庭进行审理，不宜一概而论。原则上，在不改变原来评议时所作决定的情况下，可以由审判本案的其他合议庭成员宣判，判决书上仍应署审判本案的合议庭成员的姓名。对此，《刑事诉讼法解释》第三百零一条第二款规定："评议后、宣判前，部分合议庭成员因调动、退休等正常原因不能参加宣判，在不改变原评议结论的情况下，可以由审判本案的其他审判员宣判，裁判文书上仍署审判本案的合议庭成员的姓名。"需要注意的是，合议庭成员不能参加宣判的情形比较复杂，如因为辞职离开人民法院、接受监察调查或者被立案侦查等。此种情形下，宜重新组成合议庭进行审理。

18. 关于判决书的送达问题

《刑事诉讼法解释》第三百零三条规定："判决书应当送达人民检察院、当事人、法定代理人、辩护人、诉讼代理人，并可以送达被告人的近亲属。被害人死亡，其近亲属申请领取判决书的，人民法院应当及时提供。""判决生效后，还应当送达被告人的所在单位或者户籍地的公安派出所，或者被告单位的注册登记机关。被告人系外国人，且在境内有居住地的，应当送达居住地的公安派出所。"征求意见过程中，有意见提出，在被害人已死亡的案件中，被害人亲属要求领取判决书的情况在司法实践中也比较常见，建议一并规定。经研究，采纳上述意见，在《刑事诉讼法解释》第三百零三条第一款增加规定“被害人死亡的，其近亲属申请领取判决书的，人民法院应当及时提供”。同时，第二款增加规定：“被告人系外国人，且在境内有居住地的，应当送达居住地的公安派出所。”

《刑事诉讼法解释》第三百零三条原本拟针对被害人众多，无法全部送达的情形，增加规定“可以通过互联网公布电子判决书链接方式送达”，并要求“被害人要求领取判决书的，人民法院应当及时提供”。征求意见过程中，有意见提出，根据刑事诉讼法第二百零二条的规定，判决书应当送达当事人。对于已经明确认定为案件的被害人的，应当送达判决书，不能以网上公布判决书代替。经研究，鉴于对此问题存在不同认识，未再作出明确规定。

19. 关于不得继续担任辩护人、诉讼代理人的问题

《2012年解释》只规定“辩护人严重扰乱法庭秩序，被强行带出法庭或者被处以罚款、拘留，被告人自行辩护的，庭审继续进行；被告人要求另行委托辩护人，或者被告人属于应当提供法律援助情形的，应当宣布休庭”，未明确辩护人擅自退庭或者被强行带出法庭后能否继续担任本案的辩护人。为维护正常法庭秩序、确保审判顺利进行，经认真总结经验、广泛征求意见，2018年4月，最高人民法院、司法部联合发布了《关于依法保障律师诉讼权利和规范律师参与庭审活动的通知》，对相关问题作了明确。该通知施行以来，对规范法庭秩序、有效保障当事人合法权益发挥了重要作用，取得了良好效果。鉴于此，《刑事诉讼法解释》第三百一十条吸收相关规定，明确：“辩护人严重扰乱法庭秩序，被责令退出法庭、强行带出法庭或者被处以罚款、拘留，被告人自行辩护的，庭审继续进行；被告人要求另行委托辩护人，或者被告人属于应当提供法律援助情形的，应当宣布休庭。”“辩护人、诉讼代理人被责令退出法庭、强行带出法庭或者被处以罚款后，具结保证书，保证服从法庭指挥、不再扰乱法庭秩序的，经法庭许可，可以继续担任辩护人、诉讼代理人。”“辩护人、诉讼代理人具有下列情形之一的，不得继续担任同一案

件的辩护人、诉讼代理人：（一）擅自退庭的；（二）无正当理由不出庭或者不按时出庭，严重影响审判顺利进行的；（三）被拘留或者具结保证书后再次被责令退出法庭、强行带出法庭的。”在理解和适用《刑事诉讼法解释》第三百一十条时，需要把握以下两点。

第一，庭审是控辩审三方共同参与的严肃的诉讼活动，法庭是控辩审三方共同使用的庄严的诉讼场所。在庭审过程中，服从法庭指挥，理性表达意见，是保障庭审正常进行的基本要求，也是对法律人职业素养的基本要求。从审判实践来看，绝大多数律师能本着职业精神，遵守法庭纪律，维护法庭秩序，认真履行辩护职责，但也存在个别律师“闹庭”的情况。表现为：一旦其自认为正确的诉求没有得到即时满足，就“罢庭”而去，或者不服从法庭指挥，哄闹法庭，等等。组织一次庭审并不容易，特别是当事人、辩护人、诉讼代理人人数众多的案件，在送达传票和通知书、确定开庭时间、提押被告人等方面需要做大量协调工作。不服从法庭指挥，扰乱法庭秩序，不仅严重影响庭审正常进行，也会严重影响中国律师群体乃至中国司法、中国法治的形象，依法依规予以规制，理所当然。

第二，法院、法官要尊重律师，保障律师诉讼权利。法庭应当严格执行法定程序，平等对待诉讼各方，合理分配各方发问、质证、陈述和辩论、辩护的时间，充分听取律师意见，依法及时回应、满足律师的合理诉求。对于律师在法庭上就案件事实认定和法律适用的正常发问、质证和发表辩护意见，不能随意打断或者制止。对于发问、质证、辩护意见与案件无关或者重复、冗长的，可以提醒、制止。法庭既要威严，也要保持理性、平和、克制。对不服从法庭指挥的，要区分情节轻重作出妥当处理。要提高驾驭庭审、应对复杂状况的能力。对因一时情绪激烈，言语失当的，可以警告、训诫，原则上不采取责令律师退出法庭或者强行带离法庭的措施；必要时可以休庭处置，交流提醒，促其冷静。但是，对无视多次警告、训诫，反复挑战法庭权威，甚至哄闹法庭、擅自退庭的，必须依法依规及时妥当处理，防止事态升级、秩序失控。

20. 关于更换辩护人的次数问题

被告人在开庭前、开庭后拒绝辩护人辩护或者更换辩护人的现象时有发生。频繁更换辩护人，会造成法院反复多次开庭和过分的诉讼迟延，影响审判顺利进行。基于此，对于在非开庭时间更换辩护人或者拒绝辩护人辩护的，应当在充分保障辩护权的前提下作出适当规范，以兼顾诉讼效率。从实践来看，允许被告人在一个审判程序中更换两次辩护人，可以保证其前后共有三至六名辩护人，足以保障其辩护权。鉴于此，《刑事诉讼法解释》第三百一十一条第一款规定："被告人在一个审判程序中更换辩护人一般不得超过两次。"

## （十）自诉案件第一审程序

《刑事诉讼法修改决定》未涉及自诉案件第一审程序问题。《刑事诉讼法解释》第十章基本吸收《2012 年解释》第十章"自诉案件第一审程序"有关条文，仅根据《刑法修正案（九）》和司法实践反映的问题，对个别条文作了微调。

1. 应当说服自诉人撤回起诉或者裁定不予受理的情形

《刑事诉讼法解释》第三百二十条第二款规定："具有下列情形之一的，应当说服自诉人撤回起诉；自诉人不撤回起诉的，裁定不予受理：（一）不属于本解释第一条规定的案件的；（二）缺乏罪证的；（三）犯罪已过追诉时效期限的；（四）被告人死亡的；（五）被告人下落不明的；（六）除因证据不足而撤诉的以外，自诉人撤诉后，就同一事实又告诉的；（七）经人民法院调解结案后，自诉人反悔，就同一事实再行告诉的；（八）属于本解释第一条第二项规定的案件，公安机关正在立案侦查或者人民检察院正在审查起诉的；（九）不服人民检察院对未成年犯罪嫌疑人作出的附条件不起诉决定或者附条件不起诉考验期满后作出的不起诉决定，向人民法院起诉的。"需要注意以下几点。

（1）根据刑事诉讼法第二百一十一条的规定，人民法院审查后，对于犯罪事实清楚，有足够证据的自诉案件，应当依法受理，并开庭审判。

需要注意的是，人民法院对提起的自诉应当进行全面审查，既要审查自诉材料是否符合形式要求，也要审查犯罪事实是否清楚，证据是否足够。但是，对于自诉的审查并非实体审查，更不是判断被告人是否构成犯罪，故不得以“被告人的行为不构成犯罪”为由，说服自诉人撤回起诉或者裁定不予受理，[①] 对于此类自诉案件，仍然应当开庭审判并作出判决。

（2）征求意见过程中，有意见建议明确对于公安机关已受案查处，被害人又要求自诉解决的案件，应当如何处理。经研究认为，除告诉才处理的案件外，对于公安机关已立案侦查的，应当按照处理公诉案件的方式解决。基于此，采纳上述意见，《刑事诉讼法解释》第三百二十条第二款增设第八项。需要注意的是，对于公安机关立案侦查后或者人民检察院审查起诉后，不予追究犯罪嫌疑人刑事责任的，被害人当然可以依据“公诉转自诉”案件的规定提起自诉，故表述为“属于本解释第一条第二项规定的案件，公安机关正在立案侦查或者人民检察院正在审查起诉的”，即强调此类案尚在处理过程中。

征求意见过程中，有意见建议在《刑事诉讼法解释》第三百二十条第二款增加一项，规定：“被害人不服人民检察院对未成年犯罪嫌疑人作出附条件不起诉决定以及考验期满作出不起诉的决定，向人民法院起诉的”。理由是：《全国人民代表大会常务委员会关于〈中华人民共和国刑事诉讼法〉第二百七十一条第二款的解释》规定：“人民检察院办理未成年人刑事案件，在作出附条件不起诉的决定以及考验期满作出不起诉的决定以前，应当听取被害人的意见。被害人对人民检察院对未成年犯罪嫌疑人作出的附条件不起诉的决定和不起诉的决定，可以向上一级人民检察院申诉，不适用刑事诉讼法第一百七十六条关于被害人可以向人民法院起诉的规定。”经研究，采纳上述意见，《刑事诉讼法解释》第三百二十条第二款增设第九项。

---

① 1979年刑事诉讼法第一百二十六条规定，被告人的行为不构成犯罪的案件，应当说服自诉人撤回自诉或者裁定驳回。但1996年刑事诉讼法删除了这一规定，此后刑事诉讼法维持了1996年刑事诉讼法的规定。

征求意见过程中，有意见建议在《刑事诉讼法解释》第三百二十条第二款增加一项，规定：“检察机关撤回起诉，法院准予撤诉后，被害人又提起自诉的案件”。经研究认为，相关问题较为复杂，不宜一概而论。如果没有新的证据，此种情形通常属于《刑事诉讼法解释》第三百二十条第二款第二项规定的“缺乏罪证的”情形，可以依据该项规定处理；如果有新的证据，即属于应当受理的范畴。基于此，未采纳上述意见。

2. 关于对通过信息网络实施的侮辱、诽谤行为自诉的协助取证

刑法第二百四十六条第三款规定，通过信息网络实施侮辱、诽谤行为，“被害人向人民法院告诉，但提供证据确有困难的，人民法院可以要求公安机关提供协助”。鉴于此，《刑事诉讼法解释》第三百二十五条第二款作了照应性规定，明确：“对通过信息网络实施的侮辱、诽谤行为，被害人向人民法院告诉，但提供证据确有困难的，人民法院可以要求公安机关提供协助。”司法实践中需要注意的是，通过信息网络实施的侮辱、诽谤行为并非一律属于公诉案件的范畴，除“严重危害社会秩序和国家利益的”外，应当告诉才处理。对于通过信息网络实施的侮辱、诽谤行为，一般应当由自诉人提起自诉。此种情形下，人民检察院提起公诉，人民法院经审查认为尚未“严重危害社会秩序和国家利益的”，应当依据《刑事诉讼法解释》第二百一十九条的规定，退回人民检察院，同时告知被害人有权提起自诉；已经立案的，应当依据《刑事诉讼法解释》第二百九十五条的规定，裁定终止审理，并告知被害人有权提起自诉。

3. 关于自诉案件不适用速裁程序的问题

《刑事诉讼法解释》第三百二十七条规定：“自诉案件符合简易程序适用条件的，可以适用简易程序审理。”“不适用简易程序审理的自诉案件，参照适用公诉案件第一审普通程序的有关规定。”征求意见过程中，有意见建议增加自诉案件可以适用速裁程序的规定。经研究认为，目前对于自诉案件能否适用速裁程序，存在不同认识。全国人大常委会法工委刑法室在针对修改后刑事诉讼法的理解与适用中指出：“自诉案件由自诉人自行提起，案件没有经过侦查、审查起诉，人民法院在开庭前很难

判断证据是否确实、充分。同时，自诉案件自诉人与被告人往往对案件事实等存在较大争议。此外，由于没有检察机关等国家机关主持，也无法在审前提出量刑建议、签署认罪认罚具结书。从这些情况来看，自诉案件是不适合适用速裁程序审理的。"[①] 基于此，《刑事诉讼法解释》第三百二十七条未规定自诉案件可以适用速裁程序。

4. 关于自诉案件解除强制措施的问题

《2012 年解释》第二百七十三条规定："裁定准许撤诉或者当事人自行和解的自诉案件，被告人被采取强制措施的，人民法院应当立即解除。"征求意见过程中，有意见提出，司法实践存在自诉人和解要求撤回自诉，人民法院不予准许的情形。基于此，宜明确法院立即解除强制措施的前置条件，即将"当事人自行和解"限制为当事人和解后撤诉经裁定准许或制作刑事调解书生效。经研究，《刑事诉讼法解释》部分采纳上述意见，于第三百三十条规定："裁定准许撤诉的自诉案件，被告人被采取强制措施的，人民法院应当立即解除。"主要考虑是：上述意见确有一定道理。司法实践中，对于当事人和解的自诉案件，可以由人民法院视情裁定准许撤回自诉或者出具刑事调解书，此种情形下"立即解除强制措施"，自然应当满足裁定准许撤诉或者刑事调解书生效的条件。但是，这并不意味着当事人自行和解的，人民法院就一律裁定准许撤诉或者出具刑事调解书。例如重婚案件，即使自诉人谅解，与被告人达成和解，人民法院仍然可能会作出刑事判决。

需要进一步提及的是，刑事诉讼法第二百一十二条第一款规定"人民法院对自诉案件，可以进行调解；自诉人在宣告判决前，可以同被告人自行和解或者撤回自诉。本法第二百一十条第三项规定的案件不适用调解"。显而易见，此处规定的"调解"不是一般的刑事附带民事赔偿的调解，而是与刑事定罪量刑的裁判一样，属于自诉案件的结案方式。

---

① 王爱立、雷建斌主编：《〈中华人民共和国刑事诉讼法〉释解与适用》，人民法院出版社 2018 年版，第 418 页。

5. 关于被告人在自诉案件审判期间下落不明的处理

《2012 年解释》第二百七十五条规定："被告人在自诉案件审判期间下落不明的，人民法院应当裁定中止审理。被告人到案后，应当恢复审理，必要时应当对被告人依法采取强制措施。"经研究认为，对于自诉案件被告人在审判期间下落不明的，人民法院一律裁定中止审理并不合适，还可能存在应当由法院对被告人决定逮捕的情形。鉴于此，《刑事诉讼法解释》第三百三十二条作了相应调整，规定："被告人在自诉案件审判期间下落不明的，人民法院可以裁定中止审理；符合条件的，可以对被告人依法决定逮捕。"

6. 关于宣告无罪自诉案件的附带民事部分的处理

从司法实践来看，由于刑事附带民事诉讼不收取诉讼费，个别案件存在当事人滥用自诉权的问题。对于宣告无罪的自诉案件，要求对附带民事部分一并作出处理，会进一步加剧这一问题。鉴于自诉案件与公诉案件存在较大差异，不宜采用同一处理模式。基于此，《刑事诉讼法解释》第三百三十三条对《2012 年解释》第二百七十六条对依法宣告无罪的自诉案件"其附带民事部分应当依法进行调解或者一并作出判决"的规定作了适当调整，规定："对自诉案件，应当参照刑事诉讼法第二百条和本解释第二百九十五条的有关规定作出判决。对依法宣告无罪的案件，有附带民事诉讼的，其附带民事部分可以依法进行调解或者一并作出判决，也可以告知附带民事诉讼原告人另行提起民事诉讼。"

征求意见过程中，有意见提出，从自诉案件第一审程序整章体系来看，对于缺乏罪证或者无罪的自诉案件，除说服自诉人撤回起诉和调解外，另有三种处理方式：第一，立案阶段不予受理；第二，经审查缺乏罪证的，裁定驳回起诉，这指的是开庭审理之前的书面审查；第三，经过开庭后认定被告人无罪或不能认定被告人有罪的，应当作出判决（无罪判决）。实践中对自诉案件经开庭审理后，认为被告人无罪或不能认定被告人有罪的，既有只作出驳回起诉的程序处理的，又有作无罪判决实体处理的，做法不统一。基于此，建议将《刑事诉讼法解释》第三百三十三条中的自诉案件限定为已开庭审理的自诉案件。经研究认为，所涉问题较为复杂，不宜一概而论。但是，通常而言，对于已经开庭审理的自诉案件，原则上不能再说服自诉人撤回起诉或者驳回起诉，应当作出无罪判决。

此外，司法实践多次反映自诉案件审限过短和增加规定报请批准延长审限的问题。经研究认为，刑事诉讼法第二百一十二条第二款对自诉案件的审理期限作了专门规定。根据该条规定，被告人未被羁押的自诉案件，应当在受理后六个月以内宣判，不能适用刑事诉讼法第二百零八条关于延长审理期限的规定。而且，自诉案件的性质与公诉案件有本质的区别，因此，公诉案件的延长审限，自诉案件不能简单套用。自诉案件的结案方式灵活多样，可以和解结案、调解结案、判决结案，目的是尽快恢复社会秩序，充分尊重当事人的处分权。因此，为自诉案件设置与公诉案件无区别的审限延长程序似不合理。鉴于此，未对自诉案件报请延长审限问题作出规定。被告人未被羁押的自诉案件的审限不足的问题客观存在，实践中，一方面，要严格审限管理，尽量在规定时间内审结相关自诉案件；另一方面，也可以根据实践情况裁量处理。据了解，有的地方法院通过让自诉人撤诉后再行提起自诉的方式解决审限不足问题，实属“无奈之举”。

### （十一）单位犯罪案件的审理

《刑事诉讼法修改决定》未涉及单位犯罪案件审理的问题。《刑事诉讼法解释》第十一章沿用《2012 年解释》第十一章“单位犯罪案件的审理”的条文，并根据司法实践反映的问题作了修改完善，主要涉及：（1）扩大了被告单位诉讼代表人的确定范围；（2）明确对被告单位采取查封、扣押、冻结等措施应当坚持依法慎用的原则；（3）完善被告单位在特殊状态下的刑事责任承担规则。

1. 关于单位犯罪诉讼代表人的确定范围问题

《2012 年解释》第二百七十九条规定：“被告单位的诉讼代表人，应当是法定代表人或者主要负责人；法定代表人或者主要负责人被指控为单位犯罪直接负责的主管人员或者因客观原因无法出庭的，应当由被告单位委托其他负责人或者职工作为诉讼代表人。但是，有关人员被指控为单位犯罪的其他直接责任人员或者知道案件情况、负有作证义务的除外。”据此，被告单位的诉讼代表人限定在被告单位内部的四类人员：法定代表人、主要负责人、其他负责人以及职工。其他人员不能担任诉讼代表人，由此带来了诉讼代表人确定范围过窄的问题：在单位法定代表人、主要负责人涉案的情况下，难以从单位职工中确定诉讼代表人，且单位职工还可能作为证人，故实践中在被告单位内部无法确定诉讼代表人的现象并非个例。此种情况下，往往采取两种做法：一是放松审查，确定并不符合条件的人员担任诉讼代表人；二是将本系单位犯罪的案件作为自然人犯罪起诉，从而放弃对涉嫌犯罪的单位的指控，导致单位有逃脱刑事制裁之虞。基于此，有必要对现行被告单位诉讼代表人的确定范围作适度扩展，以满足实践所需。

《刑事诉讼法解释》修改过程中，经研究认为，在现有规定人员范围的基础上，可以考虑在单位外部确定由律师担任被告单位的诉讼代表人。基于此，《刑事诉讼法解释》第三百三十六条规定：“被告单位的诉讼代表人，应当是法定代表人、实际控制人或者主要负责人；法定代表人、实际控制人或者主要负责人被指控为单位犯罪直接责任人员或者因客观原因无法出庭的，应当由被告单位委托其他负责人或者职工作为诉讼代表人。但是，有关人员被指控为单位犯罪直接责任人员或者知道案件情况、负有作证义务的除外。”“依据前款规定难以确定诉讼代表人的，可以由被告单位委托律师等单位以外的人员作为诉讼代表人。”“诉讼代表人不得同时担任被告单位或者被指控为单位犯罪直接责任人员的有关人员的辩护人。”据此，对被告单位诉讼代表人的确定可以分为两个层次：（1）被告单位的诉讼代表人，应当是法定代表人、实际控制人或者主要负责人；法定代表人、实际控制人或者主要负责人被指控为单位犯罪直接负责的主管人员或者因客观原因无法出庭的，应当由被告单位委托其他负责人或者职工作为诉讼代表人。（2）依据上述规则难以确定诉讼代表人的，可以由被告单位委托律师等单位以外的人员作为诉讼代表人。

需要提及的是，之所以将诉讼代表人的选定范围扩大至律师，是考虑到单位犯罪案件审理程序中诉讼代表人主要起到的是代表犯罪单位意志、维护其合法权益、保障诉讼正常进行的作用。律师是法律专业人士，其作为被告单位的诉讼代表人受其职业身份及代理关系的双重约束，更能全面深入地保证委托人的合法权益；律师的职业特点，也便于其通过阅卷、调查等方式，了解案情，保证案件的公正审理和顺利进行。从境外情况来看，单位聘请律师代表单位诉讼，也有类似做法，如美国2018年《联邦刑事诉讼规则》第43（b）（1）条规定“法人可以由全权代理的律师代表出庭”。

需要注意的是，对于作为被告单位的诉讼代表人同时兼任辩护人的情形，讨论中存在不同认识：一种意见认为，可以有效解决司法实践中突出的无法确定单位诉讼代表人的问题，节约诉讼资源；另一种意见认为，兼任可能会造成角色冲突，比如，被告单位认罪欲获取从轻处罚，而辩护人根据案件事实证据或辩护策略作无罪辩护，此种情况下明显存在角色冲突，兼任无法同时保障被告单位的意见发表权和辩护人的辩护权。征求意见过程中，多数赞成后一种意见，认为作为被告单位的诉讼代表人同时兼任辩护人的情形存在角色和职责冲突。诉讼代表人与辩护人属不同诉讼角色，承担着不同的诉讼职责。诉讼代表人全权代表本单位的意志，而辩护人主要承担辩护代理职责，履行辩护人义务。将诉讼代表职责与辩护代理职责合二为一，由诉讼代表人兼任辩护人，容易引发社会公众质疑，影响司法公信力。基于此，《刑事诉讼法解释》第三百三十六条第三款规定：“诉讼代表人不得同时担任被告单位或者被指控为单位犯罪直接责任人员的有关人员的辩护人。”

2. 关于对被告单位慎用查封、扣押、冻结等措施的问题

2016年11月4日《中共中央、国务院关于完善产权保护制度依法保护产权的意见》提出严格规范涉案财产处置的法律程序。据此，《刑事诉

讼法解释》第三百四十三条强调对被告单位采取查封、扣押、冻结等措施，应当坚持依法慎用的原则，规定："采取查封、扣押、冻结等措施，应当严格依照法定程序进行，最大限度降低对被告单位正常生产经营活动的影响。"司法适用中需要注意的是，无论是对被告人，还是对被告单位，都要慎用查封、扣押、冻结等措施，对能"活封"的财产，不进行"死封"。

3. 关于被告单位在特殊状态下的刑事责任承担规则

《2012 年解释》第二百八十六条规定："审判期间，被告单位被撤销、注销、吊销营业执照或者宣告破产的，对单位犯罪直接负责的主管人员和其他直接责任人员应当继续审理。"经研究认为，上述规定不尽合理，只有在犯罪主体消亡的情况下，才不再继续追究刑事责任。被告单位被撤销、注销的情况下，可以认为是被告单位主体消亡，此时对单位不再追究，而直接追究单位犯罪直接责任人员的责任，是合适的。但是，在被告单位只是被吊销营业执照或者宣告破产但未完成清算、注销登记的情况下，被告单位这一责任主体还是存在的，并未消亡，其可以承担民事责任，同理也可以承担刑事责任，故此时应当对案件继续审理，并对被告单位作出刑事判决。基于此，《刑事诉讼法解释》第三百四十四条对被告单位在特殊状态下的刑事责任承担问题，区分单位被"撤销、注销"和"吊销营业执照、宣告破产"的情形分别确立不同的处理规则，规定："审判期间，被告单位被吊销营业执照、宣告破产但尚未完成清算、注销登记的，应当继续审理；被告单位被撤销、注销的，对单位犯罪直接负责的主管人员和其他直接责任人员应当继续审理。"

讨论中，对进入破产程序的被告单位是否应当继续审理存在不同认识：一种意见认为，其主体资格未消亡，应当继续审理；另一种意见认为，"资不抵债"是单位进入破产程序的前提条件，在此情况下，如果继续审理并对被告单位判处罚金，从可预期的角度完全属于不能执行的"空判"，因此建议对于进入破产程序但尚未清算完毕的被告单位终止审理。经研究，采纳前一种意见，维持上述修改不变。如前所述，在被告单位宣告破产但未完成清算、注销登记的情况下，被告单位这一责任主体还是存在的，并未消亡，其可以承担民事责任，同理也可以承担刑事责任，故此时应当对案件继续审理，并对被告单位作出刑事判决。

此外，实践反映，存在被告单位为逃避罚金等而恶意注销的情形，本条原本拟明确规定对于恶意注销的，案件应当继续审理。征求意见过程中，有意见提出，这一规定的出发点值得肯定，有利于打击恶意逃避单位责任的行为，但是如何认定恶意注销，以及在单位注销的情况下，如何追究单位责任，被告单位如何列席，以及判处的罚金如何执行，均存在操作困难。经研究，未再作明确规定。主要考虑是：第一，进入审判程序后被告单位被恶意注销的情况应该较为罕见，受案法院可以监督制约。第二，追究被告单位刑事责任的唯一方式是判处罚金。对于被告单位基于逃避罚金等动机恶意注销的，法定代表人、实际控制人、主要负责人往往都会实际获益。而上述人员作为被告单位的主管人员或者直接负责的责任人员被追究刑事责任，在被告单位被恶意注销的情况下，可以通过对上述人员多判处罚金的方式予以弥补，且对于被告单位的违法所得也可以继续追缴，不会造成处罚的漏洞。

### （十二）认罪认罚案件的审理

《刑事诉讼法修改决定》的重要内容之一就是总结认罪认罚从宽制度试点工作的经验和成果，通过修改后刑事诉讼法加以固定。认罪认罚从宽制度适用于整个刑事诉讼，其本身并非独立的诉讼程序，对认罪认罚案件应当根据具体情况选择适用速裁程序、简易程序或者普通程序。但是，认罪认罚案件的审理确有一定的特殊性，对其中的共性问题需要作出集中规定。《刑事诉讼法解释》增设第十二章“认罪认罚案件的审理”，根据修改后刑事诉讼法的规定，吸收2019年10月11日《最高人民法院、最高人民检察院、公安部、国家安全部、司法部关于适用认罪认罚从宽制度的指导意见》（以下简称《认罪认罚意见》）的有关规定，结合司法实践反映的问题，对认罪认罚案件的审理作出明确规定。

1. 关于随案移送相关材料的审查问题

刑事诉讼法第一百七十三条第一款规定："人民检察院审查案件，应当讯问犯罪嫌疑人，听取辩护人或者值班律师、被害人及其诉讼代理人的意见，并记录在案。辩护人或者值班律师、被害人及其诉讼代理人提出书面意见的，应当附卷。"据此，对于认罪认罚案件，人民检察院应当随案移送讯问犯罪嫌疑人的笔录，以及听取辩护人或者值班律师、被害人及其诉讼代理人意见的笔录。特别是，实践中有个别案件，人民检察院未听取被害人意见或者未移送有关材料，不利于保障被害人合法权益，也会导致人民法院在审判阶段需要再行听取被害人意见，造成诉讼拖延。为保障法律严格实施，《刑事诉讼法解释》第三百四十九条规定："对人民检察院提起公诉的认罪认罚案件，人民法院应当重点审查以下内容：……（二）是否随案移送听取犯罪嫌疑人、辩护人或者值班律师、被害人及其诉讼代理人意见的笔录；（三）被告人与被害人达成调解、和解协议或者取得被害人谅解的，是否随案移送调解、和解协议、被害人谅解书等相关材料；……""未随案移送前款规定的材料的，应当要求人民检察院补充。"

征求意见过程中，有意见提出，实践中，部分案件存在犯罪嫌疑人、被告人赔偿了被害人经济损失并得到被害人谅解，但因时间、路途等原因，被害人未出具相关谅解证明等证据材料的情况，建议规定只要有被害人有谅解的真实意思表示的相关材料，并且经核实无误即可。经研究认为，上述意见确有道理，相关材料可以纳入"等相关材料"，实践中不会存在问题。

2. 关于"量刑建议明显不当"的认定规则

征求意见过程中，有意见提出，"量刑建议明显不当"的规定过于抽象，建议细化。在很多时候轻刑犯相差一至三个月就显得偏轻或偏重，在这种情况下能否改变量刑建议？经研究，相关问题不宜一概而论，应当区分情况，根据审理认定的犯罪事实、认罪认罚的具体情况，结合相关犯罪的法定刑、类似案件的刑罚适用等作出审查判断。特别是，相关犯罪的法定刑不同，对认定量刑建议是否明显不当具有直接影响。例如，对于危险驾驶案件，刑罚相差一个月甚至半个月通常即可以认定为“明显不当”；对于应当判处十年以上有期徒刑的案件，刑罚相差半年以上通常才会认定为“明显不当”。基于此，《刑事诉讼法解释》第三百五十四条对量刑建议明显不当的判断作了原则性指引规定，明确：“对量刑建议是否明显不当，应当根据审理认定的犯罪事实、认罪认罚的具体情况，结合相关犯罪的法定刑、类似案件的刑罚适用等作出审查判断。”

### （十三）简易程序

《刑事诉讼法修改决定》未涉及简易程序问题。《刑事诉讼法解释》第十三章吸收《2012年解释》第十二章“简易程序”的条文，仅对个别条文作了微调。

1. 关于被告人及其辩护人申请适用简易程序的问题

《刑事诉讼法解释》第三百五十九条第二款增加赋予被告人及其辩护人适用简易程序的申请权，规定：“对人民检察院建议或者被告人及其辩护人申请适用简易程序审理的案件，依照前款规定处理；不符合简易程序适用条件的，应当通知人民检察院或者被告人及其辩护人。”

2. 关于适用简易程序审理案件的开庭时间通知问题

《2012年解释》第二百九十二条第一款规定：“适用简易程序审理案件，人民法院应当在开庭三日前，将开庭的时间、地点通知人民检察院、自诉人、被告人、辩护人，也可以通知其他诉讼参与人。”刑事诉讼法第二百一十九条规定：“适用简易程序审理案件，不受本章第一节关于送达期限、讯问被告人、询问证人、鉴定人、出示证据、法庭辩论程序规定的限制。”据此，对于适用简易程序审理的案件，开庭前通知的时间不受“三日前”的限制。鉴于此，《刑事诉讼法解释》第三百六十二条第一款将“开庭三日前”调整为“开庭前”，规定：“适用简易程序审理案件，人民法院应当在开庭前将开庭的时间、地点通知人民检察院、自诉人、被告人、辩护人，也可以通知其他诉讼参与人。”当然，司法实践中可以根据情况裁量把握，尽可能提前通知，以给诉讼参与各方更为充裕的准备时间。

3. 关于简易程序的裁判文书简化问题

司法实践中，一些刑事法官不愿意适用简易程序，一个很重要的原因是简易程序相对于普通程序而言，花费时间相差无几，简易程序并未简化，尤其是裁判文书几乎没有区别，中间还面临程序转化的风险。基于此，根据司法实践审判需要，为促进法官适用简易程序的积极性，以提高诉讼效率，《刑事诉讼法解释》第三百六十七条第一款规定："适用简易程序审理案件，裁判文书可以简化。"

（十四）速裁程序

《刑事诉讼法修改决定》的重要内容之一就是总结刑事案件速裁程序试点工作的经验和成果，通过修改后刑事诉讼法加以固定。《刑事诉讼法解释》增设第十四章"速裁程序"，根据修改后刑事诉讼法的规定，吸收《认罪认罚意见》的有关规定，结合司法实践反映的问题，对速裁程序的适用作出明确规定。

1. 关于对人民检察院未提出建议的案件能否适用速裁程序的问题

根据刑事诉讼法第二百二十二条第二款的规定，人民检察院有权建议适用速裁程序，人民法院应当决定是否适用。但是，对于人民检察院没有提出建议的案件（包括两种情形：一是审前阶段认罪认罚而人民检察院未建议适用速裁程序的案件；二是审前阶段未认罪认罚的案件）人民法院能否适用速裁程序，讨论中存在不同认识。第一种意见持否定立场，理由是：适用速裁程序的前提是被告人同意适用速裁程序，且需要人民检察院与被告人就量刑问题重新进行协商，履行签署认罪认罚具结书的程序，依法提出量刑建议。而且，这有利于防止助长被告人的拖延心理，也有利于督促检察机关履行认罪认罚程序的审查把关职责。第二种意见持肯定立场。理由是：控辩地位平等，既然允许公诉机关建议适用速裁程序，理应允许被告人及其辩护人建议适用速裁程序。

经研究，《刑事诉讼法解释》第三百六十九条采纳第二种意见，第二款、第三款规定："对人民检察院未建议适用速裁程序的案件，人民法院经审查认为符合速裁程序适用条件的，可以决定适用速裁程序，并在开庭前通知人民检察院和辩护人。""被告人及其辩护人可以向人民法院提出适用速裁程序的申请。"主要考虑是：（1）刑事诉讼法第二百二十二条第二款规定："人民检察院在提起公诉的时候，可以建议人民法院适用速裁程序。"可见，人民检察院对速裁程序的适用享有建议权，但似不意味着速裁程序的适用必须以人民检察院的建议为前提条件。基于控辩对等的刑事诉讼原则，对于人民检察院未建议适用速裁程序的案件，被告人及其辩护人也可以申请适用，符合条件的，人民法院可以依职权决定适用。（2）基于通行法理，刑事诉讼程序原则上不得回流。基于此，对于人民检察院未建议的案件，在审判阶段决定适用速裁程序的，在开庭前通知人民检察院和辩护人即可，无须再重回认罪认罚具结书签署和量刑协商程序。（3）从实践操作角度来看，对于在审判阶段认罪认罚的案件，符合速裁程序适用条件的，人民法院决定适用速裁程序，在操作上也不存在问题。

2. 关于适用速裁程序公开审理案件在开庭前送达期限的问题

刑事诉讼法第二百二十四条规定"适用速裁程序审理案件，不受本章第一节规定的送达期限的限制"。第二百一十九条规定"适用简易程序审理案件，不受本章第一节关于送达期限、讯问被告人、询问证人、鉴定人、出示证据、法庭辩论程序规定的限制"。可见，对于适用速裁程序、简易程序审理的案件，不受送达期限的限制。但是，刑事诉讼法第一百八十七条第三款规定："人民法院确定开庭日期后，应当将开庭的时间、地点通知人民检察院，传唤当事人，通知辩护人、诉讼代理人、证人、鉴定人和翻译人员，传票和通知书至迟在开庭三日以前送达。公开审判的案件，应当在开庭三日以前先期公布案由、被告人姓名、开庭时间和地点。"司法适用中存在争议的问题是，对于适用速裁程序公开审理的案件，是否需要在开庭三日以前将开庭的时间、地点通知人民检察院、被告人及其辩护人等诉讼参与人，并在开庭三日以前先期公布案由、被告人姓名、开庭时间和地点？实践中，个别地方对于适用速裁程序审理案件，“当天立案、当天审理、当庭宣判”，无法在开庭三日以前进行送达和公告。对此，有意见认为，适用简易程序、速裁程序审理案件，同样应当确保人民检察院有效参加审判、保障被告人有效行使辩护权、保证被害人权利、维护社会公众的知情权。基于此，应当在开庭三日以前通知诉讼参与人和公告，以给控辩双方适当的准备时间，同时保证案件的公开审判和接受社会监督。

经研究，倾向于认为，由于刑事诉讼法第二百一十九条、第二百二十四条所使用的表述是不受“送达期限”的限制，加之司法实践中通常只在开庭日公告和通知控辩双方和其他诉讼参与人，要求先期三日似与当前实践不符。基于此，《刑事诉讼法解释》第三百七十一条规定：“适用速裁程序审理案件，人民法院应当在开庭前将开庭的时间、地点通知人民检察院、被告人、辩护人，也可以通知其他诉讼参与人。”“通知可以采用简便方式，但应当记录在案。”

适用速裁程序审理案件，还需要注意两个问题：（1）人民法院应当通知人民检察院派员出庭。讨论中，有意见建议规定公诉人可以不出庭。主要考虑是：司法实践中，有的速裁案件，出庭公诉人不是案件承办人，不了解案件情况。一旦庭上有突发或意外情况发生，出庭的公诉人无法及时回应，达不到出庭的真正目的。经研究认为，公诉人代表人民检察院履行国家公诉职能，在刑事诉讼法未明确规定公诉人可以不出庭的情况下，不宜规定公诉人可以不出庭。特别是，速裁程序可能出现调整量刑建议的情形，如公诉人不出庭，则无法当庭调整量刑建议，影响速裁程序的适用。因此，人民法院应当通知人民检察院派员出庭。实践中，人民法院应当协调人民检察院派合适公诉人出庭，当庭妥当处理量刑建议调整等问题。（2）被告人有辩护人的，应当通知其出庭。刑事诉讼法第二百二十四条规定：“适用速裁程序审理案件……在判决宣告前应当听取辩护人的意见……”有意见据此得出了适用速裁程序审理的案件，必须有辩护人参加庭审的结论，这显然不符合实际。此处规定的“听取辩护人的意见”，应当限于适用速裁程序审理的案件有辩护人的情形，对于没有辩护人参与庭审的案件，自然无法听取辩护人的意见。鉴于上述两个问题在司法适用中虽有一定认识分歧，但争议不大，本着司法解释的问题导向，《刑事诉讼法解释》未作明确规定。

3. 关于适用速裁程序审理案件可以集中开庭、逐案审理的问题

从当前司法实践来看，速裁程序在实践中一定程度遇冷，适用积极性不高，究其原因，一是与简易程序相比，速裁的“速”体现不明显；二是审限较短，案件周转不灵。为此，速裁程序要真正发挥其效率，必须在“速”字上着力。具体而言，集中审理有利于发挥速裁程序的“速”。基于此，《刑事诉讼法解释》第三百七十二条规定：“适用速裁程序审理案件，可以集中开庭，逐案审理。公诉人简要宣读起诉书后，审判人员应当当庭询问被告人对指控事实、证据、量刑建议以及适用速裁程序的意见，核实具结书签署的自愿性、真实性、合法性，并核实附带民事诉讼赔偿等情况。”

征求意见过程中，有意见建议删除“由公诉人简要宣读起诉书”。理由是：为简化庭审流程，鉴于此前已送达起诉书，被告人认罪认罚，且人民法院会核对被告人认罪认罚意愿的真实性等，故建议对公诉机关是否摘要宣读起诉书不作强制性规定。经研究，未采纳上述意见。而且，《认罪认罚意见》第四十四条亦明确要求“公诉人简要宣读起诉书”。

需要注意的是，适用速裁程序审理案件，虽无法庭调查和法庭辩论环节，但审判人员仍应当庭询问被告人对指控的证据有无异议，被告人无异议的，即应当视为经过了庭审质证程序。所以，速裁程序中作为定案根据的证据，实际上也经过了庭审举证、质证程序，不存在例外。

### （十五）第二审程序

《刑事诉讼法修改决定》未涉及第二审程序问题。《刑事诉讼法解释》第十五章沿用《2012 年解释》第十三章“第二审程序”的条文，并

根据司法实践反映的问题作了修改完善，主要涉及：（1）明确对准许撤回起诉、终止审理等裁定可以上诉；（2）对上诉期满要求撤回上诉和抗诉期满要求撤回抗诉的处理规则作出调整；（3）细化上诉不加刑原则的司法适用；（4）明确死缓案件二审应当开庭审理；（5）设立二审案件的部分发回规则；（6）明确终审的判决和裁定发生法律效力的时间。

1. 关于对准许撤回起诉、终止审理等裁定可以上诉的问题

刑事诉讼法第二百二十七条第一款规定："被告人、自诉人和他们的法定代理人，不服地方各级人民法院第一审的判决、裁定，有权用书状或者口头向上一级人民法院上诉。被告人的辩护人和近亲属，经被告人同意，可以提出上诉。"司法实践中，对哪些裁定可以提出上诉，存在不同认识。经研究认为，准许撤回起诉、终止审理等裁定可能对被告人的实体权益造成影响，应当允许上诉。鉴于此，《刑事诉讼法解释》第三百七十八条第一款规定："地方各级人民法院在宣告第一审判决、裁定时，应当告知被告人、自诉人及其法定代理人不服判决和准许撤回起诉、终止审理等裁定的，有权在法定期限内以书面或者口头形式，通过本院或者直接向上一级人民法院提出上诉；被告人的辩护人、近亲属经被告人同意，也可以提出上诉；附带民事诉讼当事人及其法定代理人，可以对判决、裁定中的附带民事部分提出上诉。"

2. 关于上诉期满要求撤回上诉的处理规则

《2012 年解释》第三百零五条第一款规定："上诉人在上诉期满后要求撤回上诉的，第二审人民法院应当审查。经审查，认为原判认定事实和适用法律正确，量刑适当的，应当裁定准许撤回上诉；认为原判事实不清、证据不足或者将无罪判为有罪、轻罪重判等的，应当不予准许，继续按照上诉案件审理。"《刑事诉讼法解释》第三百八十三条第二款吸收上述规定，并作适当调整。考虑到基于上诉不加刑原则的限制，二审不会对上诉人的权益造成影响，故该款规定："上诉人在上诉期满后要求撤回上诉的，第二审人民法院经审查，认为原判认定事实和适用法律正确，量刑适当的，应当裁定准许；认为原判确有错误的，应当不予准许，

继续按照上诉案件审理。”

需要注意的是，《刑事诉讼法解释》第三百八十三条第二款规定，上诉人在上诉期满后要求撤回上诉，第二审人民法院经审查“认为原判确有错误的，应当不予准许”。讨论中，有意见建议明确“应当不予准许”是裁定还是决定，是否采用书面形式。经研究认为，实践中可以裁量处理：一般可以出具书面裁定，也可以继续开庭，而后在裁判文书中一并作出说明。

此外，实践反映，上诉人经人民法院传唤拒不到庭，甚至脱逃，是逃避法律制裁，主动放弃二审机会。此种情形实际等同于要求撤回上诉，故应当按照上诉人要求撤回上诉处理，即区分在上诉期限内和上诉期满后两种情形，适用《刑事诉讼法解释》第三百八十三条的规定处理。征求意见过程中，有反对意见提出，对于第二审程序中上诉人不到庭甚至脱逃的情形，根据刑事诉讼法第二百四十二条、第二百零六条的规定，人民法院可以依法中止审理。虽然民事诉讼中有类似不到庭视为撤诉的规定，但刑事诉讼不同于民事诉讼。视为撤回上诉，既不利于保护当事人的诉讼权利，也不一定解决诉讼效率的问题。例如，法院审理后初步认为原判事实不清、证据不足或者将无罪判为有罪、轻罪重判等的，即使上诉人无故不到庭，仍然需要进行审理。[①] 经研究认为，所涉问题在司法实践中客观存在，应当予以解决。随着非羁押性强制措施的广泛适用，诉讼过程中被告人不到庭的情形有增多的趋势，经传唤拒不到庭是其主动放弃二审，应当采取措施防止案件久拖不决。但反对意见也确有道理，应当充分保障上诉人的实体权利和程序权利，特别是防止判决事实不清、证据不足或者将无罪判为有罪、轻罪重判。基于此，未再作出明确规定，交由司法实践裁量把握。根据具体情况，对于被告人无法到案的，可以中止审理，必要时对被告人商公安机关上网追逃，这样处理有利于案件

---

① 此外，有意见建议进一步明确如下问题：一是视为撤诉的，准许方式是什么，如何裁定以及审查处理？此种情况不属于缺席判决的情形，不能参照缺席判决审理。二是无正当理由的要件规定，如何理解？三是对于被告人脱逃的，即使视为撤诉，文书送达以及被告人送交执行都会带来问题。

最终审结。

3. 关于抗诉期满要求撤回抗诉的处理规则

《2012年解释》第三百零七条规定："人民检察院在抗诉期限内撤回抗诉的，第一审人民法院不再向上一级人民法院移送案件；在抗诉期满后第二审人民法院宣告裁判前撤回抗诉的，第二审人民法院可以裁定准许，并通知第一审人民法院和当事人。"考虑到对抗诉案件的二审继续审理可以加重被告人刑罚，《刑事诉讼法解释》第三百八十五条第一款、第二款明确人民检察院在抗诉期满后要求撤回抗诉的，只有"认为原判存在将无罪判为有罪、轻罪重判等情形的"，才不予准许，规定："人民检察院在抗诉期限内要求撤回抗诉的，人民法院应当准许。""人民检察院在抗诉期满后要求撤回抗诉的，第二审人民法院可以裁定准许，但是认为原判存在将无罪判为有罪、轻罪重判等情形的，应当不予准许，继续审理。"

需要注意的是，"继续审理"是指继续按照抗诉案件开庭审理。此种案件本由抗诉启动，虽已提出撤回抗诉但法院因故不予准许，这属于诉讼程序上的重大事项，并且在实体上也可能发生重大变化（原判有罪改判无罪，或原审重判改为轻判），因此应当一律开庭审理。

征求意见过程中，有意见提出，司法实践中，已遇到原公诉机关对第一审判决抗诉，上级人民检察院不支持抗诉，要求撤回抗诉，但第二审法院认为抗诉成立，不准许撤回抗诉的案件。建议明确此种情形如何处理。经研究认为，人民检察院要求撤回抗诉的，人民法院应当进行审查，自然就包括裁定不准许撤回抗诉的情形。此种情形下，二审应当继续进行。当然，司法实践中可能还会遇到检察机关不派员出庭等问题，对此宜协调解决。基于上述考虑，《刑事诉讼法解释》第三百八十五条第三款专门明确了上级人民检察院认为下级人民检察院抗诉不当，向第二审人民法院要求撤回抗诉的处理规则，规定："上级人民检察院认为下级人民检察院抗诉不当，向第二审人民法院要求撤回抗诉的，适用前两款规定。"

4. 关于二审开庭范围问题

《刑事诉讼法解释》第三百九十三条对《2012 年解释》第三百一十七条的规定作出修改完善，规定：“下列案件，根据刑事诉讼法第二百三十四条的规定，应当开庭审理：（一）被告人、自诉人及其法定代理人对第一审认定的事实、证据提出异议，可能影响定罪量刑的上诉案件；（二）被告人被判处死刑的上诉案件；（三）人民检察院抗诉的案件；（四）应当开庭审理的其他案件。”“被判处死刑的被告人没有上诉，同案的其他被告人上诉的案件，第二审人民法院应当开庭审理。”死刑案件，人命关天，必须适用最为严格、审慎的审理程序。刑事诉讼法明确规定，被告人被判处死刑的上诉案件，人民法院应当组成合议庭开庭审理。死刑缓期二年执行案件也属于死刑案件。为严格落实刑事诉讼法的规定，该条规定死缓二审案件一律开庭审理。

5. 关于上诉不加刑原则的把握

《刑事诉讼法解释》第四百零一条规定：“审理被告人或者其法定代理人、辩护人、近亲属提出上诉的案件，不得对被告人的刑罚作出实质不利的改判，并应当执行下列规定：（一）同案审理的案件，只有部分被告人上诉的，既不得加重上诉人的刑罚，也不得加重其他同案被告人的刑罚；（二）原判认定的罪名不当的，可以改变罪名，但不得加重刑罚或者对刑罚执行产生不利影响；（三）原判认定的罪数不当的，可以改变罪数，并调整刑罚，但不得加重决定执行的刑罚或者对刑罚执行产生不利影响；（四）原判对被告人宣告缓刑的，不得撤销缓刑或者延长缓刑考验期；（五）原判没有宣告职业禁止、禁止令的，不得增加宣告；原判宣告职业禁止、禁止令的，不得增加内容、延长期限；（六）原判对被告人判处死刑缓期执行没有限制减刑、决定终身监禁的，不得限制减刑、决定终身监禁；（七）原判判处的刑罚不当、应当适用附加刑而没有适用的，不得直接加重刑罚、适用附加刑。原判判处的刑罚畸轻，必须依法改判的，应当在第二审判决、裁定生效后，依照审判监督程序重新审判。”“人民检察院抗诉或者自诉人上诉的案件，不受前款规定的限制。”该条第一款所列情形只是提示规则，并未囊括司法实践的所有情形，仅针对当前反映比较突出的问题作了相应规定。主要考虑如下。

（1）关于第二项。刑法第八十一条第二款规定："对累犯以及因故意杀人、强奸、抢劫、绑架、放火、爆炸、投放危险物质或者有组织的暴力性犯罪被判处十年以上有期徒刑、无期徒刑的犯罪分子，不得假释。"据此，实践中可能存在二审改变一审认定的罪名，并未加重刑罚，但对刑罚执行产生不利影响。例如，二审将一审认定的盗窃罪改判为抢劫罪，仍维持十二年有期徒刑的刑罚，但对二审改判的罪名不得假释，对被告人产生不利影响。基于此，第二项专门增加了不得"对刑罚执行产生不利影响"的限制。

（2）关于第三项。《2012年解释》第三百二十五条第一款第三项规定："原判对被告人实行数罪并罚的，不得加重决定执行的刑罚，也不得加重数罪中某罪的刑罚。"经研究认为，这一规则过于绝对和烦琐，不利于司法实践操作，宜作出调整。例如，一审认定两个罪名，分别判处五年和三年有期徒刑，数罪并罚决定执行七年有期徒刑。按照原有规则，既不能加重总和刑期，也不能加重数罪中某罪的刑期。经研究认为，上诉不加刑是指不能使上诉人遭致不利的刑罚，偏重于决定执行的刑罚。因此，此种情况下，在决定执行的刑罚不变和对刑法执行不产生不利影响时，应当允许加重数罪中某罪的刑罚。基于此，作出相应调整。实践中，还存在两种实质上对上诉人有利的调整罪数的情形：一是原判对被告人判处一罪的，不得改判为数罪；但是，在认定的犯罪事实不变的情况下，改判数罪后决定执行的刑罚低于原判刑罚的，可以改判为数罪。二是原判对被告人实行数罪并罚的，在认定的犯罪事实不变的情况下，改判为一罪的，在对刑罚执行无不利影响的情况下，可以在不超过原判决定执行刑罚的情况下加重其中某一罪刑罚。对此，《最高人民法院研究室关于上诉不加刑原则具体运用有关问题的答复》（法研〔2014〕6号）规定："对于原判数罪并罚的上诉案件，在不超过原判决定执行的刑罚，且对刑罚执行也无不利影响的情况下，可以将其中两个或者两个以上的罪名改判为一罪并加重该罪的刑罚。”例如，一审认定被告人犯盗窃罪，判处有期徒刑五年，犯抢劫罪，判处有期徒刑五年，数罪并罚，决定执行有期徒刑八年。二审认定的犯罪事实与一审相同，但是对行为性质的评价发生变化，认为抢劫相关事实应当评价为盗窃。此种情形下，改判盗窃一罪，可以在五年以上八年以下的幅度内裁量刑罚。同为八年有期徒刑，如果是因为数罪被判处的，较之一罪被判处的，在减刑、假释时对被告人更为不利。因此，上述改判不违反上诉不加刑原则。基于上述考虑，形成第三项“原判认定的罪数不当的，可以改变罪数，并调整刑罚，但不得加重决定执行的刑罚或者对刑罚执行产生不利影响”规定。

（3）关于第四项。讨论中，有意见提出，第四项规定“原判对被告人宣告缓刑的，不得撤销缓刑”，但实践中可能存在二审期间被告人不认罪等不符合缓刑适用条件的情形。此种情况下如继续适用缓刑，可能危害社会。经研究认为，目前仍只能严格执行这一规定，确有必要的，通过审判监督程序予以纠正。

（4）关于第七项。讨论中，有意见提出，原判事实清楚，证据确实、充分，但适用法律错误的，如认定自首有误、应当剥夺政治权利而未剥夺政治权利等，如何处理，建议作出明确。经研究认为，上述情形或者属于因法律适用错误导致刑罚畸轻，或者属于因法律认识错误而没有适用附加刑，根据上诉不加刑原则，只能予以维持。需要注意的是，就司法实践操作而言，二审应当在裁判文书中写明一审判决存在的适用法律错误，从而导致判处的刑罚畸轻、应当适用附加刑而没有适用的结果，但是，根据上诉不加刑原则的规定，维持一审判处的刑罚不变。讨论中，对于第七项的处理规则本身也存在异议，有意见认为，此种情形下，二审维持原判是根据上诉不加刑原则作出的裁定，依据刑事诉讼法的规定，并无错误。而根据刑事诉讼法关于审判监督程序的规定，针对生效判决、裁定的再审限于“确有错误”的情形。上述情形明显不符合这一规定，依法也不得启动审判监督程序。基于实事求是的考虑，本条第一款第七项作了微调，将依法通过审判监督程序进行改判限定为在“原判判处的刑罚畸轻，必须依法改判的”情形，对于原判刑罚不当，但尚未达到畸轻程度的，如漏判附加剥夺政治权利，对本应在“三年以上七年以下有期徒刑”的幅度内判处三年六个月有期徒刑的案件判处二年六个月有期徒刑的，基于裁判稳定的考虑，一般不再启动审判监督程序。

（5）征求意见过程中，有意见提出，实践中有几种情况建议明确：对于改变罪数后，附加刑必须改变的如何处理？例如，一审认定被告人构成数罪，判处附加刑罚金五万元，二审改判为一罪的，但附加刑规定为“并处没收财产”。此种情况下，罚金五万元是否可以改为没收财产五万元？经研究认为，所涉问题较为复杂，不宜一概而论，宜坚持实质判断的原则。如果在主刑方面给予较大幅度的减轻，则适当增加附加刑，应当是允许的；但是，在主刑维持不变的情况下，原则上不宜加重附加刑，通常也不宜将罚金调整为没收财产，更不应作出主刑稍微减轻、附加刑大幅加重，对被告人实质明显不利的调整。

6. 关于对上诉发回重审案件的处理

刑事诉讼法第二百三十七条第一款规定：“……第二审人民法院发回原审人民法院重新审判的案件，除有新的犯罪事实，人民检察院补充起诉的以外，原审人民法院也不得加重被告人的刑罚。”从字面意义上理解，“新的犯罪事实”有两个含义：一是新的犯罪的事实，即已经起诉的犯罪以外的犯罪的事实；二是原起诉事实范围内的新事实。经研究认为，只有前一种新的犯罪事实，经补充起诉后才可以加重刑罚。基于此，《刑事诉讼法解释》第四百零三条第一款规定：“被告人或者其法定代理人、辩护人、近亲属提出上诉，人民检察院未提出抗诉的案件，第二审人民法院发回重新审判后，除有新的犯罪事实且人民检察院补充起诉的以外，原审人民法院不得加重被告人的刑罚。”该款将“除有新的犯罪事实，人民检察院补充起诉的以外”调整为“除有新的犯罪事实，且人民检察院补充起诉的以外”，旨在提醒司法实践中侧重根据人民检察院是否补充起诉来对是否系“新的犯罪事实”作出判断。

《刑事诉讼法解释》第四百零三条第二款结合《最高人民法院研究室

关于上诉发回重审案件重审判决后确需改判的应当通过何种程序进行的答复》（法研〔2014〕26号）对《2012年解释》第三百二十七条的规定作出修改完善，规定："对前款规定的案件，原审人民法院对上诉发回重新审判的案件依法作出判决后，人民检察院抗诉的，第二审人民法院不得改判为重于原审人民法院第一次判处的刑罚。"征求意见过程中，有意见建议删去该款。理由是：刑事诉讼法第二百三十七条规定："第二审人民法院审理被告人或者他的法定代理人、辩护人、近亲属上诉的案件，不得加重被告人的刑罚。第二审人民法院发回原审人民法院重新审判的案件，除有新的犯罪事实，人民检察院补充起诉的以外，原审人民法院也不得加重被告人的刑罚。""人民检察院提出抗诉或者自诉人提出上诉的，不受前款规定的限制。"《刑事诉讼法解释》第四百零三条第二款与刑事诉讼法的上述规定明显冲突。经研究，未采纳上述意见。主要考虑是：刑事诉讼法第二百三十七条规定的"提出抗诉"明显是指在原审程序中提出抗诉，而非在重审程序中提出抗诉。否则，刑事诉讼法第二百三十七条第一款的规定就将失去实际意义，很不合理：对发回重审的案件，如未发现被告人有新的犯罪事实，人民检察院未补充起诉，原审法院不得加重刑罚，但宣判后人民检察院抗诉的，二审法院即可加重，那么原审法院不得加重刑罚的规定还有何意义？何不由原审法院直接改判加重？

需要注意的是，对于被告人上诉、人民检察院未提出抗诉的案件，发回重审后人民检察院没有补充起诉新的犯罪事实的，原审人民法院作出的判决，相比原判减轻刑罚和减少罪名的，人民检察院可以提出抗诉。二审法院经审理认为人民检察院抗诉成立的，可以在原判刑罚和罪名范围内改判加重刑罚和增加罪名。例如，对于原判以盗窃罪、故意伤害罪判处七年有期徒刑的案件，被告人上诉、人民检察院未提出抗诉，发回重审后人民检察院没有补充起诉新的犯罪事实的，原审人民法院以故意伤害罪判处被告人有期徒刑三年，对盗窃罪未予认定的。此种情形下，检察机关抗诉，二审法院经审查认定抗诉成立的，可以对被告人加重刑罚、增加罪名，但不得超过原判“以盗窃罪、故意伤害罪判处七年有期徒刑”，另行增加其他罪名和判处更高的刑罚。

7. 关于二审案件部分发回的规则

根据刑事诉讼法第二百三十六条的规定，第二审人民法院认为第一审判决事实不清、证据不足的，可以在查清事实后改判，也可以裁定撤销原判，发回原审人民法院重新审判。但是，对于涉及多名被告人的案件，如涉黑案件中的从犯，在二审时发现还有一个其单独实施的轻微犯罪，第二审人民法院将全案发回重审，费时费力。基于节约司法资源，保障审判顺利推进的考虑，《刑事诉讼法解释》第四百零四条第二款规定：“有多名被告人的案件，部分被告人的犯罪事实不清、证据不足或者有新的犯罪事实需要追诉，且有关犯罪与其他同案被告人没有关联的，第二审人民法院根据案件情况，可以对该部分被告人分案处理，将该部分被告人发回原审人民法院重新审判。原审人民法院重新作出判决后，被告人上诉或者人民检察院抗诉，其他被告人的案件尚未作出第二审判决、裁定的，第二审人民法院可以并案审理。”具体而言，此种情况下，对部分被告人的案件发回，其余被告人的案件可以视情继续审理（有必要的，也可以中止审理）。当然，如果发回被告人的案件重新进入二审的，可以与其他被告人的二审案件合并。

8. 关于对附带民事部分提出上诉的处理规则

《刑事诉讼法解释》第四百零九条根据司法实践反映的问题对《2012年解释》第三百一十三条、第三百三十一条的规定作出整合和修改完善，规定：“第二审人民法院审理对附带民事部分提出上诉，刑事部分已经发生法律效力的案件，应当对全案进行审查，并按照下列情形分别处理：（一）第一审判决的刑事部分并无不当的，只需就附带民事部分作出处理；（二）第一审判决的刑事部分确有错误的，依照审判监督程序对刑事部分进行再审，并将附带民事部分与刑事部分一并审理。”

需要注意的是，对于仅对附带民事诉讼部分提出上诉，刑事部分已经发生法律效力的，第二审人民法院应当进行全案审查。发现刑事部分有错误的，应当依照审判监督程序提审或者指令再审。由于刑事部分的审理系民事部分的基础，应当将附带民事部分和刑事部分一并审理。如果二审法院对刑事部分提审的，则应由其对刑事再审与附带民事二审合并审理；如果二审法院指令一审法院对刑事部分再审的，则应当将附带民事部分发回后与刑事再审并案审理。

征求意见过程中，有意见提出，按照以往的做法，对刑事部分提出上诉的处理，往往制作刑事裁定书，而不是刑事附带民事裁定书。建议明确对民事部分提出上诉的处理，是否需要制作刑事附带民事诉讼裁定书。经研究认为，由于民事部分附属于刑事部分，应当制作刑事附带民事诉讼文书，包括判决书和裁定书。《刑事诉讼法解释》第四百零九条第一项规定就附带民事部分作出处理，包括维持、改判和发回重审。附带民事部分事实清楚，适用法律正确的，应当以刑事附带民事裁定维持原判，驳回上诉。附带民事部分确有错误的，以刑事附带民事判决对附带民事部分作出改判或者以刑事附带民事裁定发回重审。

针对原审判决的附带民事诉讼部分提出上诉的，《刑事诉讼法解释》第四百零九条原本拟规定“第一审判决的附带民事部分事实清楚，适用法律正确的，应当以刑事附带民事裁定维持附带民事部分的原判，驳回上诉”。征求意见过程中，有意见建议明确，二审法院对于仅民事部分上诉且事实清楚，适用法律正确的案件，主文是沿用以前的“驳回上诉，维持原判”，还是按照该规定主文写“维持附带民事部分的原判，驳回上诉”，建议予以明确。经研究，鉴于司法实践中多数法院直接表述为“驳回上诉，维持原判”的实际情况，可以交由司法实践裁量处理，故《刑事诉讼法解释》第四百零九条未作明确规定。

### （十六）在法定刑以下判处刑罚和特殊假释的核准

《刑事诉讼法修改决定》未涉及“在法定刑以下判处刑罚和特殊假释的核准”问题。《刑事诉讼法解释》第十六章沿用《2012 年解释》第十四章“在法定刑以下判处刑罚和特殊假释的核准”的条文，并作了修改完善，主要涉及：(1) 明确法定刑以下判处刑罚案件层报复核过程中上级人民法院可以直接改判；(2) 明确第二审人民法院可以直接在法定刑以下判处刑罚，并层报最高人民法院核准。

1. 关于法定刑以下判处刑罚案件层报复核的程序

《刑事诉讼法解释》第四百一十四条根据司法实践反映的问题对《2012 年解释》第三百三十六条的规定作出修改完善，规定："报请最高人民法院核准在法定刑以下判处刑罚的案件，应当按照下列情形分别处理：(一) 被告人未上诉、人民检察院未抗诉的，在上诉、抗诉期满后三日以内报请上一级人民法院复核。上级人民法院同意原判的，应当书面层报最高人民法院核准；不同意的，应当裁定发回重新审判，或者按照第二审程序提审；(二) 被告人上诉或者人民检察院抗诉的，上一级人民法院维持原判，或者改判后仍在法定刑以下判处刑罚的，应当依照前项规定层报最高人民法院核准。"需要注意以下几点。

(1) 关于被告人未上诉、人民检察院未抗诉的情形。《2012 年解释》第三百三十六条第一项规定，对此情形，上一级人民法院不同意的，"应当裁定发回重新审判，或者改变管辖按照第一审程序重新审理。原判是基层人民法院作出的，高级人民法院可以指定中级人民法院按照第一审程序重新审理"。讨论中，有意见认为，如果上一级人民法院是高级人民法院，由其按照第一审程序重新审理，则可能导致最高人民法院成为二审法院，似有不妥。另有意见认为，对于原判是基层人民法院作出的，高级人民法院复核认为原判刑罚畸重的，依照原规定，只能发回重审或者指定中级人民法院按照第一审程序重新审理，程序烦琐，不便操作。基于此，宜借鉴死刑复核程序中高级人民法院不同意一审死刑判决的可以依照第二审程序提审的规定，直接作出改判。经研究，采纳上述意见，作出相应调整。

(2) 关于被告人上诉、人民检察院未抗诉的情形。有意见认为，此种情形下，第二审人民法院可以直接加重刑罚，或者以量刑过轻为由发回原审人民法院重新审判，原审人民法院不受刑事诉讼法第二百三十七条第一款关于上诉不加刑原则的限制。主要考虑是：法定刑以下判处刑罚案件较为特殊，依法需要层报最高人民法院核准。对于一审在法定刑以下判处刑罚的案件，如果上级法院经复核或者审理认为不符合在法定刑以下判处刑罚的条件，应当允许上级法院改判加刑或者通过发回重审加重刑罚，否则，将会使得一审法院"绑架"上级法院，导致法定刑以下判处刑罚案件的核准程序流于形式，无法发挥监督制约作用。基于上述考虑，《刑事诉讼法解释》第四百一十四条原本拟明确规定，对于法定刑以下判处刑罚的案件，"上级人民法院按照第二审程序改判，或者发回原审人民法院重新审判的，不受刑事诉讼法第二百三十七条第一款规定的限制"。

讨论中，有意见认为，上述规则存在不妥，可能导致适用法定刑以下核准程序案件的被告人反而遭受不利的后果。例如，被告人应当适用的法定最低刑为十年有期徒刑，如果一审对其在法定刑以下判处刑罚，无论人民检察院是否提出抗诉，二审可能对其加重至十二年；但如果一审对其判处法定最低刑十年有期徒刑，则在人民检察院未提出抗诉的情况下，二审无法加重其刑罚。基于此，为避免上述不合理现象，建议明确在人民检察院未抗诉的情况下，第二审人民法院可以加重刑罚，但只能在法定最低刑以下的幅度内加重刑罚，即无论如何，不得加重至法定刑以上的幅度。在法定刑以下判处刑罚的案件固然特殊，但如果被告人上诉，案件就会进入二审程序。二审法院无论改判还是发回重审，都应当遵守上诉不加刑原则，至少需要明确在人民检察院未抗诉的情况下，只能在法定最低刑以下的幅度内加重刑罚。

鉴于对上述问题存在不同认识，《刑事诉讼法解释》第四百一十四条未作规定，待进一步研究、统一认识后再通过其他方式作出明确。

2. 关于第二审人民法院直接在法定刑以下判处刑罚并层报核准的问题

《刑事诉讼法解释》第四百一十五条规定："对符合刑法第六十三条第二款规定的案件，第一审人民法院未在法定刑以下判处刑罚的，第二审人民法院可以在法定刑以下判处刑罚，并层报最高人民法院核准。”据此，第一审人民法院未在法定刑以下判处刑罚的案件，被告人上诉或者检察院抗诉的，第二审可以直接在法定刑以下判处刑罚，并层报最高人民法院核准。

（十七）死刑复核程序

《刑事诉讼法修改决定》未涉及死刑复核程序的问题。《刑事诉讼法解释》第十七章沿用《2012 年解释》第十五章“死刑复核程序”的条文，并根据司法实践反映的问题作了修改完善，主要涉及：（1）明确最高人民法院复核死刑案件可以直接改判；（2）明确最高人民法院裁定不核准死刑，发回第二审人民法院的，第二审人民法院的后续处理规则。

1. 关于最高人民法院复核死刑案件可以直接改判的问题

1996 年刑事诉讼法未规定最高人民法院复核死刑案件可以改判。2007 年，为统一行使死刑案件核准权，最高人民法院制定了《最高人民法院关于复核死刑案件若干问题的规定》（法释〔2007〕4 号，以下简称《复核死刑规定》）。其中，第四条规定：“最高人民法院复核后认为原判认定事实正确，但依法不应当判处死刑的，裁定不予核准，并撤销原判，发回重新审判。”同时，规定了两种“可以改判”的情形，即第六条规定：“数罪并罚案件，一人有两罪以上被判处死刑，最高人民法院复核后，认为其中部分犯罪的死刑裁判认定事实不清、证据不足的，对全案裁定不予核准，并撤销原判，发回重新审判；认为其中部分犯罪的死刑裁判认定事实正确，但依法不应当判处死刑的，可以改判并对其他应当判处死刑的犯罪作出核准死刑的判决。”第七条规定：“一案中两名以上被告人被判处死刑，最高人民法院复核后，认为其中部分被告人的死刑裁判认定事实不清、证据不足的，对全案裁定不予核准，并撤销原判，发回重新审判；认为其中部分被告人的死刑裁判认定事实正确，但依法不应当判处死刑的，可以改判并对其他应当判处死刑的被告人作出核准死刑的判决。”之所以作出上述规定，主要有两点考虑：一是当时对死刑复核能否改判尚有不同认识；二是尽量把改判可能引发的问题解决在地方。2012 年刑事诉讼法修改，采纳最高人民法院建议，吸收《复核死刑规定》的上述规定，在 2012 年刑事诉讼法第二百三十九条（修改后刑事诉讼法第二百五十条）规定："最高人民法院复核死刑案件，应当作出核准或者不核准死刑的裁定。对于不核准死刑的，最高人民法院可以发回重新审判或者予以改判。"

《2012 年解释》起草时，结合上述考虑和法律修改的背景，考虑到《复核死刑规定》在司法适用中未出现明显问题，故沿用《复核死刑规定》第四条，在第三百五十条规定："最高人民法院复核死刑案件，应当按照下列情形分别处理：……（五）原判认定事实正确，但依法不应当判处死刑的，应当裁定不予核准，并撤销原判，发回重新审判；……"同时，在第三百五十一条、第三百五十二条，继续沿用了对一人犯数个死罪和一案有两人被判处死刑案件可以部分改判的规定。

征求意见过程中，有意见建议增加予以改判的规定。理由是：刑事诉讼法已经规定，对于不核准死刑的，最高人民法院可以发回重新审判或者予以改判。对仅量刑不当的，最高人民法院复核没有必要全部发回重审。从节约司法资源的角度考虑，应当规定可以改判。但是，也有意见认为，死刑复核程序要体现其特殊性质，防止成为"第三审"。并且，如作出上述修改，可能导致地方法院不能担当作为，把矛盾、风险化解在地方，而是推由最高人民法院改判，导致信访压力加剧。

经综合考虑上述意见，《刑事诉讼法解释》第四百二十九条规定："最高人民法院复核死刑案件，应当按照下列情形分别处理：……（五）原判认定事实正确、证据充分，但依法不应当判处死刑的，应当裁定不予核准，并撤销原判，发回重新审判；根据案件情况，必要时，也可以依法改判；……"同时，删除了《2012 年解释》第三百五十一条、第三百五十二条规定。主要考虑是：从 2012 年以来的司法实践看，确有案件系由最高人民法院直接改判，例如《刑事审判参考》第 117 集刊登的"被告人柔柯耶姆·麦麦提故意杀人案"，该被告人被新疆阿克苏中院一审判处死刑，剥夺政治权利终身，在法定期限内无上诉、抗诉，新疆高院经复核同意原判并报最高人民法院核准，最高人民法院审判委员会经讨论依法决定不核准死刑，以故意杀人罪改判被告人死刑缓期二年执行，剥夺政治权利终身。还有一些案件，存在非死刑罪名适用有瑕疵的情况，如由于盗窃罪司法解释调整导致原来的盗窃罪判处的刑罚需要调整，并没有新的事实证据，全案发回似意义不大，且过于浪费司法资源。但是，规定最高人民法院在死刑复核程序中可以直接改判，也可能带来的一系列问题，需要引起重视。故而，仍应坚持“以发回重审为原则，以依法改判为例外”的原则，即对不予核准死刑的案件，一般应发回重审，只有改判没有“后遗症”的，出于诉讼效率的考虑，才予以直接改判。

2. 关于最高人民法院发回第二审人民法院案件的后续处理规则

从法律规定来看，最高人民法院不核准被告人死刑，依法可以发回第二审人民法院，也可以直接发回第一审人民法院重新审判。最高人民法院认为直接发回一审重审才能更好查清案件事实的，会直接发回一审重审。既然最高人民法院没有直接发回一审，而是发回二审重新审判，第二审人民法院就应当切实履行二审的监督、纠错职能，依法作出判决或者裁定，原则上不得将案件发回原一审人民法院重新审判。基于此，《最高人民法院关于适用刑事诉讼法第二百二十五条第二款有关问题的批复》（法释〔2016〕13号，以下简称《死刑批复》）第一条规定：“对于最高人民法院依据《中华人民共和国刑事诉讼法》第二百三十九条和《最高人民法院关于适用〈中华人民共和国刑事诉讼法〉的解释》第三百五十三条裁定不予核准死刑，发回第二审人民法院重新审判的案件，无论此前第二审人民法院是否曾以原判决事实不清楚或者证据不足为由发回重新审判，原则上不得再发回第一审人民法院重新审判；有特殊情况确需发回第一审人民法院重新审判的，需报请最高人民法院批准。”《刑事诉讼法解释》第四百三十条吸收上述规定，第二款规定“对最高人民法院发回第二审人民法院重新审判的案件，第二审人民法院一般不得发回第一审人民法院重新审判”；同时，未再规定“有特殊情况确需发回第一审人民法院重新审判的，需报请最高人民法院批准”，交由司法实践裁量把握。

“特殊情况”主要是指由第一审人民法院重审，更有利于查明案件事实的特殊情形。具体有三种情况：（1）高级人民法院第一次发回重审时明确提出核实证据、查清事实的具体要求，中级人民法院未予查实又作出死刑判决的；（2）最高人民法院发回重审时提出了核实新的证据、查清新的事实的要求，高级人民法院认为只有发回中级人民法院重新审判，才更有利于查清事实的；（3）其他因事实、证据问题，发回中级人民法院重新审判更有利于查清事实、保障案件审理质量和效果的。

征求意见过程中，有意见建议明确最高人民法院对因事实证据原因不予核准的死刑案件，直接发回第一审人民法院重新审判。理由是：根据《刑事诉讼法解释》第四百三十条的规定，对于最高人民法院发回第二审人民法院重审的，第二审人民法院一般不能发回第一审人民法院。但事实证据的问题，往往在二审阶段难以解决，建议最高人民法院直接发回第一审人民法院重新审判。而且，由最高人民法院直接发回第一审人民法院，可以减少环节，节约司法资源。经研究，未采纳上述意见。主要考虑是：是发回第二审人民法院重审还是发回第一审人民法院重审，需要结合案件具体情况作出决定。有些案件事实，如立功的查证等，由第二审人民法院查证即可，没有必要一律发回第一审人民法院重审。

此外，《死刑批复》第二条规定：“对于最高人民法院裁定不予核准死刑，发回第二审人民法院重新审判的案件，第二审人民法院根据案件特殊情况，又发回第一审人民法院重新审判的，第一审人民法院作出判决后，被告人提出上诉或者人民检察院提出抗诉的，第二审人民法院应当依法作出判决或者裁定，不得再发回重新审判。”《刑事诉讼法解释》第四百三十三条吸收上述规定。同时，从实践来看，相关案件在未上诉、未抗诉的情况下，高级人民法院依照复核程序审理时的发回重审规则也需要明确。对于最高人民法院裁定不予核准死刑，发回第二审人民法院重新审判的案件，第二审人民法院根据案件特殊情况，又发回第一审人民法院重新审判的，第一审人民法院作出判决后，被告人未提出上诉、人民检察院未提出抗诉的，高级人民法院应当依照复核审程序审理，《2012 年解释》第三百五十四条并未限定此种情形下高级人民法院发回重审的次数。有意见提出，不限制发回重审的次数，不利于发挥高级人民法院复核审的作用，不利于死刑案件的办理和矛盾化解。经研究认为，高级人民法院无论是适用第二审程序还是复核审程序，并无本质区别，因此明确高级人民法院适用复核审程序发回重审也限于一次。从实践来看，发回重审的案件可能存在第一审程序违法的问题，此种情形下，只能再次发回。基于上述考虑，《刑事诉讼法解释》第四百三十三条规定："依照本解释第四百三十条、第四百三十一条发回重新审判的案件，第一审人民法院判处死刑、死刑缓期执行的，上一级人民法院依照第二审程序或者复核程序审理后，应当依法作出判决或者裁定，不得再发回重新审判。但是，第一审人民法院有刑事诉讼法第二百三十八条规定的情形或者违反刑事诉讼法第二百三十九条规定的除外。"

（十八）涉案财物处理

《刑事诉讼法修改决定》未涉及查封、扣押、冻结财物及其处理问题。《刑事诉讼法解释》第十八章沿用《2012 年解释》第十六章"查封、扣押、冻结财物及其处理"的条文，并根据司法实践反映的问题作了修改完善，主要涉及：（1）完善涉案财物先行处置程序；（2）完善查封、扣押、冻结涉案财物的具体操作规则；（3）设立漏判涉案财物的处理规则。

1. 关于涉案财物的先行处置规则

《中办、国办涉案财物处置意见》提出完善涉案财物先行处置程序。据此，《刑事诉讼法解释》第四百三十九条规定："审判期间，对不宜长期保存、易贬值或者市场价格波动大的财产，或者有效期即将届满的票据等，经权利人申请或者同意，并经院长批准，可以依法先行处置，所得款项由人民法院保管。""涉案财物先行处置应当依法、公开、公平。"

讨论中，有意见提出，一般情况下先行处置要经权利人的申请或者同意，但是在特殊情况下，无法联系到权利人，不马上处理就会造成物品损毁、灭失、变质、贬值（如即将过期的食品、化妆品）的，是否也可以经院长批准后直接处理，建议作出明确。经研究，鉴于《中办、国办涉案财物处置意见》未明确可以在不经权利人申请或者同意的情况下先行处置涉案财物，故《刑事诉讼法解释》不宜作出突破规定，宜交由司法实践根据案件具体情况裁量处理。

2. 关于漏判涉案财物的处理规则

《刑事诉讼法解释》第四百四十六条规定："第二审期间，发现第一审判决未对随案移送的涉案财物及其孳息作出处理的，可以裁定撤销原判，发回原审人民法院重新审判，由原审人民法院依法对涉案财物及其孳息一并作出处理。""判决生效后，发现原判未对随案移送的涉案财物及其孳息作出处理的，由原审人民法院依法对涉案财物及其孳息另行作出处理。"

适用《刑事诉讼法解释》第四百四十六条规定需要注意：（1）该条第一款规定，二审期间一审判决未对随案移送的涉案财物及其孳息作出处理的，可以裁定撤销原判，发回原审人民法院重新审判，由原审人民法院依法对涉案财物及其孳息一并作出处理。此种情形不违反上诉不加刑原则的要求。（2）该条规定二审对一审漏判涉案财物、判决生效后对原判漏判涉案财物的处理规则，仅限于"随案移送的涉案财物及其孳息"。此外，《刑事诉讼法解释》原本拟增加规定："对查封、扣押、冻结的涉案财物及其孳息，应当在对被告人作出判决、裁定的同时一并作出处理。但是，对于涉众型犯罪案件或者其他涉案财物情况复杂的案件，一并处理可能导致对被告人的判决、裁定过分迟延的，可以另行作出处理。"原则上，查封、扣押、冻结的财物及其孳息，应当在对被告人作出判决、裁定的同时一并作出处理。但是，有的涉众型案件，如非法集资案件，因为涉案财物及其孳息的权属等问题过于复杂，在有限的时间内难以理清，为了防止对被告人的判决、裁定过分迟延，可以考虑在判决、裁定后，单独对查封、扣押、冻结的财物及其孳息作出处理。讨论中，对上述规定存在不同认识。有意见认为，新增涉案财物另行处理程序缺乏法律依据。根据法理，同一个诉，应当对案涉事实全部作出处理。如果作此规定，容易引发一系列问题需要界定。包括：（1）对涉案财物处理应当以什么程序审理，审理结束后制作什么形式的法律文书？（2）后续涉案财物处理是否有审限且如何计算审限？（3）对定罪量刑作出的判决、裁定是否生效，能否送监服刑？（4）对涉案财物的处理结果能否提出上诉，上诉后是否要全案审查？等等。鉴于对此问题未形成共识，暂未作出明确规定，交由司法实践裁量处理，继续探索。

### （十九）审判监督程序

《刑事诉讼法修改决定》未涉及审判监督程序的问题。《刑事诉讼法解释》第十九章沿用《2012年解释》第十七章“审判监督程序”的条文，并根据实践反映情况作了修改完善，主要涉及：（1）明确申诉异地审查制度；（2）完善“新的证据”的认定规则；（3）明确依照审判监督程序重新审判的案件与原审被告人其他犯罪案件的合并审理规则。

1. 关于申诉异地审查制度

目前，异地审查（指上级人民法院指定终审人民法院以外的人民法院审查）是人民法院办理再审审查案件的方式之一。“聂树斌案”等冤错案件的再审经过证明，指令异地审查制度有利于保证审查的客观公正，符合申请人和社会公众的期待，有必要通过司法解释予以确认。基于此，《刑事诉讼法解释》第四百五十四条规定：“最高人民法院或者上级人民法院可以指定终审人民法院以外的人民法院对申诉进行审查。被指定的人民法院审查后，应当制作审查报告，提出处理意见，层报最高人民法院或者上级人民法院审查处理。”

2. 关于“新的证据”的认定

《2012年解释》第三百七十六条对刑事诉讼法第二百五十三条第一项规定的“新的证据”作了列举规定，其中，第四项为“原判决、裁定所依据的鉴定意见，勘验、检查等笔录或者其他证据被改变或者否定的”。征求意见过程中，有意见建议将该项规定修改为“原判决、裁定所依据的鉴定意见，证人证言、被告人供述等言词证据被改变或者否定，经审查具有合理理由的”。理由是：实践中很多申诉人以案件生效后改变的证人证言，或翻供的被告人供述作为新证据提出申诉，司法实践中对此把握不准。建议对于证言、供述虽然有变化，但不影响定罪量刑，或者翻证、翻供没有合理理由，不应视为出现了新证据而启动再审。经研究，采纳上述意见，《刑事诉讼法解释》第四百五十八条第四项、第五项区分证据种类分别作出相应规定，即“（四）原判决、裁定所依据的鉴定意见，勘验、检查等笔录被改变或者否定的”“（五）原判决、裁定所依据的被告人供述、证人证言等证据发生变化，影响定罪量刑，且有合理理由的”。

3. 关于依照审判监督程序重新审判的案件与原审被告人其他犯罪案件的合并审理规则

司法实践中，对于依照审判监督程序重新审判，可能存在被告人还有其他犯罪的情况。《刑事诉讼法解释》第四百六十七条规定：“对依照审判监督程序重新审判的案件，人民法院在依照第一审程序进行审判的过程中，发现原审被告人还有其他犯罪的，一般应当并案审理，但分案审理更为适宜的，可以分案审理。”概言之，所涉情形以并案审理为原则，以分案审理为例外。主要考虑是：（1）根据刑法的有关规定，如果通过再审撤销原判以后，需要再审改判之罪和被告人所犯其他犯罪都属于判决宣告前的数罪，应当依照刑法第六十九条的规定进行数罪并罚；如果分案处理，只能依照刑法第七十条的规定或者第七十一条的规定并罚，两者的最终量刑有时会有差异。（2）从审判实践来看，将再审和其他犯罪的审理合并，程序上可以操作，也有助于提高审判效率。

需要注意的是，《刑事诉讼法解释》第四百六十七条强调需要并案审理的，原则上应当依照第一审程序并案审理，但根据案件情况也可以在第一审程序中分案审理，而后在第二审程序中并案审理。通常而言，一审分案审理的，对于再审犯罪和其他犯罪均上诉的，可以在二审合并处理；对于一个犯罪提出上诉，一个犯罪没有提出上诉的，二审可以按照数罪并罚处理；对于一个犯罪宣告有罪，另一个犯罪宣告无罪的，则不宜合并审理，宜全程分案审理。

## （二十）涉外刑事案件的审理和刑事司法协助

《刑事诉讼法修改决定》未涉及涉外刑事案件的审理和司法协助问题。《刑事诉讼法解释》第二十章吸收《2012 年解释》第十八章“涉外刑事案件的审理和司法协助”的条文，将标题调整为“涉外刑事案件的审理和刑事司法协助”，拆分为“涉外刑事案件的审理”“刑事司法协助”两节，并根据国际刑事司法协助法，结合司法实践反映的问题，对涉外刑事案件的审理和刑事司法协助的有关问题作出修改完善。

### 1. 关于确认外国人国籍的规则

《2012 年解释》第三百九十四条第一款规定：“外国人的国籍，根据其入境时的有效证件确认……”实践中存在被告人通过海关进入我国境内，但持有两国甚至多国护照或身份证明。此种情形下，应当以其通关时所持用的国籍证件为认定国籍的依据。鉴于此，《刑事诉讼法解释》第四百七十七条第一款规定：“外国人的国籍，根据其入境时持用的有效证件确认；国籍不明的，根据公安机关或者有关国家驻华使领馆出具的证明确认。”

### 2. 关于对外国法院请求事项不予协助的情形

《2012 年解释》第四百零八条第二款规定：“外国法院请求的事项有损中华人民共和国的主权、安全、社会公共利益的，人民法院不予协助。”国际刑事司法协助法第十四条规定：“外国向中华人民共和国提出的刑事司法协助请求，有下列情形之一的，可以拒绝提供协助：（一）根据中华人民共和国法律，请求针对的行为不构成犯罪；（二）在收到请求时，在中华人民共和国境内对于请求针对的犯罪正在进行调查、侦查、起诉、审判，已经作出生效判决，终止刑事诉讼程序，或者犯罪已过追诉时效期限；（三）请求针对的犯罪属于政治犯罪；（四）请求针对的犯罪纯属军事犯罪；（五）请求的目的是基于种族、民族、宗教、国籍、性别、政治见解或者身份等方面的原因而进行调查、侦查、起诉、审判、执行刑罚，或者当事人可能由于上述原因受到不公正待遇；（六）请求的事项与请求协助的案件之间缺乏实质性联系；（七）其他可以拒绝的情形。”据此，《刑事诉讼法解释》第四百九十二条增加规定可以不予协助的情形，规定：“外国法院请求的事项有损中华人民共和国的主权、安全、社会公共利益以及违反中华人民共和国法律的基本原则的，人民法院不予协助；属于有关法律规定的可以拒绝提供刑事司法协助情形的，可以不予协助。”

3. 关于委托驻外使领馆送达刑事文书的问题

《2012 年解释》第四百一十二条第三项规定：“对中国籍当事人，可以委托我国驻受送达人所在国的使、领馆代为送达。”征求意见过程中，有意见提出，关于委托驻外使领馆向位于境外的中国籍当事人送达刑事文书问题，美、加、澳、新等西方国家对于在其境内送达刑事司法文书的态度较为谨慎，例如，美国司法部和国务院法律顾问办公室明确表示，在美境内送达刑事司法文书被视为执法行为，不属于领事职务范畴，须由其执法部门执行；其他国家也要求执行送达须不违反其国内法。鉴于此，《刑事诉讼法解释》第四百九十五条第三项作了修改，增加了“所在国法律允许或者经所在国同意的”要件，规定：“人民法院向在中华人民共和国领域外居住的当事人送达刑事诉讼文书，可以采用下列方式：……（三）对中国籍当事人，所在国法律允许或者经所在国同意的，可以委托我国驻受送达人所在国的使领馆代为送达；……”

## （二十一）执行程序

《刑事诉讼法修改决定》与《刑法修正案（九）》相衔接，对死缓改判死刑的条件作了调整。《刑事诉讼法解释》第二十一章吸收《2012 年解释》第十九章“执行程序”的条文，并根据司法实践反映的情况作了修改完善，主要涉及：（1）吸收《最高人民法院关于死刑复核及执行程序中保障当事人合法权益的若干规定》（法释〔2019〕12号），对死刑的执行程序作出完善；（2）针对人民法院“送监难”的现实问题，依法明确人民法院只承担将有关的法律文书送达公安机关、监狱或者其他执行机关的职责；（3）吸收财产刑执行有关司法解释对刑事裁判涉财产部分和附带民事裁判的执行程序作出完善；（4）根据社区矫正法的规定对相关条文作出修改完善。

1. 关于死缓期间犯罪案件的处理

被判处死刑缓期执行的罪犯，在死刑缓期执行期间犯罪，既有故意犯罪，也有过失犯罪。无论是故意犯罪，还是过失犯罪，均应当由罪犯服刑地的中级人民法院依法审判。基于此，《刑事诉讼法解释》第四百九十七条第一款规定：“被判处死刑缓期执行的罪犯，在死刑缓期执行期间犯罪的，应当由罪犯服刑地的中级人民法院依法审判，所作的判决可以上诉、抗诉。”此外，《刑事诉讼法解释》第十三条第三款规定：“罪犯在脱逃期间又犯罪的，由服刑地的人民法院管辖。但是，在犯罪地抓获罪犯并发现其在脱逃期间犯罪的，由犯罪地的人民法院管辖。”由于《刑事诉讼法解释》第四百九十七条针对死缓期间故意犯罪的管辖作了特别规定，故死缓罪犯故意犯罪的，即使系脱逃后实施犯罪并在犯罪地被抓获的，也应当适用该条规定，由服刑地的中级人民法院审判。

《刑事诉讼法解释》第四百九十七条第三款吸收《最高人民法院关于对死刑缓期执行期间故意犯罪未执行死刑案件进行备案的通知》（法〔2016〕318号），对死缓期间故意犯罪未执行死刑备案程序作了规定，明确：“对故意犯罪未执行死刑的，不再报高级人民法院核准，死刑缓期执行的期间重新计算，并层报最高人民法院备案。备案不影响判决、裁定的生效和执行。”同时，该条第四款进一步规定：“最高人民法院经备案审查，认为原判不予执行死刑错误，确需改判的，应当依照审判监督程序予以纠正。”

2. 关于人民法院送监执行的职责

《2012年解释》第四百二十九条第二款规定：“罪犯需要收押执行刑

罚，而判决、裁定生效前未被羁押的，人民法院应当根据生效的判决书、裁定书将罪犯送交看守所羁押，并依照前款的规定办理执行手续。”刑事诉讼法第二百六十四条第一款与第二款规定：“罪犯被交付执行刑罚的时候，应当由交付执行的人民法院在判决生效后十日以内将有关的法律文书送达公安机关、监狱或者其他执行机关。”“对被判处死刑缓期二年执行、无期徒刑、有期徒刑的罪犯，由公安机关依法将该罪犯送交监狱执行刑罚。对被判处有期徒刑的罪犯，在被交付执行刑罚前，剩余刑期在三个月以下的，由看守所代为执行。对被判处拘役的罪犯，由公安机关执行。”据此，判决、裁定生效后，将罪犯送交执行的机关是公安机关，人民法院只负责送达有关法律文书。从人民法院的警力配备和执行手段等现实情况看，人民法院也难以承担抓捕罪犯的工作。鉴于此，《刑事诉讼法解释》第五百一十一条依据刑事诉讼法第二百六十四条的规定，删去《2012 年解释》第四百二十九条第二款关于由人民法院将罪犯送交看守所羁押的规定，并使第一款与刑事诉讼法第二百六十四条的规定保持一致，规定：“被判处死刑缓期执行、无期徒刑、有期徒刑、拘役的罪犯，第一审人民法院应当在判决、裁定生效后十日以内，将判决书、裁定书、起诉书副本、自诉状复印件、执行通知书、结案登记表送达公安机关、监狱或者其他执行机关。”

3. 关于作出暂予监外执行决定前征求人民检察院意见的问题

《最高人民法院、最高人民检察院、公安部、司法部、国家卫生计生委暂予监外执行规定》（司发通〔2014〕112 号）第十八条第四款规定：“人民法院在作出暂予监外执行决定前，应当征求人民检察院的意见。”但是，讨论中，对将征求人民检察院意见作为人民法院作出暂予监外执行决定的前置程序的规定存在不同认识。有意见提出，人民法院依据被告人的身体状况进行司法鉴定，并据实作出监外执行决定，人民检察院并不具体参与该过程。因此，决定作出后抄送检察机关，由其进行事后监督即可。也有意见认为保留事前监督有合理之处，理由是：第一，相关规定并非新增规定，只是沿用；如果不予沿用，反而有规避人民法院应尽义务之嫌。第二，从立法意图上看，规定人民法院作出监外执行决定前要征求人民检察院的意见，最根本的目的还是规范司法决策的公正性、严肃性，加强对于监外执行决定的监督，预防可能存在的司法腐败，防止被告人通过监外执行的方式规避法律的制裁。以此来看，人民法院在作出监外执行决定前要以征求人民检察院的意见作为前置条件是无可厚非的。经研究，采纳后一种意见，《刑事诉讼法解释》第五百一十五条第二款规定："人民法院在作出暂予监外执行决定前，应当征求人民检察院的意见。"

征求意见过程中，有意见提出，实践中作出暂予监外执行决定程序不明确，建议明确须经合议庭进行审查。经研究认为，是否需要组成合议庭进行审查，宜区分情况作出处理，不应一概而论。有的案件系独任审判，判处有期徒刑，在交付执行前决定暂予监外执行的，组成合议庭进行审查，似不具有可操作性。

4. 关于社区矫正执行地的确定规则

《刑事诉讼法解释》第五百一十九条第一款根据社区矫正法第十七条的规定，确立了社区矫正执行地的确定规则，规定："对被判处管制、宣告缓刑的罪犯，人民法院应当依法确定社区矫正执行地。社区矫正执行地为罪犯的居住地；罪犯在多个地方居住的，可以确定其经常居住地为执行地；罪犯的居住地、经常居住地无法确定或者不适宜执行社区矫正的，应当根据有利于罪犯接受矫正、更好地融入社会的原则，确定执行地。"

《刑事诉讼法解释》第五百一十九条第三款根据社区矫正法第二十条的规定，明确了将法律文书送达社区矫正机构等的事宜，规定："人民法院应当自判决、裁定生效之日起五日以内通知执行地社区矫正机构，并在十日以内将判决书、裁定书、执行通知书等法律文书送达执行地社区矫正机构，同时抄送人民检察院和执行地公安机关。人民法院与社区矫正执行地不在同一地方的，由执行地社区矫正机构将法律文书转送所在地的人民检察院和公安机关。"

5. 关于撤销缓刑、假释的情形

刑法第七十七条第二款规定："被宣告缓刑的犯罪分子，在缓刑考验期限内，违反法律、行政法规或者国务院有关部门关于缓刑的监督管理规定，或者违反人民法院判决中的禁止令，情节严重的，应当撤销缓刑，执行原判刑罚。"第八十六条第三款规定："被假释的犯罪分子，在假释考验期限内，有违反法律、行政法规或者国务院有关部门关于假释的监督管理规定的行为，尚未构成新的犯罪的，应当依照法定程序撤销假释，收监执行未执行完毕的刑罚。"可见，缓刑罪犯和假释罪犯违反监督管理规定，撤销缓刑、假释的条件明显不同。为了准确反映法律规定，《刑事诉讼法解释》第五百四十三条对《2012 年解释》第四百五十八条第一款作出调整，区分缓刑、假释分别规定了撤销的不同条件，规定："人民法院收到社区矫正机构的撤销缓刑建议书后，经审查，确认罪犯在缓刑考验期限内具有下列情形之一的，应当作出撤销缓刑的裁定：（一）违反禁止令，情节严重的；（二）无正当理由不按规定时间报到或者接受社区矫正期间脱离监管，超过一个月的；（三）因违反监督管理规定受到治安管理处罚，仍不改正的；（四）受到执行机关二次警告，仍不改正的；（五）违反法律、行政法规和监督管理规定，情节严重的其他情形。""人民法院收到社区矫正机构的撤销假释建议书后，经审查，确认罪犯在假释考验期限内具有前款第二项、第四项规定情形之一，或者有其他违反监督管理规定的行为，尚未构成新的犯罪的，应当作出撤销假释的裁定。"

需要注意的是，刑法虽然没有将"情节严重"规定为撤销假释的条件，但并不意味着只要在假释考验期限内有违反监督管理规定的行为，不问情节轻重，一律撤销假释，仍应当根据具体情况综合考量，对于情节明显较轻的不应撤销假释。

### （二十二）未成年人刑事案件诉讼程序

《刑事诉讼法修改决定》未涉及未成年人刑事案件诉讼程序问题。

《刑事诉讼法解释》第二十二章在《2012 年解释》第二十章“未成年人刑事案件诉讼程序”的基础上，根据修改后未成年人保护法、预防未成年人犯罪法的规定，对未成年人刑事案件诉讼程序有关条文作了进一步修改完善。

1. 关于未成年人案件审判组织的受案范围

《刑事诉讼法解释》第五百五十条根据司法实践反映的问题对《2012年解释》第四百六十三条的规定作出修改完善，规定：“被告人实施被指控的犯罪时不满十八周岁、人民法院立案时不满二十周岁的案件，由未成年人案件审判组织审理。”“下列案件可以由未成年人案件审判组织审理：（一）人民法院立案时不满二十二周岁的在校学生犯罪案件；（二）强奸、猥亵、虐待、遗弃未成年人等侵害未成年人人身权利的犯罪案件；（三）由未成年人案件审判组织审理更为适宜的其他案件。”“共同犯罪案件有未成年被告人的或者其他涉及未成年人的刑事案件，是否由未成年人案件审判组织审理，由院长根据实际情况决定。”需要注意的是，规定强奸、猥亵、虐待、遗弃未成年人等侵害未成年人人身权利的犯罪案件可以由少年法庭审理，是因为审理上述案件，不仅要解决对被告人的定罪量刑问题，更要重视做好对未成年被害人心理干预、经济救助、法律援助、转学安置等帮扶救助工作。由熟悉未成年人身心特点的专业法官负责相关工作，能够更好保障工作效果。

2. 关于对未成年被告人适用逮捕的规则

《刑事诉讼法解释》第五百五十三条根据刑事诉讼法第二百八十条第一款、预防未成年人犯罪法第五十三条的规定，明确：“对未成年被告人应当严格限制逮捕措施。”“人民法院决定逮捕，应当讯问未成年被告人，听取辩护律师的意见。”“对被逮捕且没有完成义务教育的未成年被告人，人民法院应当与教育行政部门互相配合，保证其接受义务教育。”

3. 关于对无固定住所、无法提供保证人的未成年被告人适用取保候审的规则

《刑事诉讼法解释》第五百五十四条根据预防未成年人犯罪法第五十

二条的规定，明确："人民法院对无固定住所、无法提供保证人的未成年被告人适用取保候审的，应当指定合适成年人作为保证人，必要时可以安排取保候审的被告人接受社会观护。"

4. 关于审理未成年人遭受性侵害或者暴力伤害案件询问未成年被害人、证人的规则

《刑事诉讼法解释》第五百五十六条第二款根据未成年人保护法第一百一十二条的规定，明确："审理未成年人遭受性侵害或者暴力伤害案件，在询问未成年被害人、证人时，应当采取同步录音录像等措施，尽量一次完成；未成年被害人、证人是女性的，应当由女性工作人员进行。"

5. 关于未成年被害人、证人出庭作证的规则

《刑事诉讼法解释》第五百五十八条根据未成年人保护法第一百一十条第二款的规定，明确："开庭审理涉及未成年人的刑事案件，未成年被害人、证人一般不出庭作证；必须出庭的，应当采取保护其隐私的技术手段和心理干预等保护措施。"

6. 关于通知法律援助机构指派律师为未成年被告人提供辩护的问题

《刑事诉讼法解释》第五百六十四条根据未成年人保护法第一百零四条的规定，明确："审判时不满十八周岁的未成年被告人没有委托辩护人的，人民法院应当通知法律援助机构指派熟悉未成年人身心特点的律师为其提供辩护。"需要注意的是，该条规定的"审判时"宜理解为"立案时"，只要人民法院受理案件时系未成年被告人的，就属于应当提供法律援助的情形，即使其开庭审理时已经成年。

7. 关于社会调查报告的问题

《刑事诉讼法解释》第五百六十八条根据预防未成年人犯罪法第五十一条对《2012年解释》第四百七十六条的规定作出修改完善，规定："对人民检察院移送的关于未成年被告人性格特点、家庭情况、社会交往、成长经历、犯罪原因、犯罪前后的表现、监护教育等情况的调查报告，以及辩护人提交的反映未成年被告人上述情况的书面材料，法庭应

当接受。”“必要时，人民法院可以委托社区矫正机构、共青团、社会组织等对未成年被告人的上述情况进行调查，或者自行调查。”

8. 关于心理疏导、心理测评的问题

《刑事诉讼法解释》第五百六十九条根据未成年人保护法第五十一条的规定，结合司法实践反映的问题对《2012年解释》第四百七十七条的规定作出修改完善，规定：“人民法院根据情况，可以对未成年被告人、被害人、证人进行心理疏导；根据实际需要并经未成年被告人及其法定代理人同意，可以对未成年被告人进行心理测评。”“心理疏导、心理测评可以委托专门机构、专业人员进行。”“心理测评报告可以作为办理案件和教育未成年人的参考。”

9. 关于法治教育的问题

《刑事诉讼法解释》第五百七十六条根据预防未成年人犯罪法第五十条的规定，对《2012年解释》第四百八十五条的规定作出修改完善，规定：“法庭辩论结束后，法庭可以根据未成年人的生理、心理特点和案件情况，对未成年被告人进行法治教育；判决未成年被告人有罪的，宣判后，应当对未成年被告人进行法治教育。”“对未成年被告人进行教育，其法定代理人以外的成年亲属或者教师、辅导员等参与有利于感化、挽救未成年人的，人民法院应当邀请其参加有关活动。”“适用简易程序审理的案件，对未成年被告人进行法庭教育，适用前两款规定。”

法庭教育可以在法庭调查和辩论结束之后进行，但有罪教育必须在宣判后。实践中需要注意的是：（1）如果在宣判之前已进行法庭教育的，宣判有罪后不必再行教育；如果宣判前没有进行教育，则宣判有罪后必须进行教育。（2）被告人及其法定代理人或者辩护人提出无罪意见的，在庭审中不进行法庭教育，但是判决宣告有罪后仍然要进行教育。（3）对未成年被告人进行教育，其法定代理人以外的成年亲属或者教师、辅导员等参与有利于感化、挽救未成年人的，人民法院应当邀请其参加有关活动。（4）法庭教育，可以围绕违法行为对社会的危害和处罚的必要性、导致违法行为发生的主客观原因及应当吸取的教训、正确对待人民法院的裁判等内容进行。（5）适用简易程序的案件，也应当进行法庭教育。

（二十三）当事人和解的公诉案件诉讼程序

《刑事诉讼法修改决定》未涉及当事人和解的公诉案件诉讼程序问题。《刑事诉讼法解释》第二十三章沿用《2012年解释》第二十一章“当事人和解的公诉案件诉讼程序”有关条文，仅对被害人死亡情形下近亲属与被告人和解的问题作了适当完善。

具体而言，关于近亲属的范围，依照刑事诉讼法第一百零八条第六项的规定，包括夫、妻、父、母、子、女、同胞兄弟姊妹等，分别处于不同继承顺序。对于存在第一顺序继承人的情形，第一顺序的近亲属未同意和解的，即使第二继承顺序的近亲属全部同意和解，也无权和被告人达成和解协议。基于此，《刑事诉讼法解释》第五百八十八条第一款专门规定：“符合刑事诉讼法第二百八十八条规定的公诉案件，被害人死亡的，其近亲属可以与被告人和解。近亲属有多人的，达成和解协议，应当经处于最先继承顺序的所有近亲属同意。”

（二十四）缺席审判程序

《刑事诉讼法修改决定》在刑事诉讼法第五编“特别程序”中增设缺席审判程序。《刑事诉讼法解释》增设第二十四章“缺席审判程序”，根据修改后刑事诉讼法的规定，对缺席审判程序的有关问题作出明确。需要提及的是，根据刑事诉讼法的规定，本章仅构建了缺席审判程序的基本框架。鉴于缺席审判程序需要在探索中逐步积累经验，其司法适用的具体问题将另行通过专门司法解释作出规定。

1. 关于对依照刑事诉讼法第二百九十一条第一款提起公诉案件的审查处理规则

2018年10月22日《全国人民代表大会宪法和法律委员会关于〈中华人民共和国刑事诉讼法（修正草案）〉审议结果的报告》指出：“草案二次审议稿第二十五条中规定，对于人民检察院提起公诉要求缺席审判的案件，人民法院进行审查后，对于起诉书中有明确的指控犯罪事实的，应当决定开庭审判。有的常委会组成人员和专家学者提出，缺席审判程序是刑事诉讼中的特别程序，法院在案件入口审查上应严格把关。除了审查起诉书是否具有明确的指控犯罪事实外，还应当对是否符合缺席审判程序适用条件进行审查。宪法和法律委员会经研究，建议采纳上述意见，在人民法院决定开庭缺席审判的条件中增加相应规定。”根据刑事诉讼法的规定和修法精神，对依照缺席审判程序提起公诉的案件，人民法院应当进行实质审查。基于此，《刑事诉讼法解释》第五百九十九条规定：“对人民检察院依照刑事诉讼法第二百九十一条第一款的规定提起公诉的案件，人民法院审查后，应当按照下列情形分别处理：（一）符合缺席审判程序适用条件，属于本院管辖，且材料齐全的，应当受理；（二）不属于可以适用缺席审判程序的案件范围、不属于本院管辖或者不符合缺席审判程序的其他适用条件的，应当退回人民检察院；（三）材料不全的，应当通知人民检察院在三十日以内补送；三十日以内不能补送的，应当退回人民检察院。”

2. 关于对依照刑事诉讼法第二百九十一条第一款提起公诉案件的审理处理方式和证明标准

《刑事诉讼法解释》第六百零四条规定：“对人民检察院依照刑事诉讼法第二百九十一条第一款的规定提起公诉的案件，人民法院审理后应当参照本解释第二百九十五条的规定作出判决、裁定。”“作出有罪判决的，应当达到证据确实、充分的证明标准。”“经审理认定的罪名不属于刑事诉讼法第二百九十一条第一款规定的罪名的，应当终止审理。”“适用缺席审判程序审理案件，可以对违法所得及其他涉案财产一并作出处理。”该条系新增条文，规定了对人民检察院依照刑事诉讼法第二百九十一条第一款提起公诉案件的审理处理方式和证明标准。

根据刑事诉讼法第二百九十一条第一款的规定，人民检察院对缺席审判案件提起公诉的前提是“犯罪事实已经查清，证据确实、充分，依法应当追究刑事责任”。那么，通过缺席审判认定被告人有罪的证明标准，自然也应当遵从一般刑事案件的证明标准，即“证据确实、充分”。

征求意见过程中，有意见建议对违法所得或者其他涉案财产一并作出处置的，增设公告程序，允许利害关系人参加诉讼。经研究认为，相关问题较为复杂，留待下一步解决。倾向性意见是，缺席审判程序可以直接对涉案财物作出处理，而且适用缺席审判程序需要将传票、起诉书副本送达被告人，没有必要再适用违法所得没收程序中的公告程序。

3. 关于对中止审理案件的缺席审判

《刑事诉讼法解释》第六百零五条规定：“因被告人患有严重疾病导致缺乏受审能力，无法出庭受审，中止审理超过六个月，被告人仍无法出庭，被告人及其法定代理人、近亲属申请或者同意恢复审理的，人民法院可以根据刑事诉讼法第二百九十六条的规定缺席审判。”“符合前款规定的情形，被告人无法表达意愿的，其法定代理人、近亲属可以代为申请或者同意恢复审理。”

需要注意的是：（1）根据刑事诉讼法第二百九十六条的规定，此种缺席审判的适用对象是患有严重疾病无法出庭的被告人。经研究认为，此处规定的“患有严重疾病无法出庭”实际上是指没有受审能力，而不能作其他泛化解释，更不能将被告人因身体残疾不便到庭参加诉讼就理解为此处规定的“患有严重疾病无法出庭”。（2）被告人缺乏受审能力，不少情况下无法表达意愿，应当允许其法定代理人、近亲属代为申请或者同意恢复审理。否则，刑事诉讼法第二百九十六条规定将流于形式，在实践中无法适用。

征求意见过程中，有意见建议删除“缺乏受审能力”的表述。理由是：被告人“患有严重疾病，无法出庭”并不等于“没有受审能力”。实践中，司法精神病鉴定机构的鉴定项目包括“受审能力”项，主要是指被告人不能感知、理解诉讼活动的内涵和后果，不具有相应的认知、判断和表达能力，故无法接受审判的情形。而被告人“患有严重疾病、无法出庭”也包括被告人因身体原因，如靠呼吸机维持生命等，无法出席法庭接受审判，但其对诉讼活动的认知、判断、理解能力并不一定受限，不宜简单将二者画等号。经研究，未采纳该意见。主要考虑是：对于后一种情形，可以通过到医院开庭等便民方式予以解决。采用缺席审判方式，恐不利于对被告人诉讼权益的保护，也不符合设立缺席审判制度的初衷。

征求意见过程中，有意见建议明确是否限定申请或同意恢复审理人员的顺序，法定代理人不同意的，其他近亲属同意是否有效，是否仅需近亲属中一人同意即可。经研究认为，相关问题宜交由司法实践裁量把握。实践中，如绝大多数近亲属反对，只有个别近亲属申请或者同意恢复审理的，原则上不宜适用缺席审判程序；但是现有证据证明被告人无罪，可能作出无罪判决的，也可以视情考虑恢复审理。

4. 关于人民法院受理案件后被告人死亡案件的缺席审判

刑事诉讼法第二百九十七条规定，被告人死亡，人民法院应当裁定终止审理，但有证据证明被告人无罪，人民法院经缺席审理确认无罪的，应当依法作出判决。《刑事诉讼法解释》第六百零六条规定："人民法院受理案件后被告人死亡的，应当裁定终止审理；但有证据证明被告人无罪，经缺席审理确认无罪的，应当判决宣告被告人无罪。""前款所称'有证据证明被告人无罪，经缺席审理确认无罪'，包括案件事实清楚，证据确实、充分，依据法律认定被告人无罪的情形，以及证据不足，不能认定被告人有罪的情形。"据此，司法实践中，人民法院受理案件后被告人死亡，如果在案证据足以证明被告人有罪，则应当裁定终止审理；经审查认为被告人可能无罪的，包括指控犯罪的证据不足、不能认定被告人有罪的，应当缺席审理。缺席审理后，确认被告人无罪或者证据不足、不能认定被告人有罪的，应当依法作出无罪判决。

5. 关于再审程序中被告人死亡案件的缺席审判

《刑事诉讼法解释》第六百零七条规定："人民法院按照审判监督程序重新审判的案件，被告人死亡的，可以缺席审理。有证据证明被告人无罪，经缺席审理确认被告人无罪的，应当判决宣告被告人无罪；虽然构成犯罪，但原判量刑畸重的，应当依法作出判决。"据此，人民法院按照审判监督程序重新审判的案件，被告人死亡的，如果是人民检察院认为原判量刑畸轻（包括因定罪错误导致量刑畸轻）而提起抗诉的，人民法院因原审量刑畸轻而启动审判监督程序的，或者经审查认为原判正确或者量刑畸轻的，应当裁定终止审理。除此之外，应当缺席审理。经审理，确认被告人无罪或者证据不足，不能认定被告人有罪的，或者虽然构成犯罪但是原判量刑畸重的，应当依法作出判决。

征求意见过程中，对于再审程序中被告人死亡的，除终止审理或者宣告无罪外，能否改判存在不同认识。经研究认为，对于原审量刑畸重的案件，是否纠正，关系到裁判公正和国家赔偿问题。在审判监督程序已经启动情况下，即使被告人死亡，也应当继续审理，依照法律作出改判。

此外，对于被告人定罪量刑没有问题，但是涉案财物处理有错误的，是否需要通过缺席审理作出改判，存在不同认识。经研究认为，从法理上讲，如果原审对涉案财物的判决确有错误，涉及的财物价值又很巨大，即便被告人死亡，也应当实事求是依法纠正，不宜简单终止审理。但是，考虑到实践中此种情况较为罕见，未作规定。

### （二十五）犯罪嫌疑人、被告人逃匿、死亡案件违法所得的没收程序

《刑事诉讼法修改决定》未涉及犯罪嫌疑人、被告人逃匿、死亡案件违法所得没收程序的问题。《刑事诉讼法解释》第二十五章在《2012 年解释》第二十二章“犯罪嫌疑人、被告人逃匿、死亡案件违法所得的没收程序”的基础上，吸收《最高人民法院、最高人民检察院关于适用犯罪嫌疑人、被告人逃匿、死亡案件违法所得没收程序若干问题的规定》（法释〔2017〕1 号，以下简称《没收程序规定》）有关条文，对犯罪嫌疑人、被告人逃匿、死亡案件违法所得的没收程序有关问题作了进一步细化规定。需要注意的是，该章调整了《2012 年解释》与《没收程序规定》不一致的条文，以维持《刑事诉讼法解释》作为刑事审判程序基本

解释的体系完整性。在没收违法所得的具体司法适用中，该章未作规定的，可以继续适用《没收程序规定》。

1. 关于“贪污贿赂犯罪、恐怖活动犯罪等”犯罪案件的范围

《刑事诉讼法解释》第六百零九条吸收《没收程序规定》第一条对《2012年解释》第五百零七条的规定作出修改完善，规定：“刑事诉讼法第二百九十八条规定的‘贪污贿赂犯罪、恐怖活动犯罪等’犯罪案件，是指下列案件：（一）贪污贿赂、失职渎职等职务犯罪案件；（二）刑法分则第二章规定的相关恐怖活动犯罪案件，以及恐怖活动组织、恐怖活动人员实施的杀人、爆炸、绑架等犯罪案件；（三）危害国家安全、走私、洗钱、金融诈骗、黑社会性质组织、毒品犯罪案件；（四）电信诈骗、网络诈骗犯罪案件。”需要注意以下几点。

（1）《没收程序规定》第一条规定：“下列犯罪案件，应当认定为刑事诉讼法第二百八十条第一款规定的‘犯罪案件’：（一）贪污、挪用公款、巨额财产来源不明、隐瞒境外存款、私分国有资产、私分罚没财物犯罪案件；（二）受贿、单位受贿、利用影响力受贿、行贿、对有影响力的人行贿、对单位行贿、介绍贿赂、单位行贿犯罪案件；（三）组织、领导、参加恐怖组织，帮助恐怖活动，准备实施恐怖活动，宣扬恐怖主义、极端主义、煽动实施恐怖活动，利用极端主义破坏法律实施，强制穿戴宣扬恐怖主义、极端主义服饰、标志，非法持有宣扬恐怖主义、极端主义物品犯罪案件；（四）危害国家安全、走私、洗钱、金融诈骗、黑社会性质的组织、毒品犯罪案件。”“电信诈骗、网络诈骗犯罪案件，依照前款规定的犯罪案件处理。”经研究认为，该条第一款第一项、第二项规定的犯罪案件可以统称为“贪污贿赂犯罪案件”。主要考虑是：《国家监察委员会管辖规定（试行）》（国监发〔2018〕1号）第四章明确了职务犯罪案件的管辖范围。其中，第十一条规定：“国家监察委员会负责调查行使公权力的公职人员涉嫌贪污贿赂、滥用职权、玩忽职守、权力寻租、利益输送、徇私舞弊以及浪费国家资财等职务犯罪案件。”第十二条对贪污贿赂犯罪案件作了进一步明确，规定：“贪污贿赂犯罪案件，包括贪污

罪；挪用公款罪；受贿罪；单位受贿罪；利用影响力受贿罪；行贿罪；对有影响力的人行贿罪；对单位行贿罪；介绍贿赂罪；单位行贿罪；巨额财产来源不明罪；隐瞒境外存款罪；私分国有资产罪；私分罚没财物罪；非国家工作人员受贿罪；对非国家工作人员行贿罪；对外国公职人员、国际公共组织官员行贿罪。”

（2）监察法第四十八条规定：“监察机关在调查贪污贿赂、失职渎职等职务犯罪案件过程中，被调查人逃匿或者死亡，有必要继续调查的，经省级以上监察机关批准，应当继续调查并作出结论。被调查人逃匿，在通缉一年后不能到案，或者死亡的，由监察机关提请人民检察院依照法定程序，向人民法院提出没收违法所得的申请。”据此，在《刑事诉讼法解释》第六百零九条第一项规定中新增了“失职渎职等职务犯罪案件”。

2. 关于犯罪嫌疑人、被告人死亡案件的违法所得没收程序

《刑事诉讼法解释》第六百一十一条吸收《实施刑事诉讼法规定》第三十七条的规定，明确：“犯罪嫌疑人、被告人死亡，依照刑法规定应当追缴其违法所得及其他涉案财产，人民检察院提出没收违法所得申请的，人民法院应当依法受理。”需要注意的是，被告人死亡的，如果依照刑法规定应当追缴其违法所得及其他涉案财产，人民检察院提出没收违法所得申请，人民法院应当依法受理，不受罪名限制。

### （二十六）依法不负刑事责任的精神病人的强制医疗程序

《刑事诉讼法修改决定》未涉及依法不负刑事责任的精神病人的强制医疗程序的问题。《刑事诉讼法解释》第二十六章基本沿用《2012年解释》第二十三章“依法不负刑事责任的精神病人的强制医疗程序”的条文，并根据司法实践反映的问题作了修改完善，主要涉及：（1）进一步明确强制医疗案件的法律援助问题；（2）明确人民法院审理强制医疗案件，应当听取被害人及其法定代理人的意见；（3）明确对解除强制医疗案件进行开庭审查的，应当通知同级人民检察院派员出庭，听取其是否

同意解除强制医疗的意见。

1. 关于听取被害人及其法定代理人意见的问题

《刑事诉讼法解释》第六百三十五条根据司法实践反映的问题对《2012 年解释》第五百二十九条的规定作出修改完善，切实加大对被害人权益的保障，在第二款要求应当听取被害方的意见，明确："审理强制医疗案件，应当会见被申请人，听取被害人及其法定代理人的意见。"

2. 关于通知鉴定人出庭的问题

强制医疗案件的庭审主要围绕司法精神病鉴定展开，故有意见建议明确鉴定人强制出庭义务。经研究，鉴定人强制出庭难以做到，在一些案件中也似无必要。鉴于此，《刑事诉讼法解释》第六百三十六条第一款第二项规定："……必要时，可以通知鉴定人出庭对鉴定意见作出说明。"

3. 关于对强制医疗决定不服的申请复议期限

刑事诉讼法第二百三十条规定："不服判决的上诉和抗诉的期限为十日，不服裁定的上诉和抗诉的期限为五日，从接到判决书、裁定书的第二日起算。"基于此，《刑事诉讼法解释》第六百四十二条对《2012 年解释》第五百三十六条的规定作出修改完善，将自收到决定书"之日起"五日内申请复议调整为"第二日起"，规定："被决定强制医疗的人、被害人及其法定代理人、近亲属对强制医疗决定不服的，可以自收到决定书第二日起五日以内向上一级人民法院申请复议。复议期间不停止执行强制医疗的决定。"

4. 关于解除强制医疗案件的审查方式

据了解，关于解除强制医疗案件，有些地方组成合议庭开庭审查，但个别案件中检察人员未出庭。对于此种情形下检察机关应否派员出庭及发表意见，实践中做法不一。经研究认为，根据刑事诉讼法第三百零七条"人民检察院对强制医疗的决定和执行实行监督"的规定，如果人民法院组成合议庭对解除强制医疗案件进行开庭审查，应当通知同级人民检察院派员出庭，以便于人民检察院更好地对强制医疗的解除履行法律监督职责。鉴于此，《刑事诉讼法解释》第六百四十七条第二款规定：

“对前款规定的案件，必要时，人民法院可以开庭审理，通知人民检察院派员出庭。”需要注意的是，通知人民检察院出庭，主要是听取其关于解除强制医疗的意见。

解除强制医疗的案件审查方式，应当根据案件具体情况确定，一般可采用书面方式审查，但应当询问被强制医疗的人及其近亲属，听取强制医疗机构、有精神病医学专门知识的人的意见；如有关方面意见有分歧的，特别是强制医疗机构提出解除申请，但经初步审查认为不符合解除条件，拟不予同意，或者被强制医疗的人及其近亲属提出解除申请，经初步审查认为符合条件，但强制医疗机构提出异议的，则应考虑开庭审查。

考虑到强制医疗限制精神病人的人身自由，为保障其合法权益，一旦决定解除强制医疗，就应当立即解除。因此，《刑事诉讼法解释》第六百四十七条第三款强调，决定解除强制医疗的，人民法院应当通知强制医疗机构在收到决定书的当日解除强制医疗。当然，为了给强制医疗机构一定的准备时间，人民法院可以在决定作出后送达前，先行通知强制医疗机构做好解除强制医疗的准备。

### （二十七）附则

《刑事诉讼法解释》未设“一般规定”一章，遂将各章节具有共性的一些问题放在附则作出统一规定。《刑事诉讼法解释》第二十七章沿用《2012 年解释》第二十四章“附则”的条文，并根据法律修改情况，结合司法实践反映的问题，作了适当修改完善。

1. 关于采取视频方式开庭的问题

《2012 年解释》起草过程中，对于采取视频方式审理案件，是否与直接言词原则冲突，有关方面存在不同认识，故《2012 年解释》第五百四十四条规定：“人民法院讯问被告人，宣告判决，审理减刑、假释案件，根据案件情况，可以采取视频方式进行。”此次征求意见过程中，有意见建议进一步扩大视频方式的适用范围，进一步适用于速裁程序甚至其他所有案件。经研究，《刑事诉讼法解释》第六百五十条采纳上述意见，给司法实践留有一定裁量空间，规定："人民法院讯问被告人，宣告判决，审理减刑、假释案件等，可以根据情况采取视频方式。"需要注意的是，对于采取视频方式审理案件的，应当在充分保障当事人诉讼权利和庭审质量的前提下进行。

2. 关于提出诉求、申请的方式

刑事诉讼法明确规定，报案、控告、举报和上诉，可以口头提出。当前，社会经济文化发展水平有了较大提高，法律援助范围也逐步扩大，有必要确立以书面形式提出的原则。同时，鉴于确实仍有个别当事人书写困难，为充分保障其诉讼权利，也应当允许其口头提出。基于此，《刑事诉讼法解释》第六百五十一条规定："向人民法院提出自诉、上诉、申诉、申请等的，应当以书面形式提出。书写有困难的，除另有规定的以外，可以口头提出，由人民法院工作人员制作笔录或者记录在案，并向口述人宣读或者交其阅读。"

实践中应注意三点：一是法律、司法解释明确规定应当以书面形式提出的，不得以口头形式提出；二是对于书写有困难，也无人帮忙代写的，由人民法院工作人员制作笔录或者记录在案，并向口述人宣读或者交其阅读后由其签名；三是"制作笔录"和"记录在案"有所差别。"制作笔录"往往是指制作形成单独或者专门的笔录，而"记录在案"则无此要求，可以在其他笔录中顺带记录。

3. 关于签名、盖章、捺指印的问题

刑事诉讼法及相关司法解释条文中，频频出现"签名、盖章""签名或者盖章""签名、盖章、捺指印"等表述，其适用条件和含义究竟有无区别，签名、盖章的人员范围应当如何掌握，当事人拒绝签名的如何处理，等等，需要统一规范。基于此，《刑事诉讼法解释》第六百五十二条规定："诉讼期间制作、形成的工作记录、告知笔录等材料，应当由制作人员和其他有关人员签名、盖章。宣告或者送达裁判文书、通知书等诉讼文书的，应当由接受宣告或者送达的人在诉讼文书、送达回证上签名、盖章。”“诉讼参与人未签名、盖章的，应当捺指印；刑事被告人除签名、盖章外，还应当捺指印。”“当事人拒绝签名、盖章、捺指印的，办案人员应当在诉讼文书或者笔录材料中注明情况，有见证人见证或者有录音录像证明的，不影响相关诉讼文书或者笔录材料的效力。”

实践中应注意三点：一是对于自然人，应当签名，不要求盖章。未签名的，应当捺指印。自然人盖章的，也还应当捺指印，因为个人印章往往没有备案，难以鉴定其真伪。二是对于单位，应当盖章，不要求其法定代表人或者其他个人签名，除非另有规定，因为此系一贯做法，且单位印章一般有备案，容易鉴定其真伪。三是根据审判实践通常做法，对刑事被告人作出特殊要求，即除签名外，还应当捺指印。如果是被告单位，则可只盖章，不要求其法定代表人或者其他个人捺指印。

征求意见过程中，有意见建议增加电子签名和电子指纹捺印法律效力的相关内容，明确在刑事诉讼活动中，诉讼参与人在电子法律文书上电子签名、电子指纹捺印与其在纸质法律文书上手写签名、按捺指印具有同等法律效力。经研究认为，对于相关问题可以按照有关规定执行，待时机成熟再作明确规定为宜。

4. 关于《刑事诉讼法解释》对专门人民法院的适用

人民法院组织法第十五条第一款明确规定，专门人民法院包括军事法院、海事法院、知识产权法院、金融法院等。据此，铁路运输法院目前已不再明确列为专门人民法院。为与人民法院组织法的规定保持一致，《刑事诉讼法解释》第六百五十三条规定：“本解释的有关规定适用于军事法院等专门人民法院。”

此外，对于涉香港特别行政区、澳门特别行政区、台湾地区的刑事案件，按照《刑事诉讼法解释》办理，另有规定的除外。

5. 关于《刑事诉讼法解释》有关公安机关的规定的相应适用

刑事诉讼法第三百零八条规定：“军队保卫部门对军队内部发生的刑事案件行使侦查权。”“中国海警局履行海上维权执法职责，对海上发生的刑事案件行使侦查权。”“对罪犯在监狱内犯罪的案件由监狱进行侦查。”“军队保卫部门、中国海警局、监狱办理刑事案件，适用本法的有关规定。”基于此，《刑事诉讼法解释》第六百五十四条作了照应性规定，明确：“本解释有关公安机关的规定，依照刑事诉讼法的有关规定，适用于国家安全机关、军队保卫部门、中国海警局和监狱。”需要注意的是，由于职责有所差异，《刑事诉讼法解释》关于公安机关的规定，并不必然适用于其他侦查机关；具体哪些可以适用，需要根据刑事诉讼法的有关规定具体分析。

6. 关于《刑事诉讼法解释》的时间效力

《刑事诉讼法解释》第六百五十五条规定：“本解释自 2021 年 3 月 1 日起施行。最高人民法院 2012 年 12 月 20 日发布的《关于适用〈中华人民共和国刑事诉讼法〉的解释》（法释〔2012〕21 号）同时废止。最高人民法院以前发布的司法解释和规范性文件，与本解释不一致的，以本解释为准。”需要注意的是，该条只废止《2012 年解释》，最高人民法院以前发布的司法解释和规范性文件，与《刑事诉讼法解释》不一致的，以《刑事诉讼法解释》为准；与《刑事诉讼法解释》不冲突的，在明令废止前仍可适用。

# 《人民法院在线诉讼规则》理解与适用

刘 峥 何 帆 李承运*

2021年5月18日，《人民法院在线诉讼规则》（以下简称《规则》）经最高人民法院审判委员会第1838次会议审议通过，并于2021年8月1日施行。《规则》共39条，明确了在线诉讼的法律效力、基本原则、适用条件，内容涵盖在线立案、调解、证据交换、庭审、宣判、送达等诉讼环节，首次从司法解释层面构建形成系统完备、指向清晰、务实管用的在线诉讼规则体系。

《规则》的正式印发，是人民法院深入学习贯彻习近平法治思想的重要成果，对于进一步规范在线诉讼，保障当事人诉讼权利，便利人民群众诉讼，提升审判质量效率，推动形成“中国特色、世界领先”互联网新司法模式，具有重大而深远的意义。现就《规则》起草背景、主要思路和司法实践中应当注意的重点问题说明如下。

## 一、《规则》的起草背景和主要思路

“探索构建适应互联网时代需求的新型管辖规则、诉讼规则，推动审判方式、诉讼制度与互联网技术深度融合”是《最高人民法院关于深化人民法院司法体制综合配套改革的意见——人民法院第五个五年改革纲要（2019—2023）》确定的重点改革任务。近年来，人民法院主动适应

* 作者单位：最高人民法院。

互联网时代发展要求，回应人民群众公正、高效、便捷、多元解纷的司法需求，稳妥有序地推进完善案件在线审理机制。杭州、北京、广州三家互联网法院利用先发优势，探索构建全流程在线审理机制，推动大数据、区块链、人工智能等新技术在审判执行领域深度运用。各地法院依托“中国移动微法院”诉讼平台，逐步推广适用在线诉讼，实现审判模式转型升级。尤其在新冠疫情防控期间，在线诉讼大显身手，实现了“审判执行不停摆，公平正义不止步”，为统筹推进疫情防控和经济社会发展作出了积极贡献。

自 2018 年以来，最高人民法院先后制定印发《关于互联网法院审理案件若干问题的规定》（以下简称《互联网法院司法解释》）、《民事诉讼程序繁简分流改革试点实施办法》（以下简称《试点实施办法》）和《关于新冠肺炎疫情防控期间加强和规范在线诉讼工作的通知》，指导相关法院开展在线诉讼实践。但总体上看，上述文件主要针对特定法院、特定时期和特定诉讼环节，还未形成适用于全国法院、覆盖诉讼全流程、效力层级较高的在线诉讼规则。

各地法院尽管积累大量经验，但也存在在线诉讼效力不确定、规则不明确、标准不清晰、程序不统一、操作不规范等问题。因此，最高人民法院在深入开展调研论证，全面总结互联网司法实践成果基础上，研究制定了《规则》，作为全国法院开展在线诉讼的主要依据。

《规则》的主要起草思路是：

一是坚持人民性，充分回应互联网时代人民群众司法需求。随着移动互联网技术日益普及，人民群众普遍期待司法诉讼更加数字化、网络化、便捷化，推动提升审判效率、降低诉讼成本，同时，也担心诉讼权益在参与在线诉讼过程中受到减损。《规则》针对上述情况，既充分发挥在线诉讼灵活、简便、全天候、易操作等优势，又坚持以当事人同意为基本前提，尊重和保障当事人诉讼模式选择权和程序利益处分权，实现提升司法效能和保障人民群众合法诉讼权益相统一。

二是注重规范性，科学构建人民法院在线办案程序。《规则》聚焦突破制度性障碍，旨在明确在线诉讼法律效力、填补规则空白、统一行为标准、细化程序规范。同时，考虑到互联网技术发展迅速，一些诉讼领域仍有探索创新余地，《规则》也注重保持制度弹性，表述上适当“留白”，不追求面面俱到，对于一些新技术应用领域的问题，可由各地法院结合审判实际、技术发展情况持续探索、细化完善。

三是彰显时代性，积极适应技术与司法融合应用发展要求。《规则》积极推动和有效规范新技术与诉讼程序的融合发展。针对区块链存证、非同步审理机制、在线法庭设置、电子送达、电子卷宗等前沿问题，依法确认法律效力、明确审核规则、划定适用边界，并就维护数据信息安全，确保技术中立和平台中立提出要求。

## 二、关于在线诉讼的内涵和效力

《规则》第一条明确了在线诉讼的内涵和效力。在效力方面，在线诉讼活动与线下诉讼活动具有同等法律效力。在在线诉讼内涵方面，应当注意把握好以下三个问题。

一是关于在线诉讼的表现形式。在线诉讼包括从立案到执行的各个诉讼环节，但不要求所有流程均必须在线办理。实践中，司法案件各有其特点，有的适宜在线解决，有的适合线下审理，必须遵循规律、实事求是。无论是“全部诉讼环节在线”，还是“部分诉讼环节在线”，或者“部分当事人线上，部分当事人线下”，都属于在线诉讼的表现形式。

二是关于在线诉讼的网络载体。在线诉讼可以通过互联网或专用网络两种方式进行。对于民事、行政等案件，在线诉讼活动主要在互联网上完成，人民法院应当在确保数据和系统安全的前提下，实现内外网系统数据互通。对于刑事案件，在线诉讼一般通过专用网络进行，以满足刑事案件审理的技术保障要求。

三是关于在线诉讼的开展方式。在线诉讼活动主要依托电子诉讼平台开展。考虑到目前全国法院信息化建设规模、进程尚不均衡，《规则》中的“诉讼平台”还是一个泛指概念，既包括最高人民法院统一指导建设的电子诉讼平台，也包括各地法院结合工作需要自行建设的平台，是各类服务于在线诉讼工作平台的集合。未来，随着智慧法院建设不断深入，电子诉讼平台也将逐步向规范化、系统化、一体化发展。

## 三、关于在线诉讼的基本原则

《规则》第二条确立了在线诉讼“公正高效”“合法自愿”“权利保障”“便民利民”“安全可靠”五个基本原则，作为开展在线诉讼总体要求。“公正高效”是在线诉讼的根本特征，目的是利用信息技术，提升审判质量效率，更快更好地实现公平正义；“合法自愿”是在线诉讼的适用前提，当事人有权自主选择线上或者线下诉讼模式，但不得不当干预和影响其他诉讼主体的选择权；“权利保障”是在线诉讼的核心要求，人民法院应当帮助当事人更加充分、便捷、及时地行使各项诉讼权利，不能为求简便而减损当事人权利；“便民利民”是在线诉讼的价值取向，基本出发点是为当事人提供诉讼便利，降低诉讼成本，统筹兼顾不同群体的诉讼能力和司法需求，提供差异化、精准化的在线诉讼服务；“安全可靠”是在线诉讼的基础保障，各类信息技术的运用必须符合司法规律和技术伦理，保障数据信息安全，避免因技术不当使用或平台利益关联，影响司法公正性和公信力。

## 四、关于在线诉讼的适用范围

《规则》第三条明确在线诉讼的适用案件范围，根据该条规定，各类民事、行政、非诉和执行程序案件，只要符合适用条件，均可采取在线方式办理。但是，考虑到刑事案件涉及侦查、检察、审判机关的协调衔接，在证据规格、权利保障、数据安全方面也有特殊要求，在线诉讼应当依法审慎稳妥推进，主要适用于案情简单、程序简便或者因疫情防控等特殊原因不宜线下审理的刑事案件。因此，《规则》第三条第二项将这类案件的范围限定为“刑事速裁程序案件，减刑、假释案件，以及因特殊原因不宜线下审理的刑事案件”，并在第三十七条作出专门规定。

《规则》第三条第五项是在线诉讼适用案件范围的兜底条款，即“其他适宜采取在线方式审理的案件”。司法实践中，对于哪些属于“适宜采取在线方式审理”的案件，人民法院可以结合当事人意愿、案件性质、复杂程度、证据情况等因素作出综合判断。例如，部分国家赔偿案件，如果不存在重大敏感因素，当事人自身又有在线诉讼需求的，也可以在线办理。

## 五、关于在线诉讼的适用条件

《规则》第三条、第四条、第五条、第六条对在线诉讼的适用条件以及线上线下两种审理方式的转换作出规定。适用在线诉讼需要满足三个条件。

### （一）当事人同意适用在线诉讼

按照《规则》确定的合法自愿原则，在线诉讼是为当事人参与诉讼的方式提供更多选择，并不具有强制性，所以应当以当事人主动选择或者同意为前提。实践中需注意以下四个方面。

一是关于“当事人同意”的方式。《规则》对当事人同意的方式未作具体限制，实践中至少可以包括：主动作出在线诉讼行为、口头同意、在诉讼平台确认同意、线下书面同意等。只要是当事人的真实意思表示，并可以留痕追溯，均是作出同意的有效方式。

二是关于“当事人同意”的效力范围。当事人关于是否同意在线诉讼的意思表示，原则上仅对自身产生效力。一方当事人不同意在线诉讼，不影响其他方当事人选择在线诉讼的权利，案件可以采取“半在线”方式审理。考虑到司法实践的复杂性，《规则》对调解、证据交换、询问、听证、庭审等诉讼环节作出特殊安排，明确一方当事人有权在上述诉讼环节中，要求其他方当事人线下参审，但应当提出合理理由。经人民法院审查，其理由成立的，可以将相应诉讼环节转为线下进行，便于人民法院查明事实、适用法律。

三是关于“当事人同意”后又反悔的处理。《规则》明确当事人同意适用在线诉讼后可以作出反悔，但需满足三个条件：第一，反悔应当在开展相应诉讼活动前的合理期限内提出。考虑到不同诉讼环节的准备时间存在差异，《规则》未对“合理期限”作出“一刀切”式的规定，可由各地法院具体细化或者审判组织根据案件情况确定。第二，反悔需通过申请方式提出，并经人民法院审查同意。第三，反悔不得基于恶意诉讼目的，如果能够认定当事人反悔是为了故意拖延诉讼或者增加对方当事人诉讼成本，人民法院可以不予批准。

四是关于“当事人同意”的法律后果。《规则》第六条明确，当事人同意适用在线诉讼后，如果既不申请转为线下审理，又其他无正当理由，无故不作出相应诉讼行为或不参与在线诉讼活动的，人民法院应参照线下诉讼对应情形作出处理，以确保在线诉讼的严肃性和规范性。例如，当事人无正当理由逾期在线举证的，人民法院应当根据民事诉讼法第六十五条、《最高人民法院关于适用〈中华人民共和国民事诉讼法〉的解释》（以下简称《民事诉讼法司法解释》）第一百零二条，确定是否采纳该证据，并可予以训诫、罚款；当事人无正当理由不按时参加在线庭审或者擅自退出，视为“拒不到庭”或者“中途退庭”，人民法院可以视为撤诉或者缺席审理。

### （二）案件适宜在线审理

案件是否适用在线诉讼，人民法院需要结合案件性质、特点、证据类型、社会关注度等各方面因素，综合作出判断。需要注意的是，实践中需区分考虑是所有诉讼环节均不适用在线方式，还是部分诉讼环节不宜在线开展。例如，对于涉及国家安全、国家秘密、重大涉外、涉港澳台案件，一般应当全案线下审理；而对当事人人数众多、案件疑难复杂、证据繁多、审理耗时长的案件，庭审环节一般应当在线下开展，而此类案件的立案、调解、送达等环节可以在线完成。线上线下有序融合衔接，才应当是在线诉讼的主流和常态。

### （三）具备相应技术能力和条件

开展在线诉讼需以人民法院具备技术条件和当事人具备技术应用能力为前提。各级法院应当坚持实事求是，结合自身技术条件，稳妥有序推进在线诉讼，并不要求“一步到位”、追求“应上尽上”，更不能“强上硬上”。实践中，人民法院应当结合实际情况，对当事人的在线诉讼能力作出判断，综合考虑当事人年龄、职业、身体状况、知识背景、所处地域、上网条件、通讯设备、操作能力等因素，准确判断当事人是否具备参与在线诉讼的能力与条件，合理确定案件审理方式。

## 六、关于在线诉讼的主要程序规则

### （一）身份认证规则

《规则》第七条明确了在线诉讼身份认证规则。相比线下诉讼，在线诉讼数字化、网络化的特点，更容易引发人们对诉讼主体身份真实性问题的关注，因此必须强化在线身份认证程序，实践中应注意以下三个方面。

一是在认证方式上。应当主要通过证件证照在线比对、身份认证平台认证等方式验证身份。实践中，部分法院通过对接公安部门人口信息系统，采取人脸识别方式验证身份。采取这一验证方式的，应当严格遵守国家关于人脸识别的法律法规要求，充分履行告知义务，并征得当事人明确同意。

二是在认证环节上。身份认证是在线诉讼的前提，应当在开展诉讼活动前即有效完成。身份认证时，可以同步告知在线诉讼权利义务和法律后果，征求当事人对是否同意在线诉讼及具体适用环节的意见。针对调解、证据交换、庭审等需多方参与的重要诉讼环节，应当再次认证身份，确保诉讼主体身份准确无误，诉讼行为合法有效。

三是在认证效力上。身份认证具有固定诉讼主体和诉讼行为效力的作用。初次身份认证的效力，及于之后各个诉讼环节，被认证人也因此负有妥善保管诉讼平台账户密码的义务。但是，如果能够证明存在诉讼平台系统错误或者诉讼平台账号被盗用的，“视为被认证人行为”的效力可被推翻，以充分保障当事人诉讼权利。

（二）电子材料提交规则

电子材料是开展在线诉讼的基础要素。《规则》第十一条明确了电子材料的主要类型和提交方式。从内容上看，电子材料分为诉讼文书材料和证据材料。从表现形式上看，电子材料分为三种类型：一是诉讼主体直接在电子诉讼平台中录入的电子文本，即在线填写起诉状、答辩状、代理意见、案件要素信息等。二是线下实体材料经过扫描、翻拍、转录等方式进行数字化处理后形成的材料，也被称为电子化材料。形成方式是对线下已经形成书面起诉状、答辩状、代理意见、书证等材料作电子化处理后，直接上传至诉讼平台。三是材料本身即是以电子数据形式存在的，如电子合同、网络购物表单、网络支付凭证等。如果存有上述电子数据的数据平台已对接人民法院诉讼平台，可以直接将电子数据导入诉讼平台。当事人是提交电子材料的主要义务人。如果提交电子化材料确有困难的，人民法院可以通过卷宗扫描等方式，帮助当事人将线下材料转化为电子化材料。同时，人民法院应当通过完善系统设置、细化操作指引、畅通数据传输等方式，尽可能为当事人提交电子材料提供司法便利。

（三）电子化材料的效力与审核规则

线下诉讼模式下，诉讼材料和证据材料一般要求提交原件原物，特定情形下可以提交复印件，而在线诉讼如果要求一律提交原件原物，则既不利于案件在线审理，还将加重当事人诉讼负担。因此，《规则》第十二条、第十三条明确了电子化材料“视同原件”效力及审核规则，实践中需要注意三个方面。

一是关于电子化材料“视同原件”的效力内涵。《规则》第十二条主要解决电子化材料的形式真实性问题，其效力范围仅限于当事人不必再另行提供纸质原件，并不意味着电子化材料必然具备证据能力和证明力，对证据内容的真实性、合法性、关联性问题，还需作专门判断。

二是关于电子化材料“视同原件”的限制。电子化材料“视同原件”的效力既不是当然的，也不是绝对的。首先，电子化材料需以人民法院审核通过为前提，未经法院审核不得在诉讼中直接使用。其次，电子化材料“视同原件”效力具有相应限制条件。如果存在形式真实性存疑、内容格式不够规范清晰、不符合档案管理规定等情形的，仍应当提供原件。

三是关于电子化材料的审核规则。电子化材料本身具有易篡改的特点，为确保其形式真实性，人民法院需审核电子化材料与原件原物的一致性。考虑到电子化材料审核技术性较强，审核更多需要借助外部力量和其他程序完成，具体包括：对方当事人认可、公证机构公证、先行诉讼活动确认、在线或线下比对等。需要说明的是，上述方式只是帮助审判组织审核电子化材料的指引性规则，如果审判组织认为即便采取上述举措，也不足以确保材料形式真实性的，应当要求当事人提供线下实体材料。

### （四）区块链存证的效力及审查规则

在线诉讼模式下，证据的存在形态、表现形式、呈现方式等与线下诉讼模式有较大不同。《规则》第十四条至第十九条对在线诉讼证据问题作出集中规定，一方面，明确了在线证据交换方式，确立了同步和非同步两种在线证据交换的效力和程序要求；另一方面，明确了在线证据的审查认定规则。《规则》第十三条明确了在线诉讼证据审查的总体要求和法律依据。考虑到目前我国诉讼法律和相关司法解释已对电子证据审查认定作出了较为系统完备的规定，《规则》对一般性电子证据审查规则不再作重复性列举。

《规则》第十六条至第十九条对区块链存证的司法认定问题作出专门规定。近年来，公证机构、第三方存证平台等大力推广区块链技术存证，涉区块链纠纷日益增多。同时，由于效力和审核规则不明，区块链存证领域存在过度夸大区块链证据效力、误导当事人存证，以及混淆法院内部区块链技术应用与区块链存证的界限，利用法院背书等乱象，亟待予以规范。因此，《规则》进一步规范了区块链技术的司法应用，促进区块链存证行业有序发展，有效解决取证难、认证难问题。关于该问题，有四个方面需要注意。

一是关于区块链存证的性质。目前，我国诉讼法上尚无"区块链证据"这一证据类型，所以《规则》未采用这一表述，而是从技术特征角度将之描述为"通过区块链技术存储的电子数据"，其在性质上属于电子数据。需要指出的是，区块链基于自身技术特点，一般情况下并不存储电子数据内容本身，所存储的是经过加密运算所得的哈希值，并经由对哈希值的核验，判断电子数据本身是否被篡改。

二是关于区块链存证的效力。区块链技术基于自身链式数据结构、分布式存储和加密机制等技术特点，能够很大程度上保障数据上链后难以篡改，为人民法院认定证据真实性提供技术支撑。因此，《规则》第十六条明确："当事人作为证据提交的电子数据系通过区块链技术存储，并经技术核验一致的，人民法院可以认定该电子数据上链后未经篡改，但有相反证据足以推翻的除外。"该规定实际上确立了区块链存储数据的真实性推定效力，但由于区块链技术并不能确保上链存储前的数据必然是客观真实的，因此该推定规则的效力范围仅限于"上链后未经篡改"，并非直接确认区块链存储数据的完整真实性。

三是关于区块链存证的真实性审核规则。虽然区块链技术本身具有防篡改的优势和特点，但这种技术保障并非绝对的，区块链技术的底层架构、共识机制、节点数量和分布，以及存证主体的合法性、存证所依赖的软硬件系统乃至存证技术规范等因素，均可能影响上链后数据的真实性。

基于《规则》第十六条的推定规则，数据上链存储后的真实性是可推翻的，如果对方当事人提出异议，并提供证据证明或者说明理由的，人民法院应当审查数据上链后的真实性。审查内容包括存证平台的主体的合法性和妥当性、存证硬件系统的安全清洁性和可靠可用性、存证技术和过程的规范性和有效性等方面。

考虑到上述审查内容技术性较强，审判组织主要通过分配证明责任，经当事人举证质证、陈述辩论、听取专家辅助人意见、进行专业鉴定等环节和方式，综合各方意见作出判断。

四是关于上链前数据的真实性审查。区块链技术并不能保证上链存储前数据的客观真实性，若当事人提出异议，人民法院应当审查。第一，关于真实性审查的启动条件。考虑到区块链存证本身即是证据保全的一种方式，提交证据一方已完成举证和说明义务，因此，启动上链前数据真实性审查，不仅需要一方当事人提出异议，还应当要求其提供证据证明或说明理由。人民法院也可以根据案件情况主动进行真实性审查。第二，关于数据真实性审查的内容和方式。结合电子数据真实性审查的一般规定以及区块链技术存储的特点，审判组织应当着重审查数据的具体来源、生成机制和存储过程，是否有公证机构公证、第三方见证等程序保障，以及能否有关联数据或证据与之印证。第三，关于证明责任分配。当事人对上链前数据真实性提出异议，并提供证据或者说理由的，人民法院应当将证明责任分配给提供区块链存储数据的一方当事人，由数据持有方提供证据证明或说明证据的真实性，不能有效证明或者作出合理说明的，由其承担不利法律后果。

### （五）非同步审理机制

《规则》第二十条规定，“经各方当事人同意，人民法院可以指定当事人在一定期限内，分别登录诉讼平台，以非同步的方式开展调解、证据交换、调查询问、庭审等诉讼活动”，首次确认了“非同步审理”机制效力，明确了“非同步审理”机制的适用环节、条件、方式和限制条件。

实践中需要注意以下三个问题。

一是关于"非同步审理"的含义。"非同步审理"是将原来需要各方诉讼主体在同一时空共同完成的诉讼活动，由各方诉讼主体依托诉讼平台，在一定时间范围内分别完成，并统一汇集至诉讼平台，利用信息技术可记录留痕、可查询追溯的特点，打破时空限制，提供诉讼便利。"非同步审理"不等于"书面审理"，在线提交书面材料或录入相关信息只是其中一种方式，根据相关诉讼环节的需要，也可以采取音频、视频等方式完成"非同步审理"。

二是关于非同步审理的条件。"非同步审理"虽然具有低成本、便捷性方面的优势，但是在审理的效率性、互动性上有所欠缺，实践中应当以同步审理为主，非同步审理为辅，一般适用于当事人不便集中参与诉讼活动，或者人民法院司法资源紧张的情况。由于非同步审理方式涉及各方当事人程序利益，应当以各方当事人均同意为前提。同时，人民法院具有采取"非同步审理"方式的决定权，应当根据当事人需求、案件情况、审理进程等因素综合确定。

三是关于非同步庭审的适用。"非同步庭审"是在特定情形下的一种特殊庭审形式，需要严格把握适用条件、范围和方式。在适用条件上，需以同步庭审确有困难，当事人主动申请且各方当事人均同意，案件的主要事实和证据不存在争议为前提条件。在适用范围上，限于小额诉讼程序或者民事、行政简易程序案件。适用方式上，需通过录制视频方式，按照庭审程序环节进行，不得采取书面方式审理。

### （六）在线庭审规则

在线庭审是在线诉讼的核心环节。《规则》第二十一条至第二十七条对在线庭审的适用情形、庭审活动、庭审纪律、庭审公开、证人出庭等问题作出了全面系统的规定。实践中，需重点把握以下四个方面。

一是关于在线庭审适用情形。《规则》调整了《民事诉讼法司法解释》关于在线庭审仅限于简易程序案件的规定，原则上其可适用于各类适宜线上审理的民事、行政案件以及刑事速裁程序案件。《规则》在积极拓展在线庭审适用范围的同时，也严格规范适用的情形，明确了不适用在线庭审的七种情形，主要包括：当事人主观上不愿意、客观条件不具备、案件本身不适宜三种类型。在线庭审适用应当以便利当事人诉讼、便于案件审理为原则，实践中需坚持“当用则用”，并非“能用尽用”，庭审方式应当服务于案件审理的质量和效果。

二是关于在线庭审方式和程序。《规则》所指的在线庭审，既包括各方诉讼主体均在线参与庭审，也包括部分当事人在线，部分当事人在线下的庭审形式。在线庭审必须在诉讼平台上进行，采取视频方式开庭，而不得采取电话、书面等方式。在线庭审的程序应当依照法律和司法解释确定的诉讼环节和程序进行，总体上与线下庭审程序相一致，并应当充分保障当事人各项诉讼权利，不得因庭审方式的不同而减损当事人诉讼权利。

三是关于在线庭审纪律。在线庭审应确保庭审活动的庄重严肃性。一方面，在线庭审应当遵守《人民法院法庭规则》的相关规定，线下庭审中的纪律性要求、禁止性规定和行为规范，对在线庭审同样适用；另一方面，《规则》结合在线庭审的特点，对庭审纪律作出特殊规定。对于非因技术等客观原因，当事人不参加庭审或者擅自退出的，可视为“拒不到庭”或者“中途退庭”，并按相关情形处理。需要注意的是，考虑到在线庭审易受到技术因素影响，当出现不按时到庭、脱离庭审画面、庭审音频及视频静止等情形时，不宜直接认定违反庭审纪律，人民法院有必要先作出提示、警告，要求其说明理由。

四是关于证人在线出庭。我国诉讼法律及相关司法解释均规定，证人作证应当出庭，特定情形下证人可以采取视听传输技术方式作证。在线诉讼模式下，证人在线出庭也属于出庭作证的一种形式，关键是要解决证人不得旁听案件和不受他人诉讼指挥的问题。因此，《规则》第二十六条规定，“证人通过在线方式出庭的，人民法院应当通过指定在线出庭场所、设置在线作证室等方式，保证其不旁听案件审理和不受他人干扰”。在目前技术条件下，尽管不能完全赋予证人自由选择在线出庭场所的权利，但可以通过指定相对便利的在线出庭场所，解决在线出庭时证人中立性问题。例如，实践中部分法院与街道、社区合作建设专门的在线庭审工作室、证人作证室等，未来还可以探索证人就近选择人民法院数字法庭在线出庭作证。

（七）电子送达规则

《规则》第二十九条至第三十二条明确了电子送达的总体机制、适用条件、适用范围和生效标准等。实践中需把握好以下四个方面。

一是关于电子送达的适用条件。《规则》坚持以“当事人同意”作为电子送达的前提，同时对“同意”的方式予以拓展，建立了电子送达“默示同意”规则，将同意扩展至事前的约定、事中的行为和事后的认可，在充分保障当事人诉讼权利基础上，鼓励和引导当事人选择电子送达，稳妥有序扩大电子送达的适用。

二是关于电子送达适用文书范围。电子送达的文书范围应该严格遵守现行法律规定，除经全国人大常委会授权开展民事诉讼程序繁简分流改革试点的法院外，其他法院尚不能电子送达判决书、裁定书、调解书。目前，最高人民法院正根据试点情况，积极推进民事诉讼法修改工作。各地法院需根据修法情况，在有明确法律依据之后，才能电子送达裁判文书。

三是关于电子送达的主要方式和平台载体。为确保电子送达规范性和便捷性相统一，《规则》明确了电子送达发出端应当是人民法院统一的送达平台，确保送达过程可查询、可验证、可追溯，形成有效的电子送达凭证。电子送达的到达端可以是多样化的电子地址，包括受送达人的电子邮件、即时通讯账号、诉讼平台的专用账号等。

实践中要注意避免分散和多头送达，同一内容材料原则上只应采取一种送达方式，以便确定送达生效时间，便于当事人行使后续诉讼权利。《规则》同时明确了人民法院电子送达的附随职责，适用电子送达后应尽量通过短信、电话、即时通讯工具等方式作出提示和通知，以充分保障当事人知情权，提升电子送达有效率。

四是关于电子送达的生效标准。《规则》明确了两种送达生效标准和情形：对于当事人主动提供或确认的电子地址，采取“到达主义”；对于人民法院向主动获取的受送达人电子地址进行送达的，采取“收悉主义”。关于“收悉主义”的适用，首先，应把握“收悉主义”的两个适用条件：一是需满足当事人已同意适用电子送达，只是未提供有效电子送达地址或者提供的地址有错误；二是应当向能够确认为受送达人本人的电子地址送达，如经过实名认证的、曾经完成过有效送达的、近期内活跃使用的电子地址等。人民法院对此应有一个查明和判断过程，而非向任意一个可获取的电子地址送达。其次，应把握“收悉主义”的送达生效时间。既然采取“收悉”主义，就不宜再将“到达特定系统”作为送达生效时间，而应当以“确认收悉”的时间点作为标准。具体包括：回复收悉时间、作出相应诉讼行为时间、系统反馈已阅知时间。上述时间点均存在时，应当以最先发生的时间作为送达生效时间，这种判断标准既符合受送达人接受信息的客观状况，也有利于及时确定送达效力，开展后续审判工作。

## 七、关于妨害在线诉讼的处罚

《规则》第二十八条集中规定了违反在线诉讼程序要求，实施妨害在线诉讼行为的处罚规则。在主观方面，行为人应当存在故意，即在知道或者应当知道相关禁止性要求，或者在人民法院提示、警告后仍不改正的。在客观方面，行为人主要是违反了《规则》关于在线调解、在线庭审环境、在线庭审纪律、证人在线出庭、在线庭审公开的相关禁止性要求，存在披露传播调解过程和内容、扰乱庭审秩序、证人旁听案件庭审、违法违规录制传播庭审过程等行为。在处罚依据上，上述行为均应视为妨害诉讼的行为，按照诉讼法律和司法解释的相关规定，根据情节轻重，处以训诫、责令退出法庭、罚款、拘留等处罚，构成犯罪的，依法追究刑事责任。

## 八、关于刑事案件在线审理

《规则》充分考虑到刑事案件的特殊性，针对刑事案件在线诉讼的适用条件、适用环节、庭审要求等方面作出专门规定。在适用条件上，人民法院对符合《规则》第三条第二项规定的刑事案件，在征得公诉人、当事人、辩护人同意的基础上，可以采取在线方式审理。刑事案件与民事、行政案件存在一定差异，除当事人外，作为控方的公诉人和具有独立诉讼权利的辩护人均是重要的诉讼主体，享有相应的程序利益，因此适用在线诉讼应当征得其同意。在适用环节上，刑事案件在线审理主要适用于讯问被告人、开庭审理、宣判环节。《规则》关于立案、证据交换、证据认定、送达、签名等诉讼活动的规定，原则上均不适用于刑事案件。在庭审要求上，《规则》区分被告人、罪犯是否在押的不同情形，分别明确在线出庭的具体场所和方式。刑事案件的诉讼主体原则上不得在非指定场所以外的地点在线出庭，以确保刑事案件在线审理的规范性、严肃性和可操作性。

## 九、关于在线数据信息保护

在线诉讼需高度重视和防范数据信息安全风险。因此，《规则》对在线诉讼数据信息保护作出专门规定，总体上确立了人民法院对在线诉讼数据信息的权利主体地位，明确了各方主体对在线诉讼数据信息的保护义务和责任追究的法律依据，切实加大对数据安全和个人信息保护力度，保障在线诉讼安全、规范、有序运行。

## 十、关于《规则》的效力范围

《规则》印发前，最高人民法院部分司法解释、司法指导性文件已有关于在线庭审、电子化材料提交、电子送达等方面的规定。《规则》结合审判工作实际，优化完善了上述规定。因此，之前印发的司法解释、司法指导性文件中的在线诉讼规定与《规则》不一致的，应当以《规则》为准。

需要明确的是，案件适用在线诉讼的，可依据《规则》调整适用《民事诉讼法司法解释》、《最高人民法院关于民事诉讼证据的若干规定》（以下简称《民事证据规定》）的部分规定，具体包括：《民事诉讼法司法解释》第一百一十一条第一款、第一百三十六条、第一百三十九条，《民事证据规定》第十一条、第六十一条。《规则》与《互联网法院司法解释》之间不存在替代关系，《互联网法院司法解释》继续有效，但《规则》对《互联网法院司法解释》相关规定作了进一步细化调整的，互联网法院应当适用《规则》的规定。

# 《人民法院在线调解规则》理解与适用

钱晓晨　刘雪梅　徐德芳*

为方便当事人及时解决纠纷，规范依托人民法院调解平台开展的在线调解活动，提高多元化解纠纷效能，2021 年 12 月 27 日，最高人民法院审判委员会第 1859 次会议审议通过《人民法院在线调解规则》（法释〔2021〕23 号，以下简称《规则》），自 2022 年 1 月 1 日起施行。《规则》共 30 条，从司法解释层面对在线调解适用范围、人民法院在线调解内涵、在线调解组织和人员、在线调解程序、在线调解行为规范等作出规定，为全国法院深入推进一站式多元纠纷解决工作提供制度保障。

《规则》明确了在线调解框架体系，丰富了人民法院调解形式，填补了在线调解程序空白，创新完善了互联网时代人民群众参与司法的制度机制，拓展了调解资源共享的广度深度，是人民法院贯彻落实习近平法治思想的生动实践，对于完善具有鲜明中国特色、实践特色、时代特色的纠纷解决制度体系，促进实现更高水平的数字正义具有里程碑意义。为便于实践中正确理解与适用，本文就《规则》的制定背景、总体思路、重点内容进行说明。

## 一、《规则》的制定背景

为贯彻落实习近平总书记关于“要坚持把非诉讼纠纷解决机制挺在

* 作者单位：最高人民法院。

前面”“推动大数据、人工智能等科技创新成果同司法工作深度融合”等重要指示要求，认真落实党中央关于“完善社会矛盾纠纷多元预防调处化解综合机制”“建立健全运用互联网、大数据、人工智能等技术手段进行行政管理的制度规则”等重大部署要求，服务网络强国数字中国战略，最高人民法院坚持以人民为中心，坚持和发展新时代“枫桥经验”，在深入总结多元化纠纷解决机制改革成果基础上，加快推进一站式多元纠纷解决机制建设，运行人民法院调解平台（以下简称调解平台），创新互联网时代在线解纷新模式，先后出台《关于建设一站式多元解纷机制一站式诉讼服务中心的意见》（以下简称《一站式意见》）、《关于深化人民法院一站式多元解纷机制建设推动矛盾纠纷源头化解的实施意见》等规范性意见，并会同中央台办、全国总工会、中国侨联、全国工商联、人力资源社会保障部、人民银行、银保监会、证监会、国家知识产权局等单位联合印发十余个“总对总”在线诉调对接文件，推动人民法院在线调解从方式变革向模式变革转变，从单打独斗向开放共享转变，从实践探索向规则创新转变，形成独树一帜中国特色在线纠纷解决新模式，并呈现以下特点：

一是多元化参与。更加注重发挥多元主体在纠纷解决中的重要作用，创新“总对总”在线诉调对接机制，中央台办、全国总工会、中国侨联、全国工商联、人力资源社会保障部、人民银行、银保监会、证监会、国家知识产权局、国家发展改革委价格认证中心、中国中小企业协会等11家对接单位共5627家调解组织、16705名调解员入驻调解平台，截至2021年12月底，共接受人民法院委派调解纠纷21.7万件。广泛邀请人民调解、行业专业调解、行政调解、商会调解、人大代表、政协委员、行业专家、律师学者、退休法律工作者、基层干部、网格员等参与调解，在涉外或者涉港澳台案件中，邀请符合条件的外籍人士、侨胞、港澳台同胞参与，最大限度集成各行各业纠纷解决力量，协同化解纠纷。到2021年12月底，6.1万家调解组织、25.4万名调解员入驻调解平台，调解组织和调解员数量分别是2018年调解平台开通当年的48.27倍和

18.46 倍。专业行业调解人员不断增多，实现人民调解为主向行业专业调解力量并行转变。从入驻调解平台调解员情况看，人民调解员占 42.9%、行业专业调解员占 23.3%、法官或退休法官占 15.7%、律师占 9.5%、乡镇干部、五老人员等占 2.4%、专家学者占 2%，形成了专群结合、类型丰富的调解资源库，为当事人提供菜单式纠纷解决服务。

二是全流程在线。调解平台与审判流程管理系统等法院办案平台做到内外交互，实现诉调在线对接，一站式开展咨询评估、音视频调解、司法确认、网上立案、一键归档等工作。从当事人申请调解、法院委派委托调解，到调解组织及其调解员接受委派委托、组织音视频调解，制作调解协议，再到法院司法确认调解协议效力，或者对诉前调解不成的进行登记立案、对诉中调解不成的继续审理，均可以通过在线方式完成，方便当事人通过一个平台就能基本解决全部诉求。

三是开放式融合。充分发挥调解平台集成主渠道功能，打破区域、部门和层级信息壁垒，将有关部门参与社会治理、化解矛盾纠纷职能协同起来，构建纵向贯通、横向集成、共享共用、安全可靠的在线多元调解体系，形成一站式纠纷解决“供给链”，实现调解资源跨层级、跨地域共享。目前，调解平台已经与证监会全国证券期货纠纷在线调解平台、全国工商联商会调解服务平台、人民银行中国金融消费纠纷调解网等实现互联融通、业务协同、数据共享，正在与人力资源社会保障部劳动人事争议在线调解服务平台进行系统对接，并与在线服务、律师服务、委托鉴定等其他对外服务平台打通。在线调解覆盖婚姻家庭、劳动争议、道路交通、证券期货、银行保险、金融消费、价格争议、商事企业、涉侨、涉台等纠纷领域。

四是一体化解纷。针对近年来道路交通事故多发易发情况，最高人民法院会同公安部、司法部、银保监会建立道交纠纷网上数据一体化处理平台，打通信息壁垒，整合数据资源，统一赔偿标准，实现车辆信息、驾驶人信息和交通事故信息一键调取，物品损失和人员伤情委托鉴定在线完成，责任认定、理赔计算、调解、诉讼、一键理赔等工作全流程在线开展，有效解决赔偿标准不一、赔偿程序烦琐、鉴定时间过长等问题。自 2018 年 1 月上线至 2021 年年底，3006 家基层人民法院全部应用道交一体化平台，全国法院 86.77%的道交案件通过在线平台进行调解，调解成功率达 70%。各地法院积极推动建立金融、医疗等类型化纠纷一体化解纷机制，形成多部门联合在线调解工作模式。

五是智能化管理。调解平台对调解案件实行编号管理，不论是诉前调解还是诉中调解，均统一编号，一案一号，确保调解全程留痕，可查询、可追溯、可监管。建立在线调解数据管理平台，四级法院各类调解数据实现自动汇聚，实时掌握全国法院在线调解态势。最高人民法院建立诉讼服务指导中心信息平台，按照建机制、定规则、搭平台、推应用四个环节，将在线调解工作要求逐一细化，纳入诉讼服务质效评估体系，并以此为牵引，推动人民法院在线调解从前半程起步摸索、积蓄成长、建成主体框架，到后半程日臻成熟、全面加速、形成平台效应，从发展不平衡到全面普及应用，从粗放到集约的飞跃式发展，成为中国特色纠纷解决的一张亮丽名片。

调解平台自 2018 年 2 月上线以来，截至 2021 年 12 月底，累计在线调解纠纷 2443.3 万件，调解成功率达 64.86%，平均调解时长 17 天。2019 年、2020 年、2021 年在线调解量增幅分别为 132.9%、103.6%、35.6%。2018 年、2019 年、2020 年、2021 年诉前调解成功数分别为 57.1 万件、145.9 万件、424.5 万件、610.68 万件，2019 年至 2021 年增幅分别达 155.71%、190.94%、43.86%。通过音视频方式调解案件量分别为 0.29 万件、1.66 万件、101.12 万件、298.19 万件，2019 年至 2021 年增幅分别达 470.76%、5973.53%、194.89%。目前，入驻调解平台参与在线调解工作的社会力量已经超过员额法官数，成为联合化解纠纷的重要力量。法院诉前调解成功纠纷数已超过一审民商事案件 1/3，音视频调解量占调解总量 1/4 以上，表明在线调解，特别是诉前在线多元调解，已经成为人民法院解决纠纷的重要方式。

2021 年，为进一步发挥调解平台在促进基层治理体系和治理能力现代化中的作用，最高人民法院下发《关于加快推进人民法院调解平台进乡村、进社区、进网格工作的指导意见》，开展调解平台“三进”工作，形成“横向到边、纵向到底”的基层解纷服务大格局，让小矛盾小问题在基层就能得到实质性化解。截至 2022 年 2 月 25 日，全国 9378 家人民法庭入驻调解平台，在线对接综治中心、矛调中心、司法所、派出所、工会、妇联、乡镇（街道）、村（社区）等基层治理单位 47624 家，更加方便当事人在家门口及时便捷解决纠纷。

人民法院依托调解平台，将法院履行定分止争职能与坚持和发展新时代“枫桥经验”统一起来，将司法调解与信息化技术、社会化参与结合起来，形成融合 ADR 和 ODR 纠纷解决路径的中国特色在线多元纠纷解决模式。经过几年发展，人民法院在线调解应用场景更加广泛，参与调解的社会力量不断壮大，在线调解数量大幅增加，调解纠纷类型更加丰富，诉调对接模式不断创新，在线调解工作逐渐成熟，呈现出不同于传统线下调解新的特点和运行要求，现行法律中关于司法调解的规定已经难以满足当前实践发展需要，特别是诉前在线调解工作缺乏专门规范，各地在推进过程中存在标准不一、无据可循等问题，有必要在充分总结人民法院一站式多元纠纷解决和智慧法院建设成果基础上，提炼出根植于中国土壤、符合我国实际、体现国际视野、有效融合调解优良传统与现代信息技术的在线调解规则，更好满足人民群众互联网时代的司法新需求，构建形成互联网司法规则体系，促进审判体系和审判能力现代化，为世界多元化纠纷解决机制改革发展提供中国方案，贡献中国智慧。

## 二、《规则》的起草原则

《规则》是最高人民法院坚持以习近平新时代中国特色社会主义思想为指导，深入贯彻习近平法治思想，坚持以人民为中心，顺应时代潮流，回应实践需要，对依托调解平台开展在线调解活动作出的重要规范性文件。在起草过程中，我们坚持以下原则。

一是坚持以习近平法治思想为指引。党的十八大以来，习近平总书记就正确处理人民内部矛盾、加强和创新社会治理、预防和化解社会矛盾提出一系列新理念、新思想、新战略，为人民法院推进中国特色一站式多元纠纷解决机制提供了根本遵循。《规则》不仅对诉讼过程中的在线调解作出规定，还首次以司法解释形式对立案前在线调解作出系统规范，有力贯彻落实“坚持把非诉讼纠纷解决机制挺在前面”重大部署要求。

二是坚持严格依法制定。严格遵循宪法法律精神，在现行法律框架下对在线调解具体适用问题依法进行解释，特别是与新修改的民事诉讼法保持一致。《规则》明确根据民事诉讼法、行政诉讼法、刑事诉讼法等法律进行制定。

三是坚持以人民为中心。《规则》将方便当事人及时解决纠纷作为首要目的，将调解自愿，充分尊重当事人意愿作为基本原则，将丰富多元调解“菜单库”，提供多元化纠纷解决方案、立体化调解参与渠道以及更加及时高效的解纷服务作为内容主线。同时，为其他社会力量依法参与化解纠纷提供平台和载体，充分释放多元解纷效能。

四是坚持面向实际。总结党的十八大以来智慧法院建设成果以及基层在线调解实践经验，归纳全国法院基本成熟的做法，规范实践迫切需要统一认识的问题，确保《规则》具有较强前瞻性和可操作性，为打造世界领先、中国特色在线调解模式提供广阔空间。

五是坚持问题导向。针对在线调解过程中面临的突出问题，如调解的流程、调解的期限、调解组织和人员的选择、立案前调解与鉴定评估工作的衔接等提出有效解决方案，规范在线调解行为，促进长效发展。同时，注意与《人民法院在线诉讼规则》《人民法院在线运行规则》的衔接，对在线案件办理、调解平台应用方式、运行管理、数据安全等其他两大在线规则已经规范的内容，除需要进一步明确的，不再重复规范。《规则》条款从第一轮征求意见稿的 38 条，到第二轮征求意见稿的 34 条，再到最终的 30 条，不断精炼，力求解决实际问题。

六是坚持广征意见。在起草《规则》前开展充分调研，听取全国人大代表、基层法院代表、调解组织代表等意见建议，并邀请中国人民大学、上海交通大学、西安交通大学专家团队全程参与。之后，面向全国四级法院、最高人民法院相关部门、专家学者开展两轮意见征求工作，并征求全国人大常委会法工委以及中央政法委、全国总工会、中国侨联、中国法学会、全国工商联、国家发展改革委、司法部、人力资源社会保障部、人民银行、国务院港澳办、国台办、银保监会、证监会、国家知识产权局等单位意见建议，三轮共收到反馈意见建议 622 条，对能够吸收的全部予以吸收，确保《规则》更加科学严谨。

## 三、人民法院在线调解的内涵

在线纠纷解决发端于电子商务和跨国电子商务领域，一方面具有非诉讼纠纷解决机制的属性，另一方面依赖互联网技术和平台技术。随着现代信息技术发展，一些地方法院开始探索视频调解。早期的视频调解，主要是出于便利群众的考虑，让当事人在任何地方都可以通过电脑、手机开展调解。这一时期尚未广泛邀请多元化力量参与调解。2018 年 2 月，最高人民法院上线调解平台，并根据实践需求不断迭代升级，完善“一网通调”流程，扩大社会力量参与度。与此同时，其他国家和地区对于在线争议解决的认识逐渐从改进法院过去运作方式的技术工具向变革传统争议处理方式转变，并且也在积极探索集成化的争议解决系统，开展在线分流、协商、调解和在线听证等工作。从在线调解平台发展的速度、覆盖的广度，以及在线解决纠纷的数量看，我国法院一马当先，调解平台已经成为应用覆盖面最广、解纷功能最集约、调解资源最丰富、化解案件量最多、诉调对接最顺畅的强大平台，这主要得益于我国的制度优势以及自上而下一盘棋推进的工作思路。

从人民法院在线调解的功能、性质看，在线调解与线下调解并无太多差异，都是通过说服、疏导等方式，促使当事人在平等协商基础上达成调解协议，及时解决纠纷，属于非诉讼纠纷解决方式之一，线下调解的自愿、合法、平等、保密等基本原则以及相应的程序规则同样适用于在线调解。但在调解主体、调解方式、调解期限起算、委派委托调解流程等方面存在一定特殊性，因此，有必要专门作出规定。

《规则》标题使用“人民法院在线调解”的表述，主要强调的是对人民法院主导下的在线调解工作作出规范，属于司法调解范畴，包括当事人向法院提起诉讼后，经引导进行立案前或者诉讼过程中的调解，也包括当事人通过调解平台选择法院特邀调解组织或者特邀调解员开展的调解。人民法院并非解决纠纷的唯一主体，实践中，大量矛盾纠纷发生后，当事人不是起诉到法院，而是直接选择其他调解组织或者在其他纠纷解决平台上进行调解。对其他调解组织开展的在线调解，且不涉及在线诉调对接的，不适用《规则》。

《规则》第二条对在线调解作出界定，其包括以下几个要件。

第一，依托调解平台这一载体开展。在征求意见中，有意见指出《规则》标题应当改为“人民法院调解平台在线调解规则”。考虑到《规则》与《人民法院在线诉讼规则》《人民法院在线运行规则》作为“三大在线规则”，形成了有机衔接、相互支撑、各有侧重的程序规则体系，在名称上需要保持统一，因此，将依托调解平台这一要件放在《规则》适用范围中作出明确。这里的调解平台既包括最高人民法院统一建设的平台，也包括部分地方法院自行建设的调解平台。从全国法院情况看，24个省（自治区、直辖市）法院使用最高人民法院统一建设的调解平台，北京、河北、上海、江苏、浙江、江西、广东、重庆8个地区法院使用自建的调解平台，但与调解平台互联互通。为规范自建地区调解平台名称，最高人民法院在2021年下发专门通知，要求将自建平台名称修改为“人民法院调解平台+自建平台名称”，如河北法院改为“人民法院调解平台·冀时调”，因此，《规则》将在线调解平台名称统一为人民法院调解平台。在《规则》第一轮征求意见稿中，我们对在线调解平台建设对接要求作了规范，但有意见指出关于平台建设要求不属于司法解释规范内容，考虑到《人民法院在线运行规则》对调解平台将作出专门规定，故删除相关内容。

第二，在线调解包括调解申请、委派委托、音视频调解、制作调解协议、申请司法确认调解协议、制作调解书等环节。目前，关于线下调解具体流程散见于人民调解法、民事诉讼法以及《最高人民法院关于适用〈中华人民共和国民事诉讼法〉的解释》（以下简称《民事诉讼法司法解释》）等法律和司法解释中，如人民调解法第四章调解程序和第五章调解协议中对调解的申请、组织调解、调解协议书制作、申请司法确认等作出规定。《民事诉讼法司法解释》对调解的基本原则、调解书的制作等作出规定，但对调解具体流程特别是起诉到法院后立案前的调解流程尚未作出系统性规范。《规则》梳理了在线调解流程：在线申请，即当事人经人民法院引导后直接通过调解平台申请调解；委派委托，即人民法院对当事人同意在线调解的，通过调解平台在立案前委派或者在立案后委托在线调解组织或者调解员调解；音视频调解，即主持在线调解人员通过音频、视频等非现场方式组织调解；制作调解协议，即当事人就所有或者部分调解请求达成一致意见后在线制作或者上传调解协议；申请司法确认调解协议、制作调解书，即对依法可以申请司法确认或者应当立案后出具调解书的，通过调解平台在线申请或者制作。

第三，调解环节可以全部在线完成，也可以部分在线完成，充分尊重当事人选择权。在线调解不等同于音视频调解，也不意味着在线调解必须采用音视频方式，更不是所有流程都必须在线办理。例如，人民法院通过调解平台委派委托调解后，调解人员既可以根据当事人意愿开展音视频调解，也可以组织现场调解，因委派委托调解这一环节通过调解平台进行，即便调解过程不是通过音视频方式开展，也属于在线调解范畴。

关于在线调解的效力，征求意见稿在第二条第二款作了专门规定。因民事诉讼法增加了“经当事人同意，民事诉讼活动可以通过信息网络平台在线进行。民事诉讼活动通过信息网络平台在线进行的，与线下诉讼活动具有同等法律效力”的规定，关于在线调解法律效力的规定可以适用民事诉讼法，已无必要在《规则》中再行规定，故根据全国人大常委会法工委建议删除第二款内容。

## 四、在线调解的适用

《规则》第一条、第三条、第四条明确了在线调解的适用要件。

第一，主体条件。人民法院、当事人、调解组织或者调解员可以通过调解平台开展在线调解活动。人民法院既可以自行组织在线调解，审判人员在立案后组织双方当事人调解，也可以委派委托调解组织或者调解员开展在线调解，还可以结合案件情况，与调解组织或者调解员联合进行调解。

第二，案件范围。为鼓励大量矛盾纠纷通过调解方式不伤和气地解决，《规则》第三条明确依法可以调解或者和解的纠纷，包括民事纠纷、行政纠纷、执行案件、刑事自诉以及被告人、罪犯未被羁押的刑事附带民事诉讼案件均可以在线调解，实现主要案件类型全覆盖。同时，考虑到行政诉讼法、刑事诉讼法关于行政案件、刑事自诉案件以及刑事附带民事案件的调解范围、证据采信等规定与民事纠纷有所不同，如行政诉讼法第六十条对行政案件调解范围作了明确，即行政赔偿、补偿以及行政机关行使法律、法规规定的自由裁量权的案件可以调解。在征求意见中，有意见指出《规则》主要采取民事调解的做法，相关规定不适用刑事案件，此外，对于被告人、罪犯已经被羁押的，不适宜进行在线调解，故增加刑事附带民事诉讼调解应当适用于被告人、罪犯未被羁押情形的前置条件，故《规则》第三条第二款规定："行政、刑事自诉和刑事附带民事诉讼案件的在线调解，法律和司法解释另有规定的，从其规定。"关于执行和解，考虑到现行法律没有规定执行案件的调解，而仅有执行和解程序，故在第一轮征求意见稿中没有包括执行案件。在征求意见时，一些地方法院建议将执行案件纳入。为尊重地方实践，鼓励通过调解、和解等方式解决大量案件，故将执行案件纳入在线调解范围，并在表述上采用"调解或者和解"。

第三，适用环节。在线调解适用于包括立案前或者诉讼过程中的各个环节。现行法律和司法解释主要对诉讼过程中的调解作出规定，对先行调解的规定较为原则。如民事诉讼法第一百二十五条规定："当事人起诉到人民法院的民事纠纷，适宜调解的，先行调解，但当事人拒绝的除外。"考虑到诉讼中调解较为完善，《规则》重点对立案前调解作出规定，同时注意衔接诉中调解工作。之所以对立案前调解进行专门规定，主要的考虑是：近年来，随着经济社会快速发展，大量矛盾纠纷涌入人民法院，诉讼案件激增与有限司法资源之间的矛盾更加突出。如果纠纷都到法院解决，会带来两个问题。第一，"对簿公堂"，因法庭对抗性强，可能影响社会和谐。第二，司法资源有限，大量案件在法院解决，既让法官难堪重负，也难以及时实现正义。2019 年年初，习近平总书记指出，要坚持把非诉讼纠纷解决机制挺在前面，推动更多法治力量向引导和疏导端用力。诉讼是化解矛盾纠纷的必要手段，但不是唯一手段。为贯彻落实党中央决策部署，人民法院大力推进一站式多元纠纷解决机制建设，出台《最高人民法院关于人民法院特邀调解的规定》（以下简称《特邀调解规定》）、《最高人民法院关于进一步完善委派调解机制的指导意见》（以下简称《委派调解意见》）、《最高人民法院关于人民法院深化"分调裁审"机制改革的意见》（以下简称《"分调裁审"意见》）等规范性文件，加大诉前调解工作力度，让大量矛盾纠纷及时高效化解在起诉前。从调解平台数据看，诉前调解量占全部在线调解纠纷的 85%左右。《规则》吸收了之前司法政策文件成熟经验，充分尊重实践可行做法，除对立案前或者诉讼过程中在线调解的共性问题作出规范外，也专门对立案前在线调解申请的退回、立案前在线调解组织和调解员的指定、立案前一方当事人调解意愿的征询、立案前调解协议的履行、立案前调解不成的处理、立案前调解过程中鉴定评估的效力认定等作出规定。

第四，适用条件。《规则》第四条明确适用在线调解必须征得当事人同意。不论是《人民法院在线诉讼规则》，还是民事诉讼法，均明确在线模式的适用，需以当事人同意为前提，尊重当事人对在线方式的选择权。因此，《规则》对采用在线调解方式应当征得当事人同意作了专门强调。同时，人民法院决定是否采用在线调解方式，也需要考虑案件具体情况以及技术条件等因素。比如面对面调解更容易化解纠纷的，或者双方当事人都在现场的，可以组织线下调解。需要指出的是，不论在线调解还是组织现场调解，抑或上门调解，出发点都是为了给人民群众解决纠纷提供多元化的途径，目的是让纠纷解决更加及时便捷高效，决不能为了提高在线调解应用率，增加群众解决纠纷的负担。

## 五、在线调解的主体及名册管理

《规则》第五条对开展在线调解的主体作出规定。在主体范围设计上，《规则》坚持开放性原则，尽可能吸纳更多社会力量参与调解工作。在线调解主体主要包括四类。

一是法院审判人员。

二是法院专职或者兼职调解员。专（兼）职调解员主要为人民法院负责调解工作的法官或者司法辅助人员，以及由人民法院选聘专门从事调解工作的人员。

三是特邀调解组织和特邀调解员。《特邀调解规定》第六条第一款、第二款规定："依法成立的人民调解、行政调解、商事调解、行业调解及其他具有调解职能的组织，可以申请加入特邀调解组织名册。品行良好、公道正派、热心调解工作并具有一定沟通协调能力的个人可以申请加入特邀调解员名册。人民法院可以邀请符合条件的调解组织加入特邀调解组织名册，可以邀请人大代表、政协委员、人民陪审员、专家学者、律师、仲裁员、退休法律工作者等符合条件的个人加入特邀调解员名册。"

四是人民法院邀请的其他单位或者个人。

在征求意见中，有意见提出将在线调解组织和人员限缩为特邀调解组织和特邀调解员。我们考虑到，近年来，最高人民法院建立"总对总"在线诉调对接机制，积极推动调解平台进乡村、进社区、进网格，邀请中央部委单位数万个调解组织和调解员，以及基层治理单位、基层解纷人员入驻调解平台，开展化解、调解工作。

这些人员中，对符合纳入特邀调解名册条件的，鼓励各地纳入特邀调解名册管理，但仍有部分组织或者人员无法纳入特邀调解名册。

为尊重工作实践，扩大多元解纷队伍，对这些单位和人员，人民法院可以邀请参与调解，更好地为当事人提供有针对性的纠纷解决服务。

《规则》第二十七条对在线调解组织和人员分级管理作出规定，即“谁选任、谁管理”。管理内容包括调解组织或者调解员的选任；上级人民法院选任的调解组织或者调解员，下级人民法院可以征得其同意后确认为本院调解组织或者调解员；选任后定期组织业务培训；制定本地区调解组织或者调解员资质认证规范；指导邀请的调解组织或者调解员入驻调解平台；根据调解组织或者调解员类型对其工作权限进行分类设置；对调解组织或者调解员工作业绩进行评价；等等。

《规则》第六条根据当前实践以及长远发展需要，对于外国人和港澳台地区居民参与在线调解以及调解案件范围作出规定。从实践情况看，广东、上海、福建、海南等地方法院已经探索开展这项工作。最高人民法院与中国侨联建立“总对总”涉侨纠纷在线诉调对接机制，与中央台办建立“总对总”涉台纠纷在线诉调对接机制，邀请外国调解员、台湾同胞调解员多元化解纠纷，充分发挥他们在解决纠纷中的专业优势、身份优势。

此外，《规则》第二十八条规定最高人民法院可以建立全国性特邀调解名册，供四级法院使用，地方法院对重大、疑难复杂且适宜调解的案件，可以邀请名册中的调解组织或者人员参与调解。高级、中级人民法院也可以建立区域性特邀调解名册，如长三角、粤港澳、京津冀等地区法院可以共同选任一批在线调解组织和调解员，建立共享调解资源库，提高解决纠纷质效。为推动专业行业调解，提高在线调解的精准化、精细化水平，形成特色在线调解品牌，对于婚姻家庭、劳动争议、道路交通、金融消费、证券期货、知识产权、海事海商、国际商事和涉港澳台侨等类型化纠纷，人民法院可以建立特殊特邀调解名册，邀请相关领域专家参与调解。

## 六、在线调解的程序规范

《规则》框架按照总体要求、在线调解程序、管理要求、其他这四大部分划分。从条款数来看，总体要求有 6 条，在线调解程序有 20 条，管理要求有 3 条，其他 1 条为施行时间，在线调解程序占《规则》篇幅的 1/3，是本次规范的重点内容。《规则》第七条至第二十六条按照在线调解工作流程，明确了在线调解的引导、启动、材料提交要求、在线调解受理条件、调解组织或者调解员的选定及更换、调解组织和人员接受委派委托调解、组织调解方式确定、调解协议、诉调对接、调解电子笔录、在线调解期限、在线调解程序终结等。

### （一）在线调解的引导

引导可以由立案人员在立案前实施，对起诉到法院的当事人，通过告知在线调解的优势特点，为他们解决纠纷提供多元化渠道，也可以由审判人员在诉讼过程中，引导双方当事人通过在线调解方式解决纠纷。近年来，人民法院以建设现代化诉讼服务中心为契机，加强诉讼引导工作。《一站式意见》首次明确设立诉讼引导和辅导区，提供诉讼指引类服务。《“分调裁审”意见》要求全面开展调解分流工作，对起诉到人民法院的民事纠纷，除根据案件性质不适宜调解、已经调解但无法达成调解协议的外，应当在立案前向当事人发放是否同意调解确认书。

目前，许多地方法院在诉讼服务大厅张贴宣传海报、播放动漫视频、发放调解平台宣传手册等，告知在线调解具有便捷高效、省时省力、低成本、有保障等好处。同时，设立诉讼引导辅导岗，配备诉讼结果智能评估设备，提供纠纷智能评估结果，推送类似典型案例，由法院工作人员或者第三方志愿者对当事人的起诉进行调裁分流，适宜调解的，引导进行调解。告知可以采用口头、书面或者在线方式进行。《规则》增加了在线方式，主要是考虑当前网上立案已成常态，对于当事人网上提交起诉申请的，可以通过在线服务平台智能推送、12368 热线人工服务等方式进行引导。

## （二）在线调解材料的提交

在线调解材料的提交形式分为两种：一种是当事人自行填写；另一种为系统推送。如对当事人现场提交的起诉材料，人民法院已经扫描录入审判流程管理系统，为避免当事人重复录入，可以直接将电子化起诉申请材料直接推送到调解平台，无须当事人重复提交。《规则》第八条明确申请在线调解需要填写的信息项，包括身份信息、纠纷简要情况、有效联系方式以及接收诉讼文书电子送达地址等，并为当事人上传电子化起诉申请材料以及相关证据材料提供入口。考虑到老年人等特殊群体不善于使用智能技术，为帮助解决“数字鸿沟”，对当事人填写或者提交电子化起诉申请材料确有困难的，可以由人民法院辅助当事人将纸质材料作电子化处理后导入调解平台。

## （三）立案前在线调解申请的退回

《规则》第九条明确了立案前申请调解的条件，包括应当属于法院受案范围，与调解组织或者调解员建立邀请关系的法院对案件有管辖权，案件适宜在线调解。对于不符合条件的，退回申请。目前，立案前在线调解启动包括法院委派调解组织或者调解员调解，以及当事人通过调解平台提交在线调解申请。从实践情况看，绝大多数法院在立案前委派调解时，已经对纠纷是否属于法院受案范围、是否属于本院管辖作了初步判断。对符合案件受理条件的，才进行委派调解。这主要是考虑委派的权利来源以及后续司法保障问题。根据民事诉讼法的规定，起诉必须符合“原告是与本案有直接利害关系的公民、法人和其他组织；有明确的被告；有具体的诉讼请求和事实、理由；属于人民法院受理民事诉讼的范围和受诉人民法院管辖”四个条件，对于起诉到法院的民事纠纷，适宜调解的，才能先行调解。

因此，即便采用法院委派社会调解组织或调解员或者当事人选择平台上的调解组织或调解员的方式，也应当限定为对案件有管辖权法院邀请的调解组织或者调解员，避免出现当事人选择与有管辖权法院毫无关系的调解组织或者调解员，影响后续申请司法确认、请求制作调解书或者登记立案的效力。需要说明的是，这里只要求法院对纠纷有管辖权，并未限制调解组织或者调解员开展跨地域调解，只要调解组织或者调解员与有管辖权的法院建立邀请关系，就可以接受委派、组织调解。

### （四）调解组织或者调解员的选定及更换

《规则》第十条、第十四条对调解组织和调解员的选定方式以及当事人申请更换的权利、法律后果等作出规定，并根据立案前一方当事人申请还是立案后双方当事人申请作出区分。在征求意见的过程中，有意见提出必须当事人共同选定。但对于立案前一方当事人申请，因不存在双方当事人共同选定的前提，为了快速推进调解进程，由法院指定更符合实践需要。同时，《规则》规定了当事人申请更换调解组织或者调解员的权利，即便一方当事人没有在指定环节参与，后续如果认为调解组织或者调解员不适宜调解的，可以申请更换。

因此，第十条第一款规定立案前的调解，调解组织或者调解员由法院指定，但必须征求提起诉讼一方当事人意见。第二款规定立案后调解组织和调解员确定的原则，以当事人选择为主，法院指定为辅。法院指定包括两种情形：一种是当事人同意由法院指定；另一种是在两个工作日内无法共同作出选择，为避免一方当事人利用调解恶意拖延，故由法院进行指定。同时，为避免法院久拖不决，第十条第三款规定法院指定调解组织或者调解员应当在收到当事人在线调解申请后三个工作日内进行。法院指定调解组织或者调解员后，《规定》第十四条规定当事人可以申请更换，对于更换后仍不同意且拒绝自行选择的，视为拒绝调解。

### （五）调解组织或者调解员及时接受及披露义务

考虑到线上调解不同于现场调解，法院工作人员或者当事人能够面对面确认调解组织或者调解员是否接受委派委托，故《规则》第十二条对于在线调解组织和调解员应当在收到人民法院委派委托调解信息或者当事人在线调解申请后三个工作日内确认法院接受委派委托或者当事人调解申请、不予接受的情形以及超期未予确认的法律后果作出规定。考虑到入驻调解平台的调解组织和调解员类型多样，多为公益性质，调解组织和调解员有各自擅长的调解领域，一些调解员属于兼职，一些调解组织资源有限，因此，对于纠纷不属于调解组织调解范围或者行业领域，明显超出调解员擅长领域，以及调解组织调解资源已经饱和或者具有其他不适宜接受情形的，调解组织或者调解员可以写明理由后不予接受，避免给调解组织或者调解员参与多元化解工作带来过重负担。

《规则》第十三条第一款首次规定调解组织和调解员应当披露的三种情形，包括是纠纷当事人或者当事人、诉讼代理人近亲属；与纠纷有利害关系；与当事人、诉讼代理人有其他可能影响公正调解的关系。在征求意见稿中规定的是信息披露与回避，即调解组织和调解员披露这些存在利益冲突的情形后，当事人有权申请其回避。但在讨论过程中，多数意见认为诉讼法上的回避制度主要针对审判人员，非诉讼调解与诉讼相比，具有灵活性特点。比如，在乡村社区或者行业协会的调解员，往往就是利用熟识双方当事人的身份优势促成调解，化解纠纷。因此，《规则》明确主持或者参与调解的人员有披露的义务，当事人有申请更换的权利，但对调解组织和调解员披露后当事人仍同意的，或者当事人明确知道调解组织、调解员具有以上三种情形，没有要求更换仍同意继续调解的，应当尊重当事人意愿，由该调解组织或者调解员继续调解。

### （六）调解前的准备工作

《规则》第十五条第一款规定，对于当事人一方立案前调解的，调解员可以协助法院通知对方当事人，征询调解意愿。这主要考虑司法实践中，调解员往往帮助承担大量辅助性工作，包括调解意愿的征询、指导双方当事人填写送达地址确认书、记录无争议事实等，这一做法能够更好发挥调解人员作用，提高工作效率。《规则》第十六条对确认参与调解方式作了规定，既为愿意通过音视频方式调解的当事人提供平台，减轻他们诉累，特别是在常态化疫情防控形势下，通过音视频调解，让当事人不用千里奔波就能“云上”解纷，同时，对于不具备音视频技术条件的，为其在诉讼服务大厅等场所参与音视频调解提供便利条件。对于一方当事人通过手机、电脑开展调解，另一方在法院诉讼服务大厅视频调解室参与音视频调解，因双方都在调解平台上，亦属于音视频调解方式之一。对于双方都不具备音视频条件或者拒绝通过音视频方式调解的，可以组织现场调解。

### （七）在线调解行为效力

考虑到调解过程中，各方当事人为了促成调解，可能会作出妥协或者让步，《规则》第十八条规定，当事人为达成调解协议作出妥协而认可的事实、证据等，不得在诉讼过程中作为对其不利的依据或者证据，但法律另有规定或者当事人均同意的除外。同时规定，当事人可以共同确认无争议事实。

关于无争议事实记载机制，最高人民法院2012年下发的《最高人民法院关于扩大诉讼与非诉讼相衔接的矛盾纠纷解决机制改革试点总体方案》首次规定：“建立无争议事实记载机制。当事人未达成调解协议的，调解员在征得各方当事人同意后，可以用书面形式记载调解过程中双方没有争议的事实，并告知当事人所记载的内容。经双方签字后，当事人无需在诉讼过程中就已记载的事实举证。”2016年出台的《最高人民法院关于人民法院进一步深化多元化纠纷解决机制改革的意见》再次规定：“调解程序终结时，当事人未达成调解协议的，调解员在征得各方当事人同意后，可以用书面形式记载调解过程中双方没有争议的事实，并由当事人签字确认。在诉讼程序中，除涉及国家利益、社会公共利益和他人合法权益的外，当事人无需对调解过程中已确认的无争议事实举证。”

从司法实践看，许多地方法院已经建立无争议事实记载机制，这对于固定调解成果、确认双方分歧焦点等具有积极作用。因此，《规则》对无争议事实记录、效力等作出规定。

### （八）诉调对接机制

《规则》第二十条对调解成功的，区分立案前还是立案后分别作出规定。第二十一条对调解不成的，分别作出规定。同时，为了用好调解成果，规定调解组织或者调解员应当记录调解不成的原因及其他需要提示的情况，为法官后续审理提供参考。第二十五条对于在线调解程序终结的八种情形作出规定，包括调解成功达成调解协议、当事人自行和解等，也包括无法联系到当事人、当事人不愿意继续调解、当事人难以达成调解协议、当事人拒绝在调解协议上签章以及规定期限内未达成调解协议等，确保诉调顺畅对接，做到能调则调、当判则判，快速解决纠纷。

## 七、其他规定

### （一）调解协议自动履行

《规则》第十九条、第二十条均规定当事人应当主动履行调解协议。调解工作要实现长效发展，并不能简单通过扩大司法确认范围，发挥司法保障作用来实现，应当更加注重培育调解组织的公信力，完善调解协议诚信履行机制。近年来，人民法院积极推动建立自动履行正向激励机制，引导当事人诚信履行调解协议。《“分调裁审”意见》中专门规定“促进非诉讼调解自动履行。非诉讼调解要注重调解内容的真实、合法和可执行性，做到权利义务主体明确、给付内容明确。建立非诉讼调解自动履行正向激励机制，通过将自动履行情况纳入诚信评价体系等，引导当事人主动履行、当场执行调解协议，及时就地化解矛盾纠纷”。浙江宁波法院率先推行自动履行机制，通过建立诚信履行名单，强化履约保障机制，在促进纠纷源头化解、减少调解衍生案件方面取得了很好效果。

## （二）虚假调解行为的规制

近年来，虚假诉讼案件不断增多，花样翻新，破坏了正常诉讼秩序，侵害了他人合法权益，不利于经济社会持续健康发展。

为规制虚假诉讼、虚假调解等行为，民事诉讼法第一百一十五条规定："当事人之间恶意串通，企图通过诉讼、调解等方式侵害他人合法权益的，人民法院应当驳回其请求，并根据情节轻重予以罚款、拘留；构成犯罪的，依法追究刑事责任。"《民事诉讼法司法解释》第一百四十四规定："人民法院审理民事案件，发现当事人之间恶意串通，企图通过和解、调解方式侵害他人合法权益的，应当依照民事诉讼法第一百一十二条的规定处理。"

《规则》第二十三条对于虚假调解的表现形式以及审查要求作了规定，包括以下几个要件。

一是虚假调解形式包括双方当事人恶意串通、虚构法律关系，申请确认调解协议效力、申请法院调解，也包括当事人基于捏造的事实获得调解书等。二是发现的环节是在人民法院审查司法确认申请或者出具调解书过程中。三是审查方式依照《民事诉讼法司法解释》第三百五十八条等规定，可以要求当事人提供相关证据，必要时，通知共同到场核实。四是对经审查认为构成虚假调解的，依照民事诉讼法等规定处理，发现涉嫌刑事犯罪的，及时移送有管辖权的机关。

## （三）诉前鉴定评估与诉前调解的衔接

近年来，人民法院加快推进一站式建设工作，对于鉴定、评估等工作提出集约化要求。为促成调解，提高审判效率，最高人民法院出台的《委派调解意见》《"分调裁审"意见》等文件，均对诉前调解过程中的鉴定评估工作作出规定。从司法实践看，不少法院积极推进诉前鉴定评估工作，特别是在道交纠纷、医疗纠纷诉前调解过程中，开展诉前委托鉴定评估工作，增强了当事人对纠纷解决结果的可预见性，有效提高了调解成功率，促成调解自动履行。一些法院开展诉前鉴定后，审理期限缩短了 60%。

此外，最高人民法院已经建立委托鉴定系统，实现委托鉴定网上流转、全程留痕、公开透明、可视监管。系统上线以来，截至 2021 年 12 月底，共有 15301 家专业机构入驻，累计在线委托鉴定 69.9 万件，覆盖 827 个案由和 29 项鉴定类别，鉴定后采信率达 99.7%，平均周期比线下鉴定缩短 37.1%。现在，在诉前鉴定应用较广的道路交通事故纠纷领域，道交平台与委托鉴定系统实现对接，可以开展鉴定前置工作。2022 年，我们将加快调解平台与委托鉴定系统对接，目前正在研究起草诉前鉴定相关指导性文件。

《规则》第二十六条在总结司法实践基础上，对于诉前鉴定与诉前调解的衔接问题、证据效力等作出规定，明确诉前委托鉴定评估经人民法院审查符合法律规定的，可以作为证据使用。

（四）在线调解组织和调解员行为规范

为进一步规范调解组织和调解员在线调解活动，提高调解质量，《规定》第二十九条明确对以下五类情形当事人可以投诉。

一是强迫调解。调解应当坚持自愿原则。根据民事诉讼法规定，调解达成协议，必须双方自愿，不得强迫。

二是无正当理由多次拒绝接受人民法院委派委托或者当事人调解申请。考虑到司法实践中，个别法院为了增加调解员数量，将一些无法开展调解工作的人员纳入平台，影响了调解成功率和调解质效，为激活调解队伍，对于无正当理由多次拒绝的，法院可以不再纳入在线调解队伍。

三是接受当事人请托或者收受财物。调解员应当依法中立公正开展工作，不得索取、收取当事人财物或者牟取其他不正当利益。

四是泄露调解过程、调解协议内容以及调解过程中获悉的国家秘密、商业秘密、个人隐私和其他不宜公开的信息，但法律和行政法规另有规定的除外。诉讼法规定调解过程和调解协议的内容不得公开。对泄露调解过程、调解协议内容以及调解过程中获悉的国家秘密、商业秘密、个人隐私和其他不宜公开的信息，当事人可以投诉。

五是其他违反调解职业道德应当作出处理的行为。当事人认为在线调解组织或者调解员存在这些不当行为的，可以向法院进行投诉，由法院进行核查，视情形作出解聘等相应处理，并告知主管部门。

# 【理论与实践探索】

## 电子送达当事人同意原则的检视与完善

韩学艳　王　旺*

**摘要：** 当事人同意原则承载着协调技术与司法、程序效益与程序公正的使命，是包括电子送达在内的在线诉讼的基本原则。传统诉讼背景下的当事人同意原则是静态的、封闭的，不能兼顾不同在线诉讼形式程序保障要求的差异，造成电子送达实践与当事人同意原则脱节甚至背离。构建体现动态平衡理念的当事人同意原则，是常态化推进电子送达的必然选择，主要内容是根据不同在线诉讼形式的程序保障需求，动态调整诉讼效益与程序公正之间的关系，方式是从事前同意向事后异议转变，基础是建设统一电子送达平台、赋予法官自由裁量权、完善异议机制建设等。

2021 年 6 月 16 日，最高人民法院发布《人民法院在线诉讼规则》，明确合法自愿是人民法院开展在线诉讼应当遵循的基本原则，强调未经当事人及其他诉讼参与人同意，人民法院不得强制或者变相强制适用在线诉讼。其第二十九条确立了“明示+默示”的电子送达同意规则，并将同意形式扩展至事前的约定、事中的行为和事后的认可，有力地扩大了电子送达的适用范围。但是，脱胎于线下诉讼的静态当事人同意原则难

* 作者单位：江苏省宿迁市中级人民法院。

以承载技术与司法全方位深度融合的使命，无法满足电子送达常态化推进的实践需要。笔者以电子送达实践为切入点，全面检视分析当事人同意原则的理论和实践困境，通过恰当的理论构建和制度安排探索兼顾实现程序公正与诉讼效益的当事人同意原则，这不仅有利于推动和规范电子送达实践，也对在线诉讼的发展具有重要意义。

## 一、电子送达当事人同意原则的实践困境

当事人同意是电子送达启动的前提，对消弭技术可能带来的司法风险、保障当事人诉权起到至关重要作用。然而，随着电子送达实践的深入推进，当事人同意原则的困境也逐渐显现。

### （一）当事人同意原则与司法实用主义之间存在对立紧张关系

笔者将广东省、浙江省、上海市、山东省、江苏省法院电子送达规范性文件和具体实践作为样本加以考察，能够明显看出当事人同意原则在不同程度上被突破。

一是对当事人进行类型化区分。各地依据不同标准对当事人进行了区分。北京市、广东省等地法院对被送达人为律师的，实行电子送达优先，不征求当事人的意见；浙江省等地法院对被送达人在中国境内没有住所的，在能够确认被送达人收悉的情况下，直接进行电子送达。受送达人电话无法接通，且未留存其他电子送达方式的，直接进行短信送达。

二是绕过当事人同意原则。J 省 W 市、S 市法院依托电信实名制，对所有被送达人都实行电子送达优先，通过技术手段查证当事人是否收悉送达内容并采取相应处置措施。该种方式实质上属于推定送达，推定实名登记的手机号码由被送达人使用，送达效果交由技术反馈，虽然最大限度地降低了当事人主观意志和诚信程度对送达效果的影响，但容易减损当事人权益。

### （二）当事人同意原则与电子送达之间的反馈机制尚未建立，确立当事人同意原则有利于消弭信息技术对程序公正的影响

价值的限制以及技术固有风险对在线诉讼正当性有所威胁，但是不同诉讼环节对信息技术的介入有着不同的态度，对当事人同意原则的需求也不尽一致。程序保障要求高、纠错程序启动难度大的诉讼环节对当事人同意原则需求较高，反之则较弱，因此，当事人同意原则应当充分考虑具体在线诉讼环节程序保障强度等因素，与之构建反馈机制，从而更好地发挥当事人同意原则的功能。

送达行为作为单方选择诉讼行为，具有典型的流程性和程序性特点，对诉讼效益价值的依赖性高。[①] 送达主要发生在庭前阶段，而庭前阶段的程序保障要求较低，更侧重于诉讼效率，保障诉讼顺利进行的价值相对高于当事人的程序保障。庭审是诉讼程序的中心环节，是解决纠纷最关键的场所，是保障当事人诉讼权利最集中的场域，[②] 程序保障的价值显然要高于诉讼效益，也强于电子送达。但是，当事人同意原则体系封闭，与当事人同意原则的影响因素缺少互动，无法体现具体在线诉讼形式对当事人同意原则的要求和需求。

### （三）当事人同意原则的意旨与诉讼两造获得感之间存在落差

当事人同意原则旨在保障当事人诉权，避免在线诉讼加剧当事人负担或减损当事人权益。诉讼两造作为当事人同意原则运行的基本单元，应当结合自身实际情况，权衡利弊选择是否使用在线诉讼，但实际并非如此。笔者围绕选择电子送达原因随机选取100名当事人进行调查，结果表明：76.56%的当事人因相信法院推荐的送达方式选择电子送达，对送达方式本身并不关心；仅有13.12%的当事人因电子送达契合其诉讼需求而选择电子送达。原告作为诉讼的发起者和推动者，除了一些年龄偏

---

① 参见张兴美：《电子诉讼制度建设的观念基础与适用路径》，载《政法论坛》2019年第5期。

② 参见段文波：《我国民事庭审阶段化构造再认识》，载《中国法学》2015年第2期。

大、不会运用现代通讯工具的当事人外，鲜有明确拒绝使用电子送达的当事人，因为电子送达的高效、便捷优势能够契合原告的诉讼心理——快审快结。原告对电子送达的认知和选择受到法院引导和诉讼心理双重影响，当事人同意原则对原告而言更多是一种权利宣示。被告作为诉讼程序的被动接受者和参与者，行使送达方式选择权通常发生在庭审阶段，只要具备使用电子送达条件通常不会排斥电子送达。换言之，只有自身不具备使用电子送达工具条件的当事人才能感受到当事人同意原则对其诉权的保障。此外，被告在庭前很少与法院发生直接联系，被告不到庭的情况也较为普遍，笔者所在地区法院缺席判决率在30%左右，故征得被告同意既不现实也不具有可操作性，当事人同意原则对缺席的被告更是无用武之地。

### （四）当事人同意原则的负效应逐步显现

在全面深化司法改革和全面推进信息化建设双轮驱动背景下，电子送达成为各级法院司法改革和信息化建设的重要切入点和着力点。送达难是长期制约司法效率和公信力的顽疾之一，主要表现为向被告初次送达难。[①] 传统送达方式高度依赖当事人的诚信度和配合度，使得原本属于法院职权行为的送达异化为被动送达。电子送达能够实现由被动送达向主动送达的转变，为从根本上破解送达难提供了可能。特别是在“基本解决执行难”攻坚中，各级法院与公安机关、电信运营商等在查人找物上建立的执行联动机制取得了明显效果，为电子送达模式的革新、破解送达难提供了有益借鉴，电子送达功能定位逐渐向破解送达难的关键进行转变。电子送达以“数据跑路”的形式突破传统送达的物理空间限制，缓解送达压力、降低送达成本、提高送达效率，利用电信实名制等信息技术手段破解人户分离、逃避送达导致的找人难，能够从根本上提高送达成功率。但是，当事人同意原则将是否使用电子送达完全由当事人决

---

① 参见陈杭平：《职权主义与当事人主义再考察：以送达难为中心》，载《中国法学》2014年第4期。

定，提高了电子送达的适用门槛，导致电子送达适用率偏低，特别是对于首次送达的被告以及故意躲避送达的被告，电子送达无法发挥作用，严重阻碍了电子送达对破解送达难所起到的关键作用的发挥。

## 二、产生电子送达当事人同意原则实践困境的原因透视

### （一）理念束缚：司法实践在追求工具理性与严守价值理性之间摇摆

当事人同意原则应当兼顾程序效益与程序公正，但是，在实践中存在两种认识误区：一是过度追求工具理性。技术之所以能够嵌入司法，就在于其工具理性能够满足司法实用主义的需要，[①] 由此，电子送达实践中出现了过度追求技术理性的倾向，强调电子送达对破解送达难的作用，降低了对当事人诉权的保障标准。二是过度坚持价值理性。电子送达是司法机关代表国家行使司法权而进行的司法活动，应当满足最低限度程序公正的基本要求。割裂地看待技术与司法的融合，认为电子送达只不过是技术上的创新，忽略技术对司法流程再造和诉讼架构及规则的冲击，无视电子送达的效益价值，在恪守“价值理性”的口号下抗拒信息技术的运用。不同的认识影响各方对电子送达的态度及行为选择，绕过当事人同意原则、对同意要件进行扩张解释的实践探索与司法政策显示二者之间的背离，反映出司法实践在追求工具理性与严守价值理性之间出现摇摆。

### （二）法理阙如：传统诉讼法理与电子送达实践之间存在隔阂

电子送达当事人同意原则的确立有其特定时代背景和具体考量：一是电子送达仅是传统送达方式的有益补充，其功能定位在于便民、利民，方便群众诉讼；二是社会发展阶段性特征，我国社会发展不平衡，信息

① 参见王福华：《电子诉讼制度构建的法律基础》，载《法学研究》2016 年第 6 期。

技术的普及度、成熟度和接受度还不高。在此背景下，确立当事人同意原则存在现实必要性。但是，随着社会和信息技术的发展进步，当事人运用信息技术的能力和对司法的需求也发生了巨大变化，脱胎于传统线下诉讼的静态当事人同意原则无法及时有效回应在线诉讼实践需求，在线诉讼变革的紧迫性与程序规范稳定性以及程序法理滞后性之间不可避免地产生紧张关系，[①] 导致体现互联网特点的电子送达当事人同意规则迟迟难以构建。

## 三、电子送达当事人同意原则的理论续造

由静态向动态平衡转变，是电子送达常态化背景下完善当事人同意原则的出路，能够有效实现诉讼效率与公正的有机统一。

### （一）从事前向事后转变

当事人程序选择权的具体应用程序选择权作为一项程序权利，强调当事人在诉讼活动中的主观积极性，鼓励当事人选择对自己最有利的程序，实现自己利益的最大化。[②] 但是，诉讼是审判权和诉讼实施权共同作用的场域，片面强调当事人程序选择权，不利于实现诉讼效率与公平的有机统一。送达制度在我国具有典型的职权主义色彩，应当属于诉讼指挥权的范畴，且当事人程序选择权的内容也并不包含送达方式。[③] 送达包括送达行为、送达媒介和送达的效果三部分。送达行为是法院专属的职权行为，法院是送达行为的唯一主体，不存在当事人选择的空间；送达的效果受当事人影响但不存在当事人选择的问题，故当事人程序选择权的对象只可能是送达媒介。但是，送达的正当性基础应该在送达的效果而非送达形式，送达形式只是手段，送达的效果才是目的。现阶段电子送达当事人同意原则在事前发生作用，提高了电子送达的适用门槛，在

① 参见段厚省：《远程审判的双重张力》，载《东方法学》2019 年第 4 期。

② 参见左卫民、谢鸿飞：《论民事程序选择权》，载《法律科学》1998 年第 6 期。

③ 参见李浩：《民事程序选择权：法理分析与制度完善》，载《中国法学》2007 年第 6 期。

技术手段能够解决被送达人身份和送达效果查验问题的情况下，应当采取事后异议的方式来保障当事人的程序选择权。

### （二）从形式向实质转变：传统诉讼价值位阶的调整

当事人同意原则的良性运作，需要衡量效率与公正的关系。程序公正优先于程序效益是传统线下诉讼的基本价值。在线诉讼与生俱来追求程序效益，程序效益是在线诉讼的核心价值追求，程序公正是在线诉讼的底线。[①] 当事人同意原则旨在保障“与程序的结果有利害关系或者可能因该结果而蒙受不利影响的人，都有权参加该程序并得到提出有利于自己的主张和证据以及反驳对方提出之主张和证据的机会”，[②] 具体包括将纷争提交给法院的裁判请求权和充分表达意见的听审请求权。送达主要影响到当事人的听审请求权。对于重视自身听审请求权的当事人而言，电子送达为其提供了更具有效率的交互方式。反之，如果当事人漠视听审请求权，甚至故意躲避诉讼，那么无论采取何种送达方式，均不能实现保障当事人听审请求权的目的。电子送达若造成当事人程序利益减损，可以通过相应赋权机制、程序异议机制、程序转换机制等予以补救，使之符合程序保障的基本要求即可。

### （三）从线下向线上转变：功能等值原则的确立

电子送达在实现降低诉讼成本、提高诉讼效率之目标的同时，不应当减损迄今为止传统线下诉讼程序所能够给予当事人的程序保障，更不能给当事人和社会带来更加不确定的风险。如果电子法律交往降低或者剥夺了对当事人的程序保障，电子法律交往就会因不具备功能等价而失去适用的正当性。[③] 随着信息技术的发展进步，影响当事人同意原则有效

---

① 参见陈锦波：《论信息技术对传统诉讼的结构性重塑——从电子诉讼的理念、价值和原则切入》，载《法制与社会发展》2018 年第 3 期。

② ［日］谷口安平：《程序的正义与诉讼（增补本）》，王亚新、刘荣军译，中国政法大学出版社 2002 年版，第 11 页。

③ 参见王福华：《电子法院：由内部到外部的构建》，载《当代法学》2016 年第 5 期。

运行的因素已经发生了变化。现在网络、手机短信等已经成为如同水电一般的基础设施，手机短信结合电信实名制能够解决虚拟送达下当事人身份确认和送达效果核验难的问题。在此情况下，能够实现对被送达人最低限度的程序保障。相反，电子送达利用技术手段实际上解决了送达效果需要当事人配合的难题，可以有效打击一些躲避送达、逃避送达的当事人，从根本上提高送达成功率。

### （四）从静态向动态平衡转变：动态系统论的引入

在逻辑上，当事人同意原则具有“全有全无”特征，灵活性不足，不能包容特定诉讼制度主旨、及时跟进技术发展进步，不利于推进技术与法理的深入融合。动态系统论强调影响制度的因素不是一成不变的，而是处于动态变化中，司法者应当针对影响因素的不同程度和各因素排列上的位阶，结合具体情况裁量行为效力，以期实现对各方利益的最大化满足。① 具体到在线诉讼，电子送达与在线庭审在诉讼效率与程序公正之间位阶排序明显不同，受到各自制度主旨、诉讼阶段、救济成本等因素影响，如果不同在线诉讼形式均严格适用当事人同意原则，一方面会持续导致当事人同意原则的僵化，另一方面也不利于推动在线诉讼的深入发展。因此，可以引进动态系统理论来消解司法变革的紧迫性与司法行为之间的紧张关系，在保障当事人权益的前提下，倡导和鼓励具有功能优势的在线诉讼制度，通过赋予法官自由裁量权的方式深化电子送达实践。

## 四、电子送达当事人同意原则的具体构建

建立以技术理性为核心的当事人同意原则，辅以法官自由裁量、当事人异议机制等制度机制，能够有效消弭技术带来的固有及衍生风险。

---

① 参见［奥］海尔穆特·库齐奥：《动态系统导论》，张玉东译，载《甘肃政法学院学报》2013 年第 4 期。

## （一）身份验证：依托电信实名制建立统一电子送达平台

1. 依托电信实名制查证当事人身份

与公安机关建立联动机制，接入公安户籍信息库，确认被送达人姓名、身份证件号码等信息，为核实对应的手机号码打下基础。虽然电信实名制落实不到位，存在“人号分离”的情况，但不可否认的是当事人有义务使用实名登记的手机号码（根据《工业和信息化部关于贯彻落实〈反恐怖主义法〉等法律规定进一步做好电话用户真实身份信息登记工作的通知》等规定要求通信企业确保在2016年12月31日前全部电话用户实名率达到95%以上），而且传统送达方式也是推定当事人户籍住址信息为其送达地址，在信息化时代将电信实名制对应的手机号码推定为当事人的电子送达虚拟地址具有正当性。

2. 建立全国统一电子送达平台

联合公安部门、三大电信运营商研发部署全国统一电子送达平台，内嵌法院办案系统，外接公安部门信息管理平台和三大电信运营商大数据服务平台，实现法院案件、户籍管理、电信数据等相关信息互通互享，并实现自动保全送达凭证。送达凭证自动归入电子卷宗或打印制作成纸质卷宗，使送达过程有迹可循、有据可查。目前，有的法院建立了市级层面的统一电子送达平台，但是无法查询外地当事人身份信息及手机号码，建立全国统一电子送达平台有利于打通各地数据库，丰富当事人送达地址信息，破解核实身份信息、手机号等难题，有利于增强电子送达权威性，便于电子送达的推广普及。

3. 采用“区号+12368”特定送达号码

电子送达是一种虚拟送达，加之电信诈骗未得到有效根治，普通民众将公安机关、司法机关短信误认为诈骗短信的概率较高，电子送达的真实性、权威性容易得到质疑。借助全国统一司法服务热线号码的社会知晓度，采取“区号+12368”的形式向当事人发送送达内容，能够有效提升短信送达的可信度。同时，通过列明当事人信息、承办人电话号码等形式，方便被送达人核实送达的真实性。

### （二）动态平衡：赋予法官一定自由裁量权

电子送达的适用存在相对的限度，法官需要结合案件情况、当事人身份等因素，发挥诉讼指挥权进行权衡和判断。

1. 对特定主体先行电子送达优先

对普通用户而言，电子送达不应成为一种诉讼义务。对国家机关、商事主体、金融机构等特定主体而言，具有较强的技术应用能力，在网络强国战略背景下，特定主体具有推动电子诉讼发展责任，应明确其优先适用电子诉讼的义务。[①]

2. 普通主体是否实行电子送达优先交由法官自由裁量

动态系统论承认了司法者的裁量权，但又通过立法者对考虑因素的划定实现对司法者裁量的限制。[②] 具体到电子送达，法官应当提前了解当事人具体情况，根据当事人年龄、文化程度、职业等因素，综合评判当事人使用电子送达是否会减损其程序利益，从而决定是否对普通当事人推行电子送达优先。

3. 完善线上线下程序转换机制

允许和健全线上线下程序转换机制是最低程序保障原则的重要要求。如果当事人确实不具有使用电子送达的条件，则应转向线下送达，通过传统直接送达、邮寄送达等方式继续送达，直到送达完成。

### （三）异议托底：充分保障当事人程序利益

根据当事人听审请求权保障原理，只要法院作出对当事人诉讼权利义务有影响的行为，当事人至少有提出异议的权利与机会。[③]

---

① 参见高翔：《民事电子诉讼规则构建论》，载《比较法研究》2020 年第 3 期；王福华：《电子诉讼制度构建的法律基础》，载《法学研究》2016 年第 6 期。

② 参见王利明：《民法典人格权编中动态系统论的采纳与运用》，载《法学家》2020 年第 4 期。

③ 参见高翔：《民事审判公开对象二元区分论》，载《法商研究》2015 年第 4 期。

1. 健全当事人异议机制

在送达过程数据可视化的情况下，当事人提出异议的，应当对其异议理由承担举证责任，异议成立的，应当重新送达，切实保障当事人程序权利。当事人提出未同意使用电子送达，但只要能够确保当事人收悉送达内容的，则不予支持。

2. 强化诚信原则运用

在线诉讼是在虚拟空间以网络实施诉讼行为，诉讼诚信义务显得尤为重要。一方面，法官应当审慎行使自由裁量权，避免“一刀切”地推行电子送达优先，对于当事人的异议要依法审查，确有不当的，应当及时纠正；另一方面，当事人应当善意地使用电子送达，禁止利用电子送达平台侵害他人利益、干扰司法秩序，还要严格执行电信实名制管理的相关规范，如实反映是否收悉送达内容。对当事人躲避送达、拖延诉讼的，要依法进行制裁。

# 京津冀乡村振兴视域下保障农村产业发展司法协作机制探究

赵海川 *

**摘要：** 乡村振兴促进法的出台，对保障农村产业发展作出了明确规定。京津冀协同发展战略与乡村振兴战略的结合，决定了构建京津冀农业产业发展司法保护协作机制，将成为三地司法协作提供高质量司法服务新的增长点。乡村振兴战略的重要支柱就是农业产业的振兴，在京津冀司法协作中，要坚持以法律思维实现农业产业的“良币”价值，避免出现产业发展过程中的无序竞争、产权保护失范等“劣币”效应。通过完善乡村振兴促进法配套的区域协作规范，以涉农产业产权保护为抓手，发挥京津冀三地人民法庭的区位优势，构建司法协同保障机制，营造京津冀乡村振兴良好的农业产业发展环境。

## 一、问题的提出

乡村振兴促进法明确规定要“推动建立现代农业产业体系、生产体系和经营体系”，“推进农业结构调整，发展优势特色产业”。该法律的颁布实施，对推进农业结构调整、发展优势特色产业、打造优质农产品品牌提供了法律意义上的支撑，而随着现代电子商务技术的不断发展，包括

* 作者单位：河北省石家庄市正定县人民法院。

京津冀在内的各地乡村振兴和农村脱贫致富有了新的科技助力，为不同地域农村的特色产业发展提供了有利的技术支撑。例如，北京大兴区的西瓜、天津市的“津农精品”、河北省阜平大枣等特色农产品都乘着电商发展的东风进入了人们的日常消费圈，不少农户更是借助电子商务打造的农产品牌走上了脱贫致富的小康之路。尤其在后疫情时代，出于常态化疫情防控的需要，农村产业的不稳定性成本明显提高，借助电子商务平台的农产品直播带货极大地对冲了市场风险，甚至不少地方政府部门负责人带头出镜，化身“带货主播”对家乡特产进行宣传。根据专业咨询机构调查，2020年度我国在先直播行业中“特色农产品直播”成为年度热点词汇之一，足见农产品供给市场的火爆程度。

2020年10月，党的十九届五中全会通过的《中共中央关于国民经济和社会发展第十四个五年规划和二〇三五年远景目标的建议》中强调要形成强大国内市场，构建新发展格局。构建新发展格局是与时俱进提升我国经济发展水平的战略抉择，也是塑造我国国际经济合作和竞争新优势的战略抉择。由此可见，构建双循环新发展格局，是我国未来一段时期保持经济高质量发展的必由之路。这一新的历史背景为京津冀协同发展战略的推进提出了新的要求和战略指引。2021年3月26日，最高人民法院院长周强在京津冀司法协作座谈会上明确提出，要准确把握新发展格局要求，以高水平司法服务京津冀构建新发展格局，完善京津冀司法协同制度机制。

从乡村振兴的角度来看，其战略本身就与京津冀协同发展战略存在任务上的结合点，补齐农村产业发展短板、培养壮大农产品流通市场是二者在新的发展格局下都要下大功夫、动真脑筋的重要课题。基于特色农产品牌效应创造了极大经济价值和社会价值，可以说营造良性的特色产业发展环境是破解乡村振兴和农村产业扶贫的重要方案。将服务京津冀乡村振兴产业发展作为司法协同的增长点，构建对优质农产品牌的法律协同保障机制，完全符合推动我国经济社会高质量发展的内在要求，所以特色产业品牌的保护理应成为京津冀司法协同服务的重要关注点。

## 二、乡村振兴产业发展与京津冀司法协作的基本逻辑

在乡村振兴战略中加大对农产品牌的保护力度，能够促进相关产业结构优化，提高农业产业权利人提质增效的积极性，不断推陈出新，打造“良币”模范，实现品牌的正向刺激效应。相应地，如果不重视对于农产品牌的保护，则极易造成农产供给市场的无序竞争，出现规模小、品质差、品牌杂、效益低的“劣币成群”现象。事实上，包括农产品牌保护在内的知识产权协同发展是京津冀三地协同发展的重要一环，如何充分发挥知识产权资源在协同发展中的重要作用已引起了社会的广泛关注。[①] 在新的发展格局下，从司法协同制度层面构建效用性强、协同性高的农产品牌保护协作机制，是为京津冀司法协作一体化和乡村振兴工作的重要课题，也是为京津冀协同发展战略提供高质量司法服务、促进京津冀生产要素有序流动的内在要求。

### （一）乡村振兴农产品牌化的基本逻辑是供给市场的优化升级

农村苦不苦，主要看农业富不富。农民是农产品的生产者，随着乡村振兴促进法的颁布施行，乡村发展、城乡融合有了国家层面的法律规范予以规制，打造符合当地实际的优质农产品牌有了制度保障。受疫情防控常态化及国内外形势的变化的影响，对国内消费市场的扩容成为经济发展的选择，既然要挖掘国内潜在的消费需求，那么首先考虑的就是在供给层面要优化升级。

如图 1 所示，农业农产品牌化重点围绕供给关系进行优化升级。以京津冀三地为例，品牌化后的农业产业能够融合三地消费市场，对消费空间进行横向、纵向升级，同时保障农产品的有效供给。于农产品而言，只有强化品牌意识、打造品牌价值，从生产、销售、流通各个环节才能立足于国内经济大循环的消费需求，不断提供优质“良币”的有效供给。

---

① 参见曹琴仙、付华：《京津冀知识产权法治协同保护机制研究》，载《河北法学》2018 年第 7 期。

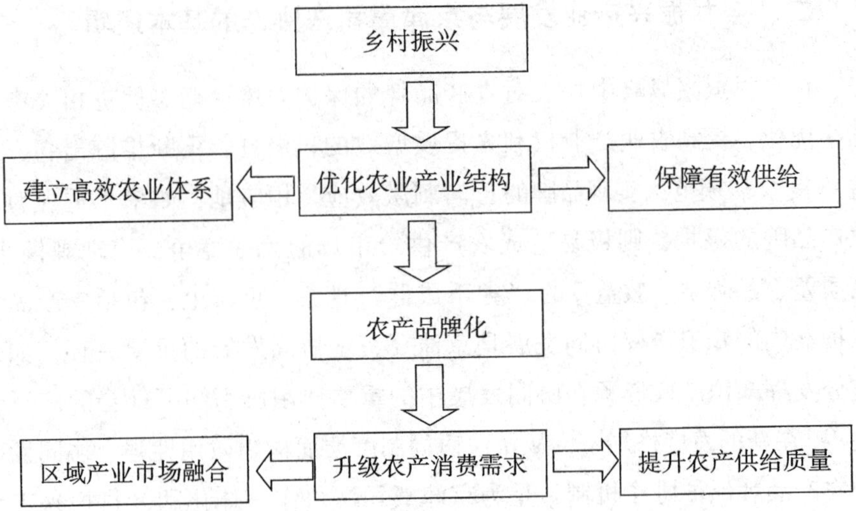


**图 1　农产品牌化对乡村振兴发展农业产业的作用**

我国已经逐步进入传统农业向现代农业转型的“快车道”，大量的技术密集型高品质的农产品开始进入共计市场，而此时品牌化的农产品的经济价值和社会价值明显提升，此时就造成了“良币”和“劣币”之间的利润差，不法者可能产生品牌侵权的动机。一旦对品牌的保护力度不足，日常消费者难以对农产品牌有足够的辨识能力，往往基于较为低廉的价格“弃良选劣”，降低了品牌的市场认可度，逐渐“以次充好”“以假乱真”的“劣币”充斥于供给市场，并对优质产品造成驱逐的不利影响。

### （二）京津冀司法协作为优化产业供给市场提供新动能

随着各项乡村振兴政策的出台，京津冀三地越来越多的农民乘着产业扶贫的东风走上小康之路。乡村要振兴、村民要富裕，必须要振兴乡村产业。而振兴乡村产业，又重在对乡村生产要素的激活。① 例如，河北省保定市阜平县在河北省和北京市对口单位的支援帮扶下，依靠特色品

① 参见李新平、胡燕、卢晓莉：《乡村振兴法律制度保障体系构建研究》，载《农村经济》2021 年第 3 期。

牌产业实现了脱贫致富。尤其是随着互联网技术的发展，电商平台的农产品销售更是为产业的销路打开了一扇“亮窗”。但是，在司法实践中因法律意识淡薄，农户自身合法权益受损的情况仍屡有发生。一方面，涉及农业产业品牌保护方面的法律规范专业性较强，广大农户很难对其有明确的认知与理解，如对申请类似“大兴西瓜”“西湖龙井”等地理标志证明商标的要件理解不到位，不能对自身享有的技艺进行充分论证及证据收集，从而导致被驳回注册申请；另一方面，京津冀三地对于农村产业品牌的法律保护水平并不均衡，包括立法层面、涉知识产权多元解纷机构建设及专业人才培养方面均存在参差不齐的情况。通过构建京津冀农村产业品牌法律协同保护机制，能够建立京津冀司法协同新的增长点，为区域乡村振兴战略的推进营造良好的产业发展环境，以法律思维融合区域协同管理方式实现对农村特色产业供给市场的法律保障，最大程度实现产业品牌价值，从而保障农民就业和创业的长效性。

## 三、京津冀关于农村产业法律协同保障面临的问题

### （一）三地农村产业发展不均衡，规制侧面存在差异

京津冀关于农村产业品牌法律协同保护所面临的首要问题就是三地的人群职业结构、不同产业比重等基础性禀赋的差异，直接导致的就是乡村振兴中所要完成的任务量不同。北京、天津作为直辖市，经济发展程度高，产业结构较为合理，农业产业品牌的孵化和发展程度较河北省要成熟。相较于高端、前沿科技而言，农业产业的技术密集度达不到“竞争豁免”的程度，资本和人力叠加的后果就是农村产业的发展更易出现同质化竞争的现象，同一农业产品不能科学合理地进行有效供给。北京市、天津市两地区位优势、资源优势较为明显，当地很多农业产业已经占据了较为优势的地位，而河北省在农业专业组织、高端农业技术、农业产业标准制定等方面仍存在一定差距，河北省部分农村的产业品牌刚刚起步，品牌效应尚未成型，一旦出现行业“内卷”，基本上不具备持

续抵御市场风险的能力。

表1　2020年度京津冀三地GDP总量及第一产业占比[①]

| | 2020年度GDP（亿元） | 第一产业占比 |
|---|---|---|
| 北京 | 36102.6 | 0.40% |
| 天津 | 14083.73 | 1.50% |
| 河北 | 36206.9 | 10.70% |

此外，由表1可知，京津冀三地中2020年度GDP中第一产业增加值及占比，河北省最多，其次为天津市，最后为北京市。在这种情况下，基于三地产业机构存在差异，京津冀对于产业品牌法律保护的侧重点和政策肯定会有所不同，那么三地很难形成一致性的法律保护规范和产业标准。即使有国家级的上位法存在，但是各地在制定地方的立法规范时，更多的是结合自身实际情况，因此，在协同保护时就难免会出现具有地域性的标准失范。从制度设计上来看，缺乏顶层设计的统一性、协调性。依据现有立法规范，统一裁判标准是民众最为关注的实质性、核心诉求，反映了其对司法公正的直接感知，是增强司法公信力和司法权威的关键之所在。[②] 但目前，京津冀三地法院的裁判结果受制于多重因素，包括存在何为“同案同判”的理论分歧和实践难点等，导致实践中京津冀三地司法裁判仍具有一定的属地性特征。

### （二）京津冀三地涉农产业知识产权保护制度发展不同步

建设现代化农村产业体系离不开健全的成果产权保护制度，尤其是涉及农业科技成果转化过程中的权益分配和种质资源保护问题，产权保

① 数据来源于北京市、天津市、河北省统计局。

② 参见陈焘、刘宇琼：《区域协同治理的司法促进——基于京津冀司法协同的考察》，载《河北法学》2020年第6期。

护制度是营造良好产业发展环境、激发产业科创人员积极性的重要保障。但是于京津冀三地而言，包括涉农产业在内的知识产权保护制度发展并不同步，涉农知识产权案件在京津冀三地的知识产权纠纷案件所占比重并不高。

关于审判机构，北京市原由各个中级人民法院管辖的知识产权民事案件和行政案件，在2014年11月成立全国首家知识产权审判专业机构——北京知识产权法院后，由北京知识产权法院统一管辖、审理。2018年3月，天津知识产权法庭挂牌成立。2021年4月，河北雄安新区中级人民法院知识产权审判庭揭牌成立。虽然，京津冀三地都设立了专门的知识产权审判机构，但是无论是从审判层级、管辖范围还是受案数量，三地法院均存在差异。而且，知识产权案件历来存在“赔偿低”“赔偿标准不统一”的普遍性问题，外加三地基于经济发展状况、案件类型等原因，在案件法律适用及裁判标准一致性上存在理念和实践的差异，这无疑会加剧涉农知识产权协同保护的难度。此外，目前河北省在知识产权保护的机制建设上尚落后于京津两地，而京津两地依托当地众多院校的法学教育资源，吸引了许多专业性强的人才充实到知识产权保护的队伍中。在这样的条件下，京津冀要想实现在农村产业知识产权方面的法律协同保护，需要补齐的“功课”较多。

### （三）“以邻为壑”的地方保护思想仍偶发

乡村振兴是一场伟大的农村革命，它是在工业化、城镇化快速推进过程中，我国转型期背景下的新的乡村革命。乡村振兴战略将深刻地改变我国城乡关系，推动城乡由过去的城乡分离转向城乡融合。[①] 要想“畅通”国内大循环，实现区域协作发展的“大提速”，克服“以邻为壑”的陈旧观念也是重点之一。当前，京津冀协同发展不断向前、向深推进，但是在部分领域仍存偶发的地方保护思想。相较于高端、前沿科技而言，

---

① 参见王金胜、王枫：《“双循环”视角下我国推进乡村振兴的逻辑路径与对策研究》，载《乡村振兴》2021年第2期。

技术密集达不到“竞争豁免”的程度，资本和人力叠加的后果就是农村产业的发展更易出现同质化竞争的现象，同一农业产品不能科学合理地进行有效供给。在此基础上少数地方管理者出于税收、就业、产业规划等方面的考虑，一些地方保护的理念会人为地加剧同质竞争的程度，各地所具备的独特比较优势难以发挥，对京津冀三地农业产业协同发展的积极性产生不利影响。在原有利益的固化藩篱下，产权制度和各项要素不能实现优化配置，在这种观念下，法律在对产权主体、法律关系、立案管辖、多元解纷等方面缺乏有效规制，那么京津冀三地法律协同保障机制的构建会受到很大制约，优质的产业品牌效应无法得到保障，甚至出现“劣币驱逐良币”的局面。

## 四、构建京津冀农业产业发展法律协同保障机制的对策

### （一）完善顶层设计，统一类案的裁判尺度

京津冀法律协同保护机制构建的前提就是要有完善的顶层设计，具体到乡村振兴战略的产业振兴中，就是要有适合京津冀三地实际情况的农业产业保护规范，这是法律协同保护机制的关键要素。

1. 完善与乡村振兴促进法配套的区域服务保障规范

乡村振兴促进法的出台填补了我国乡村振兴领域的立法空白，是一部保障乡村振兴战略实施的综合性法律。但是客观来看，乡村振兴战略涉及层面宽、门类多、情况复杂，需要各地在实践过程中结合现有法律框架和体系，有针对性地制定、完善相关配套规定。以京津冀为例，因三地的城乡发展、农业产业规模、农村改革机制等方面存在差异，要想在京津冀协同发展的战略中做好乡村振兴的“大文章”，就要从顶层设计层面研究、制定符合三地实际情况的配套区域性规定规范。例如，河北省农村人口向北京市、天津市两地流入居多，如何在京津冀协同发展的基础上优化村庄布局、产业管理、供地模式，就需要三地立法、执法部门制定区域性、相协调的配套规范，用以支撑京津冀司法协同保障服务

工作。

2. 统一京津冀三地涉农产业案件的裁判尺度

乡村振兴战略的实施对农业产业发展提供了制度保障，必然涉及农业科技产权保护、农业企业经营、产业合同履行等多个方面，这就为京津冀司法协作机制提出了新方向、新课题。以农业产业知识产权纠纷为例，要借助现有京津冀司法类案检索机制、同源案例交流机制等成果，促进三地法院在审理涉农案件裁判尺度方面的统一性。

涉农产业案件的司法裁判不仅要有利于营造良好的产业发展环境，还应得到京津冀三地社会的普遍认同，这两点是区域内类案同判的主要目标。乡村振兴战略要求实现农村农业的市场要素有序流动，为此，京津冀司法协同机制也应展现出开放性态度，积极主动地走出“司法地方保护主义”的误区，通过公正裁判为农业产业发展保驾护航。实现京津冀区域法治一体化是破解利益藩篱、促进协同发展的基本保障，直接地体现为包括立法、执法、司法等法治实施各个环节应当坚持统一标准。①统一京津冀三地涉农案件的裁判尺度是京津冀司法协作的重要环节。在实践中，京津冀三地法院可以以涉乡村振兴案件为重点，以案由、涉案当事人身份、住所区域等涉案信息为标准，建立京津冀涉农产业纠纷案件的识别机制，并通过法院办案系统标记、分类等方式实现追踪立案、审判到执行全流程的“长线管理”。

### （二）协同乡村振兴局等行政机关构建区域性多元解纷机制

随着各地乡村振兴局的挂牌成立，这一新生事物将承担新的使命，即巩固拓展脱贫攻坚成果，统筹推进实施乡村振兴战略有关具体工作，同时它也将参与到涉农纠纷的多元解纷机制当中。以保护农业产业产权为例，事实上，国家知识产权局一直提倡以社会力量参与共同实现对于知识产权的协同保护，而乡村振兴局这一行政机关的设立，就为行政资

---

① 参见梁平：《基于裁判文书大数据应用的区域法治化治理进路——以京津冀类案检索机制的构建为例》，载《法学杂志》2020年第12期。

源参与知识产权保护合同创造了新的路径。笔者认为，在品牌意识严重缺乏的农村产业领域，法律保护的触手应当实现适当延伸，从避免同质化竞争的角度出发，进行法律协同保护机制的构建，推动单一地区产权保护逐步走向区域性保护，由单一法保护逐步走向多元化保护。在知识产权保护中，单一的司法保护存在“时间长、举证难、成本高、赔偿低”“赢了官司、丢了市场”等现象，这些现象反映到农村产业振兴中就是，优质的农村产业品牌要自行负担高昂的诉讼成本，这也是司法保护所面临的一大难题。因此，依托乡村振兴局的行政资源建立京津冀区域性涉农多元解纷机制，丰富涉农知识产权权利救济途径实有必要。今后可以依托法院、行政部门参与的矛盾纠纷多元化解机制从行政、司法和社会调解、仲裁等多途径构建保护涉农知识产权的体制机制，增强区域农村产业发展中协同处置各类知识产权纠纷的能力，提高依法保护知识产权的意识。

### （三）发挥人民法庭“最后一公里”优势，建立“服务乡村振兴”审判法庭联动机制

人民法庭的最大特征就是贴近基层群众，在服务和保障乡村振兴战略中具有天然优势。最高人民法院院长周强曾强调，必须把人民法庭建设成为司法服务乡村振兴的前沿阵地。农业产业振兴作为乡村振兴战略的重要支柱，由人民法庭发挥特有优势，提供延伸至农村第一线的优质司法服务势在必行。当前，不少法院已经尝试建立“服务乡村振兴”审判团队，通过审判职能行使着重解决农村电商物流、农业产业园区建设、乡村旅游产业等纠纷案件，例如，2021 年 3 月江苏省高级人民法院已经挂牌成立全国法院系统首个服务乡村振兴（张家港）实践基地。因此，笔者认为，可以结合京津冀司法协同机制的现有成果，建立“服务乡村振兴”审判法庭试点。

京津冀法治协同发展的内在要求就是要发挥各自优势，为京津冀协同发展提供司法保障。结合河北省农业资源丰富、北京市和天津市农业

产业规模成熟等特点，京津冀三地人民法院可以通过打造“服务乡村振兴”审判法庭模式，探索建立涉及“服务乡村振兴”人民法庭工作联动协作机制，就当事人信息核验、民事送达、诉前多元化解等内容实现三地法庭联调联动。借助京津地区先进的农业产业科技优势和河北省广阔的农业产业发展市场，着力解决所辖区域内的乡村建设过程中的矛盾纠纷，建立京津冀“服务乡村振兴”审判法庭联动、类案检索及信息共享机制，以人民法庭为平台，一站式多元解纷和诉讼服务体系建设成果促进法治乡村建设，为农业产业发展提供法律智力支持和保障，为全面推进乡村振兴营造良好法治环境。

## 结语

乡村兴则国家兴，乡村衰则国家衰。立足于“双循环”的新发展大格局，乡村振兴要以产业发展的方式消除存在的城乡二元对立，让广大人民都能广泛地享受到改革发展的成果。我们需要清醒地认识到，面对复杂的国内国际形势，破解经济发展深层次的矛盾注定是一项道阻且长的重任。但不积跬步，无以至千里。无论是京津冀协同发展还是乡村振兴战略的推进，都需要京津冀三地法院持续不断提供高质量的司法服务，京津冀的司法协作机制在面对新发展格局时要紧扣时代脉搏，主动有所作为，立足实践不断创新，将司法服务新的增长点切实有效地转化为实际成果。

# 小微信贷纠纷类型化解决机制研究

## ——以服务保障自贸区建设为视角

杨成龙　郝　卉　郭冬冬*

**摘要：**小微经济是国民经济的重要组成部分，在调整和完善我国产业结构、解决人员就业等方面具有不可比拟的重要作用。近年来，人民法院受理的涉小微经营主体作为债务人的金融借款合同纠纷案件数量不断增长，并呈现出贷款利率差异大、贷款用途不规范、债权受偿率低等特点。逐年高发的小微信贷纠纷不仅对部分小微主体正常存续发展造成负面影响，也为我国经济稳健运行埋下一定隐患。小微信贷涉诉案件在纠纷化解过程中也呈现出总量大、增速快，涉案标的总额高、两极分化明显，部分涉诉案件审理难度大等难题。在推动京津冀协同发展的大背景下，人民法院应在《最高人民法院关于建设一站式多元解纠机制一站式诉讼服务中心的意见》指导下，大力推进溯源治理和繁简分流改革，将案情相对简单、案件总量相对较大的小微信贷案件适用类型化批量案件快审快判机制，以诉前调解与司法确认为抓手，通过一体联动，做到简案快调、简案快审；将案情复杂、当事人争议较大的疑难案件适用普通程序由后端庭室“精雕细琢”“难案精审”，以求破解小微信贷纠纷化解难题，为京津冀协同发展提供高质量司法服务。

* 作者单位：北京市西城区人民法院。

## 一、小微信贷发展概况

小微信贷是指金融机构为满足小微经营主体及个人经营发展的资金需求而发放的资金总额小于1000万元的具有普惠金融性质的贷款。① 小额、短期、分散的经营属性决定了小微主体对资金流动性有着更高的需求，小微信贷因此也具有“短、小、频、急”的特点。因小微经济是国民经济的重要组成部分，其在调整和完善我国产业结构，解决人员就业等方面具有不可比拟的重要作用，故当前各级政府均十分重视对小微经济的帮扶。具体到金融方面，近年来金融监管机构针对小微经济的特点，制定了一系列的带有普惠性的定向金融优惠政策。金融机构也积极创新业务模式，加大对小微经济的融资支持。② 2020年新冠肺炎疫情突发，各级政府为降低新冠肺炎疫情对经济的负面冲击，以稳民生、保就业为根本导向的宏观调控政策接连出台，小微经济受惠空前。③ 2020年7月央行数据显示，2020年上半年小微信贷各项正面数据较2019年有显著提升。④

---

① 2017年9月30日，中国人民银行发布《中国人民银行关于对普惠金融实施定向降准的通知》（银发〔2017〕222号），首次明确普惠金融的定义和范围，核心包括“单户授信500万元以下小微企业以及个体工商户和小微企业主经营性贷款”，以及创业担保贷款、助学贷款等贷款品种。对普惠金融领域贷款实施定向降准政策考核的金融机构范围包括：国有商业银行、中国邮政储蓄银行、股份制商业银行、城市商业银行、非县域农村商业银行和外资银行。2018年年末，中国人民银行将普惠型小微企业贷款中“单户授信500万元以下”的统计标准调整为“单户授信小于1000万元的小微企业贷款、个体工商户和小微企业主经营性贷款”。本文统计口径即为标的额在1000万元以下的司法案件。

② 金融机构积极创新经营模式，多措并举支持小微经济的举措包括发放长期低息贷款；立足金融科技，推出金融服务数字化、线上化、智能化产品；积极探索股债联动、投租联动、贷保联动等产融合作类创新模式。

③ 2020年以来，为应对新冠肺炎疫情对小微经营主体的不利影响，金融监管部门加大宏观调控力度，央行在前期推出的3000亿元抗疫专项再贷款和1.5万亿元普惠性再贷款、再贴现基础上，6月初，创设了普惠小微企业贷款延期支持工具和普惠小微企业信用贷款支持计划两大直达实体企业的货币政策工具。这两大货币政策工具将货币政策操作与金融机构为普惠小微企业提供的金融支持直接联系，保证了精准性和直达性。根据中国人民银行数据显示，截至2020年7月末，普惠型小微企业贷款余额13.7万亿元，同比增长27.5%，增速不断提高；前7个月增加2.2万亿元，同比多增8810亿元，支持小微经营主体3007万户，同比增长21.7%。

④ 《7月末普惠小微贷款余额增27.5%》，载中国政府网，http：//www.gov.cn/shuju/2020-08-21/content_5536295.htm。

节节攀升的信贷数据鲜明地展现出我国对小微经济的扶植力度。

尽管小微经济近年一直保持良好发展态势，但随着小微信贷规模的迅速增长，小微信贷逾期、违约的案件数量亦逐年上升。反映到司法领域，即法院受理的涉小微经营主体作为债务人的金融借款合同纠纷案件数量不断增长，并呈现出贷款利率差异高、贷款用途不规范、债权受偿率低等特点。逐年高发的小微信贷纠纷不仅对部分小微主体正常存续发展造成负面影响，也为我国经济稳健运行埋下一定隐患。

在推动京津冀协同发展的大背景下，人民法院要积极融入新发展格局，精准把握协同发展的司法需求，主动服务和保障国家重大战略实施，深化司法体制改革，不断提升审判质效，为自贸区建设提供有力的司法保障。因此，深入研习小微信贷涉诉案件的纠纷化解难题，探讨小微信贷纠纷类型化解决机制，对于服务和保障京津冀协同发展具有十分重要的现实意义。

## 二、小微信贷涉诉案件纠纷化解难题

### （一）案件总量大、增长快

随着小微信贷规模的迅速增长，法院受理的小微信贷涉诉案件呈现出总量大、增长快的特征。以北京市西城区法院为例，2017 年至 2019 年共计受理涉小微信贷的金融借款案件 27217 件，审结 27175 件。① 案件总量占总收案量的 9.83%，收结案量相对稳定，且近三年来收结案量均维持在较高水平。案件量的增长在一定程度上反映出我国经济下行情况下，金融违约案件逐渐呈高发的态势。特别是 2020 年因受到新冠肺炎疫情冲击，宏观经济下行，小微信贷的借款人履约能力普遍下降，涉小微信贷

---

① 2017 年受理涉小微信贷的金融借款案件 3042 件，占比 5.45%，审结 3271 件，占比 5.73%；2018 年受理涉小微信贷的金融借款案件 8349 件，占比 11.45%，审结 8226 件，占比 11.24%；2019 年受理涉小微信贷的金融借款案件 7294 件，占比 9.59%，审结 7396 件，占比 9.72%；2020 年受理涉小微信贷的金融借款案件 8532 件，占比 11.81，审结 8282 件，占比 11.56%。

纠纷的案件量也达到历年峰值（见图1）。

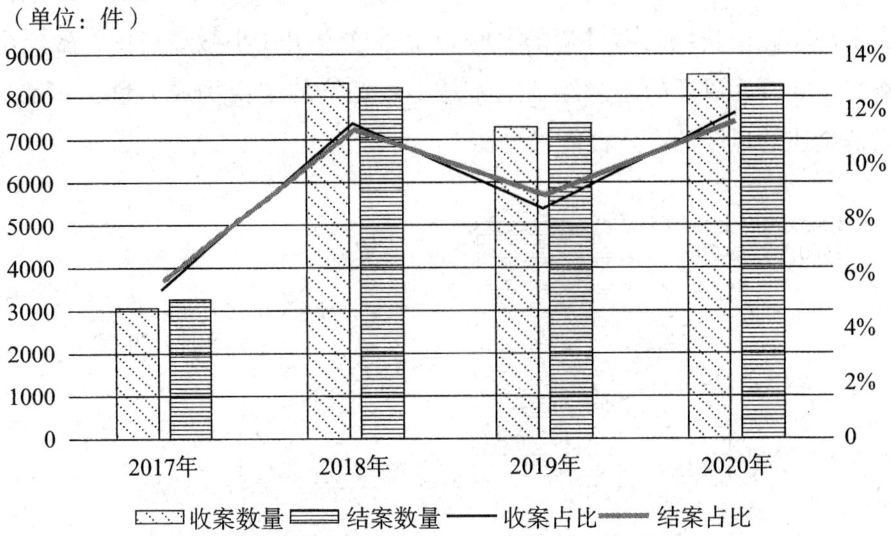


**图1　2017年至2020年北京市西城区法院金融借款案件收结案情况**

但将2020年数据与2018年、2019年数据相比较，无论是小微信贷案件的增长量还是增长率均维持在较低水平。这说明，在经济下行、新冠肺炎疫情冲击的双重背景下，我国政府为保民生、稳就业而颁行的一系列涉金融、民生等配套保障政策发挥了强有力的稳定作用，人民群众抵抗风险的能力得到了显著提升，亦从侧面说明我国近年来防范系统性金融风险的努力取得初步成效。

### （二）涉案标的总额高、两极分化明显

目前，在涉小微信贷纠纷中，个案的标的额普遍较高，以北京市西城区法院为例，2017年至2020年，小微信贷案件总量虽然仅占案件总量的9.83%，但小微信贷涉案标的总额达到商事案件标的总额的50%以上，

最高年份占比达 70%。[①] 这表明如不能审慎妥当化解小微信贷纠纷，则极易造成较大的社会负面影响。同时，涉案标的额在 100 万元以下的案件占全部小微信贷纠纷案件量的 80%以上，这说明在小微经济中，融资金额在 100 万元以下的小微经营主体是小微经济的主要构成力量，亦是小微信贷违约风险的高发群体（见图 2）。

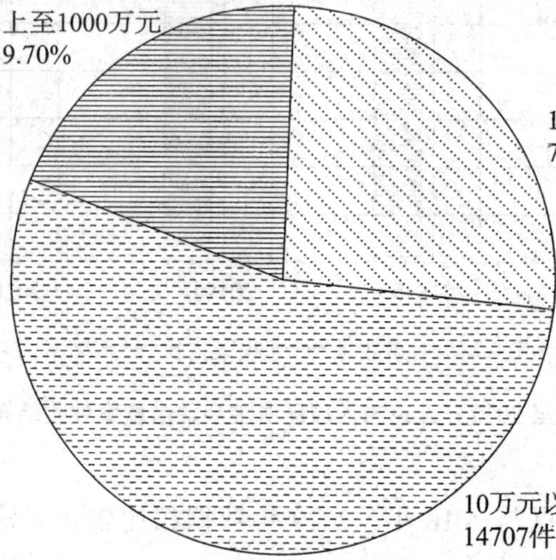


**图 2　2017 年至 2020 年北京市西城区法院金融借款案件收案标的金额数量及占比**

涉案标的情况在一定程度上亦能反映小微信贷纠纷在案件审理上呈“极简、极难”两极分化的特点。金融机构较小微主体风险意识更强，为降低风险，金融机构往往会聘请较为专业的法律团队设计合同样本。一方面，对于标的金额较小，案件数量较大的简单小微信贷纠纷，因双方签署的合同系金融机构提供的格式样本，故大部分案件的法律关系、法

① 2017 年受理的小微信贷案件诉讼标的额为 410646.57 万元，占当年商事类案件受案总额的 61.35%；2018 年受理的小微信贷案件诉讼标的额为 886869.81 万元，占当年商事类案件受案总额的 70.69%；2019 年受理的小微信贷案件诉讼标的额为 572107.33 万元，占当年商事类案件受案总额的 51.43%；2020 年受理的小微信贷案件诉讼标的额为 440012.43 万元，占当年商事类案件受案总额的 55.49%。在 2017 年至 2020 年，涉案金额 10 万元以下案件 7150 件，占比 26.27%；10 万元以上至 100 万元以下案件 14707 件，占比 54.03%；100 万元以上至 1000 万元以下案件 5360 件，占比 19.70%。

律事实往往呈现出趋同化的特征，这为要素式批量快审奠定了基础。另一方面，对于标的金额较大的小微信贷纠纷，在基本的借贷基础法律关系上，往往附着有人保、物保、混合担保、夫妻共同债务认定、公司对外决议认定等法律事实的查清，法律关系的认定。特别是金融机构工作人员在业务操作中往往会存在一些提供空白合同，代签等不规范行为，这对法院查清法律事实，准确适用法律关系造成一定阻碍。

### （三）部分涉诉案件审理难度大

目前，法院在审理小微信贷涉诉案件时仍以普通程序为主，一方面是因为涉小微信贷的金融借款案件缺席率较高，另一方面也反映出涉小微信贷的金融借款案件审理难度较大。小微信贷案件的审理，不仅需要对主从合同进行双重审查，亦需要对借款人之间的比例份额、人保、物保先后顺序、抵押登记是否办理等法律事实进行审查，这都增大了金融借款案件的审理难度。具体来说，审理过程中主要可能存在以下难题。

第一，利息、罚息、复利认定标准争议大，容易成为争议焦点，具体原因如下：一是金融机构提供格式合同、空白合同，借款人抗辩不知晓利率约定；二是合同约定的罚息、复利、违约金过高，甚至出现各种服务费、咨询费等变相利息；三是部分合同约定对利息计收复利，对罚息亦计收复利。最高人民法院在《最高人民法院关于审理民间借贷案件适用法律若干问题的规定》中认为应区别对待金融借贷和民间借贷，并适用不同规则与利率标准；《最高人民法院关于进一步加强金融审判工作的若干意见》规定，以年利率24%为界，当金融机构其他费用显著背离实际损失时，可支持调减。[①] 二者逻辑似乎并不完全吻合。针对金融机构

---

① 《最高人民法院关于审理民间借贷案件适用法律若干问题的规定》第一条第二款规定："经金融监管部门批准设立的从事贷款业务的金融机构及其分支机构，因发放贷款等相关金融业务引发的纠纷，不适用本规定"。《最高人民法院关于进一步加强金融审判工作的若干意见》第2条规定："……金融借款合同的借款人以贷款人同时主张的利息、复利、罚息、违约金和其他费用过高，显著背离实际损失为由，请求对总计超过年利率24%的部分予以调减的，应予支持，以有效降低实体经济的融资成本……"

对罚息计收复利的问题，因现行法律法规并未明确规定，中国人民银行出台的《中国人民银行关于人民币贷款利率有关问题的通知》也仅对罚息、复利进行定义解释，未对记收方式进行正面回复。① 实践中，金融机构提供的格式文本约定的利费记收标准往往超过最高人民法院对民间借贷利率保护的上限，该种情形下，法律适用虽然简单，但如何使裁判结果信服当事人则相对更难。

第二，电子签名与代签行为易引发合同效力认定问题。在司法实践中，个别金融机构未严格落实贷款面签制度，为提升缔约效率，金融结构工作人员代借款人填写合同相关内容、代为签名等不规范情形时有发生。在北京市西城区人民法院审理的具有代签情形的小微信贷纠纷中，借款人经常以合同相关要素非本人填写、签名非本人签字作为抗辩理由，否认借款合同的成立或效力。司法实践中，借助网络科技的发展，部分涉金融类的合同订立签字的场景由线下转移至线上，出现了电子签名的现象。在与此相关的案件中，签字人往往以不知晓电子签名的具体情境或者直接否认电子签名的真实性作为抗辩理由。对于合同的订立是否存在金融机构工作人员违规代签代办、贷款程序瑕疵能否影响合同效力的认定，涉电子签名案件中，举证责任、证明程度如何把握，均为事实查清与案件审理的争点与难点。

第三，夫妻共同债务认定存在风险。在小微合同订立过程中，部分金融机构为完成业绩，经常对借款人配偶自愿承担共同还款责任的意思表示放松审核。北京市西城区人民法院在审理涉夫妻债务共同认定的小微信贷纠纷时发现借款人配偶签字不真实、借款人伪造结婚证等身份材料的情形较为常见。实践中，个别金融机构未严格落实贷款面签制度，常常出现借款人、金融机构工作人员或其他第三人代配偶签字的情形。

---

① 对于罚息是否可计收复利，现行法律法规并没有相关规定，这就需要裁判中对法律适用做出必要解释。首先从《中国人民银行关于人民币贷款利率有关问题的通知》第三条规定的文字表述入手，不难发现其第一款与第二款分别对罚息与复利作出了规定。依体系解释与文义解释的方法，自然会得出“利息”“罚息”与“复利”三个概念独立存在，不应将“罚息”并入“利息”的外延之内。即应将“罚息”排除在“利息”之外，金融机构不应对罚息计收复利。

个别案例中，甚至出现借款人为增强信用而伪造结婚证、户口本等材料的情形。对于代签行为，诉讼中配偶一方往往会通过提出笔迹鉴定的方式以否认签字效力。但若案件为缺席审理，则人民法院依据原告提供证据径直裁判的风险较大。在司法实践中，已经出现多起缺席审理的案件，执行阶段借款人配偶出现，并申请执行异议或再审。因此，人民法院在审理涉夫妻共同债务的小微信贷纠纷时，对共同债务的事实的认定应更加详尽。

第四，公司对外担保效力认定存在争议。实践中，当借款人为企业时，金融机构往往要求企业股东、法定代表人或关联公司为债务提供担保。个别金融机构在审查公司等企业提供担保时存在不规范的情形，集中体现在未严格审查公司决议担保的意思表示文件、未要求公司提供股东会或董事会决议、未严格审查决议的事项是否超出公司章程等。《全国法院民商事审判工作会议纪要》就公司对外担保确立了善意规则。[①] 对于金融机构等债权人的审查义务仅要求形式审查，但在司法实践中，形式审查有时导致事实认定标准过于宽泛。例如，股东签名有误或表决未达到通过比例时却能够被认定为善意，存在一定争议。

① 根据《全国法院民商事审判工作会议纪要》规定，善意是指债权人不知道或者不应当知道法定代表人超越权限订立担保合同。公司法第十八条对关联担保和非关联担保的决议机关作出了区别规定，相应地，在善意的判断标准上也应当有所区别。一种情形是，为公司股东或者实际控制人提供关联担保，公司法第十六条明确规定必须由股东（大）会决议，未经股东（大）会决议，构成越权代表。在此情况下，债权人主张担保合同有效，应当提供证据证明其在订立合同时对股东（大）会决议进行了审查，决议的表决程序符合公司法第十六条的规定。即在排除被担保股东表决权的情况下，该项表决由出席会议的其他股东所持表决权的过半数通过，签字人员也符合公司章程的规定。另一种情形是，公司为公司股东或者实际控制人以外的人提供非关联担保，根据公司法第十六条的规定，此时由公司章程规定是由董事会决议还是股东（大）会决议。无论章程是否对决议机关作出规定，亦无论章程规定决议机关为董事会还是股东（大）会，根据民法典第六十一条第三款关于“法人章程或者法人权力机构对法定代表人代表权的限制，不得对抗善意相对人”的规定，只要债权人能够证明其在订立担保合同时对董事会决议或者股东（大）会决议进行了审查，同意决议的人数及签字人员符合公司章程的规定，就应当认定其构成善意，但公司能够证明债权人明知公司章程对决议机关有明确规定的除外。因此，金融机构的善意，在不同的场合下是不一样的。另外，金融机构只需要尽到其形式审查的义务，公司以机关决议系法定代表人伪造或变造、决议程序违法、签名（章）不实、担保金额超过法定限额等事由抗辩的，人民法院不予支持，这已经超出了金融机构的审查标准。

第五，“套路贷”与刑民交叉问题。除大型金融机构运营外，一些诸如小贷公司的小型金融机构也在开展小微信贷对应的普惠金融业务。在业务操作中，部分小型金融机构法律风险意识往往较差，业务不规范，司法实践中更是经常出现借款人从不正规的小额贷款公司借款，而被小额贷款公司以高额利息、手续费、砍头息等违法手段“套路”的情形，俗称“套路贷”。[①] 在北京市西城区人民法院审理的小微信贷案件中，出现过借款人陷入小贷公司“套路贷”的案件，当借款人初始借款金额飙升至几倍甚至数十倍后，小额贷款公司将部分金融机构介绍给借款人，并将借款人从新平台借得的款项用于偿还小额贷款公司的欠款。当借款人再次无力偿还新的借款时，金融机构作为新的债权人向法院起诉。该种情形下，当事人往往声称金融机构与小额贷款公司系同谋关系，但双方在私下业务上是否有合作或利益关联，法院较难查清。借款人刑事报案往往须经历较长的刑事侦查过程。虽然现行法律就刑民交叉案件作了较为明确的指引，但现实情况往往比法律规定更为复杂，该种情形下如何认定法律事实是困扰审判工作的现实问题。

## 三、小微信贷纠纷类型化解决路径探讨

在《最高人民法院一站式多元解纠机制一站式诉讼服务中心的意见》的指导下，人民法院近年来大力推进溯源治理和繁简分流改革，将案情相对简单、案件总量相对较大的小微信贷案件适用类型化批量案件快审

---

① 根据《最高人民法院、最高人民检察院、公安部、司法部关于办理“套路贷”刑事案件若干问题的意见》的规定，“套路贷”是对以非法占有为目的，假借民间借贷之名，诱使或迫使被害人签订“借贷”或变相“借贷”“抵押”“担保”等相关协议，通过虚增借贷金额、恶意制造违约、肆意认定违约、毁匿还款证据等方式形成虚假债权债务，并借助诉讼、仲裁、公证或者采用暴力、威胁以及其他手段非法占有被害人财物的相关违法犯罪活动的概括性称谓。“套路贷”特征主要有：第一，起诉主体多为信托公司、保险公司、融资租赁公司等非银行金融机构；第二，第三方公司与上述金融机构有订立合作协议，往往收取一定数额的手续费，手续费由借款人分摊；第三，以理财产品等形式出现，向投资人承诺高额收益；第四，投资人（借款人）将自己房屋或其他财产抵押给贷款人；第五，借款人违约后，保险公司代借款人偿还借款本息后代位取得贷款人的权利，向借款人追偿。

快判机制，以诉前调解与司法确认为抓手，通过一体联动，做到简案快调、简案快审；将案情复杂、当事人争议较大的疑难案件适用普通程序由后端庭室“精雕细琢”“难案精审”，以求更好地化解纠纷，为京津冀自贸区建设提供有力的司法服务和保障。

## （一）深入推进溯源治理，加强源头化解纠纷

为加大金融纠纷多元化解机制，人民法院通过开通“溯源治理直通车”，直面群众司法需要，包括以“人工+自助”24小时不打烊方式为群众提供诉讼咨询、联系法官等多元服务；开设“网上直通车”移动端，定制提供诉讼咨询、多元解纷、普法宣传服务清单；设立“诉源治理直通车”党员先锋岗，建成实体工作站，选拔优秀党员专职、专岗负责热线接听、工单办理与视频调解，办理工单占整体办理率90%以上。“溯源治理直通车”推行以来，B市某区法院直通车工作站共接听群众来电4万余通，群众需求工单100%办结，线上线下巡回140余次，连线15个街道开展线上普法讲堂及新闻通报会21期，播放量超过150万次，为群众提供诉讼咨询等服务，促进矛盾纠纷源头预防。

此外，人民法院还着力源头矛盾化解，推进司法服务“多元零距离”。通过建立党员志愿者服务队，线上回应群众诉求，线下深入社区上门巡回，对解纷需求较大的街道社区进行重点巡回，开展各类“群众需要法官来到”工作。为健全多元化纠纷解决体系，与调解组织形成对接，特邀调解员参与诉前调解。依托“云法庭”“北京诉讼微法院”“审判信息网”等平台，通过电话或线上调解，解决各类纠纷几千件，实现“群众纠纷家中解”。开展定制式精准普法，推出普法讲堂活动，成立“普法讲师团”，积极推进源头化解纠纷。

在此基础上，法院每年调解方式结案的小微信贷纠纷不断增加，以北京市西城区法院为例，由2017年调解结案254件增长到2020年调解结案1480件，占比也从7.77%增长到17.87%。逐年上升的调解结案数及

调解结案率正是近年来大力推行溯源治理所取得的成果，特别是通过成立金融速裁团队、大力推行诉前调解与一站式司法确认相结合等改革举措，取得了调解数量与调解率双双上升的工作成绩（见图 3）。

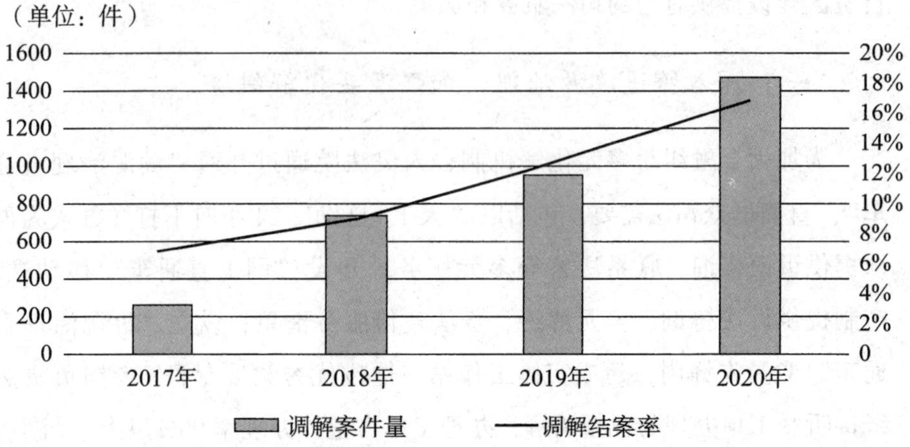


图 3　2017 年至 2020 年北京市西城区法院金融借款合同纠纷调解结案情况

### （二）大力推进繁简分流，建立类型化批量案件快审快判机制

针对小微信贷纠纷体量较大、标的额两极分化明显的现状，金融速裁团队积极发挥示范案件的引导、规范、预防与教育作用，努力实现“审理一件、化解一批、预防一类”。在涉小微信贷纠纷为主的金融案件中，建立金融纠纷诉前调解一站式司法确认联动机制，形成“三阶段、三层次纠纷化解法”，以示范判决、常用判点说理库为解纷参考，引导欠款人重整债务、挽救信用，指导双方打破欠款僵局，营造多赢局面。部分法院还与行业协会签订合作协议，建立涉小微信贷金融纠纷诉调对接机制，充分发挥行业调解的作用。相关协会在法院设立纠纷调解工作室，指派调解员常驻，全程参与涉小微信贷金融纠纷案件的调解，为调解及司法确认工作的衔接与运行提供组织保证。

新冠肺炎疫情防控常态化期间，法院还借助金融速裁团队克服新冠肺炎疫情给审判工作带来负面影响，主动出击，将以往的线下庭审模式迅速转换为网络开庭、线上调解，引导金融机构网上预约立案，推动网络司法、在线服务全流程覆盖。在金融速裁案件中全面实行简易程序或普通程序独任审，推行集约化、模块化、要素式审理，针对各金融机构不同的金融产品，制作模板判决，在简案中，通过要素表批量生成判决。部分法院还根据自身庭审业务，针对原告主张、被告辩解，梳理判点和说理，编撰金融案件常见判决说理库，力促法律适用统一，推动同案同判，切实提升金融审判绩效。针对涉小微信贷纠纷的审结案件，如进入执行程序，则由金融执行团队专岗对接，通过快速执行，切实保障胜诉方的合法权益，以司法的强制力量维护社会秩序。

通过大力改革，目前已初步形成了金融案件诉源治理、诉调对接新模式。以北京市西城区法院为例，在诉前阶段，妥善化解涉小微信贷的银行欠款纠纷1200余件，为当事人节省诉讼费500余万元，帮助金融机构及时回款3000余万元，帮助数千名欠款人获得相对宽松的还款政策，取得挽回信用、拯救生活的机会。诉前调解与司法确认一体联动纠纷化解机制目前运转顺畅，每周在诉前化解纠纷100余件，因分期、减免方案对欠款人较为有利，至今多数欠款人均按约定按月还款，毁约率仅为2%，探索出一条金融不良资产处置的新路径。此外，简易程序适用率也逐年提升，并于2020年在数量上首次超过普通程序，且数量总额达到普通程序的2倍有余。数据的正反增减反映出近年来大力加强溯源治理，积极推进繁简分流的丰硕成果。对于案件量大的相对简单小微信贷纠纷，通过成立金融速裁团队，创新诉前调解与一站式司法确认相结合，将该部分案件适用简易程序快审快裁，促进社会矛盾得到快速化解。而对于案件量少但审理难度较大的小微信贷纠纷，则由后端庭室进行“慢打磨、精加工”，由专审团队逐案细审、逐案精审，促进社会矛盾得到化解（见图4）。

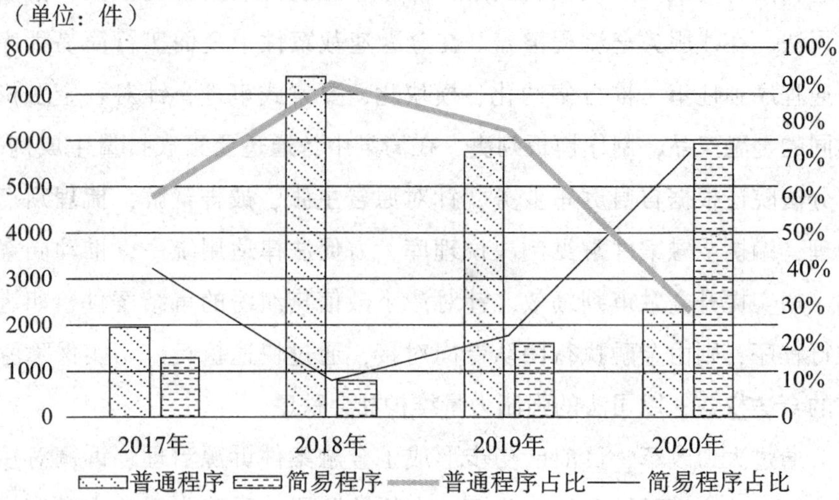


图 4　2017 年至 2019 年 B 市某区法院借款类案件程序适用情况

## （三）集中力量钻研突破，疑难复杂案件精审细审

为了解决小微信贷纠纷部分涉诉案件审理难度大的问题，法院在繁简分流的基础上，集中后端法官力量，确保难案“精雕细琢”，同时对标具体问题，给出专业化司法建议。前端速裁团队化解大量纠纷，为后端金融庭室创设了强有力的保障条件。针对部分案情疑难复杂的涉小微信贷纠纷，后端金融庭室不断加强调研宣传，推出专项调研文章，从具有专业性和前瞻性的角度为化解金融纠纷建言献策，为法官作出兼具法律效果和社会效果的裁决提供强大的理论支撑。部分法院还创设了特色青年理论学习平台，汇集金融庭室全体青年干警力量，将个人自学与集体导学相结合、线上交流与线下互动相融入、理论培训与实践锻炼相统一、走出去看与请进来学相融汇，通过平台集中学、专题学的制度建构，营造成员自律学、每天学的良好氛围，在全庭室成员常学常新中提升后端庭室业务本领、筑牢干警理论根基。针对热点问题、疑难问题召开专业法官会议，以案例切入、全员研讨的方式深挖疑难案件中的每一个问题，

每一个疑点，在全员讨论中厘清法律难点，统一裁判尺度。

此外，部分法院针对辖区内不同金融机构，梳理交易相对方常见的主张综述，总结金融机构在法律与服务方面存在的不足，以司法建议形式帮助金融机构填补业务经营中的法律漏洞，以实际行动发挥司法保障实体经济的作用。针对案件量大、欠款人还款能力普遍较差的银行，建议其加强合规以及资信、工作情况、财产状况的审核；针对较多使用宣布贷款提前到期权利增加欠款人还款负担的银行，建议其善意行使提前到期合同权利并在诉中尽量达成欠款人还清到期欠款，双方继续履行合同的方案；针对在授信循环贷中，轻易取消、减少授信额度、期限的银行，建议其审慎并规范行使权利，避免权利滥用导致欠款人资金链断裂陷入纠纷；针对欠款人集中反映银行在诉前存在恶意催收、骚扰式催收、暴力催收的银行，建议银行规范催收流程和手段，避免矛盾激化；针对息费畸高的银行，建议其在催款过程中，主动减少息费，避免陷入债务僵局。

# 防范预付费经营模式风险的京津冀司法协作

## ——基于天津市预付费合同纠纷审理现状的分析

秦 华*

**摘要：**随着市场经济的发展，以教育为代表的服务行业，为了增加客户黏性及以较低成本筹集资金拓展业务，以预付费的形式，通过让利鼓励顾客由单次消费单次结算的消费模式改为预存金额或提前购买未来服务的消费模式。在经营平稳顺利的情况下，预付费模式实现了商家与消费者共赢。但是市场经济的规律是风险与收益并存，在京津冀三地采用预付费模式连锁经营的服务企业一旦某一分支机构发生经营危机，往往会演化为波及面广、涉案人数多的跨地域案件，对区域经济和社会的稳定带来威胁。为此，结合预付费发展至今的现状、特点，充分平衡中小微企业发展需要以及消费者权益的保护，建议三地法院在司法层面有所作为：一方面，以联合发文的形式指导和规范京津冀区域内法院正确审理相关纠纷，为维护消费者合法权益提供高质量的司法救济；另一方面，建立定期单独或联合发布涉及预付费的消费领域纠纷的白皮书的工作机制。另外，三地法院可以共同提出建议，鼓励相关行业设立服务标准，以规范合同、统一购买保险等方式，为行业整体高质量的平稳发展提供有效保障。

* 作者单位：天津市高级人民法院。

2020年新冠肺炎疫情的发生对中国经济产生了重大影响，其中以线下教育培训为代表的，需要集中顾客在特定场所消费的服务行业，因长期无法开展正常经营活动，利润骤降，甚至个别行业的经营主体面临生死存亡危机。在服务行业遭受“凛冬”之际，作为当前服务行业常见的经营模式的预付费也遭受到了严重挑战，企业经营不善与消费者的服务需求未能满足以及对企业继续发展的不信任之间的矛盾，导致纠纷激增。[①] 与此同时，纠纷所涉部分机构不仅在津营业，而且在京冀两地也有众多连锁机构（加盟机构），一地的经营危机通常会快速影响到周边区域，这不仅体现在市场信誉方面，而且会因整体资金链断裂等原因导致他处的连锁机构也陷入纠纷当中。[②]

因此，法院在着手化解上述纠纷时，不仅努力依法妥善在个案中维护消费者合法权益，而且要站在京津冀协同发展的战略高度，通过对案件审理过程中预付费模式暴露出的经营风险的观察和对问题产生根源的分析，从京津冀司法协作角度探寻一些有助于规范化管理预付费经营模式，从而有效维护消费者合法权益，降低企业经营性风险，实现京津冀三地相关行业整体高质量平稳有序的发展。

## 一、三地涉预付费教育培训合同纠纷案件的相关情况

### （一）新冠肺炎疫情期间案件量激增

根据法综收案系统数据显示，2020年天津市法院共受理教育培训合同纠纷2203件，同比增加555.65%，其中涉及预付费的案件为2032件，占92.24%。根据中国裁判文书网显示，2020年北京市法院共发布涉及教育培训合同纠纷裁判文书5408份，同比增加85.90%，其中涉及预付费的案件为1938件，占35.83%；2020年河北省法院共发布涉及教育培训

① 参见梁修明：《别让预付卡变“吞钱卡”》，载《人民政协报》2020年7月24日。

② 参见刘亚玲、刘曦桦：《加强“预付式消费”中的消费者权益保护》，载《人民法院报》2019年12月1日；万静：《加强监管遏制预付式消费乱象：少儿教育健身保健等成为商家“卷款跑路”重灾区》，载《法治日报》2020年9月4日。

合同纠纷裁判文书 414 份，同比增加 375.86%，其中涉及预付费的案件为 291 件，占 70.28%。

### （二）部分培训机构涉案众多且分布三地

根据法综收案系统统计显示，天津市因预付费发生争议而成为较多民事诉讼案件一方当事人的教育机构主要有：北京倍乐优学教育咨询有限公司涉案 126 件，天津市红桥区佳源顺培训学校有限公司涉案 106 件，天津市河西区世纪童兴培训学校涉案 100 件。根据中国裁判文书网统计，北京市与河北省涉案的教育机构主要有：北京科萌萌教育咨询有限公司涉案 132 件，北京新东方教育科技集团有限公司涉案 68 件，北京臻柏康文化发展有限公司涉案 24 件。

总部在北京的全国连锁教育机构优胜教育经营困难引发的学员退费难问题也在三地爆发，其中天津优能力胜未来培训学校有限公司涉案 450 余件，天津滨海新区优博胜远培训学校有限责任公司涉案 149 件，北京宏志胜文教育咨询有限公司 89 件。另根据新闻报道，北京市海淀区市场监督管理局微博发布信息显示，优胜教育位于北京的母公司北京优生辉煌教育科技有限公司接到投诉 172 件，解决率为 7.56%。

### （三）司法实质化解纠纷困难

根据上述司法数据，可以看出受新冠肺炎疫情影响，作为服务行业的教育培训活动遭受巨大冲击，因政策原因长期停止经营活动，房租、已支出的经营费用以及员工的工资造成培训机构经营困难，资金压力之下部分机构不再提供培训服务，退出市场，曾经的经营场所“人去楼空”。已经向培训机构预交相关费用的消费者此时面临合法权益遭受损失，急需救助的现实需求。但是进入司法程序的案件并非所涉全部纠纷，仅有部分消费者选择通过法院主张自身的合法权益，因为纠纷涉及的部分责任承担主体已失去相应的支付能力，部分已裁判的案件未得到有效执行，导致部分消费者放弃司法途径解决纠纷，另行选择信访等渠道寻获救济。

### （四）新冠肺炎疫情造成的是预付费纠纷的特例还是预付费纠纷潜伏危机的集中爆发

从案件的增长来看，毋庸置疑，突发的新冠肺炎疫情是引爆预付费纠纷的直接原因，如果新冠肺炎疫情也是纠纷激增的根本原因，则研究的主题应当为企业如何应对突发应急事件造成的经营困难。如果根本原因并非突发的新冠肺炎疫情，而是案涉培训机构日常经营中管理混乱、监管缺失，则意味着新冠肺炎疫情只不过让潜藏的风险提前爆发而已，研究应当围绕如何规范培训机构的预付费经营模式。因此，研究主题的确定，依赖于对预付费模式特定经营模式及风险的调研分析。

## 二、预付费经营模式的基本情况及潜在风险

### （一）预付费经营模式概述

预付费经营模式主要是指经营者采用先行向消费者收取一定费用，而后在一定期限内向消费者提供特定服务的经营模式。有研究者称为预付费消费或预付费业务，也有人将其视为广义的预付卡或储值卡业务，不同的定义实质区分不大。① 目前，在天津市法院审理的案件中主要表现为预付费教育培训合同纠纷、服务合同纠纷等。本次调研称该种经营模式为预付费经营模式，所涉合同称为预付费服务合同。该种经营模式首先兴起于市场经济高度发展的欧美国家，之后在日本也随着服务行业和百货行业的发展而流行。② 我国改革开放后，服务行业快速发展，繁荣的消费市场发展出多元化的经营模式，既解决经营者发展资金又提升消费者黏性的预付费经营模式，通常给予消费者可观的优惠力度，而受到经营者和消费者的共同欢迎。

---

① 参见王建文：《我国预付式消费模式的法律规制》，载《法律科学》2012年第5期。

② 参见赵云：《我国预付费消费合同法律规制探析——以消费者权益的法律保护为视角》，载《中国政法大学学报》2013年第2期。

在服务行业，预付费经营模式提供的预付费服务合同依据具体的消费方式，通常表现为以下一种或几种混合的形式：第一类储值型，通常表现为商家提供消费者一个记录金额等于或大于消费者实际储存金额的储值凭证，供消费者在一定的自由度内消费使用；[①] 第二类资格型，通常表现为消费者为未来消费时享受优惠价格而向经营者支付一定金额，获得会员资格；第三类时间型，通常表现为消费者一次性支付使用费后，可在一定时期内享受不限次的服务。其中，教育培训服务合同纠纷中的预付费纠纷多采用第一类的形式。

### （二）预付费经营模式的特征

实践中维系预付费经营模式的预付费合同，无论以会员卡、年卡、储值卡、教学计划书、代金券等凭证为表现形式，还是区分为记名式和不记名式以及单用途和多用途，相较于传统的服务合同的平等自愿、意思自治和双务性，其还表现出特有的预付性、互利性、格式性、信用性和风险性。

第一，预付性主要表现在消费者的付费和服务的实际履行存在时间上的差异。与传统观念“一手交钱，一手交货”不同，“预付”一词强调消费者的支付行为先行的特征，即在该合同中，消费者优先履行自己的义务，即提前为约定期限内或一定总数的服务支付全部或部分费用，在此之后经营者按照合同约定在一定期限内提供约定的服务。[②]

第二，互利性主要表现在经营者和消费者在合同中都享受服务之外的利益。从经营者角度而言，预付不仅意味着获得消费者在之后一段时间内持续向其购买服务的保障，而且为其扩大经营等经营行为提供了资金支持。从消费者角度而言，选择预付的根本原因在于以可观的优惠价格购买到之后一定时期（次数）的服务。

第三，格式性主要表现在双方签订的预付费合同大多为经营者提供的提前拟定并反复适用的格式条款，消费者在签订合同时，除在给定的

---

① 参见刘迎霜：《商业预付卡的法律规制研究》，载《法商研究》2012 年第 2 期。

② 参见刘迎霜：《商业预付卡的法律规制研究》，载《法商研究》2012 年第 2 期。

不同服务期限（次数）及相对应的价款中选择外，对于合同中有关生效、违约责任和争议解决方案的条款，甚至包括具体服务履行方式的条款都没有商议的余地。[①]

第四，信用性主要表现为消费者同意先于支付的基础是信赖经营者在合同约定的期限内存续并依照约定提供服务。如同申领信用卡成功与否的关键是申请者向发卡行提供的材料能否证明其具备良好的还款能力一样，消费者作出预付的选择，除期望享受优惠之外，通常还基于经营者品牌的知名度、办公环境所展现出的实力以及销售人员的说服力等众多因素共同证明的未来经营能力。

第五，风险性主要表现为消费者通常在涉及预消费合同引发的纠纷中处于不利地位。[②] 基于信用性的分析，选择签订预付费合同本质上可以视为对经营者未来经营能力的一种投资，而投资必然有风险。在预消费合同关系中，签订预消费合同时消费者协商能力弱，履行期间难以对经营者采取有效监管，使得作为投资者的消费者获取收益仅能依赖于投资对象的自觉，难以干预投资对象的具体经营行为甚至违法行为，很可能面临合同难以履行且预付款难以追回的风险。

### （三）预付费模式的整体评价

基于预付费合同表现出的预付性、互利性、格式性、信用性和风险性，可以认为预付费经营模式既是市场经济实现资源优化配置的必然选择，同时也将遭受市场经济发展中优胜劣汰以及市场缺陷的考验。

1. 预付费经营模式一定程度上实现了货币资产的最优配置[③]

当前货币市场呈现出一般自然人持有的货币难以获得高额回报，银

---

① 参见包哲钰、罗彪：《论预付费消费中的消费者权益保护》，载《西部法学评论》2011 年第 2 卷。

② 参见李有根：《从平等走向倾斜——对消费者保护法的回顾与展望》，载《法学评论》2008 年第 3 期。

③ 参见王建文：《我国预付式消费模式的法律规制》，载《法律科学（西北政法大学学报）》2012 年第 5 期。

行一年期存款利率长期稳定在 1.5%上下，收益较高且拥有较高自由度的余额宝年化利率目前也由高峰时期的 6%降至 2.3%左右。较低存款收益使得消费者存款意愿持续降低，愿意尝试将货币财产投资到回报率更高的领域。与此相对，一般经营者的经营活动，尤其是扩大规范的经营活动急需大量资金的投入，除自有资金外，其他途径的融资成本始终居高不下。成长期的经营者一般难以提供与融资需求相当规模的优质抵押物，需要额外支付费用寻找第三方担保公司提供担保，造成目前经营者融资的年利率保持在 20%到 30%之间。

此时，预付费通常给予消费者 10%以上的优惠，实际可以视为消费者通过对特定经营者所做投资的回报。以教育培训为例，单节课时费为 100 元，一次性购买一年 50 次的课时费仅为 4500 元。当选择一次性购买 50 次课时并完成所有课程培训后，消费者不仅收获 50 次教学服务，同时获得投资收益 500 元，年收益率为 12.5%，相较于银行同期存款利率和余额宝收益率，有着巨大差异。

反之，按照单节课时成本 80 元计算，上述教育服务按照非预付费的方式结算，经营者从提供的教学服务中获得 1000 元的收益。当经营者存在融资需求时，采取预付费的经营模式，不仅可以从提供的教学服务中获得 500 元的收益，而且按照 24%的融资成本计算，可以获得 1080 元的期限利益，收益共计 1580 元。

通过以上案例计算，可以明显看出预付费经营模式通过重新配置消费者手中原本收益极低的货币资产，加速资金的流转，让更多的货币更早地流转至经营者手中，同时提升了消费者与经营者的收益，并且经营者扩大规模的经营行为在一定程度上也促进了市场的整体发展。

2. 带有隐藏的投资属性的预付费经营模式因监管缺失存在众多经营隐患

由于消费者和经营者履行合同义务有先后之分，因此对于先履行支付义务的消费者而言，在接受完毕合同全部约定的服务前，始终承担着合同履行瑕疵、经营者部分违约以及合同目的根本不能实现的风险。教育培训案例当中，消费者享受高回报率的投资收益部分是基于合同中未直接写明但实际由其承担一定风险的原因。因此，基于正常的市场逻辑关系，投资收益越高意味着风险越高。

常见的股票、债券、基金以及保险等明确的投资行为不仅由众多的法律法规予以规范，而且接受中国人民银行、中国银保监会、中国证监会等政府部门的严格监管。[①] 不仅要求投资对象以各种形式向社会公开经营主体的运行状况，及时披露突发事件，而且要求投资者具备一定的投资条件且由投资对象向其阐明投资风险，特定范围内赋予投资者一定期限的犹豫期。然而如此监管之下，除正常的市场波动外，其他因素导致的失败案例依然众多。

而在预付费经营模式中，现有法律并未系统性地作出安排，目前主要援引民法典总则编以及民法典合同编一般合同中的相关规定予以规制。以中国人民银行、监察部、财政部等部门制定的《关于规范商业预付卡管理意见》为代表的行政法规及部门规章主要从防范金融风险和预防腐败等角度对部分预付费经营领域予以规范，并未过多关注消费者权益的保护。[②]

3. 容易导致占有市场的预付费经营模式同时埋下多地连锁爆发危机的隐患

预付费经营模式下的部分经营者之所以采用大幅让利的手段，短期内占有大量资金，是为了实现快速占领市场的目标。因此，消费者提前支付的资金，没有也不可能得到经营者的妥善保管，而是被其投入到极具风险的开拓市场当中。至此，消费者能否获得预期的服务，不仅与经营者现有的经营水平有关，而且与经营者未来充满风险的新市场息息相关。

京津冀三地地域相邻的客观条件，既方便了企业在三地进行相关投

---

① 其他金融行业的监管参见陆海天、许多奇：《论我国银行业审慎监管强制措施的法律属性及其立法完善》，载《法学杂志》2020 年第 5 期。

② 参见张卓：《预付费消费的侵权风险及规范治理》，载《人民论坛》2020 年第 22 期。

资，但同时也将企业的经营风险分摊到了三地。预付费经营模式下，经营者很容易获得资金支持，在京津冀各地设立分支机构（加盟机构、连锁机构），但资金管理很难树立起相互独立的防火墙，将风险控制在一个机构之内。当其中一个机构爆发危机之时，往往就预示着经营者整体的资金使用出现问题。此时一地法院着手审理，通常意味着三地法院将共同应对连锁反应带来的众多相关纠纷案件。

因此，在现有的制度安排下，消费者在预付费格式合同中实际的不平等地位造成经营者的自觉成了消费者能否如期获得合同利益的根本保障。缺乏法律规制和有效监管的企业经营者，不仅易受市场经济自发性、盲目性和滞后性的影响而作出错误的经营策略，并且存在缺乏职业道德的经营者卷款而逃的可能，为京津冀三地社会的稳定带来风险。

## 三、疫情期间案件激增现象再分析

### （一）教育培训合同纠纷激增的特殊性和必然性

根据司法数据统计，天津全市法院教育合同纠纷在新冠肺炎疫情期间激增的同时，同样采取预付费经营模式的健身行业和美容美发行业，收案数除滨海新区法院出现显著增加外，普遍变化不大。上述现象似乎与以提供线下服务为主要经营内容的健身行业和美容美发行业理应因新冠肺炎疫情遭受重大打击的事实不符，值得进一步分析。

经过调研发现，上述矛盾出现的原因主要有以下几点。

1. 证明难

涉及预付费的教育合同纠纷中，消费者虽然没有直接标明预付费合同字样的正式合同文本，但可以提供以计划书、说明书名义记载培训相关内容的文本证明服务合同关系各方的权利和义务。健身和美容美发领域，消费者通常提供的凭证仅有实体会员卡，卡片表面记载内容极度匮乏，无法体现双方关于各自权利与义务的约定，甚至到店凭借预留手机号码享受服务的消费者在纠纷发生时无法提供任何有效的实体证明凭证。

消费者缺少诉讼所必需的证据，难以在诉讼中证明其诉请所凭借的事实，无法通过司法救济实现权益的维护。

2. 成本高

选择诉讼维护权益，不仅需要在立案、举证和庭审阶段投入一定的资金和时间成本，而且面对专业的司法活动，可能需要额外支出一笔律师费用。因此，综合考虑遭受侵犯的权益获得司法救济的可能性与减去成本之后的实际获赔金额等因素，损失金额不大的消费者不愿意启动司法程序。而本次调研关注的教育合同纠纷中，一方面，较大的案涉金额让消费者有动力寻求包含司法救济在内的各种途径维护权益；另一方面，目前消费者通过采取抱团的方式共同维权，摊薄了个体的维权成本。

3. 媒体关注度高

优胜教育在全国范围内因经营困难出现停办培训、经营场所人去楼空等现象，被媒体广泛关注和报道。媒体报道不仅让众多的消费者获悉培训机构陷入困境的事实，进而依托教育培训领域所特有的班级微信群组建维权共同体，引起政府部门的重点关注。因此，优胜教育案经媒体报道而扩大影响后，案涉当事人的维权行为在教育合同纠纷中形成示范作用，促成与其他教育培训机构发生纠纷的消费者采取行动维护自身合法权益。

通过以上分析，可以得出以下结论：消费者购买服务选择预付费经营模式的经营者时就隐藏了巨大风险，长此以往，必然会引起众多纠纷，但因举证困难、维权收益低等因素影响，相关纠纷并未大量进入司法环节；新冠肺炎疫情的发生，使预付费经营模式遭遇的考验提前到来，教育培训合同纠纷因举证相对容易，维权收益相对较高并获得媒体广泛报道的特殊性，成为所有预付费经营模式中唯一在司法环节中暴露危机的领域。

### （二）司法环节暴露出预付费经营模式中的乱象

通过对教育培训合同纠纷激增的特殊性与必然性的分析可知，防范预付费经营模式风险的有效途径应当建立在找准实践中预付费经营模式存在的问题基础之上。将风险考验提前的新冠肺炎疫情一方面导致案件数量的激增，另一方面则提供了数量充足的研究样本。经调研发现，当前预付费经营模式在司法环节中暴露出以下问题。

1. 经营者订立合同时不提供正式文本以及相关合法票据

预付费经营模式让消费者必须与经营者一同承担未来经营的风险，但是在合同的签订时消费者没有协商的权利，而经营者不仅不履行介绍合同主要内容的义务，甚至连由其起草的格式合同也不向消费者提供。虽然消费者在与营销人员的沟通中，可以就双方之间权利义务的分配达成口头协议，但因未能以具备高度证明力的书面形式记载，经营者可以轻而易举地单方面改变约定，调整服务内容，以及否认合同关系的存在，导致消费者在司法救济中难以向法庭提交有效证据证明其所陈述的合同内容。同时，开具发票作为法定义务，并未在实践中贯彻落实，即使消费者明确要求经营者出具发票时，经营者也会以降低优惠标准、复杂的申请流程和不具备开具发票条件等理由推脱和拒绝开具发票。

2. 预付费用未存入独立账户并接受有效监管

经营者如果仅追求增加用户黏性的目标，预付费经营模式下提供的优惠力度通常与节省的维系客户的营销费用有关，因没有资金需求压力而对预收取的服务费用予以妥善安排。但当前服务行业普遍秉持优先抢占市场，提升市场占有率的经营策略，为获得拓展市场所需资金，通常选择向消费者提供大幅优惠换取消费者购买期限更长或次数更多的服务。收取的预付费用将被投入到新市场的开发中，此时后续服务的经营成本不再依赖于消费者的支付，而依赖于新市场开发的成功与否。此种投资运营模式下，一旦新市场拓展失败，将会造成连锁反应，不仅无法扩大经营规模，原有的经营业务也因无法解决持续经营的必要成本陷入生存困境当中。

3. 与消费者签订预付费合同的签约主体混乱且缺乏职业道德

当前服务行业竞争激烈，众多品牌持有人为实现快速占领市场以及扩大品牌收益的目标，除建立众多的自营分公司和子公司以外，还通过授权等方式吸引他人加盟，形成品牌持有人和授权人共同经营品牌的局面。在预付费经营模式下，管理规范的缺失，让实际经营者不仅不会解释其与经营场所陈列的品牌所有人的真实关系，反而会作出夸大乃至虚假陈述，让消费者误认为经营者就是实力雄厚、发展前景良好的品牌持有人。但在向消费者提供的有限的可以证明双方存在预付费合同关系的材料中，实际的签约主体与销售过程中消费者所认定的签约主体并不一致。预付费合同纠纷发生后，消费者才发现自己仅能向已丧失偿还能力的实际签约方主张权利，而品牌持有人可以基于加盟合同和有限责任公司承担有限责任的理由规避赔偿责任。此外，缺乏职业道德的经营主体为满足个人奢侈消费而挪用预收取的费用，不仅侵犯消费者的正当权益，而且涉嫌违法犯罪。

## 四、京津冀三地法院规范和完善预付费经营模式的司法协作的必要性及路径

企业尤其是以培训机构为代表的经营者在京津冀协同发展中壮大自身实力，开拓不同区域市场时，必然会基于前文阐述的预付费经营模式的优势而倾向于选择该种模式。为保障民营经济的发展和消费者的合法权益，立法机关与行政机关则应当在立法和行政规制领域履行职责，规范预付费经营模式的健康发展。法院则既应当在个案中维护消费者的合法权益，同时应当在审判实践中总结出宝贵经验并提炼出统一的裁判规则和其他有益的制度建议，参与到社会治理当中。

### （一）京津冀三地司法协作的必要性

与此同时，京津冀一体化的协同发展，必然培育和鼓励采用预付费模式的经营者以直营、连锁和加盟等形式在三地开展经营活动，意味着经营者将面对三个省级辖区的司法规则。

虽然我国作为单一制国家，法律由国家统一制定，但抽象的法律在具体适用过程中，通常由各地高级人民法院结合本辖区经济社会特点以

及既有的司法裁判习惯制定进一步的裁判规范。含有地方特征的司法裁判规范通常被本辖区内居住者所接受。但是随着科技进步，经济社会跨区域交往频繁。在京津冀协同发展中随着交通一体化的发展，不仅企业跨区域经营普遍存在，而且京津冀三地不少人过着双城生活，这就使得频繁往来京津冀三地的当事人很容易感受到司法地域特征带来的“同案不同判”现象。上述现实，不仅影响到司法的权威，而且增加了经营者开展经营活动以及人民群众满足法律需求的交易成本，因为跨区域的行为要求他们掌握不同区域的司法规范。

因此，京津冀三地法院有必要在促进民营经济发展以及让人民群众感受到司法公平正义的实践中，通过京津冀三地法院的有效司法协作，统一以预付费经营模式为代表的常见的跨地域纠纷的裁判方法、标准以及向职能机关和社会发出的建议。上述努力，在规范经营者的预付费经营模式健康发展的同时也降低其规避法律风险的交易成本，并且预防个别经营者通过异地注册等方式规避不利于其自身的地域司法习惯。对消费者而言，则在维护其权益时，解决其何地起诉更为合理的疑惑，促进其对法律权威的感知。

### （二）统一制定限制预付费金额的裁判规则

预付费经营模式在一定程度上意味着消费者以投资者的身份参与到经营主体的未来经营当中。基于“投资有风险，投资需谨慎”的道理，以及预付费经营模式中的消费者并不要求具备投资者应当所具备的专业知识和承担风险的能力，所以为将预付费当中的投资风险控制在一定范围内，三地法院应当根据实际情况，共同确定一个合理的标准限制预付费金额。[①] 对于收取的超出标准范围的金额，应当支持消费者提出要求返还的请求。

---

① 建立小额豁免机制，有助于引导经营者选取预付费经营模式时的动机更侧重于稳定客户源，而非实现资本的扩张。参见苏盼：《共享经济预付押金模式的法律挑战与应对》，载《武汉大学学报（哲学社会科学版）》2018年第6期。

2018年，《国务院办公厅关于规范校外培训机构发展的意见》中明确规定校外培训机构不得一次性收取时间跨度超过3个月的费用。可见，国家管理层面已经对预付费的经营模式风险有了预判和制约要求。如果优胜教育遵照此制度执行，案件涉及的消费者所遭受的损失则会普遍减少。采取预付费经营模式的其他行业，则同样可以参照校外培训机构的发展意见，结合行业习惯以及地方的经济水平，从预付费的总金额、所涉服务的次数或期间等一个或多个方面的上限作出限制。当然，目前该项制度的落实需要辅之以其他制度的建立和跟进。

### （三）统一制定经营者采用模范合同制度的法律责任

针对预付费经营模式中存在经营者不提供书面合同或格式合同中对约定的经营者与消费者权利与义务显失公平的现状，应当共同建议由政府监管部门或采用预付费经营模式的行业协会统一制定预付费模范合同并推广适用。①

在案件审理中，不仅应当将提供合同的责任分配给预付费的经营者，而且要重点审查合同中除一般合同成立所载明的必备内容之外，还需围绕预付费的特点审查经营者是否公平制定有关经营者与消费者权利和义务的事项，对容易引发争议的优惠折扣的具体适用问题，是否安排专门章节（条款），以显著的方式标明。② 同时，经营者需在合同中证明已向消费者充分说明其与所经营品牌方的实际关系，并将佐证材料以附件的形式附在合同当中。针对经营者不提供发票的行为，则可以在模范合同中直接将出具发票设定为合同生效的条件。若经营者一直未提供正式发票，可以在裁判中支持消费者解除合同的诉讼请求，并不承担违约责任。③

---

① 参见祁春轶：《德国一般交易条款内容控制的制度经验及其启示》，载《中外法学》2013年第3期。

② 参见许军珂：《论消费者保护的法律选择模式——欧美模式与中国模式之比较、启示与思考》，载《法学家》2011年第5期。

③ 参见杨立新、陶盈：《消费者权益保护中经营者责任的加重与适度》，载《清华法学》2011年第5期；程磊、武菁：《预付式服务合同中消费者单方解除权的行使》，载《人民司法·案例》2020年第8期。

（四）统一制定预付费资金合理保管的认定标准

为保障采取预付费经营方式的经营者在未来具备一定的履约能力，应当统一以下的裁判标准，判断经营者是否充分履行了保管义务：将收取的预付费统一存入由第三方监管的独立账户中保管，并对服务未履行前的资金使用予以限制，即必须按照一定比例设定提取上限，第三方不仅负责监督经营者不得以超出限定的比例提取预收取的费用，而且要求经营者在提取限额内的资金时提供使用情况说明，并向消费者或直接向社会公开相关情况。[①] 独立账户制度是防止经营者跑路、任意挪用预付费资金的有效办法，是保障消费者避免损失全部预付款的根本措施。[②] 对于违反或规避独立账户制度的预付费经营者，应当追究其违约责任，并支持消费者因不安而提出的合同解除的请求。

（五）统一建立黑名单制度

随着科技发展，信息获取手段丰富的同时，也带来了如何在海量信息中筛选出真实有效信息的困扰。政府基于公权力的属性，依照法律法规程序所发布的信息，相较于其他社会各主体发布的信息，更具备公信力。因此，在建设社会信用体系时，为了“让失信者寸步难行”，在采取预收费经营模式的经营者存在转移和挪用公司财产、违规使用预收取的资金以及拒不履行合同约定的义务且情节恶劣的现象时，在充分保障经营者的辩护权利的基础上，依法对上述行为进行审理，将认定存在上述行为且情节恶劣的经营者名单提供给本地社会信用体系的管理部门，建议将上述人员（企业）纳入本地社会信用体系的黑名单中，并向社会公布。[③]

同时，京津冀三地法院可以采取白皮书的方式，定期或集中一同向

---

① 参见史洪举：《“预存宝”模式值得推广》，载《人民法院报》2021年2月5日。

② 参见胡家强、孙骥韬：《完善我国预付费交易法律规制的思考》，载《中国海洋大学学报（社会科学版）》2015年第3期。

③ 参见王顺：《“黑名单”制度法律属性探究及其行政法规制——以〈上海市单用途预付消费卡管理规定〉第25条为视角》，载《东南大学学报（哲学社会科学版）》2019年S1期。

社会公布辖区内涉及预付费经营模式纠纷案件的审理情况。不仅可以通过涉案数量提示社会公众应当谨慎签订预付费合同的经营者，而且通过案件的庭审公开和文书公开，向消费者普及如何在相应纠纷中维护自身合法权益的法律应对措施。

### （六）统一建议推广商业责任保险制度

在机动车道路交通事故责任纠纷中，通过设计机动车强制购买机动车交通事故责任强制保险的制度，有效提升了机动车交通事故的赔付率，为交通事故当中的受害人提供了一定范围内的赔付保障。而在金融领域，针对理财以及第三方支付的相关保险服务也日趋完善，为投资者提供一份监管之外的额外保障。因此，为增加预付费经营模式的安全保证，京津冀三地法院可以统一建议保险公司根据市场的经营风险合理制定保险费率，推出预付费经营违约责任险。鼓励采取预付费经营模式的经营者积极购买预付费违约责任险，对于购买预付费经营违约责任险的经营者可以适当调高预付费的总金额、所涉服务的次数或期间等一个或多个方面的上限。

## 结语

目前，由于一些学者呼吁的预付费合同在民法典合同编的典型合同分编中予以专门立法规定的愿望未能实现，因此，在共同应对预付费经营模式带来的风险时，更应当重视从司法视角着手，京津冀三地法院根据现有的司法裁判案例中所总结出经验和教训，加深司法协作力度，不仅有效化解已然成诉的纠纷案件，而且可以将司法嵌入到京津冀的区域治理当中，促进区域经济的整体健康发展。[①]

---

① 就国外而言，预付费合同发展多年，虽未成为独立的一种合同，但在司法裁判中获得了事实上的专门对待。参见许军珂：《论消费者保护的法律选择模式——欧美模式与中国模式之比较、启示与思考》，载《法学家》2011年第5期。

# 探究京津冀司法协作下高质量立案机制

## ——基于衡水市桃城区人民法院跨域立案工作分析

卢伟娜*

**摘要：** 自新冠肺炎疫情发生以来，河北省衡水市桃城区人民法院（以下简称桃城法院）通过使用河北移动微法院小程序“线上申请+邮寄材料+线上缴费+网络开庭+网络宣判”的立审模式，提升了自主性强、时间紧迫的当事人的司法体验感，效果很好。在 2020 年底的跨区域模拟立案活动中，跨区域立案包括但不限于京津冀地区，桃城法院成功完成了跨区域模拟立案工作。基于桃城法院的工作实际，结合跨域立案的模式，笔者尝试用言简意赅的语言描述、概括、总结桃城法院正在使用的远程立案系统，并对京津冀一体化背景下的跨区域司法协作机制中立案服务进行再研究，结合实践，发现相关无纸化办公软件在使用过程中出现的问题，提出解决措施，从亲身体验出发予以归纳总结，以点带面，以期对京津冀司法协作中的立案机制提供桃城方案。

## 一、京津冀司法协作的现状

京津冀司法协作概念的提出，对全国法院一盘棋的局面提供了参考

* 作者单位：河北省衡水市桃城区人民法院。

模板。京津冀跨区域司法协作机制的建立将进一步促进京津冀区域内各级人民法院的立法、审判、执行的协调统一，区域内不同地方的当事人的合法权益能够得到平等、完全的保护，使区域内民商事、经济纠纷得到公正处理，打击经济犯罪，使法律的权威与尊严得到了保护。本文探讨的司法协作是在坚持司法独立的基础上，实现法院系统内部的上下级法院之间、不同地区、不同行政区域的法院之间、普通法院与专门法院之间的互相配合、互相支持。在京津冀一体化不断深入发展的基础上，各地各级法院、看守所、检察院、监狱系统相互配合，建立一种特殊的协作模式，能够更好地便民、提高司法服务能力和质量，实现法院的整体职能。按照当前司法协作的工作重点，本文着重从法院的立案、送达、执行三个方面总结分析京津冀司法协作的现状。

（一）立案

立案是审执案件进入法院的首要步骤，是法院工作的点睛之笔，是外界审视法院的窗口，是打造提高司法协作质量和效率的最重要一环。随着新冠肺炎疫情稳控的成效显现，社会经济的逐步复苏，经济活力的逐渐充足，当事人流动性的增大是必然趋势，对跨域立案的需求会随着推广逐步增大，数据的可参考性也会更客观。在跨域立案模式中，使用跨域立案系统的法院均可以通过当事人申请，就近选择人民法院的诉讼服务中心向有管辖权的异地法院提交立案申请，就近的人民法院提供形式审查等的立案等诉讼服务。

（二）送达

“送达难”与“立案难”“执行难”并称法院工作的三大难题。但是送达工作作为审判工作中至关重要的环节，直接关系案件能否如期审理，判决结果能否及时送达及生效，当事人的合法权利能否得到有效保护。前些年，随着民商事案件数量逐年的增多，特别是随着立案登记制的实施，人民法院案多人少的问题愈发凸显，“送达难”这一制约人民法院审判质效的因素亟待解决。从2020年开始，全国统一送达平台的使用，为“送达难”的问题提供了解决方案。

京津冀的法院均已接入全国统一送达平台，部分法院对需要硬件设施的部分功能尚未开展，但对于不需要硬件设施的板块，例如，“查询当事人信息”这一模块，接入的法院均可以通过信息查询，关联到相关当事人的送达地址及联系方式，即通过信息共享的方式达到司法协作的目的。以桃城法院（2021）冀1102民初1381号艾某诉王某民间借贷纠纷一案为例，在诉前调解阶段电话联系被告王某后，桃城法院按照被告王某提供的地址进行邮寄送达，但被告王某拒收，因此立案后，笔者通过全国统一送达平台统计到被告王某在北京市某地区的涉诉案件的三个送达地址并进行邮寄送达，有一个地址在邮寄两次之后，显示他人签收。该平台的可取之处在于通过该平台查询的信息比原告艾某提供的地址更多，提高了有效送达的概率。存在的问题是通过该平台查询出的信息，不能分辨是否为可有效送达的地址，不能提取当事人送达地址确认书，也不能显示信息来源及曾经的诉讼案件的送达方式。

### （三）执行

学者童兆洪曾言，“协助执行可以分为广义与狭义两种概念。广义的协助执行包括各行政机关、企事业单位、各级人民法院以及公民个人相互之间的协助执行，而狭义的协助执行仅仅包括人民法院之间在强制执行过程中的相互协助行为。”① 本文要总结的是京津冀司法协作中的执行现状是指民事司法执行，而司法执行协助则指在京津冀一体化背景下的三地法院间的关于民事司法执行的相互协助、相互协作。

目前使用的审判流程管理系统系华宇公司运维的网上办公系统，在执行方面，可通过线上委托的方式进行。具体操作为：从本院提出申请，上传需协助执行的相关信息，提交到受托法院，具体执行措施由受托法

① 童兆洪：《民事强制执行新论》，人民法院出版社2001年版，第278页。

院负责完成，并将执行结果通过线上系统答复本院。比如，根据线索，被执行人长期在北京市海淀区居住，但住址不明，执行员在审判流程管理系统“案件办理”页面中的“委托执行”版块，委托北京市海淀区人民法院协助查询被执行人在海淀区的不动产信息，如果被执行人名下有不动产信息，可以再次委托北京市海淀区人民法院协助查封该不动产。但是需要上传以下电子扫描件：执行裁定书、协助执行通知书、送达证、两名执行员工作证复印件以及其他有关委托执行的材料等。上述案例是司法协作下委托执行中最常见的类型。

## 二、跨域立案中的难题及原因分析

河北省是中国移动微法院小程序的试点省份，中国移动微法院小程序从2019年开始推行全国，当事人、代理人、法官及其辅助人员在反复使用其过程中发现一些问题，在面向当事人进行服务时，存在一些阻力。

### （一）技术难题

信息更新慢，数据链接具有局限性。目前桃城法院使用的跨域立案是在中国移动微法院小程序“跨域立案”板块，提出申请跨域立案的法院将相关信息录入之后，信息的传递不能同步送达接收法院。以桃城法院为例，比如，河北省衡水市故城县人民法院2021年6月1日录入（2021）冀1126跨协民初16号案件，桃城法院负责接收的工作人员不能在河北省衡水市故城县人民法院提交相关案件信息后即时看到相关信息。信息更新慢的原因在于数据传输有困难，不能即时传输和更新。因此，从数据传送和链接上进行技术攻关，可以使当事人的用户体验得到有效提升，打造高质量服务的诉讼服务中心。

### （二）人力资源缺乏难题

1\. 人员增加的速度比不上工作量增加的速度

涉区的市的老城区的法院都存在案多人少的问题，这是一个现实存在、难以解决的矛盾。从 2015 年立案登记制的实施，2014 年至 2019 年的审执案件数量急速增加，从 2020 年开始考核诉前化解以来，诉讼案件数量的增幅虽有一定控制，但仍然居高不下。桃城法院 2014 年收案件 4456 件，结案 5911 件，年人均结案 79 件，2020 年收案 16148 件，结案 15675 件，人均结案 314 件，6 年的时间增长近 4 倍，但是干警人数并未增加。随着信息化发展和诉前调解程序的广泛推广和应用，上述结案数量中不包含在诉前调解阶段化解的案件，因此，工作量指数型增加显而易见（见图 1）。

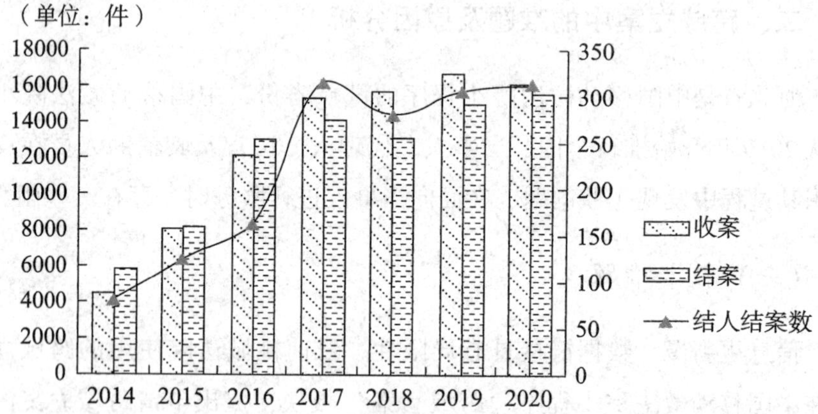


**图 1　桃城法院 2014 年至 2020 年收结案数量及人均结案数量**

2. 培训缺乏，导致干警自学难度大

开通河北移动微法院小程序，不仅可以让法官随时随地查阅案件，也可以让当事人随时随地联系法官。当事人、代理人的应用页面、功能与法官页面、功能不同，当事人、代理人就操作移动微法院小程序的疑难问题咨询办案人员时，因办案人员未进行系统培训，其只能通过使用说明自我摸索，对一些未知问题，无法做到“人人能答、人人会答”，最终影响当事人、代理人、法官的使用体验感。

### （三）立案条件统一标准难

1. 立案材料准备要求不一

《最高人民法院关于适用〈中华人民共和国民事诉讼法〉的解释》第二百零八条第一款及第二款针对立案登记制在司法实践中的操作进行了具体的规定："人民法院接到当事人提交的民事起诉状时，对符合民事诉讼法第一百二十二的规定，且不属于第一百二十七条规定情形的，应当登记联；对当场不能判定是否符合起诉条件的，应当接受起诉材料，并出具注明收到日期的书面凭证。需要补充必要相关材料的，人民法院应当及时告知当事人。在补齐相关材料后，应当在七日内决定是否立案。"《最高人民法院关于人民法院登记立案若干问题的规定》第六条规定："当事人提出起诉、自诉的，应当提交以下材料：（一）起诉人、自诉人是自然人的，提交身份证明复印件；起诉人、自诉人是法人或者其他组织的，提交营业执照或者组织机构代码证复印件、法定代表人或者主要负责人身份证明书；法人或者其他组织不能提供组织机构代码的，应当提供组织机构被注销的情况说明；（二）委托起诉或者代为告诉的，应当提交授权委托书、代理人身份证明、代为告诉人身份证明等相关材料；（三）具体明确的足以使被告或者被告人与他人相区别的姓名或者名称、住所等信息；（四）起诉状原本和与被告或者被告人及其他当事人人数相符的副本；（五）与诉请相关的证据或者证明材料。"上述法律规定均未记载除起诉状之外，其他立案材料需要准备的份数。据不完全统计，北京市的大部分法院均需要在立案时提交与诉状相同的数量的证据材料及证据目录。但河北省的大部分法院均无此要求。因此，统一立案材料和标准是提高京津冀地区立案协作质量的重要一环。

2. 存在多个管辖地的应以绿色诉讼为原则

管辖法院的准确界定是实现跨域立案的关键一环，实现跨域立案能大大方便当事人的时间成本，实现司法为民的终极目标。但工作人员在跨域立案时首先要考虑的是管辖法院的界定。业内人士均有体会，很多案件的管辖权法院不止一个，有的明明对当事人、法院都方便的管辖法院，当事人反而不选择，究其原因，主要涉及立案标准以及审理案件的司法环境问题。而通过跨域立案可以最大限度地降低立案标准不统一、收案材料多寡的问题，降低法官的主观认识对案件的影响，从而提高司法权威，树立司法在当事人心目中的良好形象。

以民事案件为例，按照《最高人民法院关于适用〈中华人民共和国民事诉讼法〉的解释》第一部分“管辖”的相关规定，合同类、侵权类案件均有多个管辖法院，受理跨域立案的法院就要首先审查原告申请的管辖法院是否符合法律规定，如果原告申请的法院不符合最优原则，就涉及立案的法院是否要主动调整管辖法院的问题。笔者认为，立案的法院应以绿色诉讼为原则，从方便诉讼、方便查明事实、方便当事人应诉角度向申请人进行释明，为其选择最便民的法院立案。

## 三、跨域立案难题的解决措施

### （一）完善跨域立案系统使用流程，破解新型“立案难”的难题

“立案难”在 2015 年之前是指当事人难以在法院立上案，很多当事人“告状无门”，2020 年 1 月之前的“立案难”是指当事人立案的时间成本及金钱成本较高，会出现提交的诉讼材料不正确、急于知晓是否成功立案、立案后急切想要知道由哪位承办法官办理案件的情形；新型的“立案难”是当事人或者律师对跨域立案的相关软件（小程序）看不懂、学不会。对网络、小程序、诉讼服务网页的学习不到位，就会产生“学不会、不愿意用”的困局，但是在这些新事物刚开始推广的阶段，诉讼服务考核的指标决定了基层法院需要投入大量的人力和物力给当事人、代理人演示立案流程和方法。

1. 给使用流程做减法，实现数据共享

在跨域立案申请后，协助立案的工作人员、审查阶段的工作人员仍

需要在中国移动微法院小程序上补充添加很多重复的信息以及扫描上传相应的电子卷宗，如果可以将申请跨域立案时的数据同步到各法院的审判流程管理系统应用平台、中国移动微法院小程序中，会大大降低使用跨域立案系统的阻力，自然而然地增加中国移动微法院小程序的使用频率。

2. 给功能应用做加法，实现拍照识别

当事人往往是原告及其代理人在使用中国移动微法院小程序时，需要手动添加大量的个人信息，对于不会打字或者打字困难的当事人来讲，使用该小程序无疑是一种挑战。对此，可以通过增加“拍照识别”功能，拍照上传身份证的方式，自动识别身份证、律师证信息，自动识别证据材料名称等，对于信息不完整、不准确的由当事人、代理人进行信息的修改和补正。在中国移动微法院小程序“帮助”版块增加视频教学功能，分门别类介绍使用功能和诉讼攻略，节省当事人、代理人的操作时间成本，让当事人、代理人喜欢用、自愿用无纸化办公系统。

3. 给制度渠道做乘法，扩大当事人立案参与程度

该信息化系统的适用，最主要的一个功能是降低京津冀当事人的立案成本，提高当事人的立案过程体验。相对到法院立案而言，网上立案当事人可以自主地查阅相关案例，将日常用语转换成法律语言，并通过统一的立案平台上传相关的证据材料、身份信息。这种自助式立案在形式上简化当事人立案的程序，在内容上提供立案所需材料及提示诉讼风险，能让当事人清楚明了诉讼风险又能参与到立案过程中去，为网上立案、远程立案提供了一个操作参考。

4. 给人员配置做除法，加大引导对信息化平台的应用

桃城法院在新冠肺炎疫情中使用“线上申请+邮寄材料+线上缴费”的立案模式，即当事人仅需要一部联网手机、一个小程序就可以在任何地方申请立案。可以探索与跨域立案的相关工作人员进行人员上的整合，做到专业化流程作业。区分出宣传型工作人员和审查型工作人员，由宣传型工作人员加大对当事人、代理人使用信息化平台的引导，对需要审

查的工作则由审查型工作人员对相关的材料、申请进行核验。

（二）完善基础信息系统，破解“数据不准确”的难题

目前，桃城法院公开的信息，均系从审判流程管理系统中录入信息进行流程公开，人工上传文书、屏蔽隐私内容后再行公开裁判文书。但是针对送达板块，公开的信息不能标记是否有效送达的地址。如果可与电子卷宗中的当事人送达地址确认书进行关联，并从公开信息中提取信息来源及曾经的诉讼案件的送达方式，则更能提高有效送达的效率和速度。

（三）重视专项培训，破解“一知半解”的难题

以全国统一送达平台为例，在推广该平台时，便对法官、司法辅助人员进行了公开培训，桃城法院的工作人员在使用全国统一送达平台过程中，对各板块的作用、使用方法都有了细致的了解，使用感受及效果均良好。因此，对工作人员使用数字化、无纸化、中国移动微法院小程序的应用平台、新系统，进行专项培训，可以更快速地让使用人员发现平台优点及方便其使用。

## 四、中国移动微法院小程序立案模式与京津冀跨域立案对接的可行性

2020 年至 2021 年新冠肺炎疫情期间，在多地法院因暂停线下服务，无法现场立案的情况下，桃城法院探索使用中国移动微法院小程序，并结合诉讼服务中心的实际，总结出“线上申请+邮寄材料+线上缴费”的立案模式。即当事人通过扫描“河北移动微法院”二维码的方式实名注册河北移动微法院小程序，在线进行申请立案，诉讼服务中心相关工作人员通过申请后，由申请人向本院邮寄立案材料，工作人员审核后向当事人发送缴费二维码，通过线上缴费的方式进行立案，无须当事人“跑法院”、完全通过“线上申请+邮寄材料+线上缴费”的方式从只让当事

人“跑一次”的目标升级到当事人“跑零次”的实际中来。通过“线上申请+邮寄材料+线上缴费”的方式立案，极大方便了当事人、代理人。本文尝试将这种方式与跨域立案进行结合，以满足自主性强、时间紧、案件紧迫的当事人的立案需求。

### （一）以统一移动微法院平台为依托

移动微法院平台是以河北为试点的信息化平台，2019 年河北省开始投入使用，直至 2021 年 3 月移动微法院平台覆盖全国，每个法院均可以通过提供二维码让当事人注册小程序。“移动微法院搭载于微信小程序，具有可移动、微而小，更亲民、易普及的优势。”“移动微法院具有全链条、全覆盖、集成化、普惠性的优势。”“移动微法院操作界面简洁，具有易操作、简便化、体验好、智能化的优势。”① 用户可就近到当地的诉讼服务中心扫描管辖法院的微信小程序二维码，进行网上预约，此时仅需要就近的诉讼服务中心做好指导使用的工作。

### （二）符合绿色、环保、节约的原则

关于人员配置可以进行流水化作业的区分使用，熟练使用小程序并有良好沟通能力的当事人、代理人可以引导其进行自助立案，仅需要工作人员进行讲解和指导。对于审查案件，可分配立案经验丰富的工作人员进行形式审查和协助跨域立案。在整个的运行过程中，无须进行过多的资金投入，仅需要将各省的二维码予以统计并悬挂在展厅或存放于导诉台上，自主性强的当事人、代理人可通过中国移动微法院小程序进行立案，操作困难的当事人、代理人可以通过柜台办理的方式进行跨域立案。

---

① 胡昌明：《移动电子诉讼的司法实践及其限度——以中国“移动微法院”为例》，载《中国应用法学》2021 年第 2 期。

## 五、京津冀司法协作可探索机械化的管辖选择

目前的跨区域立案均是人工审查管辖法院，随着科技的发展、无纸化办公的进步、当事人的接受能力的提高，可以探索减少人工使用、标准化分拣的管辖模式。

管辖法院的准确界定是实现网上立案、分案的关键一环，实现了网上立案的自动化能大大解放立案法官的劳动力，但研究的首要问题是管辖法院的界定。以民事（行政、执行案件相似）为例，确定一个案件的管辖法院，涉及两个方面：层级、地域。先按照当事人的诉求进行层级分析，按照民事诉讼法有关管辖的相关规定，确定是由基层人民法院管辖还是由其他级别的法院管辖；按照地域管辖的规定，确定是一般地域管辖还是特别管辖。这就需要信息化平台对当事人提交的事实及理由能够进行智能分析，可供参考的信息素有：关键词、案由（婚姻家庭、继承纠纷、物权纠纷、侵权纠纷等）、被告住所地（经常居住地）、合同签订地等，并设立优先等级以明确管辖法院，首次选择管辖法院后与相似结案案件进行管辖依据的相似度匹配，能吻合的则成功进入审核阶段。刑事案件的立案相对简单，公诉案件需要登录该系统，选择对应的法院，将公诉书上传、电子档案移转，系统自动将刑事案件转入新收案件中，再通过分案系统进入刑事法官名下。同时引申到公安局和人民检察院，该系统可以记录刑事案件自侦查到结案的全部过程。这对机械化管辖法院的分配，以及数据提取及智能分配的技术指标提出了考验。可在京津冀地区进行试点，逐步提升准确度，以更加方便当事人和方便审理为原则，这种智能化匹配将会大大提高跨域立案的速度和效率。

# 传承与发展：新时代枫桥经验在司法实践中的运用

## ——以京津冀三地法院深度司法协作联动化解矛盾为分析路径

郑飞飞　孙　瑜*

**摘要**：20世纪60年代，浙江省诸暨市枫桥镇首创“发动和依靠群众，坚持矛盾不上交，就地解决”的枫桥经验，时代变迁下，枫桥经验不断被赋予新的内涵，使其功能效果不断拓展，成为实质化解基层矛盾的一面旗帜。习近平总书记就坚持和发展枫桥经验作出重要批示，要求各级党委政府适应时代要求，创新群众工作方法，善于运用法治思维和法治方法解决涉及群众切身利益的矛盾和问题。至此，枫桥经验又一次成为习近平法治思想在司法实践领域的重要引领之一。京津冀三地文化一脉、地域一体，历史渊源深厚、交往半径相宜。在区域协同发展的过程中，法律保障是不可或缺的重要因素。在审理三地涉及环境保护等相关案件中，发现欲实现深度司法协作，尚需完善机制逐步推进。京津冀三地法院注重司法实践，在系统性思维指引下，探索全面依法治国背景下的新时代枫桥经验，即通过深度司法协作，取得联动化解社会矛盾的集成效果。本文以目前京津冀三地法院司法协作现状叙述开来，从审理的涉及生态环境保护类等重点案件折射出京津冀三地司法协作存在的问

---

* 作者单位：北京市平谷区人民法院。

题，并切实提出相关改进措施。附件中起草《三省市×××地法院沟通协作框架协议》，助推三省市法院司法协作向纵深推进，作为法院在新时代充分运用新枫桥经验联动化解矛盾的司法成果。

## 一、以人为本之理念：京津冀三地法院联动化解矛盾工作逐步展开

枫桥经验的核心是以人为本，落脚点是让群众得实惠。新时代枫桥经验新内涵最为关键点就是“一切为了群众”。京津冀三地法院在“以人为本”理念趋同下，通过陆续出台文件等举措，逐步开展联动机制，为打造新时代枫桥经验奠定了实践基础。

### （一）理念趋同——协作共识愈加成熟

囿于经济社会发展程度参差不齐，京津冀三地法治建设水平存在一定差异，审理涉及生态环境保护等相关案件司法标准欠统一。京津冀三地法院在司法协作过程中不断探索，协作共识也已经由泛化至具体。

一是找准定位。法律服务是京津冀三地法院司法协作的首要定位，具体而言，就是要发挥法律专业、人才优势，在征地拆迁、工程建设等方面为非首都功能疏解提供优质法律服务，进而保障疏解工作顺利进行。

二是突出重点。在找准功能定位的前提下，突出重点领域提供法律服务。经过前期调研，重点领域主要集中于交通、环保及产业升级等几个方面。故重点领域的法律服务包含积极为推进京津冀交通一体化、生态环境保护和产业升级等提供法律服务、着力为促进创新驱动发展提供法律服务等。

三要着眼大局。京津冀三地司法协作更要着眼大局，着力为扩大对内对外开放提供相关法律服务。包括围绕推进京津冀三省市与国内其他省份、港澳台地区开展交流合作；与东北亚、欧盟及北美等发达国家和地区开展交流合作供法律服务，促进区域开放水平不断提升。

四要关注民生。京津冀三地司法协作的最终目的是着力保障和改善民生，维护社会和谐稳定。具体包括京津冀三地法院完善案件立案、审理、执行联动机制，关注个案公平正义；逐步扩大法律援助范围，不断提升法律援助质量；及时将法律援助纳入当地经济和社会发展规划、基本公共服务体系，提高法律援助经费保障水平等具体内容。

### （二）制度保障——陆续出台相关规定性文件

在理念趋同，达成高度一致性认识后，京津冀三地司法系统联合出台相关规定性文件，通过建章立制，对京津冀区际司法协作进行规定完善，其中，重点领域涉及生态环境保护类案件的审理和管辖等规定。

一是自上而下层级制定。相关制度性规定是由上而下层级性制定，目标同向、措施一体、功能互补、共建共赢，为京津冀司法协作打牢基础。一方面，避免规定内容有所冲突，使得各级别内容相互补充、相互完善。另一方面，要便于贯彻执行，由上至下的顶层制度设计通过各基层法院的日常工作予以贯彻实施，更容易取得实效。

二是规定内容各具特色。《司法部关于司法行政工作服务京津冀协同发展的意见》从全局角度对司法行政工作服务京津冀协同发展作出部署。《最高人民法院关于为京津冀协同发展提供司法服务和保障意见》注重从全国法院角度准确把握司法服务和保障的基本要求依法履行人民法院审判职能。在此基础上，《北京市高级人民法院关于为落实京津冀协同发展战略提供司法保障的意见》对北京法院服务和保障京津冀协同发展的重点、原则以及具体的工作机制等都作了具体规定。《河北省高级人民法院关于为京津冀协同发展提供司法保障和服务的指导意见》明确要求，凡是有利于京津冀协同发展的行为，依法予以支持、凡是不利于京津冀协同发展的行为，依法严格予以限制。北京市丰台区人民法院、平谷区人民法院等基层法院，河北省石家庄市中级人民法院、邢台市中级人民法院等法院也纷纷从自身审执职能角度出发制定保障京津冀协同发展的意见。

三是具体翔实可操作性强。自上而下的各项规章制度着眼实际，从司法角度助力京津冀协同发展的实践出发，内容具体可操作性强，内容主要涉及依法保障和服务创新发展、转型发展、开放发展、绿色发展四大方面，具体涵盖培育新动能、完善产业体系、促进经济发展、提供跨区域诉讼服务、建立环境资源案件管辖制度等。

### （三）初见成效——联动机制逐步开展

在理念趋同、制度保障之后，京津冀三地司法协作逐步开展，现已初见成效，但关于涉及生态环境保护等重点领域的案件审判联动尚在探索初步阶段。

一是正建立立案、审判阶段联动机制。京津冀三地司法协作内容不断深入展开，在立案、审判阶段联动机制已初步建立。立案阶段，正探索建立涉京津冀协同发展案件发现、识别和统一指导管理机制。审判阶段，专门合议庭逐步探索设立，涉京津冀协同发展案件信息共享、联动研判机制正在协商完善。

二是正完善多元联动调解方式。京津冀三地法院正通过司法协作进一步找准法律和政策的结合点，积极推动二者的有机融合，并重点提出依托多元化矛盾纠纷化解机制，构建诉前调解、人民调解、行业调解“三位一体”联动调解体系。

三是执行联动工作机制已有效开展。签订执行工作联动协议书后，各地法院按照协议内容，不断探索服务和保障京津冀执行联动的方式与路径。北京市平谷区法院与天津市蓟州区法院、河北省三河市法院、河北省兴隆县法院积极沟通协调，定期召开协调工作会议，推动交流研讨常态化，开展重大案件跨区域协调会等，执行联动协作效果显著。

## 二、破解矛盾之困惑：京津冀三地深度司法协作化解矛盾发现问题

正如枫桥经验在就地化解社会矛盾中会遇到个别问题一样，司法联

动这一新时代枫桥经验在实际推进过程中，也遇到需要突破的一些问题（见图1）。

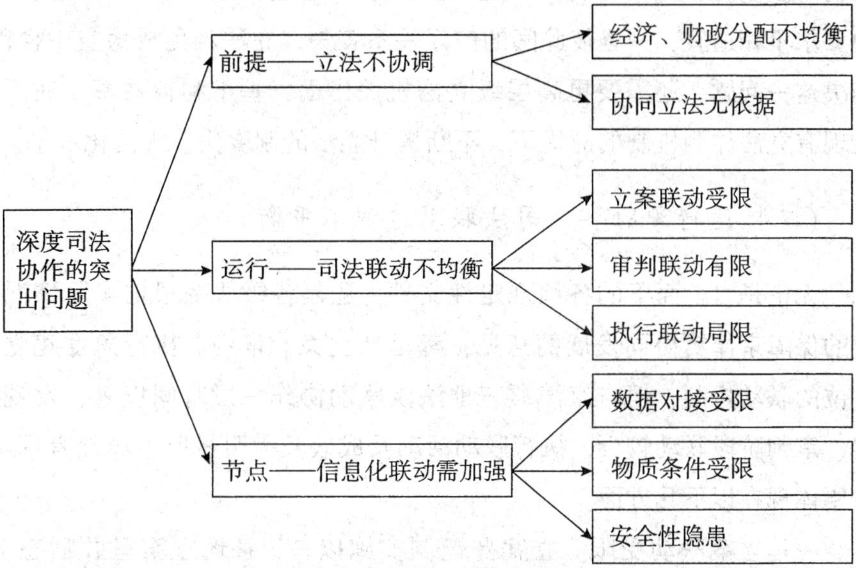


**图1　京津冀深度司法协作的突出问题**

## （一）前提掣肘——立法不协调

立法不协调是引起司法协同过程中各种限制的根源性弊病。围绕京津冀协同发展的重点领域确定立法需求时，地方立法差异影响司法的裁量。如在处理涉及生态环保类案件时，对于同种类型的大气污染、水污染等行为，对于超过规定标准的违法行为罚款不一，导致执法尺度不一，案件进入司法程序后裁判标准难免受到影响。立法不协调主要有以下几点原因。

一是经济体量、财政能力不均衡。由于享有资源不同，京津冀三地经济体量、规模存在较大差异。经济发展水平不均衡，京津冀三地间部分政策规定、法律法规不相适应甚至相互冲突。可见，京津冀三地开展司法协同之效果还有待接受实践检验和进一步观察。

二是法律依据不明确。尽管目前京津冀三地已探索开展协同立法，但多为部分区域自下而上进行，较为松散，参与地区范围较窄，缺乏硬性约束。因此，此立法既并不是真正的联合立法，也与京津冀协同发展的要求不相适宜，一旦彼此间的信任关系丧失，立法难免成为空中楼阁。解决这一问题，还需要更高层级立法机关出面，基于利益共享，在不突破现有立法体制机制的前提下，不断提升立法的制度化、规范化水平。

### （二）运行掣肘——司法联动过程不平衡

无论是自上而下的各项规定性文件，还是各级法院根据实际情况制定的保障京津冀协同发展的意见，都是从立案、审判、执行角度建立全方位的联动机制，但自京津冀三地法院联动协作一段时间以来，发现立案、审判阶段联动较少，执行联动活动及成效较为明显但地域性有局限，主要体现在以下几方面。

一是立案联动受限。立案登记制实施以来，各地立案呈井喷态势，京津冀三地中尤以北京市法院立案增长幅度最为明显。一方面，由于京津冀三地司法联动时间不长，尤其在立案阶段联动较少，机制尚未成熟，骤然增长的案件受理数量使得各地立案部门对京津冀联动机制关注程度不高；另一方面，京津冀三地各级法院级别管辖标准上有所差异，在受理案件标的数量、类型上规定略有差别，也给京津冀三地法院之间立案沟通增加障碍。

二是审判联动有限。从立案、审判、执行各阶段目前的联动情况来看，执行阶段联动最为频繁、立案次之，审判阶段联动最少，尤其涉及环境保护类案件的审判联动更是少之又少。一方面，在相关法律规定一致的前提下，所依据的部分裁判标准有所差异。例如，关于残疾赔偿金、人均年收入等涉及经济指标的数值，会因各地经济情况不同而有所差异，导致各地裁判标准无法统一。以目前京津冀三地在案件审理过程中的侵权类案件、农村房屋买卖类案件的补偿计算标准为例，细化明确三地区域间补偿标准，不仅需要制定法律，还需要进行区际协商。这些工作的开展需要一定的时间成本。同时，即便补偿标准细化，也很容易陷入两难境地，导致司法裁判难以统一。另一方面，明确补偿标准不单是京津冀地区独有的问题，对于全国而言也具有一定的普遍性。这些因素的存在均使得建立生态补充制度困难重重。更深层次原因在于，京津冀三地需要协调和平衡经济利益关系。区际生态补偿机制背后是经济利益的考量。这需要京津冀三地以更大魄力分别作出让步，尽快建立利益协商机制。而京津冀三地的高级人民法院会议纪要、片会纪要等对各类案件裁判尺度有所不同，法官在裁量时所遵照的标准尺度有所差别，也会导致自由裁量权范围内的结果有所差别。

三是执行协作局限。京津冀三地异地执行联动机制开展由来已久，执行联动协作一直是作为重点协作内容，也是京津冀协作的突破口。2022年按照最高人民法院相关要求，执行工作联动得以更为深入开展，但是仍局限在相邻地界的基层法院之间。以京津冀三地交界的基层法院为例，为深入贯彻落实京津冀协同发展的重大国家战略，向着“切实解决执行难问题”目标迈进，以笔者所在北京市平谷区人民法院为例，因与天津市、河北省接壤，充分利用地处京津冀三地交界枢纽的地缘优势，积极探索与河北省、天津市法院建立了三地法院执行联动协作工作机制，其中的异地法律文书送达、异地财产查控、异地拘留协助、跨区协作执行活动等多次成功开展，这种高效的异地执行方式得益于一直以来的优良传统，也迫切需要将这种联动模式在京津冀三地推而广之。

### （三）节点掣肘——信息化条件联动尚需推进

随着信息时代来临，在京津冀三地法院护航京津冀协同发展中，能够真正实现信息联动已成为影响联动机制深入推进的最为关键性因素。目前，京津冀三地法院间信息联动机制正在逐步推进，但也遇到一些突出问题。

一是数据对接受限。京津冀三地信息化联动的目的是通过技术手段打通立案、审判、执行等信息互通渠道，逐步实现京津冀地区办案同城化。如前所述，建设京津冀智慧型法院过程中，首先要实现京津冀三地法院数据对接。这就要求北京市、河北省、天津市三地各法院相互之间实现数据互联。一方面，目前各地的实际情况是由高级人民法院统一开发系统，立案、审判、执行各有一套数据系统，由上而下垂直管理，进行数据筛选、比对、分析、排名，各法院之间目前尚无横向连接系统。另一方面，目前所倡导的建立三地信息系统纵向贯通、单位横向联网机制，是包含全部案件信息内容，还是仅就京津冀三地相关案件进行互联，如何进行互联，这些都有待进一步深入研究。想要建立更深层次的互联互动，还需要自上而下的层级联动，各地高级人民法院在数据横向对接方面发挥着越来越重要的作用。

二是物质条件受限。北京市、天津市、河北省三地物质条件有所差别，三地高级人民法院及中级、基层人民法院之间的信息化建设很大程度上受制于地方财力限制。以北京市高级人民法院为例，开发一套案件管理系统所需资金至少数百万元，之前"信息球"系统对各法院甚至每个法官数据进行统计排名，到近年开发的"智慧云"系统更是精确到每件具体的案件，但其中涉及京津冀类案件的统计项目少之又少，需要在现有项目中予以适当添加，而天津市、河北省各法院相关系统也在陆续开发之中，如何在物质条件不匹配的前提下，建立三地之间更加有效的信息化互动方式，也是需要思考的问题。

三是安全性隐患。信息化过程中最为重要的问题是安全性问题。目前阶段，京津冀三地网上立案、审判联动、执行联动信息化网络体系尚未构建，京津冀三地目前的信息化协作还限制在语音通话联络、相关文件的传输等层面，运用的技术手段也多为传统的QQ文件、微信、视频等软件及系统，这种技术性传输一方面便捷了沟通方式，加快了立案、审判、执行联动效率，但另一方面，不可否认地存在安全性隐患。正是由于这种隐患存在，也迫切需要三地加快信息化建设步伐，通过固定系统传输相关文件，并完善信息化系统内容，建立集语音、视频、文字信息等于一体的联动信息系统。

## 三、联动解纷之路径：新枫桥经验下深入推进京津冀三地司法协作的对策建议

可以说枫桥经验每一个发展历程，都是一个从实践到认识，再从认识到实践的反复实践、不断探索的过程，每一次发展创新，都紧扣不同时期的发展主题，并体现出鲜明的时代特征。剖析化解矛盾存在的问题，也是为解决纠纷进行的新一轮探索。京津冀三地法院通过总结实践，以民本化、社会化、时代化、信息化、法治化为工作原则，从强化协同立法、完善立审执同步、加强信息化协作三个方面入手，运用新枫桥经验探索了联动解纷的全新路径（见图2）。

### （一）强化京津冀协同立法

从人大立法工作的过程着眼，开展京津冀立法机关立法工作的协同，需要从法律适用角度综合考虑。在最为需要的立法部分及时制定立法规划并出台文件，有效助力京津冀三地深度司法协作。具体而言，京津冀区域立法协同可从以下方面展开。

一是完善交叉备案。交叉备案是指各地方立法机关先制定法规，再向同区域内其他立法机关报备，如经报备立法机关审查，该法规可能损害区域性利益，则两地立法机关可共同协商处理。协同立法最为重要的一步即完善交叉备案制度，京津冀立法机关协同立法需要区域内逐步消除认知差异，将影响协同发展的法律要素信息集合起来，形成区域内的共识。

二是围绕重点领域确定立法需求。在完善交叉备案后，需要围绕重点领域确定立法需求，编制立法计划。就目前司法实践中调研的实际情况来看，目前京津冀三地关于环境污染方面的立法是当务之急，立法规划编制主体应将生态环境保护中的大气或水污染防治确定为立法规划项目。立法规划协调主体彼此之间协调大气或水污染防治的立法规划编制工作，协调过程中，考虑三地经济、文化发展情况，综合各方因素草拟

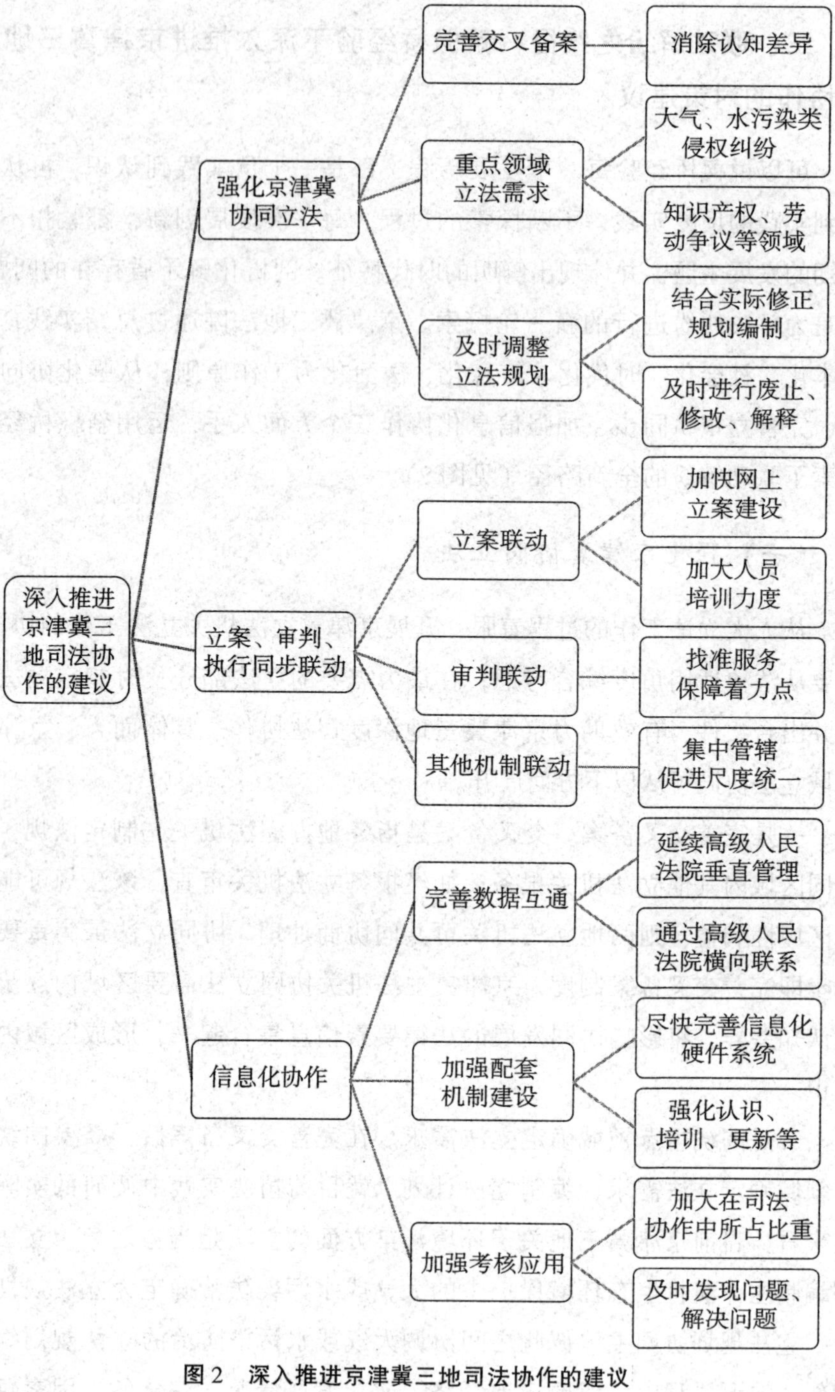


图 2　深入推进京津冀三地司法协作的建议

符合区域发展实际的立法文案。对于环境污染的处罚幅度、污染等级等尽量保持一致，便于区域协同司法。另外，在知识产权、劳动争议、相邻关系案件审理等方面强化协同立法力度，为司法统一创造前提条件。

三是及时调整立法规划。当地方性法规与上级机关制定法律法规不一致时，需要及时进行调整。遵循相互一致原则，对京津冀三地重点协同领域的立法予以清理。当然，需要注意的是，进行调整清理并非遵守完全一致原则，而是在某些关键性影响全局发展的领域取得一致性意见即可，在制定了互相协同配合的法律规定以后，还要及时完善更新，注意跟进时代发展规律，及时废止、清理相关规定，不断与时俱进。

## （二）实现立案、审判、执行同步联动

一是完善京津冀协同立案机制。虽然目前京津冀三地网上立案机制正逐步探索之中，但全面推广尚需时日。目前紧迫任务是尽快强化立案阶段的统筹协调，将网上立案制度逐步推广，适用于区域内各级法院。通过信息化的快速便捷加大法院之间沟通效率。此时需要注意的是，京津冀三地法院要注意强化法律培训，加大对相关法律规定的理解力度，对于不同情况下受理案件标准如何统一强化研究，同时通过京津冀三地法院法官交流挂职，共享业务成果，促进司法能力不断提升。

二是强化京津冀审判工作联动。针对目前的实际情况，缺乏利益协调机制、立法难以统一的实际情况，京津冀三地法院之间在审判方面要首先找准司法服务和保障的着力点，京津冀三地审判机关尽力达到裁判统一。要达到裁判统一，首先，需要各地高级人民法院出台相关指导意见，统一垂直范围内司法尺度，为横向统一奠定基础，也可以通过发布审判白皮书及司法建议等多种形式完成此项任务。除此之外，要强化民商事审判，为投资主体创造公平合理的市场交易环境。强化协同机制体制性建设，建立区域性矛盾纠纷解决中心，增强纠纷解决权威性。其次，还需要着重解决几个重点需要统一的领域，例如，在疏解北京非首都功能案件中，涉及企业的外迁、棚户区的改造等标准应该更加统一，避免

引发大规模冲突性矛盾，在处理新型技术问题时，要注重加大对环保类、自主研发类企业的保护，为投资者和人才建立相对公平公开公正的投资平台，为发展提供优质司法保障。

三是健全相关司法联动机制。实现京津冀深度司法协作还需要破除影响京津冀协同发展的体制机制性障碍，如集中管辖制度等问题。要通过前期调研实践，不断探索集中管辖制度，例如，北京市审理知识产权案件经验较为丰富，天津市处理海事纠纷案件有较为成熟的机制，河北省在涉及环境资源集中整治案件中妥善解决了大量纠纷，根据上述条件，探索北京市涉知识产权、天津市涉外海商事、河北省涉环境资源类案件的集中管辖审理制度，以集中管辖不断促进司法裁判的统一。

（三）加大信息化协作力度

一是尽快完善数据交互通道。京津冀三地高级人民法院应加快信息化协作共建，尽快实现连接通道合作便于进行数据交互，在京津冀三地司法协作案件中共享信息，逐步实现京津冀法院信息工作一体化。具体来讲，可分别在立案、审判、执行系统中建立涉及京津冀司法协作案件的相关链接，京津冀三地各高级人民法院在实现对辖区法院垂直信息化管理的同时，通过信息化链接进行横向信息互通。这一方面不打破现有的信息化纵向管理体制，另一方面有效避免了因地方经济问题给信息化推进所造成的阻碍，在市级统管财政范围内将全市法院系统信息化建设尽量同步，在高级人民法院统管范围内进行横向连接，保证京津冀三地真正实现平台共建、信息互通、资源共享、业务协同，大力促进京津冀三地法院沟通协作。

二是做好信息化配套辅助工作。要强化信息化协作意识，充分认识到信息化在深度司法协作中的重要作用，在立案、审判、执行工作中贯穿始终，运用信息记录案件信息、发现问题解决问题。要加强对相关人员的技术培训，招录既有信息化技术背景又有法学基础的专业人才，对立审执相关工作人员进行全程培训，增强信息化使用意识。及时对信息化系统进行维护更新，目前，各地法院在信息化维护和开发方面都已经有一套成熟的经验做法，也有个别法院在立案、审判、执行中有各自开发的相关系统，在京津冀信息化深度司法协作过程中，要注意吸收这些个别系统的资源优势，将其纳入省市级统一的信息系统项目中来，取其所长服务京津冀深度司法协作，同时注重信息化的更新维护，与京津冀深度发展同步相适应。

三是强化信息协作考核应用。在有效推进京津冀深度司法协作过程中，还需要加强信息协作在整个协作中的考核应用。加大京津冀三地法院信息化协作在整个协作考核中的比重，制定相关考核标准，以信息化考核作为杠杆撬动整体司法协作加速式前进，提升司法协作的质量和效率。同时，密切记录司法协作过程中发现的各类问题，及时反馈并制定解决计划，为京津冀深度司法协作保驾护航。

面对社会日新月异的发展变化，枫桥经验不断丰富和发展，被赋予新的时代内涵。京津冀三地法院在充分发挥新枫桥经验的背景下，需要充分利用立案、审判、执行流程、裁判文书、执行信息公开等信息化平台，及时回应人民群众的司法需求。坚持常态化机制，不断完善立法机制、强化形象意识，努力营造司法协作建设的新常态，切实担负起建设法治、和谐社会的政治责任，为京津冀深度司法协作贡献最大力量。笔者在附件中起草的《三省市×××地法院沟通协作框架协议》概括了京津冀三地联动司法过程中提炼出新时期枫桥经验的本质内涵：即平安促发展，司法促服务，民生促稳定，希望可以助推三省法院司法协作向纵深推进。

**附件：**

## 三省市×××地法院沟通协作框架协议

为有效服务和保障中央提出的京津冀一体化发展战略，充分发挥人民法院审判职能作用，积极回应京津冀协同发展过程中不同群体的司法需求，全面贯彻法律平等原则、坚持平等保护当事人合法权益，有效维护公平竞争、诚实守信、和谐共赢的区域大合作环境，经北京市×××、天津市×××、河北省×××三省（市）×××地人民法院（以下简称×××地法院）协商决定，建立×××地法院沟通协作框架协议。依照相关法律和司法解释，密切开展司法协作，为京津冀地区经济协作和一体化协同发展提供优质高效的服务和坚实的司法保障。现就有关事宜达成如下协议：

**第一条　协作原则**

×××地法院沟通协作遵循依法依规、民主协商，公平公正、注重实效，资源共享、优势互补，形式多样、协调发展的工作原则。

**第二条　协作目标**

开展×××地法院之间手续简便、内容广泛、渠道通畅、务实高效的互通协作，完善跨区域立案、审判、执行案件联动机制的协调配合，逐步实现×××地法院办案“同城效应”。

**第三条　协作组织**

成立×××地法院沟通协作领导小组，负责相关协作内容的推进落实。领导小组设组长一名，副组长及联络员若干名。领导小组组长由×××地法院院长轮流担任，任期一年，定期轮换。联络员负责沟通协作中的事项联络、案情通报、材料交接等具体工作，各联络员可就相关事项直接进行沟通。

**第四条　协作机制**

（一）建立×××地法院工作协调制度。定期召开协调工作会议，进行常态化交流研讨（每半年或一年一次）。×××地法院以会议纪要形式确定协作内容、操作流程等具体事项，并严格按照内容贯彻落实。

（二）开展重大案件跨区域协调会商。对于涉及两个以上省（市）的重大、敏感或疑难复杂案件，由院领导根据工作需要提起，并及时安排进行双边或多边协调会商。

（三）加强信息技术和先进管理经验学习交流，逐步缩小×××地法院各项工作软硬件建设差别，鼓励运用信息技术手段进行工作协调和跨区域会商，提升×××地法院沟通协作的总体水平。

**第五条** 协作内容

×××地法院具体协作事项包括立案、审判、执行各阶段的沟通合作，此框架协议的协作内容为原则性规定。

×××地法院各对口部门（包含立案、民事、商事、刑事、行政、执行）可根据实际情况签订具体的联动协作协议，以便利工作原则在不违反法律及相关规定的情况下就相关事项进行约定。

**第六条** 协作手续

×××地法院建立沟通协作手续材料邮寄和网络传输机制，明确时效和协助责任。不断提高沟通协作的信息化、科技化水平，除采用信函、传真、电话等传统通讯方式进行联络外，对于非保密事项，可以使用微信、QQ 等第三方平台进行即时联络。

**第七条** 协作登记

建立健全×××地法院间沟通协作事项登记制度，对于院级、各口间沟通协作事项报沟通协作领导小组处进行统一登记、统计。

**第八条** 协作考核

×××地法院应当积极督促各口间建立专门的沟通协作操作细则，就协作事项进行详细约定，并将办理协作事项纳入院内年终考评范围，不断深化沟通协作机制建设。

**第九条** 协作范围

本协议主要规范北京市×××、天津市×××、河北省×××地人民法院之间沟通协作事宜。本协议一式 4 份，由×××地法院各执 1 份。

**第十条** 协议效力

本协议自×××地法院共同盖章之日起生效。

# 构设京津冀地区金融类纠纷跨区域多元调解模式

## ——以金融借款合同纠纷“总”对“总”诉调对接机制为视角

樊　迪　易士琦*

**摘要：**为进一步优化京津冀地区营商环境，以金融纠纷的多元化解为切入点，梳理京津冀地区人民法院在调解平台及多元机制建设上的经验，分析京津冀地区金融借款纠纷跨化解中存在的现实困境主要体现在跨区域纠纷化解难度较高：一是该类案件外阜当事人占比较高，京津冀地区呈现区域性特征（天津市案件以北京市、河北省当事人居多）；二是跨区域送达、调查工作开展困难，远程视频调解受当事人条件限制；三是调解不能时，“快e贷”等新类型网络金融纠纷审理存在较大难度；四是京津冀调解资源分布不均衡，各地区案件信息、调解资源共享存在壁垒。为有效实现京津冀地区跨区域调解，高效利用区域调解资源为当事人提供菜单化多元调解服务，以总对总的诉调对接机制建设为视角：一是整合京津冀金融调解资源，京津冀形成金融纠纷一体化调解平台，对接人民调解平台；二是构设菜单式服务模式：形成跨区域的委派调解、委托调解机制（天津市的法院可以委派给北京市的调解组织）并“覆盖式”建立京津冀地区金融纠纷在线调解室；三是推动区块链技术在京津冀地区金融纠纷化解领域运用，促进各区域当事人信息共享，电子证据

* 作者单位：天津市和平区人民法院。

同步上链；四是在跨域立案的基础上，以一体化纠纷调解平台为抓手，创新诉前案件跨域立，便利案件当事人。

近年来金融类纠纷数量日益上涨，京津冀地区区域整合调解资源大力推进金融借款纠纷的多元化解工作但在金融纠纷的化解中仍因为送达、信息壁垒等原因导致跨区域的调解、处理工作存在困难，为及时化解金融类纠纷，维护金融秩序安全，下一步应构设京津冀地区金融借款纠纷“总”对“总”诉调对接模式，形成纠纷一体化调解平台，推动区块链技术在京津冀地区金融纠纷化解领域运用，跨域立案有效衔接跨区域调解。

## 一、京津冀地区金融纠纷调解概况

### （一）金融纠纷收案情况及案件特点

1. 金融借款类纠纷逐年上升

通过裁判文书检索数据显示北京市 2020 年全年共计结案 20980 件，2021 年 1 月至 5 月共计结案 1530 件；天津市 2020 年全年共计结案 12005 件，2021 年 1 月至 5 月共计结案 3212 件；河北省 2020 年全年共计结案 19609 件，2021 年 1 月至 5 月共计结案 1967 件。金融借款类纠纷数量较多的主要原因为：一是金融借款纠纷的出现受国内外经济形势双重影响，尤其在 2020 年全球性新冠肺炎疫情影响之下，债务人自身偿还能力出现状况，到期无法偿还银行借款的情况大量出现；二是金融机构缺乏完备的管理机制，对债务人的资质审查不严，在经营活动中未充分对贷款人资信状况、担保能力进行实质审查，进而影响到期行使债权；三是目前市场上多家金融机构推出形式多样的金融产品，利用智能手机 App 能一键实现贷款全流程，无须面对面审查债务人材料，这种贷款申请、签约、支用、还款的一体化操作，在给债务人带来便利的同时，较为宽松市场环境也让债务人套取多家金融机构资金逃避债务有机可乘（见图 1）。

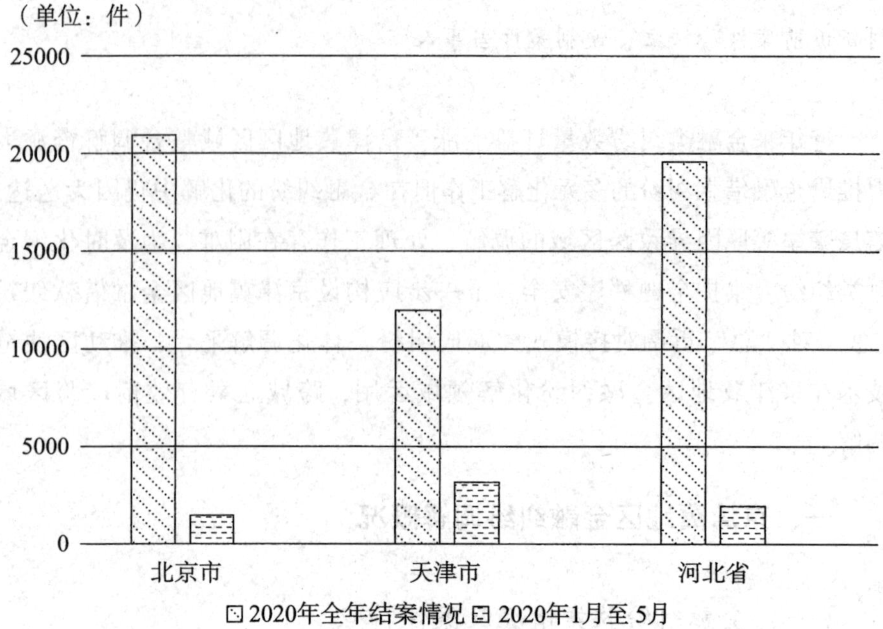


**图1　京津冀地区金融借款类纠纷结案数量**

2. 金融借款纠纷妥善解决关乎优化营商环境

此类纠纷案涉标的额通常较大，当事人往往附随提出财产保全，如若无法收欠款，贷款坏账引发固定资产折旧减值、外汇贬值等连锁反应，进而影响中小企业后续资金周转。因此，此类纠纷能否最终执行收回案款关乎金融秩序稳定，当下市场主体需要面对和防范的常规风险就是金融风险，金融借款纠纷案件能否妥善解决与金融法治环境、优化营商环境关系密切。

3. 金融借款纠纷重大风险点为担保合同

债权实现的重要保障是债务人所提供的担保方式，在审判此类案件中，担保人之抗辩、担保人之担保能力、担保人之担保方式往往是此类案件审判中的争议焦点。如前所述，金融机构在对担保人审查时，未尽到审查注明义务，例如，董事会或股东会决议所担保的主债权金额与担保合同约定不一致，就会导致部分诉请无法得到法院支持。目前金融借款合同的担保形式一般为信用担保、物权担保、股权质押、应收账款质押担保。其中以信用担保为主，往往出现一个担保人为多笔债务担保，一家企业同时涉及多笔债务，担保人与企业形成小型担保圈，这种担保方式表面上放大了担保人之担保能力，但实际削弱了担保功能，加剧债权实现的风险。

4. 金融借款新方式产生新风险

近年来，金融机构为进一步拓展发展空间，纷纷搭建互联网贷款平台，在便利客户的同时，这种虚拟、不受控制、不规范的借贷流程，也使得金融借款纠纷数量激增。尤其是京津冀地区，不少地方性法人银行跨注册地区开展互联网贷款业务，脱离了服务本地实体经济的初衷，出现风险事件后，责任很难厘清，易产生跨地区传播风险。尤其是在固定证据、提交证据、证明借款人身份、电子合同效力方面面临新的法律风险。法院在审理过程中难度增大，增加了审理期限，损害了当事人诉讼利益。

### （二）京津冀地区金融纠纷多元调解工作典型做法——以平台及机制建设为视角

1. 专门法院依托分调裁一体化平台多元化解金融纠纷

北京市近5年来，法院受理的金融类纠纷案件总量年均7万余件。为了营造良好金融法治环境，2021年3月18日北京金融法院正式成立，该法院对北京市金融类案件进行集中管辖审理，旨在提供优质金融司法服务。

北京金融法院工作依旧依托“分调裁一体化平台”，落实两个一站式要求，积极促使金融类案件从立案到调解一站式解决，响应金融案件多元解纷机制。北京金融法院以立案庭为牵头，与多个行业调解组织开展协作，出台了一系列工作规范和工作指引，为顺利进行金融案件诉调对接提供指引。一是结合金融类案件进行专业化调解，充分考虑金融案件的金融属性和法律属性，不同于一般化人民调解，金融案件需要专业化人员进行调解，由熟悉掌握金融知识和法律知识的调解员促成双方当事人达成调解。二是以示范性判决妥善化解金融纠纷。针对类型化案件，以判决促成诉前调解工作开展。三是金融案件立足云上调解。传统金融案件审理，纸质材料较多，格式化一般内容相同，虽是批量案件，但在取证、送达、审判、归档方面耗费大量时间和人力，现在通过一体化平台进行全流程在线区块链存证、诉前调解、司法确认、批量立案、电子送达、文书自动生成、电子卷宗随案生成、一键归档，让金融数据点对点，互联网对接，真正实现高效率、低成本。

2. 依托人民法院调解平台开展多形式调解

2020 年 9 月 1 日，天津市金融消费纠纷调解中心正式成立且与多家法院签订金融纠纷多元化解合作协议。2020 年 12 月 8 日，天津市高级人民法院下发《关于全面推进金融纠纷多元化解工作的实施意见》，就充分发挥人民法院、金融监管部门及保险、证券、金融消费等调解组织的作用，加强诉讼与人民调解、行政调处、商事调解、行业调解等纠纷解决方式之间的有效衔接，推动形成一站式金融纠纷多元化解机制，从 6 个方面提出 20 条落实举措。一是在诉讼不同阶段开展不同形式调解工作。在立案登记前，人民法院可委派相关调解组织开展为期不超过 30 日的诉前调解，在登记立案后可委托相关调解组织开展最长不超过 15 日的调解或邀请相关调解组织或调解员联合调解，之后通过人民法院调解平台进行在线司法确认。二是灵活选择在线纠纷解决方式，为最大限度便利当事人，可通过在线调解、电话调解、微信调解开展调解工作。三是多方主体多种平台合力解决金融纠纷。除天津市各级法院外，天津市金融消费纠纷调解中心、天津仲裁委员会金融仲裁中心共商合作，共同推进天津市金融消费纠纷多元化解工作，目前天津市金融消费纠纷调解中心专兼职调解员队伍突破百人，通过中国金融消费纠纷调解网、人民法院在线调解平台维护金融消费者合法权益。四是部分法院设立金融审判巡回法庭，积极融入天津市“金融创新运营示范区”建设，引入数字金融一体化办案平台，延伸司法服务推动营商环境法治化。

3. “冀时调”在线调解平台创新开展金融纠纷调解

河北省高级人民法院、省司法厅、中国人民银行石家庄中心支行、中国银行保险监督管理委员会河北监管局联合印发《关于全面推进金融纠纷多元化解机制建设的实施意见》，充分利用积极引导当事人通过调解方式解决金融纠纷。通过示范判决、建立小额纠纷快速调解机制和中立评估机制等形式，切实发展创新金融纠纷多元化解协调机制新模式，不断提高矛盾化解质效。河北省通过设立金融消费纠纷调解室实现平台化解决纠纷，切实减少当事人诉讼成本

## 二、困局：跨区域金融借款类纠纷化解中存在的现实困境——以京津冀地区的情况为例

虽然以上各地区结合区域调解资源大力推进金融借款纠纷的多元化解工作但在金融纠纷的化解中仍因为送达难、信息壁垒等限制条件，导致跨区域的调处工作存在困难，京津冀地区金融类纠纷化解的一体化路径尚未打开。

### （一）调解过程普遍受外地干扰因素

1. 外阜当事人占比较高，京津冀地区呈现区域性特征

以2020年天津市和平区已结金融借款类案件为数据蓝本，2020年度该区已结金融借款合同纠纷案件839件，粗略统计，约超过36%的被告户籍所在地或经常居住地为外阜。北京市第四中级人民法院公开发布的《金融借款合同纠纷审判白皮书》中，对北京市大标的额金融借款合同纠纷分析后发现，此类案件90%以上涉及外阜当事人。

随着京津冀地区金融协同发展的逐渐深入，京津冀三地在要素资源和市场融合、资本有序流动方面已进行了一些有益探索。京津冀三地银行之间加强合作，相继推出跨区域的普惠金融合作产品。

通过在中国裁判文书网，随机抽取2019年至2021年度天津地区判决书共计100份，根据当事人的基本信息发现其中外阜当事人以河北省、

北京市、山东省三地占比较高（见图 2）。

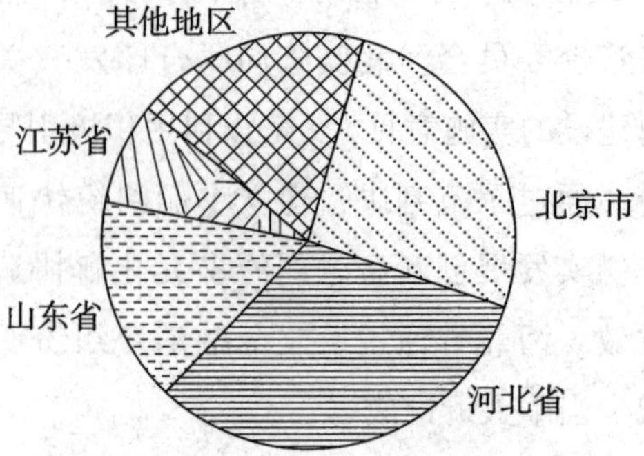


图 2　天津市金融借款合同纠纷外阜当事人占比情况

结合地域特征及金融协同的不断推进，京津冀地区金融借款合同纠纷当事人外阜占比较高，且逐渐呈现出区域性特征即天津地区的当事人以河北省、北京市居多，河北省当事人以天津市、北京市居多的情形。

2. 跨区域送达、调查工作开展困难

纠纷化解工作有效开展的前提是向外阜当事人成功送达，但跨区域送达工作往往不能“有效”送达当事人。金融借款合同纠纷案件送达方式主要为邮寄送达，主要原因如下：银行等金融机构为了规避后续送达存在的风险，往往在金融借款合同中约定了相关送达地址，根据《最高人民法院关于进一步推进案件繁简分流优化司法资源配置的若干意见》第 3 条规定：“……当事人在纠纷发生之前约定送达地址的，人民法院可以将该地址作为送达诉讼文书的确认地址……”法院依照当事人约定的地址进行了送达，即使文书被退回也可依据《最高人民法院关于以法院专递方式邮寄送达民事诉讼文书的若干规定》第十一条第一款[①]规定，确定文书退回之日视为送达之日，以此避免案件因“送达难”，而进入公告

① 《最高人民法院关于以法院专递方式邮寄送达民事诉讼文书的若干规定》第十一条第一款规定：“因受送达人自己提供或者确认的送达地址不准确、拒不提供送达地址、送达地址变更未及时告知人民法院、受送达人本人或者受送达人指定的代收人拒绝签收，导致诉讼文书未能被受送达人实际接收的，文书退回之日视为送达之日。”

送达的环节，使得案件依然能够按照简易程序进行审理。但实际以该种方式送达，往往外阜当事人实际上不能收到相关的法律文书，约超过一半的邮件被退回，部分被告因此而错失了调解机会。相较于本市能够直接送达的当事人，调解成功率较低。除此之外，当案件存有事实争议需要进行调查时，也存在现实困境。

3. 跨区域纠纷在线调解、开庭时受当事人情况限制

北京市、河北省等地区人民法院为了打破纠纷调解的区域限制专门建立了各类型的调解平台，如前文所述的北京市的分调裁一体化平台，河北省的“冀时调”在线调解平台。当事人远程调解时主要依靠当事人自己的手机及相关网络配置，当事人年龄较大或者不具备在线设备时远程调解较难开展。

## （二）调解不能时“快 e 贷”等新类型网络金融纠纷审理存在较大难度

1. 合同条款是否达成合意难以认定

从“快 e 贷”网络借款合同的签订形式来看，签订方式为贷款人通过手机银行账户、密码登录后，选择自助贷款业务，由系统自动生成电子借款合同页面后借款人点击确认即可。这就导致原告在提交的证据——借款合同中没有传统意义上的借款人签字，在无其他证据佐证的情况下，对合同条款包括罚息和复利的计收等，难以认定借款人意思表示真实，无法确认双方已达成合意。当被告处于失联状态时，如何对该类金融借款合同中的借款人意思表示真实予以认定，是该类案件审判的难点。

2. 缺席判决风险高、难度大

如前所述，在审理案件的过程中，确认合同借款主体与实际借款人是否一致存在很大难度，即使能够确认借款主体为实际借款人，对于电子借款合同是否系借款人的真实意思表示亦难以认定，如依照银行提供的空白借款合同进行缺席判决，判决结果错误的风险大幅增高。目前，

已结案件中该类案件多以被告到庭的调解方式结案。

3. 借款人的身份审核、信用审核缺失导致金融债权实现成本高、效率低、执行难度大

金融机构为追求方便、快捷的贷款服务，忽略了对借款人的身份、资信审核。无须“面对面”，只需“手一点”的贷款方式，一方面，导致对实际借款人和手机或终端设备持有人的一致性缺乏审查，存在身份被冒用的风险；另一方面，对信用审核的缺失会致使借款人资信不良、欠缺还款能力的概率大幅增加。除此之外，金融借款在无抵押、无担保的情况之下，一旦出现借款人还款不能的情形，债权人很难挽回其损失，在法院执行阶段会出现被执行人无财产给可供执行的僵局。

（三）京津冀地区案件信息共享存在壁垒

金融借款合同案件，往往呈现出一个被告会向不同地区银行申请借款用以拆借或者出现一个担保人为多笔债务担保，一家企业同时涉及多笔债务的情形，京津冀地区该类型案件的区域性特征更为明显，一个天津市的被告人可能同时在北京市或者河北省两地都有诉讼案件。

但是目前京津冀地区的诉讼档案资源或信息尚未打破区域壁垒。不同地区人民法院累积的案件立案信息、当事人信息、审判流程信息等数据分别存储在不同的系统之下，被各自隔离、各自维护在“数据孤岛”之上，因此不能被整合统计、检索起来。以天津市为例，本区域当事人的涉诉情况可以通过关联案件精确查询，一旦跨区域除了通过中国裁判文书网粗略查询信息外目前暂无更好的办法。除此之外，各地区的调解平台之间也并未实现信息共享。

诉讼档案资源或者信息的有效共享对金融借款合同案件来说是较为必要的：一方面，可以助力法官获取被告送达地址，提高送达成功率；另一方面，可以协助法官清晰掌握当事人的偿债能力，预判后期执行风险。

## 三、破局：打出调解“组合拳”——构设京津冀地区金融借款纠纷“总对总”诉调对接模式

### （一）金融借款合同“总对总”诉调模式的机制建设

通过建立金融借款合同“总对总”诉调模式：一是以多元化的菜单服务模式，实现外阜调解资源的利用及跨区域调解；二是突破信息壁垒，依托区块链技术实现证据上链，实现当事人、案件信息共享；三是通过覆盖式在线调解室，突破当事人网络环境限制，提供家门口的诉讼服务。

1. 整合京津冀地区金融调解资源，形成纠纷一体化调解平台

目前，京津冀各地区之间的金融调解资源发展较不平衡，受区域经济及司法实践影响，北京市的金融调解行业及组织调解专业化程度较高，调解成功率较高。为打破区域间不平衡的发展状态，助力金融纠纷的多元化解，因此，需要将京津冀地区的相关调解资源有效汇聚到同一平台，整合京津冀地区金融调解资源（见图 3）。

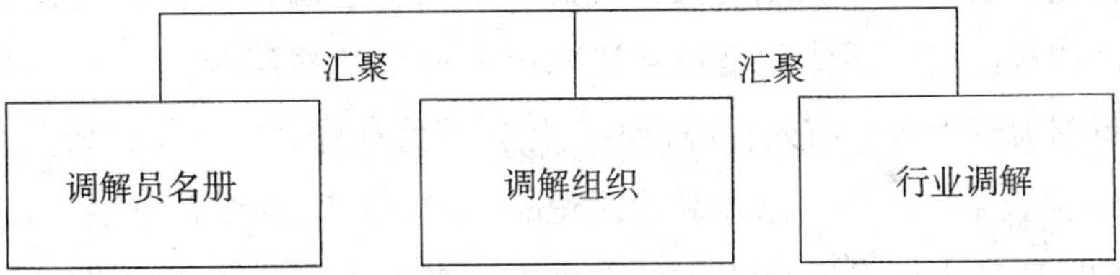


**图 3　京津冀金融纠纷一体化解平台**

2. 京津冀地区金融纠纷“总对总”诉调平台对接

人民法院调解平台是以人民法院的一站式多元解纷为中心，由最高人民法院统建的法院端调解平台，京津冀地区各级人民法院均已开展使用。该平台可以有效衔接人民法院诉前多元调解与立案诉讼，可以实现在线制作调解协议和在线司法确认，提高调解效率，通过该平台诉前委派调解不成的案件可以直接转立案，由人民法院进行立案审查。

将京津冀金融纠纷一体化解平台与人民法院调解平台对接后，一是

能够促进人民法院跨区域诉前委派及调解资源的使用，二是可以实现人民法院与调解组织在线委派、委托调解、调解信息互通，尤其可以直接便利当事人，诉前调解不成功的，直接通过网上立案方式转为诉讼案件，避免当事人重复申请。

3. 菜单式服务模式：形成跨区域的委派调解、委托调解机制

法院在受理或审理金融借款合同纠纷的过程中，将适宜调解的涉及银行、支付机构的案件，引导当事人根据被告的居住地、调解组织调解能力等因素自主选择京津冀一体化调解平台中的相关调解机构或调解中心解决纠纷，由管辖人民法院落实委派调解，天津市人民法院可以根据当事人选择，直接委派给北京市或者河北省的调解组织进行调解。诉前调解不成的，诉调对接中心登记立案及时保障当事人诉权。

由人民法院委派、委托调解的案件经跨区域调解，调解成功并达成调解协议，且当事人请求出具调解书或司法确认的，该案件由京津冀一体化调解平台转入人民法院调解平台，法院依法审查后出具调解书或裁定书。

依托"总对总"数据对接，人民法院与金融调解组织建立起跨区域的联动调解机制，一体化推进京津冀地区金融消费纠纷的调解工作，以司法审判为着力点，有效保障债权，优化营商环境。

4. 突破条件限制：京津冀地区建成"覆盖式"在线调解室

如前所述当事人远程调解时主要依靠当事人自己的手机及相关网络配置，当事人年龄较大或者不具备在线设备时远程调解较难开展。跨区域委派调解有效开展的前提是当事人在调解机构组织下可以进行远程视频调解，京津冀三地分别选择试点法院建设在线调解室，建成"覆盖式"在线调解室，当事人可以突破区域或者自身条件限制，就近选择有在线调解室的法院进行远程视频调解，调解组织可以发起邀请码，外地被告输入邀请码后自动加入在线调解（见图4）。

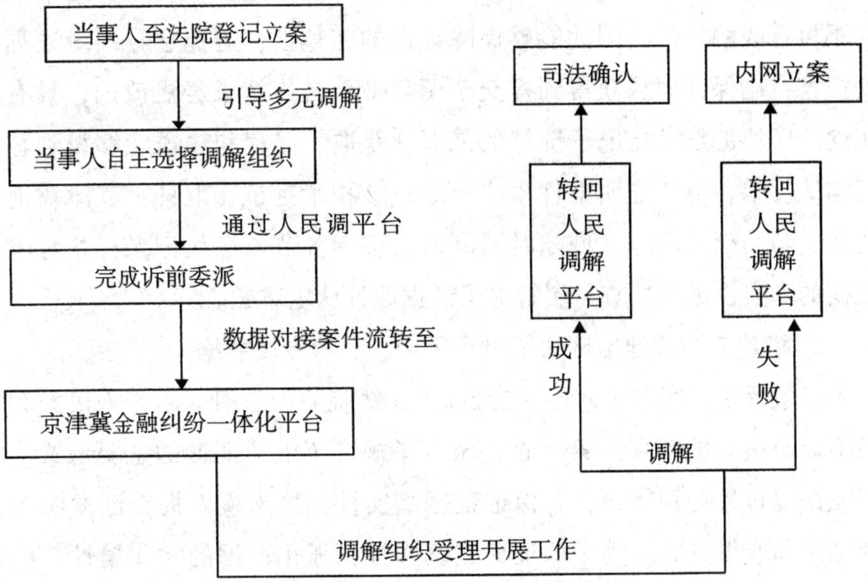


图4　“总对总”诉调对接金融纠纷诉前委派案件流转模式

## （二）推动区块链技术在京津冀地区金融纠纷化解领域运用

互联网时代，金融纠纷愈发呈现出高度的虚拟性，“快e贷”网络借款合同全程网络签订引发新的金融风险，电子合同、电子送达、电子签名等是金融借款纠纷重要审判要点，区块链因具备不可篡改、可追溯特性①，适合与电子存证相结合，因此在金融纠纷化解存证领域引入区块链十分合适。将区块链技术引入京津冀金融纠纷一体化解平台与人民法院调解平台，可以对各类形态电子数据提供确权、云监测、区块链追踪溯源、云取证、司法通道、维权等服务，最大程度上维护金融纠纷证据安全性。②

1. 区块链取证之可行性

电子数据证明力度取决于其真实性，法院在审理证据过程中对证据

① 参见邢萌：《AI与区块链彼此赋能助人工智能产业健康发展》，载《证券日报》2018年10月20日。

② 参见孙国梓、王纪涛：《浅析区块链取证与存证》，载《中国信息安全》2019年第5期。

的来源、证据的取得以及证据的保存和与传送重点关注。区块链取证具有不可篡改的特性，因此能够保障证据的完整性，避免金融纠纷证据受到损害，确保证据从获得到提交至调解平台是连续未经更改的，具有真实性。区块链技术让电子证据的来源、获取、保存和输送能够得到客观真实地反映，由此证明案件事实。通过该技术存证、取证，京津冀地区调解员与当事人可跨区域随时回溯搜索查询各节点区块记录，并对电子证据的真实性进行核查，缓解电子证据原件认定难题。

2. 搭建京津冀地区区块链电子平台，获取专属数据

民事诉讼法第六十六条、《最高人民法院关于适用〈中华人民共和国民事诉讼法〉的解释》第一百一十六条规定了电子证据的主要形式。电子证据因容易受到篡改，为保证证据真实性，故当事人提交证据应当说明来源和取得方式。为了保证证据真实性，强化证据的法律属性，应建立京津冀区块链电子证据平台对接京津冀金融纠纷一体化解平台及人民法院调解平台，区块链技平台应符合相关资质条件，该平台旨在为当事人和调解中心打造专属数据通道，通过平台审核相关电子数据是否符合条件实现在线取证后，将证据固化防止电子证据被损毁、改动，打通数据通道，让电子证据和相关数据能在平台中安全运输和存储。已经接入的相关机构可通过该平台实现区块链事前存证，自动验证，有效提高在线诉讼效率，及时化解金融纠纷。让当事人只要有网络，即可超越取证时空限制，进行自主操作。

3. 金融借款纠纷“链”上存储

金融借款合同纠纷审理涉及以下证据：一是证明当事人诉讼主体资格的证据；二是证明借款合同关系及相关担保合同关系成立的证据，其中包含抵押合同、保证合同、质押合同；[①] 三是合同履行情况的证据，如借款的发放和偿还记录，通过区块链技术将京津冀一体化调解平台与人民法院调解平台中当事人提交的相关电子证据加以固定。

---

① 参见陕西省高级人民法院发布的《金融商事审判白皮书》。

除对证据进行存证和取证外，整个调解过程，调解产生的音频、视频、文档、笔录、电子证据等内容也可进行存储和保全。区块链平台打造后，过去存在其他各级人民法院的卷宗、信息无法调阅的情况，将去中心化。京津冀地区调解组织、人民法院可以通过“总对总”诉调对接平台，获取当事人的信息以及之前当事人名下案件调解情况，对这些信息可直接利用，保证信息的真实、可信。

### （三）跨域立案与跨域诉前调解共同便利当事人

目前各地人民法院不断坚持与发展新时代枫桥经验，充分发挥诉前调解优势，强化调解力量，积极稳妥推进诉源治理，让更多矛盾纠纷能及时、高效化解在诉外。[①] 诉前调解已经成为缓解人民法院收案压力的重要方式，在司法实践中不乏当事人在法院申请诉前调解后，工作人员发现该案并不属于本院管辖，当事人欲要申请诉前调解则需要至其他人民法院进行的情形。各级人民法院均已开展跨域立案诉讼服务，但是对于跨域诉前调解法院尚未开展。京津冀一体化金融纠纷平台建设后，人民法院对于不属于本院管辖的金融类案件可以协助当事人通过以下两类途径提报纠纷调解。

1. 当事人直接通过京津冀一体化纠纷调解平台提报纠纷

当事人可以在人民法院导诉协助下直接通过京津冀一体化纠纷调解平台选择其所在地的相关调解组织，调解成功申请司法确认的，根据《最高人民法院关于人民调解协议司法确认程序的若干规定》第二条第一款规定：“当事人申请确认调解协议的，由主持调解的人民调解委员会所在地基层人民法院或者它派出的法庭管辖。”根据《最高人民法院关于人民调解协议司法确认程序的若干规定》中关于人民调解委员会调解、金融调解组织调解或调解员在调解案件时并不受严格的管辖制约，以此就可以通过司法确认的路径让纠纷直接在当事人所在地的人民法院以司法

① 参见余元芳、李芳芳：《发挥诉前调解优势推进“诉源治理”》，载《法制生活报》2020年4月1日。

确认的形式受理。

2. 人民法院跨域立诉前委派案号

如前所述各级人民法院之间可以跨域立案，在京津冀地区的金融纠纷化解中也可以尝试立跨域诉前调解字号，协作法院（非管辖法院）新增诉前委派，通过京津冀纠纷一体化平台跨域后，管辖人民法院受理，调解组织调解成功的可以直接转入管辖人民法院的调解平台，让跨域立案与跨域诉前调解协同，发挥便利京津冀地区当事人的效能。

# 高质量司法服务视野下构建劳动争议多元化解新格局研究

李 硕*

**摘要：** 多元化解矛盾纠纷是法院主动承担社会责任、推进依法治理、优化营商环境、满足人民群众多元司法需求、提供高质量司法服务的重要举措。劳动争议纠纷化解"协商、调解、仲裁、诉讼"等多个路径，是多元化纠纷解决机制的典型缩影。但该机制一定程度上存在协商机制缺位、调解机制虚位、仲裁机制错位、诉讼机制越位、衔接机制不畅等"多元分散"有余，"衔接聚合"不足的问题，分流过滤效果不佳，降低纠纷解决效率、浪费司法资源。本文以系统论为视角，提出应提升子系统功能，加强各系统衔接，发挥总系统合力，构建"大调解、中仲裁、小诉讼"金字塔结构争议解决模式，坚持依法维护劳动者合法权益与促进企业生存发展并重，做好一站式纠纷解决机制，促进非诉讼纠纷解决机制挺在前面。

随着我国经济发展进入新常态，劳动关系主体和诉求日益多元化，劳资矛盾进入凸显期和多发期，但是矛盾纠纷有一个酝酿、萌芽、发酵、

* 作者单位：天津市河西区人民法院。

激化的过程，难易程度不同，处理策略亦应各异。[①] 我国现有法律框架为劳动争议解决提供了“协、调、裁、审”等路径，意在通过“自愿性调解程序和前置性仲裁程序快速处理绝大部分劳动争议案件，而通过诉讼程序最终解决少数疑难案件，并借助诉讼程序以监督仲裁程序”[②]。但该机制协商、调解、仲裁渠道不畅，缺位、虚位、错位，分流过滤效果不佳，导致本应作为最后防线的审判依然成为化解劳动争议的前沿阵地，[③] 出现“1+1<2 的现象”，影响了机制总体效能的发挥。本文拟通过对机制各个子系统运行情况进行深入剖析，并从历史、域外、国内三个维度总结经验，引发启迪，提出提升子系统功能，加强各系统衔接，发挥总系统合力的解决思路，以及构建“大调解、中仲裁、小诉讼”的具体模式，以期对健全完善劳动争议多元化纠纷解决机制、提供高质量司法服务有所裨益。

## 一、全景展现：劳动争议多元化纠纷解决机制的运行现状

### （一）新时代新形势要求劳动争议多元化解

新时代无论是多元化纠纷解决机制改革还是劳动争议纠纷都呈现新情况、新特点，两者的结合更是彰显时代特征。从政治背景看，构建全面共建、共享的社会治理格局，从管理到治理看似一字之差，却内涵迥异，治理要求多元主体共同参与，互动式管理，是实现社会治理体系和治理能力现代化的重要举措。从社会背景看，在经济发展的新常态下，社会处于增长速度的换挡期和结构调整的阵痛期，劳资矛盾频发，当事人“诉讼万能主义”观念根深蒂固，对公权力高度依赖，较低的仲裁和诉讼成本助长了非理性选择，大量劳动案件涌入法院。从法治背景看，

① 参见［美］罗纳德·G. 伊兰伯格、罗伯特·S. 史密斯：《现代劳动经济学理论与公共政策》，中国人民大学出版社 2011 年版，第 142 页。

② 最高人民法院民事审判第一庭编著：《最高人民法院劳动争议司法解释（四）理解与适用》，人民法院出版社 2015 年版，第 27 页。

③ 参见胡仕浩：《多元化纠纷解决机制的“中国方案”》，载《中国应用法学》2017 年第 3 期。

司法资源短缺，劳动争议数量不断攀升和法官人数鲜有增加形成强烈反差，司法的引领、推动和保障作用尚未充分发挥，迫切需要多方主体共同化解劳动争议。《最高人民法院、中华全国总工会关于在部分地区开展劳动争议多元化解试点工作的意见》第二条提出，推动劳动争议纠纷多元化解，实现程序衔接、资源整合、信息共享，形成新格局。

### （二）劳动争议多元化解机制的制度设计

我国劳动争议纠纷解决机制以“仲裁前置+诉讼”为核心，同时辅之以监察、协商、调解等方式；其中，调解又包括企业内部调解、基层组织调解、行政机关调解等（见图1）。近年来，法院诉前调解如火如荼，特邀调解、律师调解亦是化解纠纷的重要方式。除仲裁作为诉讼的强制前置程序外，其他方式均为自愿选择。部分小额简单案件适用一裁终局，缩短了解纷周期。

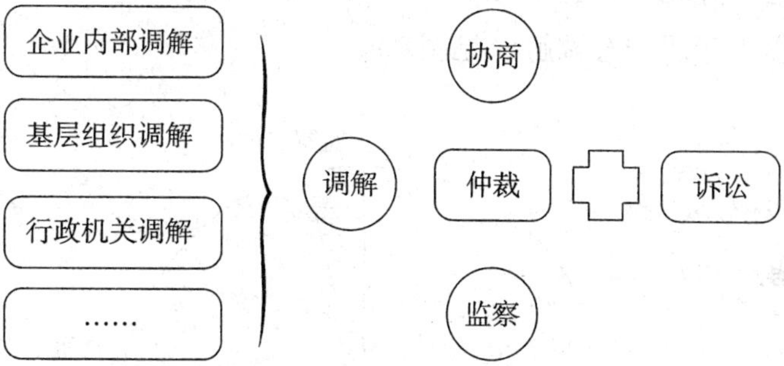


**图1　劳动争议纠纷解决机制制度设计**

### （三）劳动争议多元化解机制运行的实证考察

1. 司法审判实证考察

以天津市裁判文书网为检索平台，2019年天津市劳动争议仲裁案件数15269件，而一审诉讼案件9000余件，仲裁过滤案件比例约为40%。二审案件2500余件，28%的案件进入二审。其中又有18.6%申请再审案件。申请撤销劳动争议仲裁裁决 800 余件。在诉讼程序中，劳动争议调解案件 2100 余件，调解结案占比约为 13%。而依托各法院诉前调解，大量劳动争议在诉前予以化解。2020 年一审诉讼案件 7400 余件，二审案件 1800 余件，约 25% 的案件进入二审。申请再审案件 300 余件，占比约 18%。

2. 劳动争议受众反馈

为充分了解现有机制效用，笔者向天津市曾发生过劳动争议的劳动者和用人单位发放调查问卷 300 份，收回有效问卷 290 份，从中发现以下特点。

（1）协商系最先选择途径。劳动者和用人单位发生争议后，往往青睐于非诉方式解决。与用人单位协商成本低、见效快，为解决纠纷的首选，占 42%。仲裁、诉讼因具有强制执行力，占比仅次于协商。乡土社会中，村委会具有科层权威，而城市流动人口数量大，居委会缺乏共同的文化依托，加之行政色彩强烈，自治服务功能弱化，选择村委会调解的比例明显大于居委会调解（见图 2）。

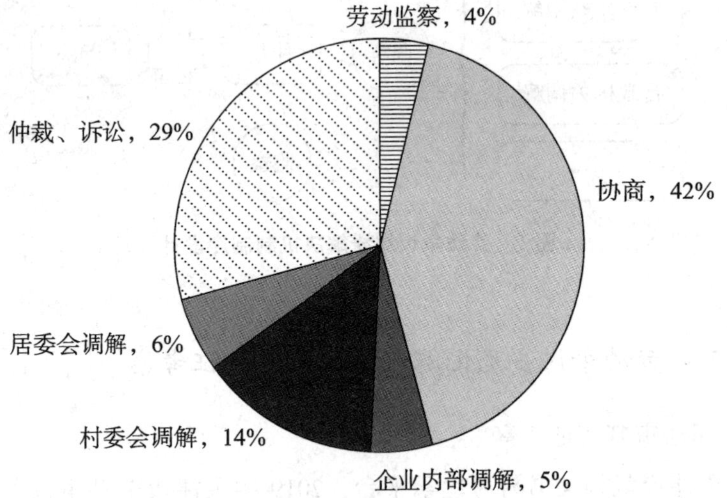


图 2　劳动争议纠纷解决机制适用意向

（2）诉讼系最满意的救济路径。通过对劳动者与用人单位争议解决路径的满意度进行调查发现，因法院居中裁判且有国家强制力为依托，当事人对诉讼满意的占比为48%。而因仲裁效力的不确定性，当事人向法院起诉即不发生效力，其认可度仅为21%。因劳资双方地位差异，协商解决纠纷的成功率较低，其满意度仅为9%（见图3）。

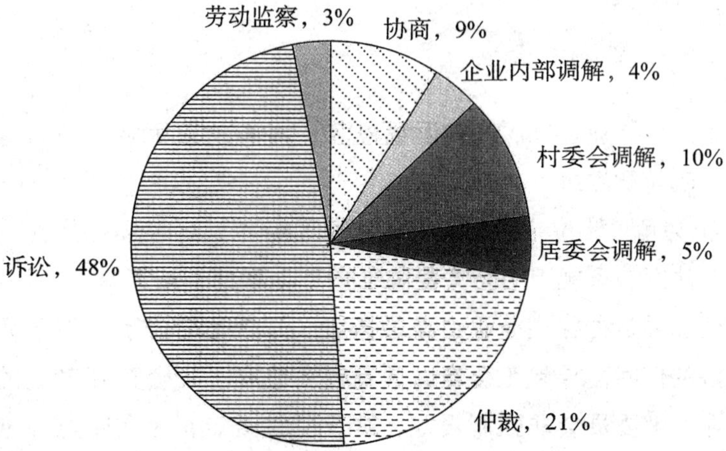


**图3　劳动争议纠纷解决机制满意度情况**

（3）解纷周期普遍较长。劳动争议解决往往历经协商、调解、仲裁、诉讼多个环节。鉴于劳动仲裁不收费，诉讼费用仅为10元，诉讼费惩罚功能缺失，难以起到经济杠杆的调节作用。低廉的个人成本导致社会成本居高不下，造成司法资源浪费，降低解纷效率。个别用人单位利用诉讼程序恶意拖延纠纷解决，甚至以提起诉讼、上诉迫使劳动者放弃权利，恶意诉讼、滥诉等现象频发。

## 二、检视问题：劳动争议多元化纠纷解决机制的困境审视

### （一）协商机制缺位

劳动法第七十七条第一款规定：“用人单位与劳动者发生劳动争议，

当事人可以依法申请调解、仲裁、提起诉讼，也可以协商解决。”但未对集体性协商机制予以特殊规制。协商即是利益博弈的过程，公正的协商制度能够实现利益主体重复博弈。鉴于“资强劳弱”的现实和供求关系的买方市场态势，劳动者个体议价能力低，慑于威权，劳动者的声音无法被用人单位有效倾听和考量，协商机制有名无实，解决争议最有效、便捷的第一道防线失守。

## （二）调解机制虚位

调解组织专业性弱，机构设置松散，调解协议无强制执行效力等原因严重影响调解效果。

1. 工会角色错位导致企业调解有名无实

工会法第二条规定工会代表和维护劳动者的合法权益，然而实践中，工会主任和委员往往由企业中高层担任，工会运转经费多源于企业，人事和经济的依附性导致工会难以具有超然地位，工会存在一定的信任危机。企业调解委员会非强制设立，缺乏刚性规定，大多企业并未成立调解委员会，当事人丧失了劳动争议内部解决的渠道，应有分流作用效果尚佳。

2. 自治功能弱化导致居委会调解边缘化

根据居民委员会组织法第二条的规定，居委会系自我管理的群众性自治组织。实然与应然存在巨大反差，居委会机构、职能、人员行政化倾向严重，疲于应付各种行政事务，自治管理职能极其有限，人员素质参差不齐，居委会的劳动争议调解工作较为不力。

3. 人员流动加快导致村委会调解权威削弱

乡土社会是礼治的社会，依靠传统维持，依赖公认的行为规范维系，而非国家权力。[①] 城镇化进程的快速发展导致乡村人口大规模流入城市，人员的流动性冲击着乡土社会的封闭性和稳定性，新的人际关系打破了

① 参见费孝通：《乡土社会》，人民出版社 2008 年版，第 61 页。

基于血缘和地缘的先天性联结,[①] 蚕食和解构着传统社会。村委会的科层威信受到挑战，其对劳动争议调解的有效性和满意度降低。

（三）仲裁机制错位

1. 三方原则虚拟化

根据劳动争议仲裁调解法第十九条的规定，劳动争议仲裁委员会由劳动行政部门代表、工会代表和企业方面代表三方组成。实践中，劳动争议仲裁的工会代表和企业方面代表缺位，基本以劳动行政部门代表为主，劳动行政主管部门与劳动仲裁院常常是“一套人马，两套牌子”，三方原则名不副实。并且，仲裁院对仲裁员往往没有建立科学合理的考核体系，仲裁质量的高低对仲裁员影响甚微，导致其解纷水平有待提高。

2. 仲裁的伪中心化

劳动争议具有社会性，兼具平等性和隶属性、人身性和财产性，与劳动者的切身利益密切相关，极易引发社会矛盾，急需快速化解，便捷、富有柔性的仲裁无疑成为最佳选择。然而，我国劳动仲裁呈现伪中心化特征，仲裁依附于劳动行政管理部门，在机构、经费以及人员等方面受制于政府，行政色彩强烈。此外，诉讼不以仲裁为基础，对同一案件进行重复审理，且仲裁程序的非自愿性和裁定的非终局性使其失去权威，因而丧失了化解纠纷的中心位置。

（四）诉讼机制越位

我国现行的“一协、一调、一仲、二审”模式，以仲裁为中心，诉讼为辅，协商、调解作为可选项。但是，由于部分当事人自我管理意识不强，依赖公权力的思维仍居于主导地位，其往往将司法作为解决争议主要途径。以合意为主的自治性解纷机制相对弱化，本应作为定分止争最后一道防线的法院却在解纷的前锋位置，劳动争议案件数量井喷式增

① 参见梁平：《多元化纠纷解决机制的制度构建——基于公众选择偏好的实证考察》，载《当代法学》2011年第3期。

长，争议长期处于悬而未决状态。

### （五）衔接机制不畅

1. 仲裁、诉讼衔接差

2017年，人力资源社会保障部、最高人民法院发布《关于加强劳动人事争议仲裁与诉讼衔接机制建设的意见》，要求统一裁审受理范围和法律适用标准，规范受理、保全、执行程序衔接，建立联席会议制度、信息共享制度、疑难复杂案件办案指导制度、联合培训制度等。但在实践操作中，效果尚需提高。法律适用方面，仲裁委因其行政性在优先适用政策上具有惯性，法律适用标准仍需真正统一。诉讼中，仲裁阶段的证据、当事人的自认等均不发生效力，违背效率原则，亦无法形成对仲裁的监督，加重了法院的负担。仲裁和诉讼之间的交流协调机制和平台尚未统一安排，诉讼结果不向仲裁反馈，信息共享尚未做到，联合培训尚未开展。

2. 调解、司法确认衔接差

调解协议达成后，当事人可能因种种原因拒不履行调解协议，而调解协议不具有强制执行力。非诉调解协议司法确认程序旨在高效快捷定分止争，赋予调解协议强制执行力。但该程序知悉率低、法律规定不统一、适用范围较小、管辖法院有限，适用率并不高，"调解+司法确认"的模式还需优化。

## 三、选择借鉴：劳动争议多元化纠纷解决的"三个维度"比较

现有劳动争议解决仲裁前置的单轨制，因各子系统失灵引发诟病，先裁后审环节过多，效率低下。"迟来的正义为非正义"，因而有的学者设计了"或审或裁，各自终局"等路径，精简程序。而笔者认为，此种路径将劳动争议简单等同于民事争议，忽视劳动争议的群众性、社会性等特性和仲裁过滤案件的成果，亦不符合以最低成本获得最大效益的原

则，仲裁前置依然具有正当性。

## （一）历史维度

1949年以来，一系列司法文件皆对劳动争议解决机制进行顶层设计。通过梳理其变革脉络可发现，“协商、调解、仲裁、诉讼”单轨制未曾改变，我国现有的解纷路径亦沿袭之，与历史传统一脉相承，具有强大的历史惯性和几十年的路径依赖（见表1）。

**表1　1949年以来劳动争议解决机制文件**

| 年份 | 文件名称 | 具体规定 |
| --- | --- | --- |
| 1949年 | 中华全国总工会颁发的《关于劳资关系暂行处理办法》 | 第二十七条规定：“在某一企业之劳资双方发生争议无法取得一致意见时，应由劳资双方请求该业工会与同业工会派出之代表会同双方当事人共同协商解决之，如仍无法取得一致意见时，任何一方得请求当地人民政府劳动局调解之。调解无效由劳动局组织仲裁委员会仲裁之。在协商调解仲裁未成立前，双方均应维持生产原状，资方不得有关厂、停资、停伙及其他减低待遇之处置；劳方也应照常生产与遵守劳动纪律。劳资双方之任何一方对劳动局仲裁不服时，得依司法程序向法院提出控诉，由法院判处之。在法院未判决之前，应遵照劳动局仲裁之决定办理。” |
| 1950年 | 劳动部制定的《劳动争议仲裁委员会组织及工作规则》 | 第九条规定：“仲裁决定后，应写成仲裁决定书，经劳动局长批准，通知争议双方当事人执行，必要时并得公布之。争议当事人任何一方在接到仲裁决定书后，如对仲裁不服，须于五日内通知劳动局，并呈诉法院处理……” |
| 1955年 | 中断 | 撤销劳动争议处理机构和劳动争议仲裁委员会，停止执行《劳动部劳动争议仲裁委员会组织及工作规则》《劳动部关于劳动争议解决程序的规定》，信访部门处理劳动争议。 |

（续表）

| 年份 | 文件名称 | 具体规定 |
| --- | --- | --- |
| 1987 年 | 国务院颁布的《国营企业劳动争议处理暂行规定》 | 第五条第一款规定：“因履行劳动合同发生的争议，当事人可以向企业劳动争议调解委员会（或者调解小组，以下统称调解委员会）申请调解，也可以直接向当地劳动争议仲裁委员会（以下简称仲裁委员会）申请仲裁。”第二十五条规定：“当事人一方或者双方对仲裁不服的，可以在收到仲裁决定书之日起十五日内向人民法院起诉……” |
| 1993 年 | 国务院颁布的《企业劳动争议处理条例》 | 第六条第一款规定：“劳动争议发生后，当事人应当协商解决；不愿协商或者协商不成的，可以向本企业劳动争议调解委员会申请调解；调解不成的，可向劳动争议仲裁委员会申请仲裁。当事人也可以直接向劳动争议仲裁委员会申请仲裁。对仲裁裁决不服的，可向人民法院起诉。” |
| 1994 年 | 全国人民代表大会常务委员会颁布的劳动法 | 第七十七条规定：“用人单位与劳动者发生劳动争议，当事人可以依法申请调解、仲裁、提起诉讼，也可以协商解决。调解原则适用于仲裁和诉讼程序。” |
| 2007 年 | 全国人民代表大会常务委员会颁布的劳动争议调解仲裁法 | 第四十七条规定：“下列劳动争议，除本法另有规定外，仲裁裁决为终局裁决，自作出之日起发生法律效力：（一）追索劳动报酬、工伤医疗费、经济补偿或者赔偿金，不超过当地月最低工资标准十二个月金额的争议；（二）因执行国家的劳动标准在工作时间、休息休假、社会保险等发生的争议。” |

在社会生活中，需要运用理性，寻求能实现利益最大化的解纷途径，经过不断的调整适应，形成与实际相适应的规则体系。法院或审判或裁决赋予当事人程序选择权，对争议进行分流，看似精简了环节，缩短了解纷周期，降低了解纷成本，其实不然，大量案件涌入法院可能因此拖慢进程。并且，劳动纠纷具有社会性和群体性，仲裁作为社会救济的方式之一，快速定分止争，实行三方原则，既具有专业性又兼顾民主性，审判可发挥对仲裁的监督作用，亦符合司法最终原则。劳动争议纠纷化

解机制运作效率低下，问题不在于制度本身，而在于各子系统衔接不畅，导致尺度不一，造成资源消耗。

## （二）域外维度

经过类型化分析，域外劳动争议的解决主要有欧洲模式和美国模式两种模式。欧洲模式强调国家统合，依靠劳动法院或专业法庭定分止争，公法色彩浓厚，注重结果公正，典型国家如英国、德国、日本。美国模式着眼于协商自治，以民间仲裁为主，私法色彩较强，强调程序公正，以美国为代表。

英国具有完备的劳动争议处理机制，包括用人单位内部的申诉程序，独立的咨询、调解、仲裁服务委员会，劳动法庭、劳动上诉法庭和普通法法院。[①] 仲裁服务委员会具有准司法机构的特征，为用人单位和劳动者提供政策信息咨询，预防争议发生。个人争议内部申诉具有强制性，为起诉的前置程序。调停是集体争议必经程序，而后方可调解、仲裁，仲裁仅针对集体争议，一裁终局。劳动法庭贯彻三方原则，由律师、雇主组织和雇员组织推荐的人员组成。[②]

德国主要依靠劳动法院化解纠纷，适用程序不同于普通民事程序，并区别个人争议与集体争议，适用不同程序，个人纠纷必须调解。法院的审判庭均由职业法官、雇主代表和雇员代表三方组成，雇主代表和雇员代表独立参加案件裁决，劳动行政部门影响审判庭的组成，具有强烈的行政色彩。[③]

日本未针对劳动争议设置专门法院和程序，但设立诸多机构联合化解纠纷。对集体纠纷，设立具有行政色彩的劳动关系委员会，负责调解和自愿仲裁，由雇员、雇主和公共利益代表组成。对个人纠纷，地方劳

① See Employment Tribunals（Constitution and Rules of Procedure）Regulations 2004（SI2004/1861）Schedule 1，para. 21.

② See Employment Tribunals Act 1996，Sec. 4.

③ See Blanpain，Bisom-Rapp，Corbett，Josephs & Zimmer，The Global Workplace：International and Comparative Employment Law：Cases and Materials，Cambridge University Press，2007，p. 429.

动局设立咨询处，提供指引、咨询、调解，一站式服务，但不具有强制性，亦可直接起诉。①

美国注重仲裁的作用，仲裁系自愿选择，并区分个人争议和集体争议给予不同的解决渠道。个人争议以民间仲裁为主，集体争议分为权利争议和利益争议，权利争议必须先经企业内部的不满申诉制度，利益争议可直接申请调解，联邦调停调解局系联邦政府的独立机构。②

由上观之，域外劳动争议解决机制注重争议的非诉解决，充分发挥协商、调解和仲裁的作用，人员组成全面引入三方机制，限制上诉审查范围，注重各环节的衔接，坚持司法最终原则，为当事人提供一套方便、民主的解纷程序。

（三）现实维度

2020年，最高人民法院、中华全国总工会联合印发了《关于在部分地区开展劳动争议多元化解试点工作的意见》，强调“党委领导、政府主导、各方协同”，形成多元共治良好局面，不断推进“诉源治理”机制建设，支持工会充分履职，做实、做强劳动争议调解组织和调解员的调解能力和公信力，实现纠纷解决端口从诉讼向仲裁、协商的前移。一些地方立足实际和劳动争议纠纷的特点，以“方便、快捷、高效”为出发点，以网络信息技术为手段，加强调解、仲裁和诉讼的无缝衔接，融合多方主体及资源，统一流程，为劳动争议纠纷打造集约化、规范化、高效化的解决平台。

1. 北京市：适应“互联网+”新时代要求，减少当事人维权成本

北京法院注重信息化平台的应用，实现网上立案、繁简分流、多元调解、诉调对接全流程线上流转、线上管理。特别是在新冠肺炎疫情防控期间，北京法院加强分调裁一体化平台、北京移动微法院、北京“云

① See Takashi Araki, Labor and Employment Law in Japan, The Japan Institute of Labor, 2002, pp. 12-14.

② 参见谢增毅：《我国劳动争议处理的理念、制度与挑战》，载《法学研究》2008年第5期。

法庭”等信息化平台和系统的建设使用，确保司法服务“不打烊”，多元解纷“不掉线”，压缩了结案周期，有效节省了人力、物力等维权成本。①

2. 天津市：多主体共同参与，突出源头预防

2018年，天津市人力社保局与市综治办、市高级人民法院等八部门出台《进一步加强劳动人事争议调解仲裁完善多元处理机制实施意见》，完善党委领导、政府负责、部门联动、社会协同、公众参与、法治保障的工作体制。预防调解关口前移，法院、总工会、人力社保局等部门成立劳动争议诉前联合调解工作室，由政府采取购买社会服务的方式，选配专职调解员，分别派驻辖区内街道。设立“和谐劳动关系诊所”社会公益团队，“诊所”内设有咨询台和等候处，方便职工投诉咨询，实现精准法律援助。充分发挥商会在预防和化解劳动纠纷中“减压阀”和“灭火器”的作用，做好行业调解。

3. 河北省：统一模式，因地制宜多路径推进

2021年，《河北省多元化解纠纷条例》实施，河北省各地区以此为基准，结合各地实际情况，各显所长。邢台市中级人民法院建成了互联网+诉非衔接”矛盾纠纷大调解工作网络平台，以人民法庭为前沿阵地，积极创新工作模式。邯郸市中级人民法院对于小额诉讼案件当日立案，当日分案，当日传唤送达，缩短解纷周期。承德市双滦区人民法院推出了“4655”繁简分流模式，组建速裁合议庭、适用表格式、要素式、令状式裁判文书等。秦皇岛市海港区人民法院开办劳动法庭纷巡回法庭等，实现人民调解与司法调处无缝对接。②

## 四、“大调解、中仲裁、小诉讼”解纷模式优化

防患于未然是劳动争议处理的治本之策，尤其在新冠肺炎疫情的影响下，更应注重预防。对已经发生的纠纷通过大调解化解，多方协作，

① 《北京发布多元调解“十大典型案例”近七成民事纠纷快速化解》，载北京法院网，https：//weibo. com/ttarticle/p/show？id=2309404593291151671791，2021年5月24日访问。

② 参见马丽宽：《多元化解纠纷的河北实践》，载《公民与法治》2021年第4期。

建立劳动争议一站式联调机制。突出仲裁的过滤作用，提高仲裁权威。诉讼仅应审理疑难复杂案件和对仲裁等程序的监督。

（一）重在预防——突出劳动监察的职能效用

劳动保障监察部门应根据《劳动保障监察条例》的规定，做好日常巡视检查，及时处理举报投诉，预防纠纷发生，尤其是防止集体争议激化，确保用人单位严格执行劳动合同法等相关规定。根据博弈论，用人单位和劳动保障监察机构作为理性的经济人，用人单位不规范行为和规范行为系零和关系，破解零和游戏的出路在于参与博弈者从零和走向双赢，通过让用人单位切实认识到不规范行为得不偿失，望而却步，转而把蛋糕做得更大。在混合策略下，假设用人单位进行不规范行为的概率为 p，收益为 B，实施成本为 C1，处罚成本为 C2。监察机构监管的概率为 q，收益为 V，成本为 D。用人单位和监管机构博弈收益矩阵见表 2。

表 2　用人单位和监管机构博弈收益矩阵

| 关联方 / 监管机构 | 监管（q） | 不监管（1-q） |
| --- | --- | --- |
| 不规范行为概率（p） | （$B-C_1-C_2$，V-D） | （$B-C_1$，0） |
| 规范行为（1-p） | （0，-D） | （0，0） |

单位期望收益 $R_1=p\left[q(B-C_1-C_2)+(1-q)(B-C_1)\right]=p(B-C_1-qC_2)$，求导得知，用人单位最优条件为 $f'(p)=B-C_1-qC_2=0$，即最优概率 $q_1=(B-C_1)/C_2$。

监察机构期望收益 $R_2=q\left[p(V-D)+(1-p)(-D)\right]=q(pV-D)$，求导得知，监察机构最优条件为 $f'(q)=pV-D=0$，即最优概率为 $p_1=D/V$。

由上可知，当 $q_1=(B-C_1)/C_2$，$p_1=D/V$，实现纳什均衡。

当 $p>p_1$ 时，监察机构选择监管；当 $q<q_1$ 时，用人单位实施不规范行为。

监察机构监管与对用人单位不规范行为的处罚成本成反比。用人单位实施不规范行为的概率与监察机构的收益成反比，与其成本成正比。加大劳动执法力度，降低监察机构监督成本，增加用人单位不规范行为成本，方可有效遏制不规范行为的发生，从源头消弭纠纷，实现社会利益最大化，提升社会整体福祉。

### （二）整合资源——促进各个系统的整体提升

1. 发挥工会力量做实协商

协商要求双方权利和机会平等，通过相互交流、讨论实现相互理解。[①] 劳动者和用人单位之间力量对比失衡，须工会参与以扭转局面，工会应由劳动者选举产生，代表劳动者的合法利益，形成“自己人效应”，赢得劳动者的认同，实现与强势的用人单位平等对话，建立平等的集体协商机制。根据《人力资源社会保障部办公厅关于妥善处理新型冠状病毒感染的肺炎疫情防控期间劳动关系问题的通知》，企业因受新冠肺炎疫情影响导致生产经营困难的，可以通过与职工协商一致采取调整薪酬、轮岗轮休、缩短工时等方式稳定工作岗位。在新冠肺炎疫情防控期间，应健全集体劳动争议应急协商机制，强化工会职责，第一时间进行协调。

2. 赢得社会信任做大调解

调解是合作博弈，源于对共同体的信任和共通共生性，促进双方自主履行，实现效率和公正的统一。[②] 鉴于纠纷解决机制的共同价值目标公正和化解纠纷的机构权威均源于信任，[③] 调解组织必须激发劳动者和用人单位对其信任，保证调解的中立性。实践中，应做到：建立区域性人民调解委员会和行业调解组织，形成开放式社会调解网络。落实特邀调解制度，完善名册管理，加强委派、委托调解力度；加强对劳动争议调解组织和调解员的业务指导和培训，不断提高调解水平；充分利用互联网

---

① 参见［德］哈贝马斯：《在事实与规范之间——关于法律和民主法治国的商谈理论》，童世骏译，三联书店2003年版，第219页。

② 参见［英］罗杰·科特威尔：《共同体的概念》，王渊译，载《清华法学》2006年第1期。

③ 参见傅郁林：《迈向现代化的中国民事诉讼法》，载《当代法学》2011年第1期。

创新调解方式，加强在线调解、在线司法确认等；提高调解员任职门槛，调动调解人员的积极性，加强调解组织考核和保障体系，增强调解的权威性；健全集体劳动争议应急调解机制，人社部门会同工会、企业代表组织及时介入集体争议，做好调解。

3. 落实三方机制做强仲裁

仲裁是非合作博弈，力图以高效率、低成本、高亲和度与诉讼形成功能互补。应建立相对独立的劳动争议仲裁院，劳动行政部门不得干预仲裁结果，以保障其公正性，产生“威信效应”。应贯彻三方原则，由用人单位代表、劳动者代表和仲裁员组成仲裁庭，保证多方利益均衡博弈。应提高仲裁人员任职门槛，设立准入考试，建立仲裁员库，加强仲裁队伍法律知识和办案能力的培训，加大对仲裁员的考核管理，激励其积极作为。

4. 完善一裁终局提高效率

一裁终局旨在使简单小额案件在仲裁程序中彻底解决。目前，劳动争议一裁终局制度存在适用范围过窄、监督机制不完善的问题，严重制约该制度作用的发挥。因此，应细化扩大一裁终局适用范围，明确劳动关系确认、集体劳动争议等不予适用，而劳动标准案件不考虑标的额大小均适用一裁终局。完善撤销终局裁决案件的审理程序，建立申请撤销的立案审查制度，严格把握程序违法撤销裁决的标准。

5. 用好特别程序防止浪费

劳动合同法第三十条和劳动争议调解仲裁法第十六条均规定部分劳动争议可向法院申请支付令。民事诉讼法规定小额诉讼程序、先予执行程序、支付令程序和司法确认程序，为劳动争议纠纷解决提供了“利器”，应加大适用力度，优化响应程序，发挥制度作用，高效快捷定分止争。

6. 利用经济杠杆化解纠纷

为引导当事人理性选择解纷途径，应给利用审判加上一定负担的考虑，防止滥用诉权，提高司法资源利用效率。[①] 诉讼费用低廉导致劳动者或用人单位采用马拉松式的诉讼策略，出现低诉讼成本的负效应。利用经济杠杆撬动诉讼本位现状，因诉讼费和仲裁费均由败诉者承担，提高收费标准，让劳动者和用人单位谨慎选择解纷途径，同时考虑到劳动争议涉及民生问题，对确属经济困难的劳动者和单位可以缓交、减交或免交诉讼或仲裁费用。

### （三）协调配合——实现“协、调、裁、审”的“无缝衔接”

正义具有不同的含义，不仅涵盖经济平等的分配正义，而且意味着效率。[②] 劳动争议对劳动者的工作和家庭生活有举足轻重的影响，不仅要求争议解决本身的公正性，还须注重及时性，提高解纷效率。

1. 注重事实衔接

建立无争议事实记载机制，对调解中劳动者和用人单位均认可的事实予以记载，当进入仲裁或诉讼后不再进行审查。及时固定诉讼请求、争议焦点、相关证据和送达地址，以防止重复查明，导致资源浪费，降低解纷效率，搭建非诉和诉讼间的桥梁。

2. 强化法律衔接

法院发挥辐射功能，对协商、调解、仲裁进行指导，为其他机制提供标准。法院应制定劳动案件审理流程及操作规则，对审判中的疑难复杂问题及时发布典型案例。法院应与仲裁委召开联席会议，出台会议纪要，及时沟通信息，做到资源共享，统一仲裁和司法标准，提高案件的审判质效。

3. 搭建衔接平台

加强顶层设计，建立健全区域性的劳动争议调解机构，改“单科门诊”为“专家会诊”，提供咨询和调解服务，由人社局、综治、工会、司

① 参见［日］棚濑孝雄：《纠纷的解决与审判制度》，王亚新译，中国政法大学出版社2004年版，第285页。

② 参见［美］理查德·波斯纳：《法律的经济分析》，蒋兆康译，法律出版社2012年版，第36页。

法局、法院等参与，吸收人民陪审员、律师、工会代表、用人单位代表等组成，提高调解的公正性和权威性，集约化管理，减少多头对接。加强仲裁与诉讼的衔接，根据《人力资源和社会保障部、最高人民法院关于加强劳动人事争议仲裁与诉讼衔接机制建设的意见》，结合地方实际，出台文件，加强顶层设计。

4. 加强信息化建设

在互联网时代和全面深化智慧法院建设的背景下，通过信息化助推审判，对常见的工资和加班费的计算标准、经济补偿金的标准、工伤赔偿金数额计算等，制定推广计算器程序，劳动者和用人单位输入基本工资、日期等基本案件事实即可显示最终支付数额，不仅提高审判效率，而且增大当事人对最后结果的预期，提升达成协商、调解的概率和服判息诉率。

5. 加强司法确认

司法确认赋予调解协议以强制执行力，有效弥合了非诉解纷失灵和诉讼解纷乏力。鉴于司法确认程序知悉率低的困境，明确调解机构的告知责任，书面告知或在调解协议文末统一告知当事人申请司法确认的时间、管辖法院、程序等。提高解纷效率，法院开辟绿色通道，进行优先立案、优先审理，推动司法确认标准化，规范审查标准，同时，注重虚假司法确认的风险防范。优化司法确认程序，统一法律适用规定，完善配套制度，真正发挥程序作用。

### （四）强化宣传——提高非诉方式的适用比例

非诉解决具有程序上的非正式性、性质的民间性、纠纷解决的非对抗性。[①] 应加大对劳动争议多元化解机制工作的宣传力度，注重传媒效应，组织宣讲团到调解机构、基层社区和用人单位等讲解劳动法的相关知识，加强以案释法，印发通俗易懂的劳动法律读本，以人民喜闻乐见

① 参见范愉、李浩：《纠纷解决——理论、制度与技能》，清华大学出版社 2010 年版，第 30 页。

的方式供给法律。

设立仲裁和立案告知引导制度，充分发挥热线电话和咨询机构的咨询功能，引导劳动者和用人单位选择调解，增强非诉解决争议的意愿，使非诉起到“防洪堤”与“减压阀”作用。监察、协商、调解、仲裁、诉讼形成多元化、多渠道、多层次、全方位的解纷产品，使诉讼对非诉的波及效应与非诉对诉讼的向心效应①相得益彰。

## 结语

以最小的成本获取最大的收益是现代司法的内在要求。② 构建劳动争议多元化解新格局应从“六尺巷”等传统文化中汲取智慧，做好调解，加强各环节的衔接，弥合仲裁与诉讼的断层，实现机制互联、功能互补、资源互享、良性互动，使各系统提供差异化的产品，实现司法资源的有限性和社会力量的可利用性、强制力量与说服力量的可结合性，③ 促进劳动争议解决兼顾公平与效率，形成劳动争议多元化解新格局。

---

① 参见［日］小岛武司、伊藤真：《诉讼外纠纷解决法》，丁婕译，中国政法大学出版社2005年版，第211页。

② 参见侯海军：《劳动争议调解、仲裁和审判制度改革研究》，法律出版社2011年版，第197页。

③ 参见蒋惠岭：《诉调对接中心助推法院内部结构性改革》，载《法制资讯》2013年第3期。

# 民事司法确认案件地域管辖规则的实践检视与完善进路

## ——以京津冀三地130份裁判文书为样本分析

戴焕平　吕娟娟*

**摘要**：2020年的《民事诉讼程序繁简分流改革试点实施办法》，对司法确认案件的管辖作出了明确规定，但该规定比较原则化，仍有值得优化和完善的空间。民事司法确认案件地域管辖规则现存的主要问题是管辖连接点单一，协议管辖阙如。民事司法确认案件地域管辖规则完善进路应从以下几方面着手：一是扩大地域管辖连接点，建立无顺位多元连接点机制，申请人住所地、不动产所在地、调解组织所在地、调解协议签订地、调解协议履行地、管理特约调解员的基层人民法院、作出委派的人民法院均可作为管辖的连接点；二是增加协议管辖规则，赋予申请人自由选择权，允许申请人向与争议和调解有实际联系地点的人民法院申请司法确认；三是区分专属管辖与专门管辖，司法确认案件不作专属管辖规定，专门法院享有较一般法院优先管辖的权力。

2020年1月15日，最高人民法院印发了《民事诉讼程序繁简分流改革试点实施办法》（以下简称《实施办法》）。《实施办法》体现了深化

* 作者单位：北京市怀柔区人民法院。

诉讼制度改革，推进案件繁简分流、轻重分离、快慢分道的改革目标。司法确认制度是深化诉讼制度改革的重要一环，是为了进一步满足人民群众多元、高效、便捷解决纠纷的需求。《实施办法》将优化司法确认程序作为重要的改革项目予以确认，《实施办法》对司法确认案件的管辖作出了明确规定，但该规定仍有值得优化和完善的空间。本文以管辖制度中最重要的地域管辖为视角，试图构建方便申请人申请，方便法院确认，方便诉调对接的民事司法确认案件地域管辖规则。

## 一、实践观察：民事司法确认案件的现状

影响案件管辖的因素主要有案由、涉案标的、申请人住所地等，本文第一部分就影响民事司法确认案件管辖的几个因素进行统计分析，在此基础上概括归纳出民事司法确认案件所具有的独特属性。

### （一）民事司法确认案件的现状概述

在中国裁判文书网输入关键词“民特”“司法确认调解协议”，文书类型“裁定书”，案件类型“民事案件”，共检索到81777篇文书。[①] 本文仅选取北京市、天津市、河北省三地2021年的裁判文书作为分析对象。去除无关案例、撤回申请裁定和民特监字号[②]案件，共得到有效裁定130篇，其中北京市45篇，天津市3篇，河北省82篇，作为本文的样本进行分析。

1. 民事司法确认案件的原始案由

经统计，130件民事司法确认案件中，原始案由为民事案由的共60件，占比46.15%，其中数量最多的是继承纠纷，共25件，占所有民事案件数的19.23%。除继承纠纷外，民事案由还包括侵权责任纠纷、劳动争议纠纷、人格权纠纷、物权保护纠纷等。商事案由案件共70件，占比

① 参见中国裁判文书网，http://wenshu.court.gov.cn/，2021年6月11日访问。

② 民特监字号案件申请人的诉求通常为撤销原司法确认案件的裁定书，这类案件在程序上类似于普通民商事案件的审判监督程序，应由受理原司法确认案件的法院受理，本文对此类案件的管辖不再另行论述。

为 53. 85%，商事案件适用率高于民事案件，商事案件涉及的案由很丰富，包括合同纠纷、与公司有关纠纷、保险纠纷等，合同纠纷项下还涉及众多下级案由。

2. 调解协议涉案标的

调解协议涉案标的为给付货币的共 113 件，占比 86. 92%。涉案标的额从几百元到几千万元不等，其中，涉案标的额在 10 万元以下的占比最多，为 50. 00%，10 万元到 100 万元的占比 24. 62%，100 万元以上的占比仅为 3. 07%。涉案标的为不动产的共 20 件，占比 15. 38%，其中涉案标的全部为房屋，涉案标的为不动产的司法确认案件多发生在继承纠纷中。

3. 申请人与调解组织住所地关系

由表 1、表 2 可以看出，申请人住所地少半位于相同行政区域[①]，另一多半位于不同行政区域。申请人住所地与调解组织住所地的分布情况和申请人之间住所地的分布情况基本相同。同时也可以看出，申请人与调解组织所在地是否位于同一行政区域受经济发展水平的影响。一般而言，经济越发达，申请人与调解组织位于同一行政区域的概率越小。

**表 1　申请人住所地之间的关系**

| 类型 | 省份 | 行政区域相同 | 行政区域不同 | 行政区域是否相同不明 |
|---|---|---|---|---|
| 申请人住所地之间的关系 | 北京市 | 8 | 36 | 1 |
| | 天津市 | 3 | 0 | 0 |
| | 河北省 | 49 | 31 | 2 |
| | 合计 | 60 | 67 | 3 |

① 本文所指的行政区域是指设立基层法院的区县一级。

表 2　申请人住所地与调解组织住所地之间的关系

| 类型 | 省份 | 行政区域相同 | 行政区域不同 | 行政区域是否相同不明 |
|---|---|---|---|---|
| 申请人住所地与调解组织所在地之间的关系 | 北京市 | 9 | 35 | 1 |
| | 天津市 | 3 | 0 | 0 |
| | 河北省 | 46 | 32 | 4 |
| | 合计 | 58 | 67 | 5 |

### （二）民事司法确认案件的特点

1. 原告被告不分，双方无对抗性

民事司法确认案件适用民事特别程序审理，案件当事人均被称为申请人，没有原告、被告之分。申请人双方在申请司法确认之前就争议事实已经达成调解合意，并有专门调解人员出具调解协议。在司法确认过程中，承办法官仅就双方是否自愿、调解协议是否违法等进行审查，除存在虚假调解的可能外，一般不涉及对争议事实的审查。司法确认案件虽然要求双方到庭接受询问，但程序设计上并不存在举证、质证、辩论等对抗环节。

2. 案件类型多元，集中趋势明显

一方面，民事司法确认案件涉及的原始案由和案件类型十分广泛，由上文统计数据可以看出，司法确认案件涉及民事和商事领域的方方面面，除法律明确排除适用的情形外，只要申请人双方自愿达成合意，且不违反国家的法律法规、公序良俗，均可申请司法确认。另一方面，司法确认案件集中的趋势比较明显，民事案件集中在继承纠纷，商事案件主要集中在合同纠纷。此外，集中性还体现在某一地区的收案类型比较集中。

3. 涉案标的以给付货币为主，涉及不动产为辅

由上文的统计可以看出，在司法确认案件中涉及金钱给付的占据绝大多数。其中，数额在 10 万元以下的小额给付占比最多，这类案件涉案数额较小，适合由基层法院管辖处理。涉及不动产的案件在数量上虽然

不占绝对优势，但不容小觑，这类案件主要集中在继承纠纷中，且涉案人数较多。不动产所在地与调解组织所在地不一致时，不动产所在地法院是否有管辖权，目前并没有明确的法律规定。

4. 跨区域确认案件越来越多

随着社会经济的发展，人们活动半径逐步扩大，跨区域民事纠纷越来越多。民事司法确认案件的申请人也有相当一部分位于不同的行政区域。经济越发达人们活动半径越大，纠纷产生在不同行政区域申请人之间的概率就越大。纠纷地域范围的扩大化，为司法确认案件的管辖提出了严峻的考验，如何才能方便申请人，实现快速高效解决纠纷，成为司法确认案件管辖不得不考虑的问题。

## 二、问题探究：民事司法确认案件地域管辖存在的问题及原因分析

我国现行民事司法确认案件地域管辖规则存在的问题主要有两个：一是地域管辖的连接点过于单一；二是在国家基本法层面没有关于司法确认协议管辖的明确规定。之所以会存在上述问题是因为司法确认制度尚不健全，加之虚假确认风险较高，法官办案业绩考核不合理，法官怠于适用。

### （一）民事司法确认案件地域管辖存在的问题

1. 管辖连接点单一

我国民事诉讼法及《最高人民法院关于适用〈中华人民共和国民事诉讼法〉的解释》（以下简称《民诉法解释》）将调解组织所在地作为司法确认案件地域管辖的唯一连接点。《实施办法》将地域管辖的连接点由调解组织所在地扩展到作出委派的人民法院、调解协议签订地，并对调解协议签订地的认定作出了具体规定。《实施办法》的规定看似扩大了地域管辖的连接点，其实不然。调解组织所在地针对的是人民调解委员会或者特邀调解组织调解的案件，作出委派的人民法院针对的是委派调

解的案件，调解协议签订地针对的是特约调解员调解的案件，即对于某一特定案件，收案法院是确定的、唯一的，在管辖连接点上申请人没有选择的余地。根据上文统计数据显示，司法确认案件的当事人和调解组织有相当一部分位于不同的行政区域，而司法确认案件的地域管辖仅限定在调解组织所在地、作出委派的人民法院、调解协议签订地，显得过于狭隘和单一。

2. 协议管辖阙如

司法确认案件以申请人之间的调解协议为审查的主要对象，调解协议在本质上属于民事合同，充分体现和保障了申请人的意思自治。但在司法确认的程序问题上，无论是民事诉讼法、《民诉法解释》，抑或《实施办法》，均没有对申请人在司法确认管辖上的选择权作出规定。申请人是否可以协议选择管辖法院，协议管辖适用的案件范围，可协议选择的管辖连接点等均没有明确规定。这与司法确认案件充分体现申请人意思自治的意旨不符。申请人的意思自治应体现在程序和实体两方面。管辖的全面放开可能会产生新的问题，如虚假调解、虚假确认增多。但司法确认案件要起到繁简分流、缓解法院案多人少矛盾的作用，就应以扩大司法确认适用、方便申请人申请为出发点，扩大可供申请人选择的管辖连接点。至于管辖连接点扩大的程度，涉及与防范虚假诉讼、虚假调解相协调的问题。

### （二）民事司法确认案件地域管辖存在问题的原因

1. 司法确认制度尚不健全完善

“司法确认”一词在我国立法中最早出现在自 2011 年 1 月 1 日起实施的人民调解法中。2011 年 3 月 23 日，最高人民法院发布《最高人民法院关于人民调解协议司法确认程序的若干规定》（以下简称《司法确认程序规定》）。虽然《司法确认程序规定》是专门规范司法确认程序的规定，但其仅有 13 条，内容相对简略。在国家基本法层面，直到 2012 年修正民事诉讼法时才将司法确认规定在其中，且仅在第十五章特别程序第六节规定了两个条文。2017 年的《民诉法解释》也只有第三百五十三条至第三百六十条共八个条文对司法确认作出了简要的规定。从我国现行法律体系整体而言，司法确认制度的立法体系尚不健全，需进一步完善。在民事司法确认案件立法整体不完善的情况下，司法确认案件管辖的规定也呈现出疏简的粗线条性。

人民调解法仅规定双方申请人“共同向人民法院申请司法确认”，至于向何地的法院申请，并没有作出进一步明确规定；《司法确认程序规定》将管辖规则向前推进了一大步，规定司法确认案件由“人民调解委员会所在地基层人民法院或者它派出的法庭管辖”，经委派的由“委派的人民法院管辖”；而民事诉讼法则仅限定在向“调解组织所在地基层人民法院提出”；《民诉法解释》对民事诉讼法作出了完善，规定由“调解组织所在地基层人民法院或者人民法庭”管辖，此外还增加了管辖权争议的规定。近十年来，司法确认案件的管辖法院一直限定在调解组织所在地基层人民法院或者人民法庭，并没有完整的关于管辖的体系化规定。

2. 办案法官对适用司法确认存有顾虑

民事司法确认程序是一种便捷、快速处理民事纠纷的非诉特别程序，经法院司法确认的调解协议具有强制执行的效力。然而，办案法官在适用这一程序时往往存有顾虑。一是对信息不对称的顾虑。与诉讼程序不同，司法确认程序没有举证、质证环节，没有激烈的辩论环节，申请人双方之间的矛盾不会充分显现在法官面前。加之，申请人申请司法确认之前的调解过程办案法官并没有参与，法官仅通过询问调解协议的相关内容很难准确而全面地捕捉到申请人内心的真实想法。二是对虚假调解、虚假确认的顾虑。受信息不对称、案件难易程度、调解人员素质等因素的影响，办案法官对调解协议的真实性及其质量存有疑义。如果申请人对虚假的债权、债务进行调解，调解员不加辨别，急于结案，就会出现虚假调解的可能。对虚假的调解协议进行司法确认，会面临出现错案的风险。基于信息不对称、虚假调解、虚假确认的顾虑，办案法官对司法确认程序持谨慎态度。

3. 法官办案业绩考核不合理

与司法改革配套的法官办案业绩评价机制是对法官办案业绩最重要的考核。依法官办案业绩评价的规定，不同类型的案件难易系数不同，在难易系数基础上结合办案质量、效力、效果等因素算出个案分值，个案分值累积之和就是法官的年终总绩效。司法确认案件的难易系数远低于民事简易程序和普通程序的诉讼案件，办理三四个司法确认案件的业绩约等于办理一个简易程序的业绩。司法确认案件前期调解过程的缺失并未减轻法官过多的负担，而办案业绩却比普通民商事案件低很多，这使得法官对适用这一程序没有太大积极性，甚至在一定程度上会规避这一程序的适用。

## 三、完善构想：民事司法确认案件地域管辖规则的进路探寻

《实施办法》规定中级人民法院也可以审理司法确认案件，考虑到不同级别的法院在地域管辖的原理上基本一致，为论述方便起见，以下主要就基层人民法院民事司法确认案件地域管辖规则进行讨论。

### （一）民事司法确认案件管辖规则应遵循的基本原则

方便申请人原则。之所以设计管辖制度，是为了方便当事人、方便法院。其中，便于当事人参加诉讼是我国现行法确定管辖的首要原则。[①]司法确认案件的地域管辖制度亦应把方便申请人放在首要位置。

方便法院原则。管辖规则除了考虑方便申请人之外，还应考虑不同地区法院收案的均衡度，法院对调解协议的查明、执行难易度等。应尽可能地将案件提交与争议有最密切联系的地点的法院管辖。

方便诉调对接原则，民事司法确认案件有其自身的独特属性，即由专门负责调解的人员先行调解，再由人民法院对申请人达成的调解协议进行确认。申请人在申请司法确认之前反悔的可以向人民法院提起诉讼。

① 参见肖建国、庄诗岳：《论互联网法院涉网案件地域管辖规则的构建》，载《法律适用》2018年第3期。

因此，司法确认案件的管辖规则亦应考虑方便诉讼与调解相衔接的问题。

### （二）民事司法确认案件地域管辖规则的立法完善进路

民事司法确认案件管辖规则的模式是选择创设独立的管辖规则，还是在现有管辖规则框架内进行优化调整？因民事司法确认案件并非完全脱离民法的新生事物，故民事司法确认案件的地域管辖规则亦不能完全脱离民事诉讼法而创设完全独立的管辖规则。司法确认案件虽然有其自身的特殊性，但司法确认案件中可以作为管辖连接点的因素与普通民商事案件存有共性，差异不大。因此，民事司法确认案件管辖规则以在现有管辖规则框架内进行优化调整的模式为宜。

1. 扩大地域管辖连接点，建立无顺位多元连接点机制

现行法律规定司法确认案件的连接点包括委派的人民法院、调解组织所在地、调解协议签订地、管理特约调解员的基层人民法院，对于某一具体案件管辖法院是确定的，申请人并没有选择的余地。一般民事案件的申请人尚且可以从一般地域管辖和特殊地域管辖诸多连接因素中选取管辖法院，作为最能体现申请人意思自治的司法确认案件的管辖连接点却仅限定在与调解相关的因素上，显得过于狭隘。并且，对于某些专业性较强的调解组织如医疗纠纷调解组织、知识产权调解组织、房地产调解组织，每一省市可能仅有一个，这样就会导致案件过分集中于某一行政区域的基层人民法院，不利于实现不同地区法院间收案均衡的管辖目的。因此，应进一步扩大民事司法确认案件地域管辖的连接点，建立无顺位多元连接点机制。

在诉讼案件中一般地域管辖以原告或被告的住所地为管辖连接点，民事司法确认案件虽然没有原告与被告之分，但也涉及不同的申请人。申请人只要达成一致意见，共同向一方住所地人民法院申请司法确认的，申请人一方住所地人民法院就应予以受理。由上文表1、表2可以看出申请人和调解组织很多处于不同的行政区域，如果仅允许调解组织所在地基层人民法院管辖，则可能对申请人双方都不便利，如果允许申请人住

所地人民法院管辖，至少可以方便一方申请人。司法确认案件需要双方申请人到场，申请人达成一致意见自愿到一方住所地人民法院申请司法确认的，体现了申请人对诉讼成本的自由分配，这样更有利于申请人自愿申请司法确认。

在特殊地域管辖方面，司法确认案件最具特色的就是调解组织或调解员的介入。因此，与调解组织、调解员相关的因素如调解组织所在地、调解协议签订地、调解协议履行地、管理特约调解员的基层人民法院、作出委派的人民法院等均可作为管辖的连接点。之所以在现有法律规定的基础上增加调解协议履行地是因为调解协议本质上是合同，人民法院对调解协议进行确认，可以参照有关合同纠纷的管辖规定。合同纠纷由被告住所地或者合同履行地人民法院管辖，所以调解协议履行地人民法院也应享有管辖权。因司法确认案件审查范围的局限，不能完全依据原始案由诉讼标的要素确定管辖法院，但在涉及不动产等标的物时，调解协议通常会写明涉案标的物所在地，涉案标的物，尤其不动产是明确的、具体的，涉案标的物所在地也是可以确定的。因此，涉案标的物所在地也应作为司法确认案件的管辖连接点予以确认。申请人可以在上述管辖连接点中任意选取管辖法院，没有先后顺序的要求。

2. 增加协议管辖规则，赋予申请人自由选择权

协议管辖体现了高度尊重申请人意思自治的精神，是我国民事诉讼制度中当事人主义色彩比较明显的部分。[①] 2009 年 7 月 24 日发布的《最高人民法院关于建立健全诉讼与非诉讼相衔接的矛盾纠纷解决机制的若干意见》（以下简称《若干意见》）第 21 条对司法确认案件的协议管辖作出了相应规定。依据该规定，申请人可以在书面调解协议中选择申请人住所地、调解协议履行地、调解协议签订地、标的物所在地基层人民法院管辖，但不得违反法律对专属管辖的规定。《若干意见》在效力等级上属于司法政策、指导性文件，在我国民事诉讼法、《民诉法解释》以及

① 参见王亚新：《民事诉讼管辖：原理、结构及程序的动态》，载《当代法学》2016 年第 2 期。

《实施办法》均未对协议管辖作出明确规定的情况下，协议管辖是否适用是一个值得思考的问题。

司法确认制度是对申请人协商一致的调解协议进行确认，并赋予其强制执行的效力。这一制度建立在充分尊重申请人意思自治的基础之上。但在程序启动、申请人选择管辖法院这一环节，民事诉讼法及《民诉法解释》却并没有赋予申请人协议选择的权利。故此，应在民事诉讼法或《民诉法解释》中参照《若干意见》明确规定赋予申请人协议选择管辖法院的权利。

《若干意见》的规定有其合理性，但还需结合民事诉讼法第三十四条的规定进一步完善。首先，在适用案件范围上，遵从《若干意见》的规定，允许所有民事司法确认案件的申请人协议选择管辖法院；其次，在选择方式上，申请人应通过书面方式协议选择，不能口头约定，书面方式可以是调解协议中约定的管辖条款，也可以是专门的管辖协议；最后，在管辖连接点上除《若干意见》规定的申请人住所地、调解协议履行地、调解协议签订地、标的物所在地之外，还应增加调解组织所在地、管理特约调解员的基层人民法院等与争议及调解有实际联系的地点的人民法院管辖。此外，关于协议管辖还应注意，申请人对解决原争议的管辖约定不应适用于司法确认案件，即司法确认案件申请人协议选择管辖法院的时间节点为签订调解协议时至申请司法确认之前。

3. 区分专属管辖与专门管辖

民事诉讼法对港口作业纠纷、不动产纠纷、继承遗产纠纷三类案件作出了专属管辖的规定，司法确认案件的调解协议也会涉及这三类案件。司法确认案件不应作出专属管辖的规定，原因如下：司法确认案件以便捷、高效为目标，专属管辖是法定管辖中最为固定或可变通的程度及弹性最小的种类，只规定一种特定法院管辖而不允许有所选择，[①] 如果将某些案件限定在专属管辖的范围，那么申请人可供选择的法院就是唯一的、

① 参见王亚新：《民事诉讼管辖：原理、结构及程序的动态》，载《当代法学》2016年第2期。

确定的，这与司法确认案件充分尊重申请人意思自治的立法宗旨相悖。因此，司法确认案件不应规定专属管辖。

专门管辖与专属管辖虽有竞合，但二者并不完全相同。专门管辖是指各专门法院管辖案件的范围。[①] 我国先后设立了军事法院、海事法院、知识产权法院、铁路运输法院、家事法院、互联网法院、金融法院等专门法院。专门法院的设立是为了满足人们专业高效解决纠纷的需求。《实施办法》规定案件符合专门管辖标准的，由对应的专门法院管辖。该规定第一次明确了专门法院对司法确认案件的管辖权，具有积极的意义。但该规定过于原则化，应进一步细化。首先，因专门管辖并不排除协议管辖，因此，符合专门管辖的案件应允许申请人协议选择管辖法院；其次，因专门法院在审理某类案件上具有更高的专业性，在申请人没有协议选择管辖法院的情况下，专门法院应享有较一般法院优先管辖的权力。

4. 民事司法确认案件地域管辖规则的适用

从法律规定而言，法定管辖是基础和根本，协议管辖是调整和补充。但从法律适用而言，除专属管辖外，协议管辖优于法定管辖，即申请人协议选择的法院享有优先管辖权，只有协议管辖被确认无效时，才考虑法定管辖的适用。司法确认案件除因其案件自身特色确定的地域管辖规则之外，应尽量遵循我国现有管辖规则的一般规定。基于此，民事司法确认案件管辖的具体适用规则应为：首先，由申请人自愿选择的法院管辖；其次，申请人没有选择，或选择无效的，依据法律规定确定管辖法院，申请人住所地、不动产所在地、调解组织所在地、调解协议签订地、调解协议履行地、管理特约调解员的基层人民法院、作出委派的人民法院均有管辖权；再次，为充分体现申请人的意思自治，民事司法确认案件不宜适用专属管辖的规定；最后，其他管辖问题如管辖权争议、移送管辖等的规定适用普通民商事案件关于管辖的规定。

---

① 参见高星阁：《民事诉讼专门管辖的效力研究》，载《重庆大学学报（社会科学版）》2018 年第 1 期。

### （三）民事司法确认案件地域管辖规则的配套机制完善

1. 全面提升调解人员素质

加强对调解人员的系统培训，从业务素养和职业素养两方面入手。完善对调解人员的考核机制，建立完善的准入、退出机制。建立调解人员负面清单，对存在虚假调解的调解人员永不录用。

2. 优化法官办案业绩考核

不同于其他民事特别程序案件，司法确认案件经历了由争议到和解的过程。因此，应单独规定司法确认案件的个案绩效分值，加大司法确认案件个案基础分值，缩小与其他民事诉讼案件的分差，提升法官办案热情和积极性。司法确认案件的案件难易系数确定在0.5至0.7之间较为适宜。

## 结语

司法确认案件仅对调解协议本身自愿性、合法性、可执行性进行审查，不涉及对调解协议所涉纠纷事实的认定，扩大管辖连接点的最大风险是如何防范虚假确认。为了切实防范恶意串通虚假调解、虚假确认等行为，承办法官应加强对确认案件的审查和甄别，待确认调解协议的标的额特别巨大并存在虚假调解可能的，为了慎重起见，可以由合议庭审查。此外，还应进一步完善司法确认案件监督和纠错机制。

司法改革初期应采取适当保守的做法，口子不宜开得过大，但从长远来看，司法确认案件管辖连接点应进一步扩大。只有进一步扩大管辖连接点，才能更方便申请人申请司法确认，满足信息化时代人民群众高效、便捷、公正解决纠纷的需求，践行司法为民。

# 京津冀司法协作的技术进路

## ——以跨域立案为例

张晓梅*

**摘要：** 作为一项司法服务，跨域立案旨在通过就近异地立案，最大限度地方便当事人，减少立案环节的诉累，其变为现实得益于现代信息技术与司法的深度融合，由此打破了传统的面对面现场立案模式，构筑了当事人、协作法院、受诉法院的三方结构，使立案面临的问题更为复杂。京津冀三地法院2018年实现了跨域立案全覆盖，但目前仍存在着管辖权、技术使用、立案效率等多重困境，一定程度上反映了京津冀司法协作面临的共性问题。需要建立类似于线下管辖权争议处理的网上流转机制，并将资金向京津冀偏远地区倾斜，解决跨域立案硬件设施不平衡问题。通过加强培训和宣传力度，提升法官和民众对跨域立案的认知度和适用率，同时将跨域立案计入协作法院工作量并建立必要的激励监督机制，切实提升协作法院对跨域立案诉讼材料审查的积极性。

现代信息技术在司法领域的广泛、深度运用，逐渐构建了一个与现实司法运行并行的司法空间，不仅有力地提升了司法效率，而且体现了人民法院顺应科技时代发展趋势、主动增强司法服务意识的时代担当。

* 作者单位：河北雄安新区中级人民法院。

这种以“信息流转”为中心的新型司法空间，既是技术的产物，又展示了司法运行的技术化进路，某种意义上是对传统的以主体（人）为中心的司法程序推进模式的改造——除了深刻的技术烙印外，也直接或间接地对传统司法程序以及司法理论产生影响。一方面，2018 年 8 月京津冀三地高级人民法院院长共同宣布已率先实现了京津冀跨域立案的全覆盖以来，2021 年 2 月 1 日最高人民法院联合人民网、中国法院网共同举办跨域立案服务全覆盖全媒体访谈，正式宣布跨域立案覆盖全国四级法院，“从 2019 年 8 月份部署跨域立案服务改革以来，截至 2020 年 12 月 31 日，全国法院一共提供跨域立案服务 82022 件，88. 77%的管辖法院实现 30 分钟内响应，北京、天津、辽宁、上海、江苏、安徽、福建、重庆、云南等 9 地法院响应时间更是在 5 分钟以内”,① 足见跨域立案服务所蕴含的巨大技术红利。但另一方面，仅以 2020 年全国法院审结一审民商事案件 1330. 6 万件的数量相比，跨域立案 8. 2 万件仅占 0. 6%，若加上行政、执行、刑事自诉、国家赔偿等可跨域立案的案件，跨域立案的占比将更低。因此，对司法与现代技术深度融合抱有高度期许的同时，还需充分认识到高质量司法服务不仅仅体现在高科技、高水平层面，更重要的是，它应当成为一种能被普通民众所广泛应用的技术场景，这将是包括跨域立案在内的京津冀司法协作所坚持的技术进路。

## 一、跨域立案：现代信息技术构筑的司法空间

立案是诉讼的第一道程序，司法为民是我国司法的根本宗旨，早在新民主主义革命时期就确立了司法“两便”原则，为当事人提供便捷、优质的司法服务。跨域立案是“互联网+”时代人民法院主动运用现代信息技术服务当事人的重要举措，由此构筑了脱离空间距离限制的司法场景。

---

① 参见王文雅：《最高法：跨域立案服务在全国法院已实现全覆盖》，载新浪网，https://news. sina. com. cn/c/2021-02-01/doc-ikftssap2213546. shtml，2021 年 2 月 1 日访问。

### （一）跨域立案的司法服务属性

传统立案的一般模式是当事人将纸质的诉讼材料提交人民法院（不具备书写诉讼材料能力的当事人，当场记入笔录），经立案庭当场审查，符合立案条件的，法院予以受理，并进行立案登记，然后在7日内审查是否立案。此为当事人与受诉法院之间面对面的立案模式。由此给当事人带来的不便是因空间距离、经济能力、时间、精力等限制，特别是在交通不发达的时期，偏远地区当事人因离人民法院较远往往放弃诉讼，鉴于此，我国创设了具有特色的人民法庭制度，以落实“两便”原则。中国特色社会主义进入新时代，脱贫攻坚取得决定性胜利，交通网络日益发达，人民的经济收入和生活水平日益提高，对于绝大多数民众而言，交通不便、经济能力受限或许不再是当事人诉讼时考虑的关键因素，但诉累仍然困扰着当事人，集中体现为时间精力成本。特别是网络时代电子商务展现出蓬勃发展的强劲势头，网购等打破了传统的地域限制，按照诉讼管辖原告就被告的一般原则，采取传统立法模式，必然给当事人带来极大的不便，甚至远远超越了人口流动受限条件下因交通不便给当事人带来的困扰。为此，人民法院需要顺应人口跨域自由流动、网络交易常态化的时代潮流，按照就近原则为当事人提供便捷、高效、优质的司法服务。跨域立案在不改变诉讼管辖的前提下，通过当事人就近选择的协作法院的介入，将电子诉讼材料传输到受诉法院，有效地避免了当事人在受诉法院来回奔波的时间精力支出，是现代信息时代人民法院优化司法服务的重要举措，本质上是一种与时俱进的司法服务，与一站式多元解纷机制、一站式诉讼服务的紧密结合，更有力地为当事人提供跨域诉讼便利，尽最大可能缓解了当事人的诉累。

### （二）跨域立案的现代技术条件

跨域立案成为现实，得益于现代信息技术与司法的深度融合。这主要体现在两个方面：一是运用现代信息技术打造的智慧法院，为跨域立案提供了可靠的软硬件条件。人民法院信息化经历了从电脑办公、互联互通到智慧法院的演进历程，2017 年实现了从人民法院信息化 2. 0 向 3. 0 的跨越，这为最高人民法院决定在全国推行跨域立案诉讼服务，充分利用"互联网+"为异地立案插上"信息之翼"提供了技术条件。二是司法流程的网络再造，建构了顺畅运行的网络诉讼服务，为跨域立案提供了网络"窗口"。无论立案登记、诉讼材料提交、正式立案还是调解、庭审、送达等，以及法院内部各类材料流转，都可通过网络进行，而且形成了法院内部各个司法节点无缝对接、节点随时监控的网络司法流程，以及法院之间互联互通的信息流转空间，立案是网络司法流程的一个重要环节，跨域立案是协作法院与受诉法院之间的信息流转，"互联网+"与智慧法院建设已消除了跨域立案的空间壁垒。如果以现代智慧法院的标准来打量跨域立案服务，与语音互助智能导诉、诉讼文书智能填写、诉讼风险智能评估、案件智能关联等相比，跨域立案只是诉讼材料在协作法院与受诉法院之间的网络流转，智能化要求并不高，但难点是全国四级法院需要建立顺畅运行的跨域立案系统。2021 年 2 月，我国已经实现了全国法院跨域立案服务全覆盖，为便利当事人就近立案提供了技术条件。

（三）跨域立案的信息流转空间

与跨域立案相关的一个概念是网上立案，它是指当事人可通过网上立案系统，直接向受诉法院提交各类诉讼信息和材料，实现立案"网上办""指尖办"，达到"让当事人少跑腿，让信息多跑路"的诉讼服务效能，2017 年揭牌成立的杭州互联网法院更是将"网上案件网上审、网上纠纷不落地"作为目标。跨域立案本质上也属于网上立案，其区别是在当事人与受诉法院之间，需要协作法院的介入，由此构筑了一个三方场景：对于当事人与受诉法院而言，通过诉讼信息流转来实现立案审查；对于当事人与协作法院而言，尽管协作法院直接接收诉讼材料，这与通过"指尖办"的网上立案又略有不同，但它并非当事人认为的管辖法院，因而无权也无义务对是否符合立案条件进行实质审查；对于协作法院与受诉法院而言，只是通过互联网进行诉讼材料的传输流转，需要二者之间的配合协作，这打破了传统面对面现场立案以及当事人直接通过网上立案的关系结构，而且跨域立案不受地域、审级限制，由此构筑的司法结构比直接立案（当事人与受诉法院之间）更为复杂。

## 二、现实困境：京津冀跨域立案的多重困境

京津冀协同发展战略的深入推进，要求人民法院打破司法运行的行政区划壁垒，加强京津冀司法协作，逐渐实现司法的一体化运行。京津冀三地率先实现了跨域立案全覆盖，对于京津冀司法协作以及司法服务保障京津冀协同发展迈出了坚实的一步。同时，仍存在着制度与实践层面的多重困境，制约着跨域立案效能的发挥。

### （一）诉讼材料登记权与管辖权分离的管辖问题

根据民事诉讼法第一百二十六条规定，当事人诉至法院，由立案庭进行立案登记，然后在7日内审查是否受理立案。跨域立案的三方结构中，将立案分为诉讼材料登记、立案登记、案件受理等若干个环节，协作法院对诉讼材料进行登记，对当事人而言意味着已经完成了立案登记，但从案件管辖的角度来讲，只有受诉法院进行了诉讼材料登记才是真正意义上的立案登记。此外，更为关键的是，受诉法院是否具有管辖权，源于当事人的主观认知，最终需要受诉法院对诉讼材料进行审查才能作出判断。一般而言，如果具有管辖权，则予以立案；如果不具有管辖权，则裁定不予受理。但由于管辖权与诉讼材料登记权相分离，如果协作法院具有管辖权，但并未审查而直接根据当事人意愿将案件流转给受诉法院，或者受诉法院具有管辖权而将案件退回不具有管辖的协作法院，或者存在着多个管辖权且协作法院与受诉法院均有权管辖，则会出现相互争夺或推诿管辖的问题。对京津冀辖区而言，因辖区面积相对不大，跨域立案出现此类管辖权问题，会导致立案程序更加复杂。

### （二）跨域立案面临着技术使用障碍

跨域立案是通过法院协作系统来实现的，是一种电子化、无纸化的办公方式，尽管属于信息时代发展的必然趋势，但目前仍面临着技术使用的多重障碍。其一，京津冀区域发展不平衡现象比较突出，人民法院信息化 3.0 的稳步推进，很大程度上改善了法院硬件环境，为跨域立案提供了必要条件，但很多基层法院以及人民法庭的信息系统仍不完善；其二，当前各类办公系统不断更新，尽管新增加了很多功能，但一些法官对使用新系统存在畏难情绪，特别是年龄较大的法官对包括跨域立案在内的各类系统不够熟练，导致协作法院与受诉法院之间来回反复操作，进一步影响到法官使用跨域立案系统的积极性；其三，民众对跨域立案的认知度较低，除了律师外，大部分当事人不知道或不了解跨域立案，或者对跨域立案的信任度较低，更愿意与受诉法院面对面现场立案。受跨域立案硬件设施以及法官、当事人的主观认知和行为选择影响，跨域立案的适用率较低。

### （三）跨域立案诉讼材料网络流转影响立案效率

公正与效率是司法的两大基本价值。立案审查的主要内容包括法院是否具有管辖权以及是否符合立案条件，主要涉及的是效率，跨域立案的最大优势正是在于最大限度地优化立案服务、提高立案效率、减少当事人诉累。但由于协作法院只是进行必要的形式审查，“从提交起诉材料，到接受法院电子传输，到有管辖权法院接受审查，是否立案再通过电子传输至接受材料法院，最后再送达，如果不予立案，则当事人仍需再次进行补充材料”①，如此反复，不仅无法有效地提高立案效率，而且会给当事人留下相互推诿、扯皮的印象。对于协作法院而言，跨域立案增加了其工作量，但目前未将跨域立案纳入工作量统计范围，属于额外

---

① 参见常天阳：《民事诉讼中跨域立案诉讼制度简析》，载《湖北经济学院学报（人文社会科学版）》2018 年第 5 期。

的付出，这在一定程度上也影响到协作的积极性。

## 三、改进路径：京津冀司法协作的技术优化

自京津冀协同发展战略提出以来，京津冀三级法院积极推进司法协作，最显著也是最有实质性进展是运用现代信息技术促进司法一体化，集中体现在京津冀执行协作和跨域立案两个领域。跨域立案面临的上述问题，某种程度上反映了京津冀司法协作的共性障碍，需要从制度和实践层面为推进司法协作提供有利于技术运用的环境。

### （一）建立管辖权争议处理的网上流转机制

原告向协作法院提出申请，向受诉法院流转诉讼材料，意味着原告认为受诉法院具有管辖权。此时，可分为两种情形：一是协作法院也具有管辖权，原告选择受诉法院属于选择管辖，协作法院只能按照其意愿进行跨域立案；二是协作法院具有管辖权而受诉法院不具有管辖权，但由于立案未进入实质审查阶段，协作法院可向原告进行必要的释明，如果原告仍坚持向受诉法院起诉，则应尊重其意愿。对于原告的选择，受诉法院经审查可能会以不具有管辖权而裁定退回（包括本身无管辖权和具有管辖权而推诿）或移送给有管辖权的法院，或者被告提出管辖权异议，当事人可向受诉法院的上一级法院上诉。此外，法院之间可能出现管辖权争议，如果协商不成的，应报请共同的上级法院指定管辖。对于跨域立案而言，无论当事人管辖权异议还是法院之间管辖权争议，应当增加相关文书材料网上流转功能，并赋予管辖权争议网上处理的法律效力。一方面，将立案所涉及的所有程序尽最大限度地纳入跨域立案系统中，提高跨域立案效率；另一方面，由此构筑与线下当场立案相同的司法空间，有利于网上监控并及时处理跨域立案的管辖权争议，由此倒逼各个法院严格按照诉讼法的规定行使管辖权，尽可能地减少相互推诿或争夺案件的现象。以跨域立案为例，充分利用现代技术推进京津冀司法协作及运行一体化，需要对线下司法运行程序进行细致梳理，建立与之

相同的网络司法程序运行场景，依法、及时、高效地解决网络司法协作出现的各种问题。

（二）加强京津冀跨域立案操作系统应用

京津冀法院实现跨域立案全覆盖以来，跨域立案的技术障碍已完全破除，针对区域不平衡以及有关主体主观方面存在的问题，亟待从以下两个方面提升跨域立案操作系统的应用普及：一是在全国法院信息系统已基本定型的背景下，京津冀法院可采取“各个突破”的思路，细致排查包括跨域立案在内的法院信息系统硬件不到位、功能不完善、难以正常使用的法院及人民法庭，并给予资金倾斜，着力补齐跨域立案的区域性短板，确保各个法院之间能够顺畅地实现跨域立案网络操作。二是重点需要从“人”的层面着手，提升法官和民众使用跨域立案系统的主观认知、使用意愿和适用率。对于法官而言，由于跨域立案属于司法服务的重要内容，有必要进行针对性的培训，至少让立案庭的所有法官能够熟练地使用，并对跨域立案所涉及的管辖权争议等程序问题进行熟练处理；对于民众而言，需要加大跨域立案的宣传力度，可在诉讼服务中心悬挂跨域立案的介绍，同时将跨域立案作为基层法院及人民法庭开展法治宣传教育的重要内容，通过集市、乡村文化广场等场所以及微信公众号、抖音、快手等新媒体进行广泛宣传，让民众深入了解可到就近法院（法庭）进行跨域立案，并针对民众提出的问题进行解答释疑，让其感受到跨域立案的便捷性。

（三）建立协作法院立案审查的激励监督机制

某种意义上讲，跨域立案在便利当事人、减少当事人诉讼成本的同时，因协作法院的介入，增加了司法成本。如果协作法院仅仅是消极地进行诉讼材料网上流转，不仅造成受诉法院与协作法院之间反复操作，而且因补充材料等给当事人也带来了新的不便利。鉴于此，应当从协作法院接收诉讼材料入手，通过建立相应的审查和激励机制，使其充分履行作为受诉法院的立案登记职责，通过“一键式审查、一次性告知”，使当事人“只进一扇门、最多跑一次”。首先，将跨域立案纳入司法统计范围，如同现场立案一样，计入立案庭法官的工作量，以此激励协作法院的法官仔细审查当事人提交的诉讼材料是否符合要求，将诉讼材料在协作法院与受诉法院之间反复流转的端口前移，由协作法院进行把关；其次，对于协作法院认真审查且经受诉法院依法审查并一次性立案的案件，可在计入协作法官工作量时增加一定权重，或者单独予以激励，进一步提升协作法官的积极性；最后，对于跨域立案进行实时监控和定期统计分析，除了受诉法院无管辖权而裁定驳回外，如果因诉讼材料不齐全而出现反复留痕的情况，可视其情节给予协作法院及其有关人员给予处理。

# 新时代京津冀司法协助机制的创新路径

## ——以示范诉讼制度构建为切入点

郝传明*

**摘要**：党的十八大以来，京津冀协同发展已成为国家战略，而为京津冀协同发展提供廉洁、高效、便民的司法服务和保障，是各级人民法院理应担负起来的重大政治责任和崇高使命。京津冀司法协助工作应以国家发展纲要为指引，通过顶层设计、统一布局、密切配合共同推进三地司法协同水平的不断发展进步，服务保障京津冀协同发展的国家战略。只有不断提升京津冀三地司法协助水平，增强司法协助的有效性、便捷性和高效性，逐步形成资源人才互联互通、优势互补、相互促进的司法协助形态，才能最终整合有限的司法资源，为京津冀协同发展提供高效的法律服务和强有力的司法保障，不断满足人民群众日益增长的司法需求。现有司法协助机制一定程度上存在顶层规划设计不足，缺乏可操作性及协助范围的局限，并不能满足未来京津冀司法协助的需要。需要在最高人民法院层面通过顶层设计划定框架边界，针对具体运行中出现的问题，通过京津冀三地人民法院专门联席会议协商出具体的操作指引，以不断满足人民群众日益增长的司法需求。

---

* 作者单位：河北省迁西县人民法院。

## 一、政策出台的背景、必要性和重要性

### （一）政策出台的背景

党的十八大以来，党中央高度重视京津冀协同发展。2014 年 2 月，习近平总书记主持召开京津冀协同发展座谈会并发表重要讲话，将京津冀协同发展上升为重大国家战略。贯彻落实京津冀协同发展国家战略，为京津冀协同发展提供廉洁、高效、便民的司法服务和保障，更好地维护社会公平正义，达到让人民群众在每一个司法案件中感受到公平正义的目标，是各级人民法院理应担负起来的重大政治责任和崇高使命。为此，最高人民法院积极谋划推进京津冀协同发展，制定发布了《最高人民法院关于为京津冀协同发展提供司法服务和保障的意见》等司法政策性文件，建立和实施京津冀人民法院联席会议制度，并多次组织召开京津冀司法论坛和京津冀人民法院联席会议。京津冀司法协助机制初显成效。

### （二）京津冀司法协助的必要性和重要性

随着京津冀协同发展战略不断走深走实，经济社会客观情况变化所带来的利益纷争导致京津冀三地人民法院受理的案件类型和数量不断攀升。例如，因产业转移、基础设施建设引发的征地拆迁案件，因环境治理、经济一体化发展等引发的新类型案件也越来越多。再如，随着京津冀三地经济社会往来更加频繁，人流、物流、知识流不断汇聚扩散，在方便人民生活，加速经济社会发展的同时，由于各项要素焦点的人员流动加速，使法院跨区域送达难度系数不断增加。虽有委托送达制度，但在案多人少的背景下，实际效果与人民群众需要之间差距较大。以商品房买卖合同中的二手房交易举例，相当数量的二手房屋在过户不久就又进入到三手甚至四手买卖中，甚至有些都没有做产权登记，导致很多物业服务合同、商品房买卖合同纠纷案件不能及时向当事人送达，影响司

法效率。正是由于非本地居民异地购房数量的不断增加，房屋所在地法院所接受的委托执行案件也越来越多，但其中有相当数量的房产处于空置状态，人民法院也无力联系到当事人，给人民法院工作造成了较大压力。

矛盾类型随经济形态的演进也在不断发生着变化，对法院系统也提出了更高要求，需要各级法院提前做好准备。京津冀三地人民法院正好可以利用司法协助机制有效应对矛盾和挑战。虽然《北京市高级人民法院关于为落实京津冀协同发展战略提供司法保障的意见》等文件已经出台，但还需要加强京津冀司法协助的顶层设计，小步快走，稳步推进，最终实现京津冀三地法院之间便捷、高效司法协助。

## 二、既往经验总结

### （一）现有的司法协助模式及问题

现在的主要司法协助模式有两类。一是框架合作式的司法协议模式。即采用搭建框架的方式，对合作的事项进行粗线条规定，具体运行细节还需要在实践中进行具体沟通协商。此种模式的典型代表是北京市、河北省的法院系统。按照对应级别，北京市的基层人民法院与河北省的同级别中级人民法院进行合作，并未吸纳河北省基层人民法院加入该协议。二是专项司法协议模式。即一事一办，该模式以执行某项具体工作为合作内容，并未对其他合作进行协商。

第一种模式一般是签署司法协助协议的法院就已经达成合作意向的包括审判、执行、送达等各项内容签署框架协议，但具体执行细节需要在框架协议的基础上再细化生成正式的合同。该框架协议的适用范围较大，但对司法协助的具体流程，尤其是协作效果和具体责任落实等内容，框架协议并未作具体的说明。该框架协议的优点明显，其具有适用范围广、推进效率高等特点，具有较强的灵活性，可以将未写进协议但经过实践检验行之有效的工作方式写进协议，对不适应时代的内容剔除出协议或作出相应调整。京津冀司法协助是一项庞大复杂的系统工程，如相对概括的框架协议没有配套的机构人员跟进落实，很可能沦为“空架协议”，严重影响其效果的发挥。

第二种模式是京津冀三地人民法院在具体司法协助中为保障专门事项落地见效而建立的协作机制，其目的性明确，配套机制可操作性较强，往往配套了专项实施细则，能够切实解决京津冀司法协助工作中遇到的难题，如执行难题。但随着京津冀三地交往更加紧密，该模式专而不全的特点也不能完全适应当前形势。

现存的两种主要协作模式虽各有长处，但其存在的缺点也不能忽视。现有司法协助机制一定程度上存在顶层规划设计不足、缺乏可操作性及协助范围的局限，并不能满足未来京津冀司法协助的需要。需要建立一种融合上述两种模式的优点、尽力减少缺点的新机制。这种机制需要在最高人民法院层面通过顶层设计划定框架边界，在运行中通过京津冀三地人民法院专门联席会议协商出具体的操作指引。人民法院作为司法机关，审判和执行工作是其主责主业，如何为京津冀协同发展提供更便捷高效的司法服务和保障，如何利用京津冀三地司法协助的平台实现司法资源效能最大化，考验着京津冀三地的人民法院。目前，最高人民法院各职能部门有针对性地加强了对京津冀三地法院审判执行工作的司法协助机制指导工作。下一步，有望体制机制的创新，试点一批成熟可复制的标准化机制，实现程序和实体标准化作业，推动京津冀三地司法协助全面协调可持续健康发展，最终形成京津冀三地司法协助优势互补、资源共享、相互促进的良好局面。

### （二）具体运行的司法协助机制

#### 1. 推动网上跨域立案，建立案件统一识别新机制

推进跨域立案是人民法院实现审判体系和审判能力现代化的生动实践，是巩固和深化立案登记制改革的重要抓手。京津冀三地法院立足各地实际，从经济性、实用性考虑跨域立案一体化布局，为打造京津冀样

本创造了可操作可复制的经验。目前，京津冀跨域立案已适用于北京市全辖区中基层法院管辖的一审民商事案件、执行案件，为当事人提供了全天候、零距离、无障碍的诉讼服务。河北法院也实现了跨域立案，并充分利用"三方远程庭审"技术优势，推进京津冀远程提讯系统建设，实现跨域远程提讯，有效减少了押解风险。建立起案件统一识别新机制，即一案一号、一事一号的登字号改革落地见效。

2. 探索解决法律统一适用难题

地区经济发展不平衡、案件类型的多样，必然会给京津冀三地法院在审理涉京津冀案件时带来一定的困难和挑战。尤其在处理涉及人身损害方面的案件时，由于河北省赔偿标准较北京市、天津市赔偿标准低，河北省侵权者对北京市、天津市法院判决的结果可能存在抵触情绪。同时，受限于法官能力水平不一的客观事实，在处理类案中，不同法院之间掌握的裁判尺度并不统一，也给京津冀协同发展的法治统一带来挑战。而且，对于河北、天津的法院来说，信访当事人因进京方便，出现进京访、越级访现象，给当地法院造成巨大压力。

从京津冀司法大数据分析来看，法治化程度较高的经济发达地区的司法公信力较经济相对落后地区的司法公信力高，而人民法院队伍素质能力的不均衡使得这一差距更加明显。为解决关系人民群众司法体验的同案不同判问题，最高人民法院经过广泛调研，出台了《最高人民法院关于统一法律适用加强类案检索的指导意见（试行）》等文件，目前运行良好，效果初显，但距离人民群众的司法需求还有较大差距。

3. 多层次多形式的司法协助合作方式方兴未艾

最高人民法院积极谋划推进京津冀协同发展，制定发布《最高人民法院关于为京津冀协同发展提供司法服务和保障的意见》等司法政策性文件，建立和实施了京津冀法院联席会议制度，组织召开了三届京津冀司法论坛和一届京津冀法院联席会议。目前，司法协助的合作方式不断增多，逐步向着构建全方位协作体系、统一司法裁判标准、建立资源共享和工作联动机制的目标迈进。

## 三、司法协助机制内容构建构想

京津冀三地人民法院资源比较丰富，但也存在区域不协调的问题，这也是加强三地司法协助的原因之一，整合三地资源形成集聚效应发挥最大效能成为化解众多矛盾的必由之路。这需要畅通三地不同层级的人民法院和部门之间的沟通，这有赖于最高人民法院的顶层设计规划，划定框架边界。各级人民法院需要建立配套的专门常设沟通机构和人员，京津冀三地法院通过专门联席会议协商出具体的操作指引。具体到司法协助的领域，需要做到以下五点。

1. 健全统一立案机制

跨区域立案登记制改革落地见效，有效识别案件风险，将一人一事一登记贯穿入口至出口的全过程。运用大数据和区块链技术，对案件繁简分流，对重大、疑难、敏感类案件提前预警，集中优势司法资源办成铁案。对可能发生的信访案件实行专门化管理。必要时由京津冀三地法院联络人负责召开立案工作联席会议，对相关案件进行风险研判。

2. 健全送达工作机制

有条件已经建立起集约送达平台的法院，可以发挥自身优势，通过案件分流，最大限度地利用智慧法院平台实现三地法院之间任一时间任一地点的无缝对接，减少中间时间，方便协助事项的快速达成。条件尚不成熟的地区，也可以利用信息技术，通过完善法院系统内部的统一网络送达平台，逐步实现京津冀三地法院将电子版诉讼材料传送至受送达地法院，由受送达地法院进行送达，提升送达的效率。探索利用市场信用体系，通过与市场监督管理部门在公司登记事项中加入人民法院送达地址确认书这一事项，并实现当事人地址信息的网络共享。

3. 健全审判协助机制

探索建立京津冀三地法院专业法官联席会议，集中优势司法资源研判重大、疑难、复杂、新颖的类案及有重大影响的个案。提升司法公信力和人民群众满意度。健全京津冀三地法院的信息畅通机制，就案件质效的监督管理加强沟通交流，提升司法质效。在法治宣传领域，围绕京津冀重点、热点案件，京津冀三地法院要加强交流，加强与传统纸媒，网站、微博、微信、短视频平台等新媒体的协作，使网络舆情充满正能量。

4. 健全协助执行机制

京津冀三地法院在执行领域的协助需求随着三地经济社会交往的不断深入而与日俱增。健全执行协助机制，可以在被执行人查控，执行财产查封、扣押、冻结、划拨，涉案财物审计、评估、拍卖、过户，执行款支领等领域大有可为，深入协助，扩大执行协助的适用。

目前已经建立起较为完备的日常沟通协调机制，包括日常沟通联络机制、联席会议制度等，成立了京津冀法院执行协作小组，高级人民法院设立了日常办事机构，三地法院还定期召开执行工作协作会议，共同培训、研讨相关问题。下一步，将健全跨区域法院开展联合执法活动，成立联合办案小组，有望进一步提高协助执行高效。

长远来看，健全协助执行机制还要继续总结既往经验，畅通协商交流渠道，完善相关联席会议制度，加强对执行案件的指导交流，确保在规定期限内能够顺利完成相关执行工作。比如，健全各地执行指挥中心的联络功能，探索建立跨区域的远程指挥中心。调集优势资源，加大对异地执行的支持力度，给予人员、设备及其他方面的辅助，加强异地用警协助执行力度，建立重大、疑难、敏感案件联合执行机制，扩大跨区域执行的效果，逐步实现京津冀三地法院执行办案的“同城效应”。

依托全国不动产统一登记政策的不断落地，不动产的异地执行信息共享逐步成为可能。探索建立配套的异地不动产执行机制，实现异地协助执行材料的网上传输，案件网上协办，可以大幅度提高执行工作质效。针对全国银行账户的网上一键查控措施也已实现，但对不动产的查控受限于信息不完整，还不能有效满足人民群众的司法需要，全国统一不动产登记平台的上线，使之逐步成为可能。京津冀三地法院可以健全不动产网上协助执行平台，开辟异地财产保全行为标准化作业流程，对异地保全的法律文书样式、保全财产范围、担保财产范围、保全期限、异议程序等作出统一规定，助力京津冀司法协助高效率发展。

5. 畅通人才流动机制，助力司法协助

建立健全人才交流机制，逐步实现京津冀三地落后地区人才到先进地区轮岗培训，交流学习，提升工作能力。先进地区人才到落后地区挂职，实现当地司法水平的跨越式发展。深化京津冀三地法院的人才培养机制，通过教育培训、互派学习、观摩优秀庭审、搭建网络学习平台等方式，最大限度整合京津冀三地法院各自优势资源，实现人才队伍的优势互补、互利共赢。只有不断加强司法协助，提高协作水平，增强司法协助的针对性、可操作性和前瞻性，逐步形成优势互补、资源共享、相互促进、联动发展的京津冀司法协助良好形势，才能最终打破司法壁垒，为京津冀经济社会发展提供强有力的司法保障和优质的法律服务。

# 京津冀司法裁量尺度统一化的障碍及实现路径

## ——以交通事故中“车辆统筹”案件为例

郑昌明*

**摘要**：为服务保障京津冀协同发展战略和雄安新区规划建设，京津冀三地应当着力提高司法协作机制中审判阶段的联动能力，着力解决三地法院司法裁量尺度差异化的问题。笔者以近些年在京津冀地区新出现的“车辆统筹”案件为例展开具体分析，主要针对案件审理中事实认定的标准化分歧以及法律适用问题上的分歧。在目前已建立京津冀司法协作机制的基础上，通过探索建立京津冀法律统一适用的规范约束机制，完善常态化京津冀司法协调沟通机制，包括制定京津冀审判规范化文件以及定期发布京津冀交叉案件典型案例等，以及加强府院联动，充分发挥司法职能作用等措施，服务司法实践工作，促进司法裁量尺度统一，为京津冀三地司法协作机制提供创新思路。

随着京津冀协同发展和雄安新区规划建设的深入推进，三地之间经济、人员往来越来越紧密，涉及京津冀交叉案件的数量逐年攀升，其中不乏许多新类型、疑难复杂案件。面对案件事实相似的新类型案件，不同地区、不同层级的法院在法律适用的观点上可能有着不同角度的法律

* 作者单位：天津市第三中级人民法院。

与社会价值考量，从而在不同法院之间会出现不同的裁判结果，甚至出现同一当事人在两地法院诉讼时，针对情况相似的案件有着不同的处理结果的情况。这种情况降低了司法裁判结果的可预测性，损害了司法公信力。如何破解不同行政区域间类案裁量尺度不统一的问题，成为推动京津冀区域司法协作机制审判阶段联动的关键问题，笔者以近些年在京津冀地区新出现的“车辆统筹”案件为例展开具体分析，从具体案件的角度探索司法裁量尺度统一化实现路径的创新方式。

## 一、第三者责任商业保险与“车辆统筹”的概念

### （一）第三者责任商业保险

机动车保险领域中的第三者责任商业保险，是指被保险人向有关保险公司购买第三者责任险后，被保险人允许的合格驾驶人员在使用保险车辆过程中发生意外事故，致使第三者遭受人身伤亡或者财产的直接损毁，依法应当由被保险人支付的赔偿金额，由保险人依照保险合同的规定给予赔偿的一类商业保险。道路交通安全法规定，国家实行机动车第三者责任强制保险制度。在实践中，考虑到交通事故损失范围和数额，机动车所有人往往会选择附加购买商业第三者责任保险作为补充。同时投保机动车第三者责任强制保险和第三者责任商业保险的机动车发生交通事故造成损害，当事人同时起诉侵权人和保险公司的，《最高人民法院关于审理道路交通事故损害赔偿案件适用法律若干问题的解释》规定的赔偿顺序为：先由承保机动车第三者责任强制保险的保险公司在责任限额范围内予以赔偿；不足的部分，由承保第三者责任商业保险的保险公司根据保险合同予以赔偿；仍有不足的，最后由侵权人依法予以赔偿。

### （二）“车辆统筹”业务的兴起

“车辆统筹”为近些年新兴的一种类似商业保险的业务，在机动车交通事故案件中频频出现。在京津冀范围内，经营该业务的主体集中在河

北省内的一些交通服务公司，此类交通服务公司以其营业执照经营范围中的“车辆安全统筹”作为其开展业务的依据，在宣传网站及签订合同中，均表述为依据《国务院关于加强道路交通安全工作的意见》（国发〔2012〕30号）中关于“鼓励运输企业采用交通安全统筹等形式，加强行业互助，提高企业抗风险能力”的规定来开展统筹业务、制定统筹条款。但在实际操作中，车主与交通服务公司签署的所谓统筹合同内容与保险合同极为相似，仅将“保险”替换为“统筹”二字。据笔者了解，营运性货运车辆多有以统筹合同代替第三者责任商业保险的情况。

## 二、合同性质认定及法律适用的司法路径

### （一）京津冀法院对“车辆统筹”性质认定的分歧

笔者在中国裁判文书网上以“统筹”“机动车交通事故责任纠纷”等作为关键词进行搜索相关民事案件，从案件数量来看，河北省涉及此类案件数量最多，天津市、北京市次之。而在天津市、北京市涉及的此类案件中，提供“车辆统筹”服务的主体基本均为河北省内注册的公司。在涉及京津冀三地的案件中，部分认定“车辆统筹”合同为机动车辆商业保险合同，而部分案件法院则认为“车辆统筹”不属于机动车辆商业保险合同，尤其是在认定“车辆统筹”合同性质上，京津冀各地法院存在较大分歧。

### （二）两起相反案件判决结果的分析

笔者在中国裁判文书网中选取了天津市、河北省两地的生效判决案件各一例，用于分析两地法院作出相反判决结果的原因。

1. 类似案情法院判决不同的认定标准

案例1：运某系赵某雇佣的司机。某日，运某驾驶赵某实际所有的重型车辆与田某驾驶的电动自行车发生碰撞，造成田某死亡及其所驾驶电动自行车损坏的交通事故。经交警队认定，运某承担事故全部责任。涉

案车辆在保险公司投保了交强险，在某交通服务公司参与不计免赔三者统筹险，责任限额为100万元。田某继承人诉至法院，要求赔偿因事故造成的各项损失。天津市某法院一审庭审中，保险公司同意在100万元三者统筹范围内向原告承担赔偿责任，一审法院判决先由承保交强险的保险公司在责任限额范围内予以赔偿，剩余部分由某交通服务公司予以赔偿。后田某继承人和某交通服务公司均不服，上诉均提出了统筹合同不具有商业保险合同性质的上诉理由。二审法院经查明认为，某交通服务公司并非依法设立的保险公司，其经营范围不包括保险业务，肇事车辆不存在投保商业三者险的情况。故某交通服务公司并非本案的必要共同诉讼人。基于统筹合同产生的法律关系应另行解决，不能直接适用关于保险合同的条款。二审法院改判交强险以外由某交通服务公司予以赔偿的部分由雇主赵某承担。

案例2：某日，陈某驾驶的摩托车与贾某驾驶的重型货车、方某驾驶的小型面包车相撞，造成陈某当场死亡、车辆损坏的交通事故。事故认定书认定三人均负本次事故的同等责任。其中，贾某驾驶的重型货车在保险公司投有交强险，在某交通运输有限公司投有保额为100万元不计免赔机动车辆统筹险，方某驾驶的面包车在保险公司投有交强险。陈某继承人诉至法院，请求贾某、方某赔偿死亡赔偿金、精神损害抚慰金、被扶养人生活费、丧葬费、亲属处理事故交通费等各项经济损失，要求保险公司在交强险承保范围内承担赔偿责任，某交通运输有限公司在机动车辆统筹险承保范围内承担赔偿责任。河北省某法院一审认为，原告的合理损失应由保险公司在交强险限额内承担赔偿责任，某交通运输有限公司在机动车辆统筹险限额内按事故责任比例赔偿责任，保险不予赔偿的部分由贾某承担赔偿责任。方某面包车投保交强险的保险公司已在交强险赔偿限额内进行赔付，保险不足或不予赔偿的部分由方某按事故责任比例承担赔偿责任。某交通运输有限公司不服，以不认可承担赔偿金额的比例为由提起上诉，二审法院维持了一审判决。

2. 法院裁判思路分析

对比上述两个案例可以看出，两个案件中涉及交通事故的事实认定清楚，案件责任划分明确。虽然两起案件都属于涉及“车辆统筹”能否作为保险赔偿的问题，但是法院在事实认定、法律适用方面以及最后的判决结果截然不同。笔者通过表 1 对两个案件的焦点问题进行分析。

表 1　裁判思路分析

| 法院 | 事实认定 | 法律依据 | 法律关系认定 | 结论 |
| --- | --- | --- | --- | --- |
| 天津市某法院 | 运某车辆承担事故全部责任。该车在保险公司投保了交强险、在某交通服务公司投保了 100 万元不计免赔三者统筹险。二审中查明某交通服务公司并非依法设立的保险公司，其经营范围不包括保险业务，肇事车辆不存在投保商业三者险的情况。 | 《最高人民法院关于审理道路交通事故损害赔偿案件适用法律若干问题的解释》第十六条。 | 统筹合同不宜认定为机动车辆商业保险合同，至于该份合同的效力问题，与本案非同一法律关系，应另案解决。 | 依据侵权的基础法律关系，改判由雇主赵某承担交强险以外的赔偿责任。统筹合同问题另行解决。 |
| 河北省某法院 | 贾某在保险公司投有交强险，在某交通运输有限公司投有保额为 100 万元不计免赔机动车辆统筹险。 | 保险法第六十五条。 | 车主与某交通服务公司的统筹合同为机动车辆统筹险，适用保险法关于责任保险合同关系的规定。 | “车辆统筹”属于保险合同关系，某交通运输有限公司在统筹险限额内承担相应责任。 |

3. 裁判的价值导向分析

法官在司法裁判的过程中要经过复杂的法律判断和价值判断。案例 1 的判决考虑维护法律规范的稳定性，结合经营“车辆统筹”的交通服务公司经营资质问题，对于是否为保险合同关系的标准把握较为严格。案例 2 的判决侧重于为案件当事人节省经济成本和时间成本，同时兼顾对于新型经济模式的保护，从减轻当事人诉累的角度来看，可以确保矛盾纠纷的一次性化解。

## 三、案件处理中法官裁量权统一的障碍

### （一）关于事实认定的标准化分歧

民事案件中事实的认定一般指裁判者在审理案件中，通过对证据的认定，推断案件的事实情况及构成要素。对于事实的认定并非纯粹的、客观的，“认识秉持了主体性的分析进路，通过主体与客体二元对立，认为事实是主体对客观事物、事件及其过程的反应与感知”①。因此，裁判者在认定事实的过程中，一定程度上会带有裁判者的主观判断，这种主观判断可能来自价值判断、司法经验以及常识或专业知识等。正如“车辆统筹”案件中，对于统筹合同是否为保险合同，一种观点认为，从实质上来看，统筹合同基本具备保险合同的功能，应参照关于机动车损失保险的相关法律规定承担相应赔偿责任；而另一种观点则认为，基于保险法的相关规定，开展保险业务应具有法定的要件，故涉案的统筹合同不能认定为商业保险。三段论法是法院裁判民事诉讼纷争时常用的方法，事实的认定部分则是确定小前提的方式。因此，当不同的法院对案件事实的审查和确认出现了不同的结果时，案件法律适用和结果出现不同也就不足为奇了。

### （二）关于法律适用问题上的分歧

法律适用统一作为一项应予普遍遵循的法治原则，要求法院在审理案件过程中，针对同一要件事实适用同一法律规则，得出大体相近或类似的裁判结果。② 实践中的法律适用并不必然能够直接将大前提与小前提进行直接对接，其中间存在的若干步骤就是涵摄。王泽鉴先生提出：“涵摄是一项严谨、精致、双难的法学思维过程，一方面须从法律规范去认定事实，一方面亦须从案例事实去探求法律规范，分析要件，来回穿梭

① 郭华：《案件事实认定方法》，中国人民公安大学出版社2009年版，第29页。

② 参见吴在存：《健全法律统一适用机制》，载《人民法院报》2019年8月9日。

于二者之间，须至完全确信，案例事实完全该当于法律规范的构成要件时，涵摄的工作始告完成，可进而适用法律，以确定当事人间的权利义务关系。"[①] 法官在审理案件中如何适用法律，离不开法官自己对于法律的理解和对法律关系的认识，结合本文所述案例，由于统筹合同中的交通服务公司与车主之间、保险合同中保险公司和车主之间具有相似的法律地位和权利义务关系，因此，法官在裁判中不免会存在法律适用路径上的差异。

就社会效果的价值判断而言，一方面，如果法官出发点为考虑个案中的社会效果，例如，法官考虑减少当事人诉累、有利于裁判得到执行等方面，其在进行法律适用时往往会倾向于认定统筹合同关系为保险合同关系；另一方面，如果法官在裁判中出发点为考量整体社会效果，则会出现完全不同的处理思路，如因此类统筹业务不受保险法的约束，开展业务门槛较依法设立的保险公司更低，统筹费用与保险公司保费相比普遍较低，且其经营不受监管，对依法设立的保险公司开展的正常经营业务存在一定冲击，一定程度上不利于保险行业相关业务的健康有序开展，法官从维护行业秩序的角度便倾向于不将其类比保险进行处理。

## 四、推动京津冀法官裁量统一的实现路径

### （一）探索建立京津冀法律统一适用的规范约束机制

健全完善司法裁判规则体系能有效避免法官重复进行法律解释、有效确保裁判标准的延续性。理想化的规范约束机制应当包括常态化的沟通结果交流机制、审判规范化文件的制定以及京津冀交叉典型案例发布机制。

1. 完善常态化京津冀司法协调沟通机制

目前实践中对于"同案不同判"解决的方式是通过加强类案检索统

---

① 王泽鉴：《民法思维：请求权基础理论体系》，北京大学出版社 2009 年版，第 147 页。

一法律适用。最高人民法院在2020年7月31日起试行的《最高人民法院关于统一法律适用加强类案检索的指导意见（试行）》中，进一步规范完善了类案检索制度。而该意见中对类案范围着重强调为“最高人民法院发布的指导性案例、典型案例、裁判生效的案件、本省（自治区、直辖市）高级人民法院发布的参考性案例及裁判生效的案件以及上一级人民法院及本院裁判生效的案件”，对于其他类案约束性较低。对跨京津冀交叉的新类型案件而言，京津冀虽为不同的省（自治区、直辖市）层级，但由于三地经济、人员交流紧密，所以对于制度的设立和运行不能单纯按照行政区划标准。目前，京津冀三地司法协作机制在审判阶段的联动较为有限，缺乏常态化的运行机制。对此，笔者认为，宜在现行的京津冀司法协调沟通机制上加以完善，定期组织京津冀三地法院研究和解决在京津冀区域范围内存在的新类型案件法律适用标准不统一的问题。当法官在办理京津冀交叉的新类型案件中，发现存在法律适用存在分歧或者拟作出的裁判与京津冀其他地区法院的类案裁判可能发生冲突的情况时，在进行类案检索后，对于法律适用仍存在分歧的，可以通过常态化沟通协调机制进行沟通，对于法律适用、裁量标准形成一致性意见，及时总结并指导三地审判工作。通过数据资源共享、信息化平台建设等方式，多措并举，有效保障和推进实现京津冀的司法协作联动，营造良好的司法环境。

2. 制定京津冀审判规范化文件并定期发布京津冀交叉案件典型案例

审判规范化文件和参考性案例是人民法院在审判实践中统一裁判尺度、规范法官自由裁量权的常用方式。各地高级法院在审判实践中发布的审判规范化文件，对管辖区域内的法律适用、裁量标准统一发挥着重要的作用。但是各地高级法院辖区内部的审判标准的统一，往往也会造成各地区之间的审判标准差异化，而京津冀协同发展的核心就是京津冀三地的整体性协同，其中当然包括司法的一体化协同运行。因此，对于涉及京津冀交叉案件的裁量标准宜进行相应的统一，可以从案件性质及服务营商环境的角度，由京津冀三地司法部门联合制定京津冀审判规范化文件如指导意见、司法白皮书等。同时，对京津冀三地各地方不同标准的审判规范性文件进行相应修改、废止。由京津冀三地司法部门联合定期发布一批具有典型意义的京津冀交叉典型案例，有助于法官在审理案件中准确把握审判思路，更能起到节约司法资源、提高司法效率的作用。

（二）加强府院联动，发挥司法职能作用

法官在案件裁判中不仅要做到个案纠纷的依法妥善解决，对于处理案件中发现的潜在风险也应当重视，及时与政府职能部门联动，争取主动化解矛盾纠纷。其中，法院司法建议是发挥司法职能、助力社会治理的重要途径，是落实司法为民、进行诉源治理的重要载体。具体到“车辆统筹”案例，由于统筹合同并非商业保险，无法依照民法典第一千二百一十三条的规定确定赔偿责任，根据合同相对性的赔偿顺序，在发生较大交通事故、交强险并不能提供足额的保障的情况下，不足部分由车主进行先行垫付，再依据统筹合同对交通服务公司进行追偿，一旦发生诉讼纠纷，一方面会造成当事人诉累，另一方面考虑投保人偿付能力及交通服务公司本身的注册资本有限，可能无法给予风险补偿，对及时、充分保护事故中被侵权人的权益缺乏保障。当出现资金链断裂或转移资金等“爆雷”的情况时，极有可能出现事故发生后被侵权人无法获得赔偿、损害当事人的合法权益的情形。天津市第三中级人民法院就此类问题于 2021 年 3 月向中国银行保险监督管理委员会河北监管局发出司法建议，就“车辆统筹”业务存在的监管缺位、责任承担及偿付能力等方面存在的风险以及该经营模式对保险行业的不良影响向政府职能部门提出相应监管建议。这种将司法研究成果转化为实践方法的做法可以深入化解矛盾纠纷的源头治理，既可以防患于未然，保护人民群众财产安全，又在一定程度上避免纠纷的扩大化，也是探索府院联动的具体实践。

# 督促程序中债权人与债务人没有其他债务纠纷的证明问题

李阿鹏*

**摘要：**督促程序在当前的民事诉讼程序体系中未发挥其应有作用，法院和当事人各方对适用该程序存在较多障碍。“债权人与债务人没有其他债务纠纷”作为督促程序一项重要证明条件，在司法实践中引起多方疑虑，在受理环节和审查程序中均难契合制度设置初衷，需要从证明制度上进行科学合理的权限配置，保护债权人合法利益，制止司法资源的无端耗费和对程序的滥用，真正使督促程序从休眠状态中激活，发挥其在民事诉讼制度中的独特作用。发挥督促程序的作用，可将“债权人与债务人没有其他债务纠纷”这一证明条件在受理环节和审查环节予以合并，并将这一证明责任适当分散至债务人一方，或可改变当前司法实践中当事人对督促程序“知而不用”的情况。

在我国民事诉讼体系中，督促程序是一个相对独立而又特别的存在。一方面，督促程序按其功能来看，具有对案件快速分流，降低司法成本和当事人诉讼成本的明显作用，是对普通审判程序功能的一个重要补

* 作者单位：天津市高级人民法院。

充。[①] 另一方面，当前督促程序在司法实践中应用率偏低，[②] 当事人对该程序的实际功用存在较多疑虑，审判人员在法律适用中亦多有争论。也就是说，由于程序设置和功能限制，督促程序未发挥其应有的作用。尤其是在立案登记制和法官员额制改革后，各级法院案多人少趋势继续加剧，亟须像督促程序这样的非诉讼纠纷解决渠道快速化解纠纷，破解制约督促程序发挥其作用的制度障碍，为当事人提供一种更加经济、便捷的解纷模式，优化当前人民法院受理民事案件的类型和比例。分析督促程序适用率不高的原因，大多集中在“当事人权利义务配置错位”“滥用异议权”“送达困难”等，[③] 从制度设置和实然状态看，这些确系督促程序未被广泛接受的原因。但从法院和法官视角看，督促程序的另一大问题是民事诉讼法规定的关于“债权人与债务人没有其他债务纠纷”的证明难题，即民事诉讼法第二百二十一条规定的债权人申请支付令的实体条件之一。[④] 在审判实务中，如要满足该实体条件，需要从证明制度上进行科学合理的权限配置和责任分担，保护债权人合法利益，制止司法资源的无端耗费和对程序的滥用，真正使督促程序从休眠状态中被激活，发挥其在民事诉讼制度中的独特作用。

## 一、作为支付令受理条件的证明问题

民事诉讼法第二百二十一条第一款规定：“债权人请求债务人给付金钱、有价证券，符合下列条件的，可以向有管辖权的基层人民法院申请

① 严格来说，督促程序既不是一般意义上的诉讼，也是不是审判程序，其应当属于一种广义上的民事纠纷解决程序。但有学者认为，督促程序是一种特殊的诉讼程序。参见王福华：《督促程序的属性、类型与程序保障》，载《当代法学》2014年第3期。

② 通过对中国裁判文书网已公布相关文书数量的统计可知，近几年全国人民法院通过督促程序结案的案件数量分别为2017年40415份、2018年42287份、2019年55522份。该案件数量与千万数量级的民事案件数量相比显然偏少。另有研究者通过对特定法院辖区的相关案件进行统计，认为督促程序的适用率仅为0.3%。参见河南省焦作市中级人民法院课题组：《加强督促程序适用，打造繁简分流新格局》，载《人民法院报》2018年12月6日。

③ 参见张海燕：《督促程序的休眠与激活》，载《清华法学》2018年第4期。

④ 民事诉讼法第二百二十一条同时规定了申请支付令的另一项条件“支付令能够送达债务人”。当然，该条件的满足在实务中也普遍存在困难。

支付令：（一）债权人与债务人没有其他债务纠纷的；（二）支付令能够送达债务人。”从该条规定看，“债权人与债务人没有其他债务纠纷”属于债权人申请支付令的条件之一。《最高人民法院关于适用〈中华人民共和国民事诉讼法〉的解释》（以下简称《民事诉讼法司法解释》）第四百二十七条规定：“债权人申请支付令，符合下列条件的，基层人民法院应当受理，并在收到支付令申请书后五日内通知债权人：……（三）债权人没有对待给付义务……”又在第四百二十八条第一款对受理后审查中的各种情况及其后果作出规定，[①] 同时在该条第二款规定，“人民法院受理支付令申请后，发现不符合本解释规定的受理条件的，应当在受理之日起十五日内裁定驳回申请”。从体系解释的角度看，《民事诉讼法司法解释》将其在第四百二十七条第一款规定的七项条件作为人民法院对支付令的受理条件，将其在第四百二十八条第一款规定的四种情形作为“准实质性”的审查条件。[②] 也就是说，民事诉讼法与《民事诉讼法司法解释》将督促程序的受理条件和发出支付令的实质性条件进行了区分。

从当前民事诉讼法及相关司法解释对督促程序的制度设置看，督促程序在人民法院处理过程中的完整流程[③]应当包括：（1）当事人申请；（2）人民法院受理；（3）人民法院审查；（4）发出支付令或裁定予以驳回；（5）债务人清偿债务或提出异议；（6）债权人申请执行支付令或人民法院审查债务人提出的异议；（7）支付令失效，并转入诉讼程序。根据程序的逻辑特点，受理与审查是递进关系，审查过程中如查明本应在受理环节发现但实际上未发现的问题，应当驳回申请。那么在受理环节

---

① 《民事诉讼法司法解释》第四百二十八条第一款规定的裁定驳回支付令申请的情形包括：（1）申请人不具备当事人资格的；（2）给付金钱或者有价证券的证明文件没有约定逾期给付利息或者违约金、赔偿金，债权人坚持要求给付利息或者违约金、赔偿金的；（3）要求给付的金钱或者有价证券属于违法所得的；（4）要求给付的金钱或者有价证券尚未到期或者数额不确定的。

② 根据通说，人民法院对支付令的审查应当是形式审查，不对其债权债务的实体性问题进行探究，以实现纠纷的快速解决。但形式审查并不意味着完全放任不管，如对其中债权债务的真实性、合法性、是否到期、当事人适格问题等毫不干涉，极易产生损害第三人利益的虚假诉讼，影响整个民事诉讼制度。参见张卫平：《民事诉讼法》，法律出版社2016年版，第464~465页。

③ 本文所谓完整流程，系指假设案件情况满足启动督促程序每一环节和流程的情况下，当事人和人民法院所经历的完整程序。

和审查环节以“债权人与债务人没有其他债务纠纷”为条件，应当如何分别解决其证明问题？

在司法实践中，债权人持申请书到人民法院要求发出支付令，并非“有案必立”，因为根据《最高人民法院关于人民法院登记立案若干问题的规定》，立案登记制所针对的只是“一审民事起诉、行政起诉和刑事自诉”案件，督促程序显然不是“一审民事起诉”。所以，人民法院对于债权人的支付令申请书以及其他相关材料，并不是一经审查合格即当场立案，而是根据民事诉讼法及《民事诉讼法司法解释》的规定，对于其申请条件进行审查，如明显不符合申请条件，人民法院立案部门则当场不予接收材料。故债权人的申请需要提前满足民事诉讼法及《民事诉讼法司法解释》规定的条件，即必须同时符合民事诉讼法第二百一十一条第一款的两项条件和《民事诉讼法司法解释》第四百二十七条第一款规定的七项条件。[①] 对于民事诉讼法及《民事诉讼法司法解释》规定的“债权人与债务人没有其他纠纷”或“债权人没有对待给付义务”[②]，债权人应当在申请支付令时向人民法院提出相应证据，否则人民法院应当依法予以驳回。

要求债权人在提出支付令申请时即对“债权人与债务人没有其他纠纷”这样的实体性问题进行证明，从证明理论的一般学说看，难度较大。根据民事诉讼法关于证据的一般规定，“当事人对自己提出的主张，有责任提供证据”，这是举证责任分配的原则，实际情形中当事人一般也是对自己提出的“存在”的事实有义务提供证据。对于当事人主张“不存在”的事实，无论是由主张“不存在”的一方还是对方进行证明，一般都难以达到证明目的。要求债权人证明债务人对其有欠付金钱或有价证

---

① 《民事诉讼法司法解释》实际上对民事诉讼法规定的督促程序提出条件进行了扩展。

② “在2012年民事诉讼法修改过程中，民事诉讼法修改稿对第二百一十四条第一款规定的是‘没有对待给付义务’，但考虑到这个表述不好理解，后沿用‘债权人与债务人没有其他债务纠纷’，本司法解释仍可使用‘债权人没有对待给付义务’的表述，就是为了对之准确界定。”并且，此两者“具有同样的含义”。本文也将在相同意义上使用这两个表述。参见最高人民法院修改后民事诉讼法贯彻实施工作领导小组编著：《最高人民法院民事诉讼法司法解释理解与适用》，人民法院出版社2015年版，第1143页。

券的事实，这对债权人来说并无难处，但要求其证明与债务人没有其他争议，则过于苛刻。所以，从民事诉讼法设置的受理条件看，当前制度对督促程序规定的启动门槛显然过高了。有学者认为，“从立法目的上来考察，我们应对此进行广义解释，即债权人提供事实和证据对债权债务关系的证明不同于传统民事诉讼程序中的证明，属于一种形式上的证明……”① 但从司法实践的角度看，如果只要求债权人对此提供“形式上的证明”，则其实际提出的证据有可能只是陈述性的书面“说明”，即在提交申请材料的同时“声明”其与债务人没有其他债务纠纷，那么这种要求当事人对相关事实的证明程序在制度上有可能被“虚置”。这种“虚置”在实际操作中所产生的“解释空间”，同时也让审判机关陷入两难：一方面，因督促程序本身所存在的较高虚假诉讼风险，法院一般将此类案件拒之门外，使督促程序在我国审判制度中长期处于休眠状态；② 另一方面，如果审判机关有理由依据民事诉讼法激活督促程序，③ 那么必须在案件受理环节即课以债权人极高的证明责任，而严格按照证据和证明制度，债权人一般难以完成此证明任务，最终在案件受理环节即无法通过审查。

## 二、作为支付令发出条件的证明问题

按照民事诉讼法第二百二十三条的规定，“经审查债权人提供的事实、证据，对债权债务关系明确、合法的”，应当发出支付令。该条将支付令的发出条件界定为“债权债务关系明确、合法”，与受理环节的七项审查条件相比，显然更为明确简洁。同时，《民事诉讼法司法解释》在详细规定了受理条件后，又在第四百二十八条列举了四种审查情形，即如

① 高星阁：《利益平衡视角下我国督促程序之保障机制研究》，载《西南政法大学学报》2016 年第 6 期。

② 参见张海燕：《督促程序的休眠与激活》，载《清华法学》2018 年第 4 期。

③ 在当前的司法政策中，这种“理由”相对充足：从案件的繁简分流到一站式多元解纷机制建设，督促程序都有独特而重要的价值，可以成为诉讼制度中经济快捷解纷方式的不可或缺组成部分。

果受理后在审查过程中发现符合这四种情形的，应当裁定驳回申请；同时在该条第二款规定发现“不符合本解释规定的受理条件的”，亦应当裁定驳回申请。也就是说，《民事诉讼法司法解释》也将受理条件和审查条件进行了区分。

督促程序的审查直接决定了支付令的发出与否。在该环节中，债权人是否需要继续承担其与债务人“没有其他债务纠纷”的证明责任？从程序逻辑上看，受理环节已经经过证明的事实在审查环节不宜继续再由当事人举证，但法官如何确认债权债务关系“明确、合法”？如果将受理环节的证明结果整体“移植”至审查环节，并不违反诉讼法规定和程序逻辑，但是发出支付令的实质性条件仍未满足，需要法官继续进一步查证。按照民事诉讼法及《民事诉讼法司法解释》的规定，受理条件中的“没有其他债务纠纷”与支付令发出条件中的“没有其他债务纠纷”应当一致，即审查过程中发现不符合《民事诉讼法司法解释》规定的受理条件的，应当裁定驳回申请。这种符合程序逻辑的设计，在司法实践中未必会如立法者设想的那样顺畅运行，因为法官需要面对案件受理后诸多不确定的风险，包括：（1）法定审限即15日内仍无法证明债权债务关系明确，[①] 但债务人随时可能转移财产的风险；（2）审限内发出支付令，但之后发现债务人对债权人亦享有其他债权；（3）债权人与债务人基于同一法律关系互负债务的情况，如买卖合同中一方要求对方支付货款，而对方主张货物质量瑕疵，要求承担违约责任的情况；（4）债务人滥用异议权的行为。法官基于上述原因，在发出支付令前往往会作出超出民事诉讼法及《民事诉讼法司法解释》规定限度的审查，形成“如无必要，裁定驳回”的思维习惯。更为严重的情况是，从事督促程序审查的法官或审判部门，会从类型化案件的审判风险角度，将审查关口前移至立案受理环节，进一步抬高督促程序案件的受理门槛。

即使从纯粹的语义分析看，民事诉讼法将“债权债务关系明确、合

---

① 为督促程序设置较短的审查期限，是为了防止案件久拖不决而造成债务人转移财产，但相比于正常一审程序的审限，督促程序中显然无法展开完整的举证质证和证明过程。

法”作为支付令的发出条件，在具体操作上也让法官有所疑虑。虽然“明确、合法”相比于“没有其他债务纠纷”更显简洁，但在证明标准上要求更高。“明确”似乎与“没有其他债务纠纷”相对应，即申请人所提出之债权系“没有对应给付请求或其他抗辩权所约束”的债权，从这个意义上看，支付令发出条件中“明确”的要求，将所提出之债权的范围进行了限定。但在司法实践中仍有困扰，显然“明确”的语义所涵摄范围过大，如果说证明“没有其他债务纠纷”已让法官难以应对，那么“债权债务明确”则让人无从着手，该要求是指所提出之债务“准确”或“确定”，还是指其具有独立于其他债权债务的“唯一性”和“单一性”？需要从法律解释的角度予以廓清。而“合法”，则可理解为“不违反法律、行政法规的禁止性规定”，该要求相当于是在“没有其他债务纠纷”之上又作出了一个合法性限定，对于防止当事人滥用权利以及应对审判中的法律和社会风险，具有重要意义。支付令所涉债权的合法性审查，需要审判人员结合法律规定和司法政策，进行综合判断，但从举证责任的角度看，债权的“合法性”仍需要申请人一方予以证明。在支付令审查环节欠缺对方当事人抗辩程序的情况下，法官在实践层面对“合法性”的审查责任则陡然增大了。如果法官未能在支付令发出环节甄别出相关“非法”因素，那么其后债务人较高的“异议成功率”，甚至可能产生的“错案”风险，[①] 则会对法院、相关审判部门、从事督促程序审查工作的法官的业绩评价和指标考核，产生负面影响。所以，从法院和法官视角看，支付令审查环节的“明确、合法”要件，不仅缺乏实际操作可能，还为相关责任人戴上了“一套不成比例的枷锁”，从而使他们逐渐远离督促程序，造成现状中的督促程序适用率较低的情况。

## 三、利益再平衡：实体公正和程序效率的价值取舍

督促程序适用率偏低，是多方面原因共同作用的结果，举证责任和

① 虽然督促程序案件不得上诉，无法从二审程序和再审审查程序予以纠错，但从债务人提出异议的角度看，如果异议成功率较高（更为关键的是，对异议的审查还是形式审查），那么法官将会重新审视支付令的发出条件。

证明问题可能只是其中的原因之一，但也许是所有问题的关键症结所在。如果要发挥督促程序的应有作用，将其作为案件繁简分流、快慢分道的一个“调节阀”，改变当前司法实践中当事人“知而不用”的情况，需要从制度设置上重新审视相关条款的含义，从法律解释角度重新厘清“没有其他债务纠纷”在督促程序中的意义。

## （一）受理条件与审查条件的合一

当前督促程序所分别设置的受理条件和审查条件呈现出一种“阶梯式上升”的情况，即在受理环节要求债权人证明“没有其他债权债务”，在支付令发出前的审查环节要求债权人进一步证明“债权债务关系明确、合法”。这种分段式的证明要求在提高督促程序门槛的同时，也为当事人增加了较高的程序成本，虽实践中可能会使部分有“恶意诉讼”企图的当事人望而却步，但也将督促程序置于一个无人问津的境地。而且从法官的视角看，分别在受理环节和审查环节设置证明条件，实际上也增高了司法成本，立案部门与审查部门在某些环节的工作可能高度重合。最关键的是，如上文所述，于债权人来说这些证明本身在理论上有可能是一种“无法完成的任务”。

所以，可在立法层面探索将督促程序的受理条件与审查条件合二为一，即受理环节可比照立案登记制相关规定，对当事人之申请材料作形式审查，只要符合形式要件即登记立案。将现行法律规定的受理条件与审查条件进行合并，“没有其他债务纠纷”和“债权债务明确、合法”作统一审查。至于可能产生的滥用支付令申请权情况，《诉讼费用交纳办法》第十四条第三项关于“依法申请支付令的，比照财产案件受理费标准的 1/3 交纳”的规定可对权利滥用者产生一定威慑。况且实践中居高不下的债务人异议率已让支付令的审查工作处于一种近似于“无用”的境地，这种情况会给从事支付令审查工作的法官一种心理暗示，即“无论审查条件如何苛刻，都不影响债务人提出异议”。所以，督促程序的受理条件和审查条件合二为一，在操作层面上亦有可行之处。

在实际操作上，可将受理环节中不具有“证明可能性”的“没有其他债务纠纷”证明要件删除，直接将支付令发出环节的“债权债务关系明确、合法”证明要件前移至受理环节，并且，一旦受理即可发出支付令。对于当事人来说，可不必再为“不存在某事物”的“否定命题”证明而承担责任；对法官来说，几乎没有可行性的“没有其他债务纠纷”审查工作省去后，可在较大的裁量空间内综合判断案件具体情况，根据双方当事人的其他案件背景，判断其债权债务是否“明确、合法”，这种较为弹性的证明要件，为法官自由心证的形成提供了可能，对防范恶意诉讼、虚假诉讼创造了较大操作空间。法官亦可根据案件细节，提前预估债务人提出异议的情况，以较为灵活的处理方式，防止督促程序空转，使支付令制度切实发挥其作用。

### （二）证明责任适当分散至债务人

如果将“没有其他债务纠纷”和“债权债务关系明确、合法”的双重证明责任，均课予债权人一方，可能会因为过高的证明条件和繁重的证明任务而达不到督促程序的目的，而且在实际上也会导致债权人和债务人双方权利义务失衡，使债权人的合法利益无法得到有效保障。从制度设置看，既然督促程序赋予了债务人在收到支付令之后的异议权，那么可以探索将当前制度中要求债权人一方完成的部分证明义务转移至债务人，作为债务人提出异议的理由。债权人在一般情况下无法证明的“没有其他债务纠纷”，如果改由债务人在异议环节作为反驳理由，或可收到更好效果。因为“是否有其他纠纷”，债权人只能凭空作出否定性承诺，而债务人则可从肯定性角度提出相应证据予以证明。而且，根据督促程序的规定，债务人提出的异议只要符合初步的形式要件，异议即可成立并导致支付令失效，法院对异议的理由并不进行实体审查。

若将“没有其他债务纠纷”的证明责任从债权人身上剥离，事实上转移至债务人一方，是否会因督促程序申请门槛降低而出现大量的“滥诉”行为？应当说，当前司法实践中的督促程序制度需要担心不是“过量”的支付令申请，而是因支付令申请不足而导致的大量债权债务关系明确的案件无法得到有效分流，进而加剧了人民法院案多人少情况。所以从充分发挥督促程序的作用角度分析问题，部分证明责任的剥离或转移将对提高债权人适用督促程序的积极性，并降低法院对支付令申请的受理成本，具有制度性作用。

# 【案例评析】

## 第三人撤销之诉中第三人的主体资格

苗滋滨　柳　楠*

**【裁判要旨】**

第三人撤销之诉中的第三人，应以其是否具备第三人诉讼地位作为基本判断依据，该判断标准应当符合民事诉讼法第五十九条的规定。第三人主张撤销之诉的时间起点，以其知道该生效法律文书作为知道或应当知道其民事权益受到损害之日的起算点，其怠于进一步了解生效法律文书具体内容的，不影响其应当知道的认定。

**【案号】**

一审案号：河南省焦作市解放区人民法院（2020）豫0802民初3887号。

二审案号：河南省焦作市人民法院（2021）豫08民终746号。

**【案情】**

原告：河南省焦作市东桂基金房地产开发有限公司（以下简称东桂公司）。

被告：焦作市中煜精细陶瓷材料有限公司（以下简称中煜公司）、焦

* 作者单位：河南省焦作市解放区人民法院。

作市景安机电设备制造有限公司（以下简称景安公司）。

2007 年 9 月 14 日，被告景安公司（甲方）与原告东桂公司（乙方）签订了土地使用权转让协议，约定景安公司以每亩 90 万元价格将其位于南通路 5 号约 50 亩建设用地使用权转让给东桂公司。协议签订后，东桂公司自 2007 年至 2011 年分批共向景安公司支付土地转让定金 1300 万元（除 2008 年 2 月 2 日由东桂公司账户转入景安公司账户的 200 万元外，其余资金由张某生、宋某军等转入到景安公司会计个人账户），景安公司分次向东桂公司出具收据，并在收据上加盖公司财务专用章。2012 年 11 月 3 日，东桂公司（甲方）与被告中煜公司（乙方）签订书面协议，东桂公司将上述合同的权利义务转让给中煜公司，明确约定“截至本协议签署日前，债务人景安公司欠甲方土地定金共计 1200 万元。现甲方将以上债权转让给乙方，乙方同意受让，包括：所有权、收益权等各类权益”。2012 年 11 月 9 日，中煜公司（乙方）与景安公司（甲方）重新签订土地使用权转让协议，除未对办理土地证时间作约定外，其他的主要条款内容与 2007 年 9 月 14 日的土地使用权转让协议一致。景安公司向中煜公司出具 1200 万元土地转让定金收据，收据上加盖景安公司财务专用章，同时景安公司出纳仲某在收据收款人处签字。

后经景安公司和中煜公司协商，景安公司 2013 年、2014 年分批退还 200 万元定金给中煜公司。因景安公司长期不按照合同约定履行义务，中煜公司于 2018 年 10 月 17 日向河南省焦作市解放区人民法院提起诉讼，要求解除合同，同时要求被告双倍返还土地定金并赔偿损失。河南省焦作市解放区人民法院于 2018 年 12 月 19 日作出（2018）豫 0802 民初 3887 号民事判决，判令：（1）解除中煜公司、景安公司 2012 年 11 月 9 日签订的土地使用权转让协议；（2）景安公司应于本判决生效后十日内归还中煜公司定金 1000 万元并支付利息（该利息以 1000 万元为基数，自 2012 年 11 月 9 日起至本判决生效之日止按照年利率 6% 的标准计算）；（3）驳回中煜公司的其他诉讼请求。案件受理费 159300 元、保全申请费 5000 元，由中煜公司负担 55900 元，由景安公司负担 108400 元。

该判决作出后，景安公司不服判决，提起上诉。河南省焦作市中级人民法院于2019年1月17日立案受理，后景安公司于2019年2月1日向河南省焦作市中级人民法院申请撤回上诉，河南省焦作市中级人民法院于2019年2月11日作出（2019）豫08民终453号民事裁定予以准许。一审判决于2019年2月11日发生法律效力。

2019年5月10日，河南省焦作市中级人民法院受理了对东桂公司的破产申请，并于2019年6月12日指定河南省焦作市山阳区人民法院审理。河南省焦作市山阳区法院于2019年8月7日指定河南法本律师事务所担任东桂公司管理人。

另查明，河南省焦作市马村区东桂建筑设备租赁站作为异议人，曾就申请执行人焦作中旅银行股份有限公司申请执行中煜公司、东桂公司、焦作市金豫通建材有限公司、张某生、宋某红借款及担保合同一案，提出执行异议。河南省焦作市中级人民法院于2020年1月3日召开了听证会。在该听证会上，出示了（2018）豫0802民初3887号民事判决书。听证后，河南省焦作市中级人民法院于2020年1月20日作出（2020）豫08执异22号执行裁定书，并送达了各方当事人。

2020年8月8日，景安公司向东桂公司管理人发出告知书，告知东桂公司管理人，东桂公司与中煜公司土地使用权转让事宜，以及法院已经执行扣划景安公司14252471元，且认为东桂公司与中煜公司合同转让的目的就是转移1000万元的定金，而定金不是中煜公司的，这一行为损害了东桂公司债权人的利益。

东桂公司为此起诉，要求撤销河南省焦作市解放区法院于2018年12月19日作出的（2018）豫0802民初3887号民事判决，确认中煜公司申请执行景安公司款项中的14252471元归原告所有。

## 【审判】

河南省焦作市解放区法院一审审理认为，本案第三人撤销之诉所要撤销的内容是（2018）豫0802民初3887号民事判决。在该判决中，原告系中煜公司，被告系景安公司，双方基于中煜公司和景安公司签订的土地使用权转让协议，以及景安公司在退还了部分定金后未退还其余定金而形成诉讼。该案争议的诉讼标的是中煜公司与景安公司之间就定金应否退还的权利义务关系。那么本案原告东桂公司是否具有本案的第三人地位，需要依据相关法律规定进行分析。

2017 年民事诉讼法第五十六条①第一款规定："对当事人双方的诉讼标的，第三人认为有独立请求权的，有权提起诉讼。"客观上，中煜公司与景安公司签订的土地使用权转让协议，是自东桂公司受让债权形成。受让债权后，中煜公司与景安公司重新签订了协议、出具了收据，双方脱离原东桂公司与景安公司的合同关系而形成了新的债权债务关系。中煜公司依据新的土地使用权转让协议起诉，东桂公司对该诉讼不具有独立的请求权。东桂公司对其与中煜公司之间的债权转让协议，可以行使撤销权，但该撤销权的行使，与中煜公司、景安公司之间的诉讼，并不具有决定性影响，其不具有独立请求权的第三人诉讼地位。

2017 年民事诉讼法第五十六条第二款规定："对当事人双方的诉讼标的，第三人虽然没有独立请求权，但案件处理结果同他有法律上的利害关系的，可以申请参加诉讼，或者由人民法院通知他参加诉讼。人民法院判决承担民事责任的第三人，有当事人的诉讼权利义务。"那么中煜公司、景安公司之间的诉讼结果，与东桂公司是否具有法律上的利害关系呢？基于东桂公司的债权转让行为，其与转让的债权已经脱离了关系，无论中煜公司与景安公司之间的诉讼是何种结果，均与东桂公司没有任何关系，即使是执行过程，也不需要东桂公司提供任何协助或配合。退一步讲，即使是中煜公司和景安公司的诉讼正在进行中，东桂公司主动申请参与诉讼，人民法院一般也不会准许，而是告知东桂公司，其可以对与中煜公司的债权转让协议行使撤销权。充其量中煜公司与景安公司

① 现为第五十九条，下同。——编者注

之间的诉讼会中止审理，以权衡东桂公司与中煜公司之间可能进行的撤销权诉讼对中煜公司主张权利的证据是否会产生不利影响。

综上，东桂公司不具备河南省焦作市解放区人民法院（2018）豫0802民初3887号民事判决第三人的诉讼地位，亦即不具备本案原告诉讼主体资格。但本案的特别之处在于，东桂公司已经进入破产程序，由破产管理人作为诉讼代表人参加诉讼。

首先，管理人与东桂公司之间的权利义务并不完全一致。管理人是基于审理破产案件的人民法院指定而对东桂公司资产进行管理，代表东桂公司参与诉讼。本案中，管理人即是以诉讼代表人的身份参与诉讼，其诉讼权能取决于东桂公司的权能。基于东桂公司不具有第三人的诉讼地位，管理人自然也不具有第三人地位。

其次，在河南省焦作市解放区人民法院（2018）豫0802民初3887号民事判决作出时，管理人尚未被法院指定，该生效判决自然不会损害管理人的合法权益，管理人即使独立参加诉讼，同样不具有第三人的诉讼地位。

最后，管理人主张撤销权的法律依据是企业破产法第三十三条规定："涉及债务人财产的下列行为无效：（一）为逃避债务而隐匿、转移财产的……"该依据所针对的，是东桂公司与中煜公司之间的债权转让协议，而非中煜公司与景安公司之间的诉讼，即便是管理人，仍然不具有第三人的诉讼地位。一审法院据此裁定驳回了原告东桂公司的起诉。

一审裁定后，东桂公司不服提起上诉。河南省焦作市中级人民法院经过审理，认定事实与裁判理由与一审一致，裁定驳回上诉，维持原裁定。

## 【评析】

民事诉讼法第五十九条规定了我国的第三人撤销之诉制度。第三人撤销之诉是民事诉讼设计的一项非常规的救济制度，是赋予当事人之外的其他人对已经发生法律效力的民事判决，通过一审程序进行推翻的制度。该制度的出台，是基于诉讼实践中一定程度上存在的虚假诉讼、当事人恶意串通骗取法院生效裁判文书、损害案外第三人合法利益的现实需要。但毕竟第三人撤销之诉的诉讼标的是基于生效的法律文书以及与此相对应的既判力规则。基于此，对第三人撤销之诉中第三人资格的确认应当严格进行审查。

## 一、关于第三人身份的认定

在司法实践中，第三人撤销之诉的第三人身份，应以原诉进行过程中是否具备第三人资格来评定。对具有独立请求权的第三人和部分无独立请求权的第三人，其具有第三人撤销之诉中第三人的地位，不存在太多争议，但还要注意区别以下几类人员，可能不具备第三人撤销之诉中第三人的主体资格。

第一，为查明案件事实而参加诉讼的第三人，不具有第三人撤销之诉的第三人身份。民事诉讼法第五十九条规定的第三人，要么对当事人双方争议的诉讼标的具有独立的请求权，具有排他性的权利；要么对诉讼结果具有法律上的利害关系，其诉讼地位倾向于某一方当事人。而法院在审理中，某些重要证据、重要事实，可能涉及某人，为进一步查明案件事实，可能会依申请或依职权追加该人为第三人。但该类第三人的作用，仅限于如实向法庭陈述案情，不具有请求权，诉讼结果与其也没有关联性，因此，其不具备第三人撤销之诉中第三人的资格。

第二，可能会引起原审中止诉讼的案外人，同样不具有第三人撤销之诉的第三人身份。在原审进行时，对案件有重要影响的证据，可能因案外人的诉讼而处于真伪不明或效力待定的状态，此时原审需要中止审理，待另案结论作出后再行恢复审理。例如，在丙公司与乙公司的诉讼进行过程中，甲公司起诉要求撤销其与丙公司之间的债权转让协议，如果该协议撤销，将会影响到乙公司与丙公司签订的债权转让协议的效力，最恰当的做法应当是中止乙公司与丙公司的诉讼，待甲公司与丙公司的诉讼结论作出后再行恢复审理。由于此类案外人影响的仅仅是原审的诉讼进程，而非对诉讼结果主张权利，因此同样不具备第三人主体资格。

## 二、关于诉讼期限的认定标准

根据民事诉讼法第五十九条第三款规定，第三人对已经发生法律效力的判决、裁定、调解书提起撤销之诉的，应当自知道或者应当知道其民事权益受到损害之日起6个月内提出。根据该规定，如何认定第三人知道或者应当知道其民事权益受到损害，成为第三人的起诉能否得到支持的关键。对该时间节点的认定，可以从以下几个方面进行把握。

第一，在原审进行过程中即申请以第三人身份参加诉讼，但法院没有准许的，应当认为原审判决发生法律效力之日即为诉讼期限的起算点。第三人已经知道了原告、被告正在进行与其利益密切相关的诉讼，且申请以第三人身份参加诉讼，其对自身权益可能受到侵害的情形是明知的，但由于该诉讼正在进行中，尚未作出发生法律效力的裁判结果，不能认定其权利实际受到了侵害，因此，应当以原审裁判文书发生法律效力之日作为第三人提起第三人撤销之诉的诉讼期限起算点。如果第三人明知可能侵害其合法权益的诉讼正在进行，在其申请以第三人身份参加诉讼未被准许的情况下，其对该进行中的诉讼不管不问，属于对自身权益的漠视，不能以其对裁判结果不知情为由而认定诉讼期限尚未开始。

第二，在原审进行过程中，人民法院通知第三人参加诉讼，其因不能归责于本人的事由未能参加诉讼，则以该不能归责于本人的事由结束之日为诉讼期限的起算点。人民法院经过审理，认为案件的审理可能与第三人存在利害关系而通知其参加诉讼，但因特殊情形，第三人在接到法院的通知后未能参加诉讼，比如，法院根据第三人约定的送达地址确认书向其发送参加诉讼通知书，其未实际签收而视为送达的；再如，第三人实际签收该通知后，因不可抗力而未实际参加诉讼的。上述情形，应当认为第三人对其权益可能受到侵害事实明知，但由于客观情形未能参加诉讼，此时应当以该客观情形消除之日为诉讼期限的起算日。

第三，第三人不知道可能侵害其权益的诉讼正在进行的情形，则以其第一次获得该生效裁判文书之日为诉讼期限的起算点。第三人对原被告之间进行的诉讼不知情的，则起算点的认定相对比较复杂。客观上以第三人第一次接触到该生效法律文书之日为起算日，相对公平。原告、被告之间存在已经发生法律效力的裁判文书，在执行过程中，需要第三人进行必要的配合，如法院通知第三人，其即应当对所涉及的事项进行了解，可以认定法院通知之日为起算日；如果执行标的位于第三人控制区域，原审的原告、被告对执行标的进行处置，或者法院对该执行标的进行控制之日，第三人就应当对该执行依据进行必要的了解，该第一次接触之日可以作为其应当知道的起算日。

在本案中，东桂公司的委托代理人在执行异议审查中，已经接触到作为证据提交并交给自己质证的裁判文书，其就应当对裁判文书的内容有全面的认识。在审理过程中，东桂公司称其虽然知道该判决书，但并不知道该判决书的内容，这一表述是显然与事实不符的。根据一般生活经验法则，在质证时肯定需要对证据的内容进行全面审查。审查中，一定可以发现证据中载明的内容损害自身的合法权益。此时，东桂公司第一次接触到该证据之日，可以认定为其知道权利受到侵害之日。即使其真的没有对判决书全面阅读，不知道涉及自身权益，亦属于自己怠于行使诉讼权利或者不准确行使诉讼权利所致，不应当作为其不知道的理由。本案中，东桂公司管理人早在2020年1月3日就知道了该判决书的存在，其至迟应当在2020年7月3日前提起诉讼。但实际上该起诉确已超出了法定的诉讼期限，只是由于其本身不具有诉讼主体资格，无须对其计算所谓的诉讼期限。

## 三、第三人撤销之诉和破产管理人撤销权的区别

本案中，由于东桂公司进入破产程序，其管理人以甲公司的诉讼代表人的身份参与诉讼，其本身并不具备独立的诉讼权利，其诉讼权能取决于东桂公司的权能。基于东桂公司不具有第三人的诉讼地位，管理人自然也不具有第三人地位。而管理人基于管理职责，可以依法对债务人转让财产等损害债权人利益的行为，以自己的名义向人民法院起诉，要求撤销债务人转让财产的行为，这与第三人撤销之诉具有显著区别。

# 管辖权异议审查原则及协议管辖的适用

戴　曙*

**【裁判要旨】**

管辖权异议审查属程序问题，应根据当事人诉请所依据的法律关系以及当事人提交的诉讼材料进行形式审查来确定案件管辖权，不宜在管辖权异议审查阶段，对含有协议管辖条款的案涉基础合同真实性进行鉴定。为保障当事人依照法律规定享有的起诉权利，在民事诉讼法没有规定协议管辖可以附条件的情况下，不得附条件。《最高人民法院关于适用〈中华人民共和国民事诉讼法〉的解释》（以下简称《民诉法解释》）第十八条第二款规定的三种情形，只考虑了给付之诉的情形，而合同纠纷不仅有给付之诉，也存在确认之诉和形成之诉。单纯地请求解除合同的形成之诉，其争议标的并非合同中的具体义务，而是合同法律关系是否解除的问题，不能据此规定来确定合同履行地。

**【案号】**

一审案号：上海市第一中级人民法院（2020）沪 01 民初 253 号之一。

二审案号：上海市高级人民法院（2021）沪民辖终 3 号。

---

* 作者单位：上海市高级人民法院。

## 【案情】

上诉人（原审原告）：感知科技有限公司。

被上诉人（原审被告）：感知集团有限公司、无锡感安软件有限公司等6家公司。

感知科技有限公司起诉请求：（1）解除原告与感知集团有限公司之间签订日期为2015年4月18日的资产收购协议；（2）感知集团有限公司向原告返还其支付的资产收购价款7.35亿元；（3）感知集团有限公司向原告赔偿律师费用100万元；（4）无锡感安软件有限公司等6名被告就上述第二项、第三项诉讼请求承担连带责任等。《资产收购协议》约定：感知集团有限公司（并促使其关联方）同意向原告出售及转让、原告同意向感知集团有限公司及其关联方收购及受让相关股权及知识产权；标的资产收购价格为7.35亿元；感知集团有限公司应于2015年6月30日前完成无锡感知合约交易中心有限公司的交接工作；于2015年12月31日前完成其他标的资产的交接工作。2015年5月20日，原告直接或通过其全资子公司向感知集团有限公司支付共计7.35亿元资产收购对价。然而，《资产收购协议》从签订至2020年，没有任何一项标的资产变更登记至原告或其指定的主体名下。根据《资产收购协议》第7.2条、第7.3条约定，原告有权解除《资产收购协议》，要求感知集团有限公司退还原告已支付的资产收购价款7.35亿元并赔偿违约金等。此外，因《资产收购协议》项下出售的大部分资产属于感知集团有限公司的关联企业所有，而非感知集团有限公司所有，而7.35亿元收购价款却由感知集团有限公司统一收取，这显然构成各被告间的财产混同；而且7名被告还存在经营地址混同、人员混同等情况，各被告已构成“人格混同”。事实上，除感知集团有限公司外，其余6名被告也是基于《资产收购协议》所签署的分项转让协议的资产转让义务人，在法律上应与上诉人构成共同收款人。

一审法院于2020年9月15日立案受理后，7名被告在提交答辩状期间，均提出管辖权异议。感知集团有限公司认为，案涉《资产收购协议》第 8.2 条是附条件的协议管辖条款，“发出争议、争端或权利主张通知后 10 日内未能通过协商达成和解”是适用约定管辖（向甲方所在地法院提起诉讼）的前提条件。原告起诉前未按约定发出通知，前提条件未成就，故本案不应适用该附条件的协议管辖，而应适用法定管辖，依法应由被告住所地或者合同履行地江苏省无锡市中级人民法院管辖。其余 6 名被告均认为，其并非《资产收购协议》的当事方，针对其的诉讼不适用《资产收购协议》关于诉讼的约定管辖，而应适用法定管辖，由江苏省无锡市中级人民法院管辖。原告不同意 7 名被告的意见，请求驳回 7 名被告提出的管辖权异议申请。

【审判】

一审法院经审理裁定：驳回被告感知集团有限公司等 7 被告对本案管辖权提出的异议。感知集团有限公司不服，向上海市高级人民法院上诉。上海市高级人民法院经审查，裁定驳回上诉，维持原裁定。

【评析】

本案系合同纠纷管辖权异议上诉案件，主要涉及管辖权异议审查原则、协议管辖能否附条件、合同履行地确定规则的理解适用等问题。

## 一、对管辖权异议应采证据材料形式审查原则

所谓管辖权异议，是指法院受理案件后，当事人以该院对本案无管辖权为由，提出将该案移送有管辖权的人民法院审理的请求。根据保障诉权、不告不理和“两便”原则，原告在起诉时享有选择受诉法院的权利，为落实当事人诉讼权利平等原则，就应当赋予被告提出管辖权异议的权利。因此，民事诉讼法第一百三十条规定，法院对当事人在规定期间内提出的管辖权异议，应当审查。但具体如何审查却没有明确规定，即现行法律未对管辖权异议审查原则作出规定。对此，第一种观点认为，

管辖权异议的审查应当是证据材料形式审查，理由为管辖权异议是一个纯粹的程序问题，程序审理阶段不应涉及任何实体问题的处理，当事人提供的材料是否真实、合理、合法，只有在案件进入实体审理后才能认定。因此，对管辖权异议的审查只应是表面化的形式审查。第二种观点认为，对管辖权异议案件应作实体审查，审判权的具体行使有赖于管辖权的确定。如法院对案件没有管辖权，则排除了法院对该案的审判。因此，对管辖权的审查应当是实质性的，这样做有利于审判的稳定和公正。第三种观点认为，应以形式审查为主，实质审查为辅。理由为管辖权异议属于程序性问题，因此对该问题的审查当然以形式为主。但是管辖权异议的审查目的在于确定案件的管辖权，为了保证法院正确地行使对案件的管辖权和审判权，辅以一定的实体审查是极为必要的。①

笔者赞同第一种观点，管辖权异议审查属程序问题，在审查确定管辖权阶段还未开庭审理，对于确定管辖权有关的证据和事实在实体审理阶段予以审查更为妥当。对此，还有不同观点认为，对管辖权异议进行形式审查，可能导致当事人为达到其选择管辖法院的不当目的而伪造与确定管辖权有关的证据材料。笔者认为，对此问题，不应通过管辖权异议审查程序予以解决，应通过实体审理程序予以解决，即经实体审理认定当事人伪造证据，违背诚信原则的，可以依法对当事人进行制裁，通过制裁使当事人不再敢于伪造证据追求不当管辖利益。

就本案而言，首先，本案尚在审查确定管辖权阶段，还未开庭审理，《资产收购协议》的真实性需要结合有关证据综合认定，在实体审理阶段予以审查更为妥当。一审法院在管辖权异议审查阶段，还未开庭审理的情形下，以本院查明的形式认定案涉《资产收购协议》有关事实，存在不当，应予纠正。其次，为诉讼之效率，本案管辖权应根据当事人诉请所依据的法律关系以及当事人提交的诉讼材料进行形式审查予以确定。从形式审查看，上诉人感知科技有限公司提交了盖有上诉人与被上诉人

① 参见毕玉谦、谭秋贵、杨路：《民事诉讼研究及立法论证》，人民法院出版社 2006 年版，第 117 页。

印章的《资产收购协议》，并述称：案涉《资产收购协议》系双方公司代表携带公司印章当面签署，上诉人的法定代表人也在现场见证了签署过程，且《资产收购协议》是在《合作框架协议》中明确需要配套签订的协议，上诉人对《合作框架协议》未提出过异议，且印章也在上诉人处。上诉人虽于2020年10月9日提交鉴定申请，要求对《资产收购协议》的形成时间、印文真实性等进行鉴定，并于此后对《资产收购协议》真实性再次提出质疑，但上诉人于2020年10月4日申请鉴定前提交的管辖权异议申请书，并未否认或质疑《资产收购协议》的真实性，且对《资产收购协议》第8.2条提出意见，认为“该条款系附条件的协议管辖条款，本案不应适用该协议管辖条款，应适用法定管辖”。民事诉讼应当遵循诚信原则，在上诉人未提供证据证明资产收购协议系伪造的情况下，本案应根据形式上的《资产收购协议》确定管辖。最后，如果后续经实体审理认定上诉人就《资产收购协议》真实性作恶意否认或质疑并恶意申请鉴定，或者经实体审理认定《资产收购协议》确系被上诉人伪造，原审法院可以依法对上诉人或者被上诉人进行制裁。

## 二、协议管辖不得附条件

所谓协议管辖，是指当事人之间通过订立书面协议的方式明确管辖的法院。根据民事诉讼法规定，合同或者其他财产权益纠纷的当事人可以协议管辖，但现行法律对协议管辖能否附条件未作规定。

笔者认为，首先，协议管辖是当事人合意确定争议解决方法、旨在产生民事诉讼法上效果之诉讼契约的民事诉讼行为，即规定在当事人因实体权利义务发生纠纷时，约定把这种争议提交给所选择的法院解决，并不是设立、变更、终止当事人民事实体权利义务的行为，也即它并不是民事实体法意义上的设立、变更、终止民事法律关系的民事法律行为。因此，协议管辖不能按照民事实体法关于“民事法律行为可以附条件”的规定附条件。其次，根据民事诉讼法第一百二十六条规定，人民法院应当保障当事人依照法律规定享有的起诉权利。同时出于民事诉讼安定性要求和防止诉讼拖延考量，协议管辖作为一种民事诉讼行为，与民事法律行为不同，在民事诉讼法没有明确规定可以附条件的情况下，不得附条件。最后，根据民事诉讼法第三十五条规定，只要在不违反级别管辖和专属管辖的情况下，合同或者其他财产权益纠纷的当事人可以书面协议选择被告住所地、合同履行地、合同签订地、原告住所地、标的物所在地等与争议有实际联系的地点的人民法院管辖。也就是说，管辖协议只要符合上述规定，就合法有效，被协议选择的法院就取得了案件管辖权，当事人就可以直接向协议选择法院起诉。

就本案而言，上诉人主张“发生争议、争端或权利主张通知后 10 日内未能和解”是适用《资产收购协议》第 8. 2 条约定管辖“向甲方所在地法院起诉”的前提条件，并认为在被上诉人提起本案诉讼之前，任何方均未依据《资产收购协议》第 11. 5 条约定通知方式和形式向他方发出过通知，因此，被上诉人依据《资产收购协议》第 8. 2 条“向甲方所在地的法院提起诉讼”须具备的前提必要条件尚未成就，不应适用该附条件的协议管辖，而应适用民事诉讼法相关法定管辖。该主张明显违反民事诉讼法上述规定和精神，既妨碍了当事人依法直接向协议选择法院行使起诉权，又妨碍了被协议选择法院依法及时行使管辖权，应不予采纳。

## 三、协议管辖选择法院的确定性

在选择法院的确定性问题上，《民诉法解释》规定根据管辖协议，起诉时能够确定管辖法院的，从其约定；不能确定的，依照民事诉讼法关于法定管辖的相关规定确定管辖。在选择法院的数量问题上，规定管辖协议约定两个以上与争议有实际联系的地点的法院管辖，原告可以向其中一个法院起诉。也就是说，即使当事人约定管辖法院不够明确，但只要根据管辖协议约定的地域能够确定具体管辖法院的，管辖协议按照有效处理。协议管辖选择的法院要求具有确定性，并非要求具有唯一性。管辖协议约定两个以上与争议有实际联系的地点的法院管辖，此约定的管辖法院仍然是明确的，约定的法院都有管辖权。

就本案而言，首先，案涉《资产收购协议》第8.2条明确约定向甲方所在地的法院提起诉讼，约定的管辖法院具体明确，能够依照管辖协议确定管辖法院。因此，案涉《资产收购协议》第8.2条关于管辖的约定，合法有效。其次，本案原告起诉要求解除与被告签订的《资产收购协议》，并要求被告无锡感安软件有限公司等6家公司对感知集团有限公司向原告返还资产收购款等承担连带责任。被告无锡感安软件有限公司等6家公司虽不是《资产收购协议》的当事人，但本案原告系基于《资产收购协议》提起诉讼，因此，本案应根据被告与原告之间的基础法律关系《资产收购协议》合同关系来确定管辖。根据《资产收购协议》关于管辖的约定，本案依法只能由甲方即原告所在地法院管辖，而原告住所地位于一审法院辖区，且本案属于中级人民法院管辖。因此，本案只有一审法院有管辖权，被告住所地或者合同履行地法院并无管辖权。一审裁定认为，根据民事诉讼法第三十六条规定，原告是以要求7名告承担连带责任为由主张权利的，原告可以向其中一个法院提起诉讼。该裁定理由存在不当，应予纠正。

## 四、合同履行地确定规则的正确理解与适用

根据民事诉讼法第二十四条规定，因合同纠纷提起的诉讼，由被告住所地或者合同履行地人民法院管辖。根据民事诉讼法第三十五条规定，合同纠纷或者其他财产权益纠纷的当事人可以书面协议选择合同履行地法院管辖。因此，司法实践中，准确确定合同履行地对确定上述纠纷案件管辖至关重要。对此，《民诉法解释》第十八条对一般合同纠纷履行地如何确定进行了一般规定，第十九条、第二十条则对财产租赁合同、融资租赁合同、以信息网络方式订立的买卖合同等三类特殊合同的合同履行地作出了特别规定。正确理解和适用《民诉法解释》第十八条第二款规定，直接关系如何确定一般合同纠纷的合同履行地。

第一，要正确理解争议标的的概念。对争议标的的理解应当根据当事人的诉讼请求并结合合同义务来确定。所谓争议标的，是指当事人诉

讼请求所指向的合同义务内容，即原告起诉时主张的合同义务，并非实际争议的合同义务。因为，起诉主张的合同义务是否存在履行争议，以及当事人之前是否还存在其他义务履行争议，均属于实体审理范围，并非确定管辖的形式审查对象。不能把争议标的等同于诉讼请求，也不能把合同义务与合同责任相混淆。合同履行地不能按照诉讼请求种类来确定，只能依照争议的合同义务来确定，即诉讼请求所指向的合同义务，并非诉讼请求所指向的合同责任。争议标的为给付货币的，是指争议的合同义务，也即诉讼请求所指向的合同义务是以给付货币为内容，并非指诉讼请求中简单的货币金钱请求。因为，当事人起诉要求对方支付金钱，也即诉讼请求是给付货币，但该货币给付请求既可能是基于合同中给付货币义务产生的，也可能是基于非给付货币义务产生的。例如，诉请主张逾期交货违约金，诉讼请求虽然是给付货币，但争议标的即争议的合同义务为是否逾期交货，属于其他标的，并非给付货币。再如，诉请退货并返还货款的，诉讼请求中虽含有给付货币，但争议标的也并非给付货币，而是交付的货物是否符合要求。此外，争议标的为给付货币的，并不限于借款合同纠纷。

第二，《民诉法解释》第十八条第二款规定的三种情形，分别针对争议标的为给付货币、交付不动产和其他标的，总的来说，只考虑了给付之诉的情形。合同纠纷不仅有给付之诉，也存在确认之诉和形成之诉。单纯地请求确认合同效力或者请求解除合同的诉讼，其争议标的并非合同中的具体义务，而是合同是否有效或者合同法律关系是否解除的问题，对此类合同纠纷就不能按照《民诉法解释》第十八条第二款来确定合同履行地。对此，当事人对合同履行地有约定的，可以按照约定的履行地来确定管辖法院；对合同履行地没有约定或者约定不明的，只能由被告住所地人民法院管辖。因此，就本案而言，上诉人关于“本案合同履行地为接收货币方（原审被告）住所地和交付标的资产股权、知识产权的履行地点”的主张并不能成立，应不予采纳。

# 民事案件案由的确定

刘明才　李俊杰*

**【裁判要旨】**

人民法院可根据原告诉讼请求涉及的法律关系的性质，确定相应的个案案由；经审理发现当事人起诉的法律关系与实际诉争的法律关系不一致的，应当根据法庭查明的当事人之间实际存在的法律关系的性质，相应变更个案案由。涉及侵权责任纠纷的，应当先适用《民事案件案由规定》第九部分“侵权责任纠纷”项下根据民法典侵权责任编相关规定列出的具体案由；没有相应案由的，再适用《民事案件案由规定》第一部分“人格权纠纷”、第三部分“物权纠纷”、第五部分“知识产权与竞争纠纷”等其他部分项下的具体案由。

**【案号】**

一审案号：陕西省汉中市洋县人民法院（2020）陕0723民初1026号。

二审案号：陕西省汉中市中级人民法院（2021）陕07民终66号。

**【案情】**

原告：刘某超、刘某丽、王某英。

* 作者单位：陕西省汉中市中级人民法院。

被告：张某森、陕西康思特电气工程有限公司（以下简称康思特公司）、陕西省洋县地方电力工程有限责任公司（以下简称洋县电力公司）。

第三人：洋县磨子桥镇中营村村民委员会（以下简称中营村委会）。

康思特公司具有高低压配电工程设计、施工资质，设有康思特汉中分公司。张某森欲承接2016年中营村委会电网改造工程，但其施工队没有相应的施工资质。2017年10月10日，张某森以康思特汉中分公司委托代理人的身份，与洋县电力公司签订了2016年电网改造工程0.4kV中营村劳务外包合同，工程期限为2017年10月15日至2018年1月5日。合同签订后，张某森即组织工人开展了施工作业。施工期间，被借用资质的康思特公司及其汉中分公司均没有对该劳务工程安全生产进行必要的监督检查和安全管理。电网改造工程完工后，张某森未拆除电线杆上的废旧电线。2019年3月，中营村委会村支书电话告知张某森尽快拆除旧线路电线。同年4月19日早上，张某森安排施工工人对中营村横跨金牛路的两根电杆上的旧线路进行拆除。当日上午约10时，刘某枝驾驶普通两轮摩托车途经该金牛路施工路段时，因其颈部受到压擦失去平衡后，摔倒在距横跨金牛路的两根电杆连线与金牛路相交处16.7米的公路上，头颈等部位受伤，被送往洋县医院急救。住院救治至2019年8月10日，刘某枝死亡，死因鉴定为“外力致头部严重损伤后继发呼吸循环衰竭死亡”。事故发生后，洋县公安局派出所及交警对现场进行了勘察。洋县交警大队委托鉴定机构对刘某枝所驾驶摩托车的制动、转向装置技术性能以及发生道路交通事故的原因进行分析鉴定。2019年6月10日，鉴定机构出具司法鉴定意见书，结论为刘某枝所驾驶摩托车制动装置、转向装置技术性能符合《机动车运行安全技术条件》（GB 7258—2017）的相关规定。就本次交通事故是否因刘某枝驾驶摩托车在路上行驶时脖颈被张某森施工队已剪断但尚未清理的旧电线压擦所致，因事故现场没有视频摄像，亦无直接的目击证人，原告及被告均未提交直接证据证明各自的主张，但鉴定机构在对刘某枝法医学损伤分析中称：“……其颈部喉结下方有一条形、水平半环状表皮剥脱皮下出血，下颏部下方有多处点片状表皮脱伴皮下出血；其损伤形态符合质地较软或易于弯曲的条形物（如电线、绳子等）压擦、勒压颈部所致。”2019 年 6 月 26 日，洋县交警大队出具事故认定书，载明本案道路交通事故发生经过为：“刘某枝驾驶普通二轮摩托车由北向南行至事故地点，在行驶过程中，其颈部受到质地较软或易于弯曲的条形物体（如电线、绳子等）压擦、勒压损伤后倒地受伤，发生道路交通事故。”事故认定书对本案道路交通事故证据及事故形成原因分析为：“刘某枝驾车未按操作规范安全驾驶，是造成事故的原因，且未依法取得机动车驾驶证，所驾车辆达到报废标准，其行为违反道路交通安全法第二十二条第一款、第十九条第一款、第十四条第三款之规定。”事故认定书认定刘某枝负事故的全部责任。原告以“高度危险活动损害责任纠纷”为案由，向一审法院起诉，请求被告及第三人连带赔偿原告医疗费、丧葬费、死亡赔偿金等经济损失 561144.37 元。

## 【审判】

一审法院经审理判决：（1）原告亲属刘某枝因受伤后死亡产生的医疗费、护理费、误工费、死亡赔偿金、丧葬费、精神损害抚慰金等各项合理经济损失共计 260589.37 元，由被告张某森赔偿 40%；被告康思特公司负连带清偿责任。原告主张的其余合理经济损失由原告自负。（2）被告洋县电力公司、中营村委会不承担民事赔偿责任。（3）驳回三原告其他诉讼请求。张某森不服一审判决，向陕西省汉中市中级人民法院上诉。陕西省汉中市中级人民法院经审理判决：（1）维持一审判决第二项、第三项；（2）撤销一审判决第一项；（3）改判张某森应赔偿刘某枝死亡损失的 70%，即 182412.56 元，康思特公司对该赔偿负连带责任。

## 【评析】

准确确定民事案件案由，有利于统一同类民事案件的法律适用标准，也是本案正确审理的关键。通过类案检索可以发现，对与本案类似的民事案件的案由如何确定，之前各地做法不完全一致。例如，在原告何某梯诉被告清远市清新区人民政府、清远市交通建设开发公司、清远市清新区住房和城乡建设局、清远市公路管理局、清远市清新公路局、清远市清新区综合管理局一案中，广东省清远市清新区人民法院（2015）清新法民一初字第416号民事判决确定的案由为机动车交通事故责任纠纷；在上诉人（原审原告）胡某、汪某艳、颜某、胡某与被上诉人（原审被告）湖南省高速公路管理局怀化管理处一案中，湖南省怀化市中级人民法院（2018）湘12民终193号民事判决确定的案由也是机动车交通事故责任纠纷。在上诉人（原审原告）陈某平、康某芝，上诉人（原审被告）姜某明与被上诉人（原审被告）谭某华、谭某全、武汉高桥顺通汽车运输有限公司、武汉金福泰运贸有限公司汉南分公司、中国平安财产保险股份有限公司湖北分公司、中国人民财产保险股份有限公司武汉市黄陂支公司一案中，湖北省武汉市中级人民法院（2016）鄂01民终5214号民事判决确定的案由是公共道路妨碍通行损害责任纠纷。这种现象一定程度上影响了司法尺度的统一，增加了案件审理和矛盾化解的难度。因此，有必要对司法实践中民事案件案由的确定予以统一。

## 一、侵权责任纠纷民事案件案由的确定标准

根据《最高人民法院关于印发修改后的〈民事案件案由规定〉的通知》（法〔2020〕347号）的规定，民事案件案由应当依据当事人诉争的民事法律关系的性质来确定。人民法院可以根据原告诉讼请求涉及的法律关系的性质，确定相应的个案案由；经审理发现当事人起诉的法律关系与实际诉争的法律关系不一致的，应当根据法庭查明的当事人之间实际存在的法律关系的性质，相应变更个案案由。涉及侵权责任纠纷的，应当先适用根据《民事案件案由规定》第九部分“侵权责任纠纷”项下根据民法典侵权责任编相关规定列出的具体案由；没有相应案由的，再适用《民事案件案由规定》第一部分“人格权纠纷”、第三部分“物权纠纷”、第五部分“知识产权与竞争纠纷”等其他部分项下的具体案由。

## 二、确定本案案由的逻辑展开

关于本案案由，共有四种意见，分别是：《民事案件案由规定》第九部分“侵权责任纠纷”项下的高度危险活动损害责任纠纷、机动车交通事故责任纠纷、公共道路妨碍通行损害责任纠纷和第一部分“人格权纠纷”项下的生命权纠纷。究竟哪一个最准确呢？

首先，本案经审理，法院综合认定刘某枝驾驶摩托车时其脖颈部被张某森施工队已拆除尚未清理的旧电线压擦致其失去平衡后跌倒受伤救治无果死亡，两者之间具有因果关系，张某森对造成刘某枝死亡具有重大过错，构成侵权。

其次，在《民事案件案由规定》第九部分“侵权责任纠纷”项下列出的具体案由中，看是否有最适合本案的案由。上述三个案由看似都有适合的地方，但实际上都与本案当事人实际诉争的民事法律关系的性质不完全符合。

（1）高度危险活动损害责任纠纷，是指从事高空、高压、地下挖掘或者高速轨道运输工具等高度危险活动造成他人损害的，高度危险活动的经营者所应当承担的侵权责任引发的纠纷。本案中，张某森组织拆除电杆上的废旧电线这一行为本身，尚不构成对他人造成高度的危险，故不宜认定为高度危险活动。而且，高度危险活动损害适用的是无过错责任原则，而无过错责任是民法归责原则中的一个特殊原则，是指没有过错造成他人损害的，依法律规定应由与造成损害原因有关的人承担民事责任的确认责任的准则。因此，对哪些情形的损害属于高度危险活动损害，应有法律的明确规定。而法律并没有规定拆除废旧电线属于高度危险活动，故本案案由不能确定为高度危险活动损害责任纠纷。

（2）机动车交通事故责任，是指机动车的所有人或者使用人在机动车发生交通事故造成他人人身伤害或者财产损失时所应承担的侵权损害赔偿责任。其通常包括参加道路交通行为的双方或多方，有机动车之间、机动车与非机动车或行人之间这两类责任类型，一般具有明确的侵权人和被侵权人。该类案件主要依据道路交通安全法第七十六条和民法典第七编“侵权责任”第五章“机动车交通事故责任”的规定来确定责任承担，一般依据交警部门出具的交通事故责任认定书来确定民事责任。而本案中，刘某枝驾驶摩托车发生单方交通事故，致其自身伤亡，并非造成他人人身伤害或者财产损失。原告起诉的张某森等被告并不是交通事故的参与方。且交通事故责任认定书认定刘某枝负事故的全部责任，原告诉称的依据并不是交通事故责任认定书和涉及交通事故的相关法律。故本案无论从诉讼的事实依据还是法律依据看，均不符合机动车交通事故责任纠纷的案件特点和法律关系性质。

（3）公共道路妨碍通行损害责任纠纷。根据民法典第一千二百五十六条规定：“在公共道路上堆放、倾倒、遗撒妨碍通行的物品造成他人损害的，由行为人承担侵权责任……”故适用该案由的案件，事实条件是他人损害已经确定是由堆放、倾倒、遗撒在公共道路上妨碍通行的物品造成的。比如，在上述湖北省武汉市中级人民法院（2016）鄂01民终5214号案件中，陈某某驾驶的三轮汽车，撞击到桥面上谭某华、姜某明驾车遗落的加气块后向右侧翻，造成陈某某受伤不治身亡。而本案中，对刘某枝系在金牛路驾驶摩托车过程中，其脖颈部被张某森施工队已拆除尚未清理的旧电线压擦致其失去平衡后跌倒受伤这一基本事实，一审只是认定具有高度盖然性，一审因此认为如果本案案由确定为公共道路妨碍通行损害责任纠纷，会因事实和证据方面的支撑不扎实而显得比较牵强。

最后，在上述三个案由均被排除，在《民事案件案由规定》第九部分“侵权责任纠纷”项下没有相应案由的情况下，由于刘某枝摔伤后治疗无效死亡，其人格权中的生命权受到了侵害，故一审将本案案由最终确定为《民事案件案由规定》第一部分“人格权纠纷”项下的生命权纠纷。

# 人民调解协议的效力判定

刘文文*

## 【裁判要旨】

交通事故中，当事人签订的人民调解协议在性质上属于特殊的民事合同，对其效力的判定可以比照合同的效力规则进行审查。在受害人死亡的情况下，肇事者与受害人家属签订的法定赔偿之外的补偿协议，是当事人真实意思表示，应为合法有效。即使之后原事故责任认定发生改变，也不构成重大误解。依照诚信原则，人民调解协议仍然有效。

## 【案号】

一审案号：浙江省平湖市人民法院（2019）浙 0482 民初 3384 号。

二审案号：浙江省嘉兴市中级人民法院（2020）浙 04 民终 851 号。

## 【案情】

原告：方某根。

被告：沈某、李某华、沈某才、张某英。

2019 年 3 月，方某根驾车与沈某明驾驶的车辆发生碰撞，造成沈某明受伤经医院抢救无效死亡的道路交通事故。后交警部门作出道路交通事故认定书，认定方某根负事故主要责任、沈某明负事故次要责任。方

* 作者单位：浙江省嘉兴市中级人民法院。

某根不服，申请向交警部门复核并被受理。经人民调解委员会组织调解，方某根与沈某、李某华、沈某才、张某英签署了人民调解协议书，主要内容为除法定赔偿外，方某根自愿人道主义补助四名家属 17.5 万元，四名家属向方某根出具谅解书。协议签订后，方某根支付了 2 万元，沈某、李某华、沈某才、张某英向方某根出具了谅解书。后交警部门重新作出事故责任认定书，认定方某根、沈某明负事故同等责任。方某根向浙江省平湖市人民法院起诉请求：（1）判令撤销方某根于 2019 年 5 月 15 日签订的人民调解协议书的第二条，即“除法定赔偿外，甲方自愿人道主义补助乙方人民币壹拾柒万伍仟圆整”；（2）案件诉讼费由沈某、李某华、沈某才、张某英承担。

## 【审判】

浙江省平湖市人民法院经审理认为，调解协议中的“除法定赔偿外，甲方自愿人道主义补助乙方人民币壹拾柒万伍仟圆整”兼具两种性质，一是 17.5 万元额外赔偿是刑事谅解书的对价；二是人道主义补助即赠与。交通事故主要责任是构成刑事责任的必备条件，是方某根对沈某、李某华、沈某才、张某英进行额外赔偿以获得刑事谅解书的重要基础事实。本案争议条款系基于第一份事故认定书而作出的决定，现第一份事故认定书已被撤销，最终方某根、沈某明负同等责任，方某根是否构成刑事责任的必备条件发生改变，方某根不需要为了取得刑事谅解书而进行额外赔偿。17.5 万元额外赔偿作为刑事谅解书对价的重要前提事实即交通事故责任发生改变，构成重大误解。17.5 万元是作为法定赔偿外的人道主义赠与。根据双方约定的履行方式与时限，方某根已经履行 2 万元，尚有 15.5 万元未履行。根据法律规定，赠与人在赠与财产的权利转移之前可以撤销赠与。至于撤销人民调解协议书第二条的规定后方某根已支付的 2 万元，因该笔款项已经交付，方某根不得要求返还。依照合同法第五十四条[①]第一款及民事诉讼法第一百四十二条[②]之规定，法院判决撤销人民调解协议书第二条“除法定赔偿外，甲方自愿人道主义补助乙方人民币壹拾柒万伍仟圆整”。一审宣判后，受害人家属不服，提起上诉。

浙江省嘉兴市中级人民法院经审理后认为，涉案人民调解协议书第二条不存在重大误解，不应撤销。因此，二审判决撤销一审判决，改判驳回方某根的全部诉讼请求。

【评析】

在道路交通事故中，特别是受害人死亡的情况下，肇事者与受害人家属签订人民调解协议，约定肇事者在法定赔偿之外另行补偿受害人家属一定金额，以取得受害人家属出具的谅解书从而减轻刑事处罚的情况时有发生。此类情况通常发生在事故责任认定作出之前，在事故责任认定作出之后签订人民调解协议的情况比较少见。本案即是在原事故责任认定被撤销后，人民调解协议是否因构成重大误解而应予撤销？要解决这个问题，需要先对人民调解协议的性质进行界定。

## 一、人民调解协议在性质上属于特殊的民事合同

关于人民调解协议的性质，2002 年出台的《最高人民法院关于审理涉及人民调解协议的民事案件的若干规定》[③] 第一条规定：“经人民调解委员会调解达成的、有民事权利义务内容，并由双方当事人签字或者盖章的调解协议，具有民事合同的性质。当事人应当按照约定履行自己的义务，不得擅自变更或者解除调解协议。”这是最高人民法院首次以司法解释的形式对人民调解协议的性质进行界定。2010 年颁布的人民调解法第三十一条规定：“经人民调解委员会调解达成的调解协议，具有法律约

① 已于 2021 年 1 月 1 日废止，下同。——编者注

② 现为第一百四十五条。——编者注

③ 已于 2019 年 7 月 20 日废止。——编者注

束力，当事人应当按照约定履行。人民调解委员会应当对调解协议的履行情况进行监督，督促当事人履行约定的义务。”该条中提及的“具有法律约束力”与合同法第八条第一款中对依法成立的合同的效力表述一致，学界普遍认为人民调解法第三十一条赋予了人民调解协议合同效力。诚然，人民调解协议与民事合同之间具有很多的相似之处，但是从本质上来说，笔者以为，将人民调解协议界定为特殊的民事合同更为准确。相较于普通民事合同，一个明显的区别就是，人民调解协议是在人民调解委员会的主持之下达成的有关民事权利义务的协议，在协商形式和程序上与普通民事合同具有较大的不同。更为重要的是，根据人民调解法第三十三条的规定，人民调解协议达成后，双方当事人可自协议生效之日起30日内共同向人民法院申请司法确认，经人民法院依法确认调解协议有效的，即具有强制执行效力。一方当事人拒绝履行或者未全部履行的，对方当事人可以向人民法院申请强制执行。而针对普通的民事合同，一般情况下，法律没有设置特别的司法确认程序赋予其强制执行效力。

## 二、事故责任认定改变对人民调解协议效力的影响

在受害人死亡的交通事故中，肇事者往往与受害人家属签订人民调解协议，约定肇事者在法定赔偿之外另行补偿受害人家属一定数额金钱，以取得受害人家属的谅解。对于此类人民调解协议的效力与事故责任认定之间的关系问题，审判实践中认识不一。在本案中，围绕人民调解协议是否应予撤销的问题，一审、二审法院之间认识明显不同。一审法院认为方某根是基于其承担事故主要责任的认识而愿意额外补偿受害人家属，在原事故责任认定书被撤销后，人民调解协议中的额外补偿条款构成重大误解而应予撤销。而二审法院则认为，方某根要求撤销人民调解协议中的额外补偿条款的请求不能成立。方某根是在交警部门作出主次责任认定之后签订的人民调解协议，其履行协议的目的有两个：一是取得受害人家属的谅解以减轻刑罚；二是真心出于人道主义补偿。后来认定方某根承担主要责任的事故责任认定书被撤销，此时方某根反悔，提

起撤销之诉。具体而言，本案的争议有两点：一是调解协议是否因构成重大误解而应予撤销；二是诚信原则的适用。

### （一）人民调解协议是否因构成重大误解而应予撤销

所谓重大误解，根据《最高人民法院关于贯彻执行〈中华人民共和国民法通则〉若干问题的意见（试行）》[①] 第 71 条的规定，指行为人因对行为的性质、对方当事人、标的物的品种、质量、规格和数量等的错误认识，使行为的后果与自己的意思相悖，并造成较大损失的。本案中，方某根主张其系基于承担事故主要责任的错误认知而接受调解协议，在原事故认定书被撤销后，因重大误解达成的调解协议亦应予以撤销。对此，二审法院认为，涉案人民调解协议书第二条已经明确该笔款项为方某根自愿支付的人道主义补助款，虽然该协议是在交警部门认定方某根负事故主要责任之后签订的，但彼时方某根已向交警部门申请复核并被受理，事故责任认定可能会发生改变，方某根对此应有所认知。在复核结论尚未作出前，方某根接受调解协议，是在考虑相应责任风险及抚慰死者家属等诸多因素之下作出的自主选择，应为合法有效。更为明确的是，人民调解协议书未将方某根承担事故主要责任作为接受调解的前提，方某根对于自己行为的性质、对方当事人等均有清晰的认知，且其行为的后果并未与当时的意思相悖，所以，涉案调解协议并不构成重大误解，不应当撤销。即使方某根当时是基于可能承担刑事责任的认知，为减轻刑罚而接受调解协议，但此仅为方某根接受调解协议的内心动机，对调解协议的效力评价不产生影响。

### （二）人民调解协议的效力与诚信原则的适用

民法典第七条规定："民事主体从事民事活动，应当遵循诚信原则，秉持诚实，恪守承诺。"因此，诚信原则要求民事主体在行使权利、履行

---

① 已于 2021 年 1 月 1 日废止。——编者注

义务、承担责任时，均应秉持诚实、善良，信守自己的承诺。有学者认为，诚信原则是私法领域的最高准则，高于民法中的平等原则、自愿原则和其他原则，是民法中的“帝王条款”。[①] 同时，诚实信用也是中华民族的优秀传统。本案中，受害人的四名家属在签订人民调解协议书后，已经依约向方某根出具了谅解书，但方某根在事故责任认定发生改变时，起诉要求撤销原已达成的调解协议，违反了诚信原则。其间，方某根接受人民调解协议书，是在考虑了相应责任风险及求得受害人家属谅解等诸多因素下，才同意补偿受害人家属 17.5 万元。方某根在事故责任认定发生对其有利的改变时，要求撤销调解协议，不仅有悖情理，更是对诚信原则的违反，此种行为不应得到支持和鼓励。有鉴于此，二审法院驳回了方某根要求撤销人民调解协议书的诉讼请求。本案二审裁判在法律效果上，纠正了一审判决在法律适用上的不自洽，对同类情形下重大误解制度的适用进行了明确，同时突出强调了诚信原则在当事人订约后客观情形发生改变时，对公平合理确定当事人之间权利义务的重要作用。在社会效果上，我们应当认识到，司法裁判的价值不仅在于定分止争，更在于倡导正确的价值取向，引导社会大众诚信、守约。公平公正地审理好每一个案件，让人民群众在每一个司法案件中感受到公平正义，是司法审判机关义不容辞的责任担当，也是贯彻习近平法治思想中“坚持以人民为中心”司法裁判理念的内在要求。相较于一审判决，本案二审裁判无疑在引导社会大众诚实守信上具有更加积极的意义。

## 三、生效的人民调解协议并不当然具有强制执行力

人民调解法第三十三条第一款、第二款规定：“经人民调解委员会调解达成调解协议后，双方当事人认为有必要的，可以自调解协议生效之日起三十日内共同向人民法院申请司法确认，人民法院应当及时对调解协议进行审查，依法确认调解协议的效力。人民法院依法确认调解协议

① 参见王泽鉴：《民法总则》（增订版），中国政法大学出版社 2001 年版，第 37 页。

有效，一方当事人拒绝履行或者未全部履行的，对方当事人可以向人民法院申请强制执行。”根据该规定，只有经人民法院依法确认有效的人民调解协议才具有强制执行效力，未经人民法院司法确认或经确认为无效的人民调解协议不具有强制执行效力。本案涉及的人民调解协议书，虽经二审法院审查认定为不构成重大误解不应予以撤销，但笔者以为，二审法院仅对该人民调解协议书的效力进行了审查，并不能代替司法确认程序而赋予该人民调解协议书以强制执行效力。人民调解法第三十二条规定：“经人民调解委员会调解达成调解协议后，当事人之间就调解协议的履行或者调解协议的内容发生争议的，一方当事人可以向人民法院提起诉讼。”因此，要解决本案当中人民调解协议书的强制执行效力问题，受害人家属仍需就该人民调解协议书提起给付之诉。

# 刑事诉讼中法院整体回避的管辖权变更

李　钢*

**【裁判要旨】**

在刑事诉讼中，法院整体回避应当限定为法院审理的具体刑事案件存在涉及本单位内部人员或整体事务等事实或法律原因，因其可能存在影响案件审理公正性的情形。

**【案号】**

一审案号：沈阳铁路运输中级人民法院（2020）辽71刑他2号。

二审案号：辽宁省高级人民法院（2020）辽刑他179号。

**【案情】**

公诉机关：丹东铁路运输检察院。

被告人：冷某。

公诉机关指控被告人冷某犯寻衅滋事罪。具体指控事实如下：2019年12月14日凌晨1时30分许至2时30分许，被告人冷某为发泄不满情绪，先后窜至中国铁路沈阳局集团有限公司丹东站、沈阳铁路公安局丹东公安处、丹东铁路运输法院、丹东铁路运输检察院办公楼门前，采取用汽油焚烧的手段，任意损毁上述单位牌匾，并用随身携带的斧头将丹

* 作者单位：沈阳铁路运输中级法院。

东市文化旅游和广播电视局立于中国铁路沈阳局集团有限公司丹东站办公楼院门前的刻有“满铁安东地方事务所”字样的文物保护标志石碑损坏。损毁财物价值共计6266.67元。被告人冷某于2019年12月14日被公安机关抓获归案。到案后，被告人冷某自愿如实供述自己的罪行，主动赔偿了被害单位损失，取得部分被害单位谅解。

【审判】

丹东铁路运输法院以其为本案受害人为由申请回避，请求上级法院将本案指令其他法院审理。沈阳铁路运输中级法院受理该请示后，遂向辽宁省高级人民法院报送请示报告。沈阳铁路运输中级法院认为丹东铁路运输法院作为本案受害人继续审理此案，属于做自己案件的法官，有损害公正审判、影响法院声誉的因素存在，法院的审判过程和判决结论也很难产生公信力，请求确认丹东铁路运输法院整体回避，由辽宁省高级人民法院指定其他法院管辖。辽宁省高级人民法院复函同意丹东铁路运输法院回避，要求由沈阳铁路运输中级法院指定辖区内其他铁路运输法院审理。沈阳铁路运输中级法院决定将冷某寻衅滋事一案指定由沈阳铁路运输法院审理。

【评析】

本案请示的焦点是作为受害人的丹东铁路运输法院是否应予回避，辽宁省高级人民法院就此明确函复“同意丹东铁路运输法院回避”。丹东铁路运输法院作为办案机关，因为特定原因进行整体回避，看来似乎较为清晰的结论，却产生溯源性问题：我国立法究竟有没有确立整体回避制度？对于辽宁省高级人民法院函复所称“法院回避”应作何理解？另外，在司法实务中，应如何把握法院整体回避情形？围绕这三个问题，笔者依据现行立法和司法解释，结合审判实践作如下分析思考。

## 一、我国立法是否确立整体回避制度

这个问题的通行标准答案是否定的。在学理上讲，司法活动上的回避是指司法工作主体在法定事由条件下对执行其司法权限内的司法事务的避忌。根据回避主体的单复数不同，回避可分为个体回避与整体回避。这里个体回避是指回避主体为个人，而整体回避是与个体回避相对而言的，指的是回避主体为以独立法人单位为主的集体，例如，某个公安机关、检察院、法院、检察委员会、审判委员会、合议庭等法定组织。[①] 分析我国现行刑事诉讼法中关于回避的专章规定，以及结合最高人民法院、最高人民检察院和公安部等机关出台相关规范文件关于回避的规定来看，申请回避的对象只能是正在办理案件的审判人员、检察人员、侦查人员、书记员、翻译人员及鉴定人员等个人。换句话说，我国现行刑事诉讼回避主体，主要限定于经办案件或与案件办理有关系的司法工作人员个人。就现有回避相关条文而言，申请上述办案机关、合议庭等法定组织回避，缺乏法律依据。既然现行相关回避立法中没有对整体回避作出明确规定，那么否定的答案似乎就显而易见，但是办案单位成为受害人等情形可能影响公正处理同样显而易见，关于集体应列入回避范畴的实务要求和立法呼声不绝，其基础性理由在于司法回避制度是自然公正原则即“任何人都不得在与自己有关的案件中担任法官”内容的具体表现。

现行宪法和刑事诉讼法授权公安机关、检察院和法院等机关以独立的工作机构或工作组织的名义对社会承担经办刑事案件的工作事项，并对办案的后果承担责任。为确保司法公正，不仅要通过排除办案人员个人与案件的关联性来保证整个司法活动应有的中立性，还需要排除可能对个人的行为及能力均有影响的机构或组织与案件具有的关联性。在刑事诉讼活动中，我国缺乏对行使侦查、起诉、审判等司法权的办案机关的整体回避规定。

---

① 参见戴少勇、顾越利：《论刑事诉讼中办案机关的整体回避》，载《福建警察学院学报》2009 年第 6 期。

## 二、对辽宁省高级人民法院函复所称的“法院回避”应作何理解

要厘清这个问题的思路，首先必须认识到我国立法上虽然没有明确规定整体回避制度，但是并没有罔顾办案单位与案件存在利害关系的情形，而是重点考虑到法院作为裁判机关的特殊性，提供了另外一条救济路径，即将法院的整体回避问题隐含在不宜行使管辖权的情形之中，采取变更管辖权的方式加以解决。① 具体而言，《最高人民法院关于适用〈中华人民共和国刑事诉讼法〉的解释》（以下简称《刑诉法解释》）第十八条规定：“有管辖权的人民法院因案件涉及本院院长需要回避或者其他原因，不宜行使管辖权的，可以请求移送上一级人民法院管辖。上一级人民法院可以管辖，也可以指定与提出请求的人民法院同级的其他人民法院管辖。”该条规定的主旨是解决因多种原因导致原本有管辖权且已受理案件的法院不宜再行使管辖权的情形，由上级审查后进行变更管辖权处理。不宜行使管辖权的情形可分为两类。一类是客观上不能行使管辖权或者行使管辖权进行审判困难很大，比如，因地震、洪灾、疫情等不可抗力致使案件超审限或者被告人超期羁押，而上一级法院或者与本院同级其他法院的人员可以进行审理的情形。另一类是因存在可能影响法院公正审理进而影响法院公信力的情形，从该条列举表述“因案件涉及本院院长需要回避或者其他原因”，足见此类情形属于该条突出要适用的内容，实践中还包括有因审判人员需要回避使得无法组成合议庭或者确定独任审判员的，本院工作人员及其近亲属是刑事案件的当事人等。由此可见，在立法没有规定整体回避的背景下，最高人民法院司法解释考虑到因影响法院公正审理而造成法院应予回避的情况，将其列入不宜行使管辖权情形中，以变更管辖的角度从实质意义上解决类似的问题。至于违反该类情形本应申请上级法院变更管辖而未申请的，如果案件经

① 参见刘敏：《刑事诉讼回避制度及其完善》，载《鸡西大学学报》2013年第2期。

一审已裁判，因现有法律没有明确规定，实务中可以考虑在二审时适用刑事诉讼法第二百三十八条第五项“其他违反法律规定的诉讼程序，可能影响公正审判的”兜底规定，裁定撤销原判，发回原审法院重新审判，再由原审法院提请或者由上级法院依职权直接变更管辖权。立足于最高人民法院司法解释和现行立法对整体回避问题内在互补的制度设计，沿着变更管辖权这一实质路径分析，本案需要判断的是丹东铁路运输法院作为案件被害人，是否属于其不宜行使管辖权的情形？上级法院审查后，如果认为符合变更管辖条件，则可由上一级法院管辖或者指定与原受理法院同级的其他法院管辖。实际上，丹东铁路运输法院悬挂的牌匾是国家法院的重要标志，被告人故意将其焚毁，该行为既是毁坏法院财物，更是一种严重挑战司法权威、伤害法院工作人员职业感情的犯罪行为。所以，无论从该院整体意义上，还是该院各位法官个人意义上，这种犯罪行为与之都有不能否认的利害关系，根据“任何人都不得在与自己有关的案件中担任法官”的回避法理要求，包括院长在内该法院所有法官都需要予以回避，当然属于不宜行使管辖权的情形。

基于上述分析，对辽宁省高级人民法院函复所称的“法院回避”，对照司法解释，应当解读为本案中丹东铁路运输法院作为受害人属于不宜行使管辖权的情形。更进一步关注沈阳铁路运输中级法院请示和辽宁省高级人民法院函复的上述用词，司法实务对于法院整体回避就是变更管辖一个重要原因的态度是明确的，整体回避虽然隐身于《刑诉法解释》第十八条广义变更管辖的条件之中，但是它作为尚没有法定名分的司法事实是客观存在且不容忽视的。

## 三、司法实务应如何把握法院整体回避情形

如上所述，所谓法院整体回避虽尚未被我国现行立法直接肯定，但实务过程中以其作为司法事由变更管辖权的案件多有发生，所以，笔者认为有必要对此类整体回避情形加以归纳总结，以更好地服务于其作为变更管辖事由的准确适用。笔者认为，基于兼顾刑事诉讼活动公正与效

率有机统一的原则，法院整体回避作为变更管辖的重要事由，应当限定为法院审理的具体刑事案件存在涉及本单位内部人员或整体事务等事实或法律原因，可能影响案件审理公正性的情形。司法实务中，应重点把握以下内容。

第一，当事人一方或者刑事诉讼中的被告人是法院正副院长或其他决策人。这就导致法院的具体办案人员都可能因所在单位领导与案件的利害关系而影响案件公正办理。因此，此类当事人与被告人所在单位对案件的审理应该整体回避。

第二，法院作为一方当事人参与诉讼，或者刑事案件的发生与本单位一定范围的工作人员有利害关系而对办案人员可能造成影响的。比如，冷某寻衅滋事一案，受理法院本身就是受害人，且被告人损害了法院司法形象和权威。

第三，有其他明显可能严重影响法院公正审理案件的情形，比如，案件需要提交本院审判委员会讨论，而本院的审判委员会委员可能因部分审判委员不宜参加而无法召开，或者存在导致整个审判委员会难以保持公正性的其他情形。

# 【经验交流】

## 2021年人民法院一站式多元解纷和诉讼服务体系建设综述

徐德芳*

2020年以来，各级人民法院坚持以习近平新时代中国特色社会主义思想为指导，深入贯彻习近平法治思想，践行以人民为中心的发展理念，按照党中央和最高人民法院党组部署，立足提升促进国家治理体系和治理能力现代化效能的战略高度，坚持服务党和国家工作大局、服务人民群众、服务审判执行、服务社会治理的功能定位，按照集约高效、多元解纷、便民利民、智慧精准、开放互动、交融共享“二十四字”要求，突出一站、集约、集成、在线、融合五个关键，面向实际，着眼未来，加快建设工作，一站式多元解纷和诉讼服务体系基本建成目标如期完成，一站式建设规模化效应更加凸显，符合中国国情、满足人民期待、体现司法规律、引领时代潮流的中国特色纠纷解决和诉讼服务模式日益成熟，群众打官司“只进一个门、最多跑一次、可以不用跑”已成常态，形成了司法为民新景观，创造了司法文明新高地。

### 一、“六高”布局：中国特色一站式建设工作实现新发展

各级人民法院认真贯彻落实2020年全国高级法院院长座谈会和周强

* 作者单位：最高人民法院立案庭。

院长讲话精神，以一往无前的姿态，加快推进工作。以《最高人民法院关于建设一站式多元解纷机制一站式诉讼服务中心的意见》为框架、相关配套文件为基础的科学规范、有机衔接、务实管用的制度体系更加完善；以人民法院在线服务为入口、十大诉讼服务平台为支撑的互联互通、融合共享、业务协同的平台体系全部建成；以“厅网线巡”立体化渠道为载体，覆盖诉源治理、多元解纷、分调裁审、立案服务、审判辅助、涉诉信访等内容的一站集约、便民利民、高效解纷的应用体系加快形成；以最高人民法院诉讼服务指导中心信息平台为抓手，质效评估指标为牵引的科学化、智能化、精准化“一网统管”管理体系不断优化。人民法院一站式建设实现了全方位、跨越式、突破性发展。

诉源治理高站位推进。紧紧围绕将非诉讼纠纷解决机制挺在前面目标，认真贯彻落实《平安中国建设协调小组关于加强诉源治理推动矛盾纠纷源头化解的意见》，主动融入党委领导的自治、法治、德治相结合的城乡治理体系，参与构建源头防控、排查梳理、纠纷化解、应急处置的社会矛盾综合治理机制，促进人民法院工作重心前移、力量下沉、内外衔接，推动实现基层社会治理从化讼止争向少诉无讼转变，从源头上减少矛盾纠纷产生，减少衍生诉讼案件发生，切实维护社会稳定和安全。2021 年 9 月 15 日，最高人民法院印发《最高人民法院关于深化人民法院一站式多元解纷机制建设推动矛盾纠纷源头化解的实施意见》，对人民法院参与诉源治理，推动一站式多元解纷向基层延伸、向社会延伸、向网上延伸、向重点行业领域延伸，促进矛盾纠纷村村可解、多元化解、一网通调提出具体要求。10 月 13 日，最高人民法院印发《最高人民法院关于加快推进人民法院调解平台进乡村、进社区、进网格工作的指导意见》，全方位开展人民法院调解平台“三进”工作，构建“横向到边、纵向到底”的基层解纷服务大格局。在人民法院调解平台建立诉源治理模块，具备矛盾预防、纠纷化解、在线调解、视频连线法官、司法确认等全流程在线办理功能，为基层人民法院和人民法庭开展“三进”工作提供工作平台和载体，有力促进矛盾纠纷源头化解。2021 年 10 月中旬上线以来，截至2021年12月底，全国已有8429家人民法庭完成入驻工作，在线对接基层自治单位43033家，通过信息化手段，将便捷高效的一站式多元解纷服务送到群众“家门口”，更加方便群众就近解决纠纷。各级人民法院积极响应，广泛参与，科学布局矛盾纠纷源头预防调处工作，解纷触角向基层网格、企业园区、重点行业不断延伸，诉讼服务站点活力强劲，巡回审判、送法上门普遍开展，参与无讼乡村（社区）创建更为广泛，让矛盾纠纷化解在基层、化解在萌芽、化解在前端。天津成立市、区、街（乡镇）三级社会矛盾纠纷调处化解中心，全市法院向近300家矛调中心派驻人员，专业骨干力量全员参与轮值，全力参与一揽子联合调处化解矛盾。河北省法院积极助推《河北省多元化解纠纷条例》和《关于加强诉源治理推动矛盾纠纷源头化解的实施意见》出台，推动将非诉讼纠纷解决机制挺在前面。吉林法院深化府院联动机制建设，建立行政争议诉前化解、重大案件协调化解、行政审判定期通报、司法建议通报反馈、非诉案件裁执分离、庭审听证旁听评议、重大问题联合调研等7项工作机制，推动行政争议实质性化解在前端。江西法院制定全国首个人民法庭推进一站式多元解纷和诉讼服务体系建设指导意见，依托296个“全面双达标”人民法庭，以巡回审判联系点为纽带，织密治理网络，深化“寻乌经验”。山东法院全部建立“万人成讼率”通报机制，推进建立无讼村居（社区）3851个，2021年诉讼增量继续保持下降态势。湖南全省建立1518个诉源治理工作站，2020年以来参与纠纷化解14万余件，努力实现“小事不出村、大事不出镇、矛盾不上交”。重庆市高院坚持强基导向，全面推动设立“人民法院老马工作室”、建设“一庭两所”矛盾纠纷联调机制、推广“一街镇一法官”工作机制、推广运用“车载法庭”、设立“代表委员工作站”、完善“云上共享法庭”6项工作，通过“组合拳”全面提高基层就地化解纠纷能力。陕西法院建立基层自治组织调解点2384个。咸阳两级法院建成由1543名“网格员”、2771名志愿者、3047名法律明白人、5432名调解员组成的解纷网格。青海法院通过网格法官和联络员连接县、乡、村三级司法服务和综合治理，形成以巡回审判点为中心的巡回审判网络。宁夏法院推进“审务进基层、法官进网格”工作，打造“塞上枫桥”调解品牌，构建以诉讼服务中心为龙头、人民法庭为支撑、审务工作站为网点的基层矛盾纠纷预防调处化解网络。新疆法院形成以30个基层法院、125个中心法庭辐射带动142个巡回法庭、1200个法官工作站、便民服务点的法庭新布局，2个地州2021年已率先实现一审民事、行政案件数量较上年同期下降。新疆生产建设兵团人民法院全面实行“一团一法官”工作机制，在基层团、镇共设立“法官工作室”187个，做到农牧团场全覆盖，实现集中化解矛盾纠纷、指导人民调解、开展法治宣传活动常态化。甘肃法院广泛开展下基层、进社区、进企业活动，在实现法官联系点全域覆盖的基础上，以“三进”工作打通基层治理“主动脉”。人民法院源头预防调处化解纠纷新路径逐步形成，司法在基层社会治理中的参与、推动、规范、保障作用更加凸显。

多元解纷高效能运行。完善“法院+社会各界”多元化解格局，拓展社会力量参与纠纷化解的制度化渠道，改变人民法院在纠纷解决中的“独舞”局面，不断扩大多元解纷“朋友圈”，形成开放共享、多元共治工作格局。加快建设“法院+”纠纷化解体系，最高人民法院与中央台办、全国总工会、中国侨联、全国工商联、国家发改委、人社部、人民银行、银保监会、证监会、国家知识产权局等联合印发关于推进在线诉调对接机制的规范性文件，并与中国中小企业协会签订合作备忘录，合作单位调解力量入驻或者系统对接工作陆续完成，多元解纷圈覆盖劳动争议、证券期货、金融消费、银行保险、商事企业、涉侨涉台、知识产权、价格争议等纠纷领域，专群结合、类型多样的解纷资源库不断丰富，充分满足当事人各类解纷需求。截至2021年12月底，“总对总”对接单位共有5627家调解组织、16705名调解员与各级法院建立诉调对接关系，分别是2020年入驻量的9.94倍和7.11倍，联调联动效能不断增强。各地法院结合地区实际，进一步扩大多元解纷“菜单库”，纠纷化解的精准性、实效性明显提升。北京市高级人民法院与市首都综治办共同指导成立全国首家省级行业性专业性调解组织的行业协会“北京多元调解发展促进会”，依托该协会对接167家行业性专业性调解组织，吸纳2556名特邀调解员，调解覆盖20多个领域及诉前、诉中、执行全阶段。福建法院与26个部门、行业建立诉非联动机制，设立人大代表、政协委员调解工作室111个，形成法院内外统筹、各部门各层级聚合的多方合力。湖南法院积极应用“总对总”金融消费纠纷在线诉调对接机制，诉前调解金融纠纷1063件，金额4.1亿元。海南法院以自贸港知识产权法院、涉外民商事法庭为依托，在11个自贸港重点园区设立诉调对接中心，吸纳300多名调解员进驻，可与100多个国家的当事人在线调解。云南法院设立“梅葛调解室”等59个民族特色调解室，配备192名双语法官、选聘585名双语调解员，运用民族语言、民风民俗定分止争。广东法院聘任90名粤港澳资深退休法官、商事律师、法学专家等为跨境商事纠纷特邀调解员，全面参与粤港澳大湾区跨境商事纠纷调解。广西法院赋予“都老”“族老”“贝侬”调解新时代内涵，与少数民族同唱和事山歌，有效预防化解纠纷，促进民族团结和谐。江苏省苏州工业园区人民法院联合苏州市价格认定部门率先设立价格争议调解工作站，为当事人提供多渠道、多方式、高效率、低成本的价格纠纷解决渠道。南京市江北新区法院建立有行政诉讼专业特征、跨区划集中管辖特色、国家级新区法院特点的行政争议化解新模式。浙江省杭州市中级人民法院积极开展市场化调解试点工作，充分调动律师参与调解工作积极性，促进多元解纷长效发展。四川省甘孜、阿坝、泸州等地形成各具特色的“石榴籽”调解品牌，受到民族地区群众的热烈欢迎。黑龙江庆安法院“说和人老李”、黑龙江省大庆市胡路区人民法院“华姐调解室”等一批“明星调解室”，受到人民群众称赞。西藏自治区拉萨市中级人民法院挂牌成立了全区第一家个人调解室——“索朗调解室”，调解成功率达65%。诉讼服务中心一站解纷能力持续增强，“分调裁审”机制改革“提速增效”优势更加明显，类型化调解室和速裁团队在全国法院诉讼服务中心基本实现全覆盖，人民法院少数法官在前端办理多数简单案件的工作格局基本成型，能调则调、当判则判、调审结合、快速解纷，不断提升人民群众对公平正义的获得感。2021年，全国法院速裁快审案件871.51万件，占一审民事案件数的52.5%，与去年同比增加25.7%，速裁快审案件平均审理周期比一审民事案件缩短43%。各地法院推动诉讼制度改革与“分调裁审”机制改革系统集成、高效协同，充分释放改革整体效能。辽宁法院设立406个特色调解室、邀请1000余名特邀调解员入驻，诉前分流超过40%的一审民商事案件，设立370余个速裁团队，速裁案件占全部一审民商事案件的42.8%。湖北法院2021年上半年“分调裁审”案件占一审民商事及行政案件立案数87.7%，速裁快审案件同比上升43.84%。安徽省合肥市肥东县人民法院构建简单民商事案件“速转、速送、速调、速审、速判、速结”的“六速”审理机制，速裁快审案件平均审理期限18.21天。广西壮族自治区桂林市象山区人民法院积极探索刑事速裁机制改革，对于犯罪事实清楚、证据确实充分，认罪认罚并同意适用速裁程序审理的，启用刑事速裁程序，适用表格式判决书，提高诉讼效率。人民法院一站式多元解纷机制实现创新发展，诉讼服务中心实质化解纠纷能力明显增强，促进纠纷解决的质量效率不断提升。

在线调解高水平发展。深化“互联网+枫桥经验”实践，在四级法院100%应用人民法院调解平台基础上，对调解平台优化升级、提档加速，平台功能更加齐全、解纷资源更加集成、调解供给更加充足、诉调对接更加顺畅，助力社会矛盾纠纷在法治轨道上更加便捷、高效、一站式、低成本得到解决，中国特色在线多元解纷新模式更加成熟。自2018年2月上线以来，截至2021年12月底，平台入驻调解组织6.1万个、调解员25.4万人，汇聚调解案件2443.3万件，诉前调解成功案件1238.11万件，调解成功率64.86%，平均调解时长17天。现在平均每个工作日有4.3万件矛盾纠纷在平台进行调解，每分钟就有50.9件成功化解在诉前。加快与律师服务平台、审判流程管理系统、道交一体化平台、国际商事法庭一站式纠纷解决平台等系统对接，打通各平台之间的信息壁垒，实现一个入口服务当事人和调解员，方便全流程、全时空、一站式在线办理咨询评估、音视频调解、司法确认、网上立案、一键归档等事务，让调解“掌上办”“指尖办”。充分发挥人民法院调解平台在线集成效应，扩大在线多元解纷“菜单库”，“总对总”在线诉调对接工作成果丰硕。2021年，各级人民法院委派“总对总”调解组织诉前调解案件216974件。其中，调解成功118635件，调解成功率63.52%。进一步推动类型化纠纷在线调解工作。道交一体化平台得到广泛应用，全国法院86.77%的道交案件通过在线平台进行调解，累计调解77.84万件案件，调解成功48.54万件，调解成功率66.74%。其中，调解成功后申请司法确认685007件，司法确认率11.22%。各级人民法院充分运用在线多元解纷机制，实现诉前调解数量质量双飞跃。山西省高级人民法院牵头与省公安厅、省司法厅完成“人民法院调解平台”“山西公安掌上派出所”“山西智慧调解服务系统”的对接，在线汇聚1223个专业调解组织3366名专业调解员、1457个派出所5085名基层民警、1276个司法所26373个调委会72112名人民调解员、2017个综治中心6291名网格员，工会、共青团、妇联、工商联、国资委1200名调解员的专业力量，有效预防和化解矛盾纠纷。安徽法院2021年新收在线诉前调解同比增长124.01%，诉前调解成功案件同比增长148.68%，音视频调解同比增长10倍。海南法院使用道交一体化平台，一年来诉前调解案件12643件，调解成功11585件，成功率91.63%，大大提高了道路交通事故纠纷的化解速度、质量和效果。人民法院在线调解释放出越来越强大的潜能，形成了中国特色在线解纷新模式，以数字正义实现新时代更高水平的公平正义。

智慧诉服高效率供给。积极顺应时代发展潮流，以智慧法院建设为支撑，聚焦群众诉讼不便等突出问题，实现诉讼服务功能更加集聚、资源更加集中、方式更加集成、效能更加集约，全国法院诉讼服务品质实现更大提升。加强“一网通办”工作，将全部对外服务项目逐步整合到移动端，通过一个入口为当事人提供网上立案、查询、交费、调解、保全、鉴定等服务。2021年，全国法院网上立案1143.9万件，近50%的民事一审案件做到“网上立”，移动端30%的网上立案申请在8小时之外非工作时段、非工作日提交，实现立案服务“零距离”“不打烊”“指尖办”。建立互联网端统一身份认证系统，为对外服务平台提供统一身份认证服务，避免老百姓办事来回注册、反复验证，实现“一次认证，全网通办”，切实提升用户使用体验感。为给律师提供更加优质高效的一站式诉讼服务，最高人民法院联合司法部出台《最高人民法院、司法部关于为律师提供一站式诉讼服务的意见》，让律师参与诉讼更加高效、便利、受尊重。2021 年 1 月 14 日上线人民法院律师服务平台，提供 35 项在线诉讼服务和诉讼服务大厅律师“一码通”服务，做到“一次核验、全网通办、全国通办”。截至 2021 年 12 月底，30.53 万名律师申请注册，在线申请立案 179.26 万件（次），在线开展阅卷、调查收集证据、核实代理关系等事项申请 60.88 万件，为律师提供排期避让提醒服务 32.14 万次，提供扫描二维码快速通过安检通道 220.81 万次，律师满意度评价 97%。为满足跨境诉讼当事人网上立案的司法需求，2021 年 2 月，最高人民法院出台《最高人民法院关于为跨境诉讼当事人提供网上立案服务的若干规定》，依托在线服务平台开发跨境诉讼网上立案系统，为外国人、港澳台同胞、华人华侨以及在国外和港澳台地区登记注册的企业和组织跨境诉讼提供在线身份认证、一审民商事网上立案、委托代理视频见证等服务，让便捷高效的诉讼服务惠及各类当事人。截至 2021 年 12 月底，全国法院提供跨境立案服务 620 件，涉及的当事人分布在海内外 22 个地区。加快网上保全平台推广应用工作，实现保全申请、审核、办理全流程在线开展。保全系统运行以来，截至 2021 年 12 月底，各级法院办理网上保全案件 52.89 万件，总标的额 14456 亿元。全国法院全部上线委托鉴定系统，自上线以来，截至 2021 年 12 月底，共有 15301 家专业机构入驻，在线委托鉴定 69.9 万件，覆盖 827 个案由，鉴定后采信率 99.7%，平均周期比线下鉴定缩短 37.1%。为着力解决长期困扰当事人和法院的“送达难”问题，让群众更及时参与诉讼，更便利接收诉讼文书，四级法院全面应用人民法院送达平台，并与工信部三大运营商、公安专网等进行数据对接，及时告知当事人涉诉信息。全国法院通过人民法院送达平台，累计进行电子送达1416.13万次，诉讼活动通知查询264.71万次，查询成功率53%。全面推动建立邮寄送达网上流转、异地集中打印“绿色送达”新模式，中国邮政在307个地市建成330个邮政集约送达服务中心，累计提供目的地集中打印邮寄送达服务1517.1万次。加快申诉“一网通办”改革，建立四级法院统一网上申诉信访平台，为当事人提供视频接访等“不见面”“不跑腿”的申诉信访服务，让人民群众更加及时方便反映申诉信访诉求，做到“网上解民忧”。升级涉诉信访信息管理系统，实现四级法院信访数据互联互通。2021年，共汇聚涉诉信访案件85.9万件。智慧诉服已经成为人民法院诉讼服务的主要方式，让人民群众更加充分享受信息化带来的诉讼便捷。

便民工程高质量建设。一站式建设的核心是司法为民，人民法院始终坚持人民至上，立足群众需求，站在人民立场谋划工作，最大限度消除当事人诉讼不便，不断增强人民群众获得感和满意度。进一步提升人民法院诉讼服务大厅精细化管理水平，实现诉讼服务大厅建设提档升级。目前，全国法院基本建成立体化、集约化、信息化诉讼服务大厅，开展“一窗通办”工作，为老年人、军人等特殊群体设立绿色服务窗口，诉讼服务品质不断提升。吉林省三级法院在诉讼服务大厅设置364台评价器和评价二维码，全面推行“好差评”制度。山西法院12368诉服热线提供“全覆盖一号对外、全天候诉讼服务、全流程答疑解惑、全过程信息留痕”的24小时畅通服务。云南法院国门诉讼服务站覆盖国家一级边境口岸，为中外当事人解决纠纷提供多元服务。贵州法院诉讼服务大厅全部开通绿色通道，部分民族地区法院还增设民族语言服务窗口，千方百计为各类群众提供专业优质诉讼服务。为解决群众异地诉讼不便问题，2021年2月，在中、基层法院跨域立案服务全覆盖基础上，推动全国四级法院、军事法院等专门法院以及1万多个人民法庭实现了一审民事、行政、强制执行申请、刑事自诉、国家赔偿以及民事再审申请的跨域立案，形成了跨域立案主体全覆盖、立案登记制规定的案件类型全覆盖，帮助解决数字鸿沟，更加方便当事人家门口起诉。2019年8月到2021年

12月底，全国法院提供跨域立案服务14万件，其中，人民法庭提供跨域立案服务840件，90%的案件管辖法院实现30分钟内响应。各级法院进一步畅通群众诉求表达、利益协调、权益保障通道，推动12368“一号通办”工作，赋予热线电话实质性办事功能，为当事人提供免区号的查询、咨询、立案、诉前调解等通办服务。增设12368诉讼服务热线不立案投诉通道，做到件件有核查、件件有着落、件件有回应。23个省（市、区）实现全国12368热线免区号呼入功能。2021年，全国法院12368热线接听群众来电诉求765.1万件，其中，人工服务459.1万次，接通率95.75%，满意度超过96%。江西法院在12368系统平台“一号通办”基础上，升级打造赣法民意中心，支持诉讼群众对诉讼服务事项及工作人员的全流程“好差评”。各地法院不断健全一站式多元纠纷解决和诉讼服务体系，深入开展“我为群众办实事”实践活动，以最坚决态度整治顽瘴痼疾，因地制宜推出种类多样的便民措施。黑龙江法院将践行“打官司不求人”承诺贯通一站式建设全过程、各环节，经委托第三方评估，15万名当事人在推进“打官司不求人”工作中，对法院司法服务的满意率为95.18%。河南省高级人民法院印发《全省法院立案顽瘴痼疾专项整治方案》，专项治理辖区法院超期立案、超期调解等问题，建立立案投诉登记、交办、办理、反馈、回访等制度，常态化监测全省各级法院立案数据，严肃问责压案不立问题法院。推动河北、山东和浙江三地民事、行政二审案件网上立案试点工作，努力为人民群众提供“最多跑一次，可以不用跑”的立案服务。湖北法院建成启用“在线缴（退）费”系统，实现当事人扫码缴费，上海法院开展“胜诉退费”工作，成功清退案件14.7万件，退费金额7.9亿元，退费平均天数为11.6天，解决了群众诉讼中最烦、最累、最怨的事项，让司法更加便民、利民、惠民。内蒙古、西藏等地法院发扬新时代“马背法庭”精神，全面推行“车载法庭”“移动背包科技法庭”等“流动的人民法庭”，送法上门，就近服务。诉讼服务的多样化、便捷化、精准化，更加有效满足群众多元司法需求，让各类当事人都能亲历司法的过程，感受正义的裁判。进一步加强宣传推广工作，让一站式建设更加深入人心。2021 年初，最高人民法院连续召开数场新闻发布会，通报律师服务、跨境网上立案、在线调解等方面的成果；制作一站式系列动漫宣传片，在四级法院诉讼服务中心滚动播放；开展一站式建设基层行、“我为家乡法院一站式建设打 CALL”等活动，开设“你好，调解员”“优秀调解员风采”等专栏、组织“我的调解日志”随手拍打卡活动等系列活动，用接地气的方式讲好中国法院一站式建设故事，展现更高水平的社会主义司法文明。不少法院定期邀请人大代表、政协委员、中小学生、新闻媒体等社会各界参观学习，互动交流，让公众走进司法、感受司法，自觉接受社会监督，将诉讼服务中心打造成展示中国特色社会主义法治文化的重要平台。

常治长效高标准推进。为确保一站式诉讼服务各项部署要求在四级法院落地见效，最高人民法院充分发挥诉讼服务指导中心信息平台“一网统管”指挥棒作用，对全国法院一站式建设工作实现统一调度、实时监管和自动评估，全面推动一站式建设工作深入发展。2019 年 8 月质效评估指标体系建成 1.0 版本，共 71 项指标，重点在于建机制、定规则。2020 年升级为 2.0 版本，增加推应用环节得分，共 74 项指标。2021 年优化为 2.0+版本，共 79 项指标，更加突出诉源治理多元解纷工作，确保四级法院落实中央部署和最高人民法院要求不跑偏、不走样、不松劲。2021 年 3 月，在诉讼服务指导中心信息平台增加督导系统，建立日通报、周通报制度，对跨域立案服务、跨境立案、律师服务平台超 24 小时未接收、超 7 天未审核等问题进行专项督办，截至 2021 年 12 月底，累计督办 235 期，各地法院跨域立案超过 24 小时未反馈问题基本清零，7 个工作日未审核案件逐渐减少。截至 2021 年 12 月底，全国法院诉讼服务质效评估 2.0+综合得分为 78.79 分，高于平均分的法院有 2141 家，占比 61.59%，高于平均分的省（市、区）有 18 个，占比 56.25%。充分发挥信息化在整治顽瘴痼疾方面的智辅决策作用，上线立案偏离度系统，通过日、周、月三个维度，正负向六级预警机制，对立案量明显高于或者低于本地区日均、周均和月均立案量的情况实现自动预警。立案负面偏离度超过 70%，存在“年底不立案”之嫌的地区，实行红灯警告，不能按期整改的，严格追究责任。各地法院根据预警，迅速开展“灭灯”行动，坚决消灭“年底不立案”这一顽瘴痼疾。建立满意度评价机制，2021 年 7 月，最高人民法院制定并下发《人民法院诉讼服务满意度评价工作办法》及配套技术标准，指导全国法院建设覆盖“厅网线”的立体化满意度评价系统，全面收集、及时处理人民群众对诉讼服务工作问题建议，不断促进人民法院诉讼服务能力水平提升。各地法院进一步完善本地区指导督导机制，推动工作落地落实。当前，与一站式建设工作相适应、全国一盘棋的一网式管理体系基本形成，人民法院全流程在线指导监督新模式作用更加凸显。

## 二、六个转变：中国特色一站式建设工作呈现新特点

人民法院一站式多元解纷和诉讼服务体系建设寓于社会治理和纠纷化解于诉讼服务之中，对于促进审判体系和审判能力现代化，建设公正高效权威的中国特色社会主义司法制度，在法治轨道上推进国家治理体系和治理能力现代化具有重要意义。各级人民法院认真贯彻落实最高人民法院统一部署，踔厉奋发，笃行不怠，以最高标准、最严要求、最实举措推动一站式建设各项工作落地见效，中国特色一站式建设道路更加宽广，理论制度更加完善，并呈现出以下特点。

一是工作站位实现从自我完善向战略布局的转变。各级人民法院深刻理解、准确把握中国特色一站式建设重大意义，高站位、大格局、宽视野地谋划建设工作，从解决自身案多人少矛盾向促进国家治理体系和治理能力现代化的高度转变，主动融入党委领导下的社会治理大格局，充分发挥司法在社会治理中的参与、推动、规范、保障作用，重塑前端纠纷解决格局，再造纠纷化解流程，形成源头预防、非诉挺前、多元化解、分层递进的纠纷解决新路径，以司法担当助推国家治理体系和治理能力现代化。

二是工作布局实现从两线并行向系统循环的转变。各级人民法院进

一步扭转“头痛医头，脚痛医脚”，割裂矛盾纠纷源头预防调处和多元化解的工作局面，深入研究矛盾发生的源头，分析纠纷产生的原因，在党委领导、政府主导下，借助社会资源，运用先进信息技术，打通各方面数据壁垒，明确各方责任，通过填补制度漏洞，完善法律法规等方式，推动形成各类矛盾纠纷的内生解决机制，构建矛盾纠纷自我消化体系，发挥司法对源头预防化解矛盾纠纷的反哺作用，通过分类分层纠纷解决路径，有效过滤消化矛盾。

三是工作方式实现从亦步亦趋向奋楫争先的转变。各级人民法院将质效评估指标体系 2.0+作为一站式建设工作的路线图和方向标，转变“指标指哪就抓哪，指标不指我不动，照着指标凑成绩”的被动思想，将建机制、定规则、搭平台、推应用四个环节全方位贯穿诉源治理多元解纷、“分调裁审”、立案服务、审判辅助、涉诉信访五大业务模块，充分结合地方特点和实践经验，不断丰富一站式建设内涵，形成“指标为基，实践为本，探索为引”的一站式建设新风貌。

四是探索路径实现从行先知后向知行合一的转变。各级人民法院精耕细作，推动理论创新和实践创新良性互动，在巩固一站式建设成果基础上，推动二审网上立案试点、市场化调解工作试点和医疗纠纷在线一体化解决机制建设等工作。进一步加强理论创新，与高等院校合作共建研究基地，全面总结提炼一站式建设实践成果，开展深层次理论研究，推动形成根植中国土壤、立足群众需求、尊重司法规律、顺应时代潮流的中国特色纠纷解决和诉讼服务体系。

五是在线服务实现从单点突破向全面开花的转变。深度应用智慧法院建设成果，统筹推进各个信息化平台建设，以互联网在线服务平台作为对外服务的统一入口，将十大对外服务平台功能进行在线集约，实现诉讼服务内容全程贯通，多元解纷流程全程相连，以全流程在线办理为目标，补齐个别平台功能短板，填补部分平台服务盲区，注重收集分析用户体验，推动诉讼服务“一网通办”应用工作进入“快车道”。

六是检验标准实现从数据可观向群众认可的转变。各级人民法院将人民群众对一站式建设的新需求、新期待充分融入“我为群众办实事”等实践活动，从人民群众亟须解决的难点、痛点、堵点出发，突出重点、精耕细作、务求实效，将人民群众的满意度作为检验一站式建设成效的最高标准，既全盘发力，又聚点用力，以“钉钉子精神”稳扎稳打，实现一站式建设成效和口碑双提升。

## 三、四个延伸：推动中国特色一站式多元纠纷解决和诉讼服务体系更加健全

在新时代新征程上，各级人民法院要始终坚持以习近平新时代中国特色社会主义思想为指导，坚持人民至上，认真贯彻落实党中央重大决策部署，推动一站式向基层延伸、向社会延伸、向网上延伸、向重点领域延伸，做实源头减量、“三进”强基、多元增效、智慧诉服、最优窗口五项重点工程，在夯基、拓面、提质、增效上下功夫，实现一站式建设从“有”向“优”转变，让中国特色一站式建设道路行稳致远。

一要推动一站式向基层延伸。认真贯彻落实《中央全面深化改革委员会关于加强诉源治理推动矛盾纠纷源头化解的意见》，按照《最高人民法院关于深化一站式多元解纷机制建设推动矛盾纠纷源头化解的实施意见》《最高人民法院关于加快推进人民法院调解平台进乡村、进社区、进网格的指导意见》，全面推动“三进”工作实现全覆盖，充分发挥共建共治共享在基层的作用，实现基层人民法院及人民法庭与辖区基层治理单位、网格员、调解员等全部解纷力量的在线集成，将矛盾产生的“前端”与纠纷解决的“后端”通过信息化手段进行互联互通，打通全流程预防调处化解矛盾纠纷环节，及时预测预防风险，排查梳理矛盾，调解化解纠纷，实现全程在线运行，形成基层矛盾纠纷源头治理网络，促进矛盾纠纷在基层就能得到实质性化解。

二要推动一站式向社会延伸。用足、用好“总对总”在线调解资源库，加强本地区调解组织和调解员在线确认工作，完善对接机制，充分释放自上而下在线化解类型化纠纷的整体效能。立足本地实际，加强诉

讼服务中心类型化调解室建设，进一步拓展“点对点”诉调对接范围，不断扩大多元解纷“朋友圈”，吸引越来越多的社会力量参与人民法院多元解纷工作，打造一站式多元解纷的中国品牌。

三要推动一站式向网上延伸。进一步转变诉讼服务方式，拓展智服群众、智辅审判、智助管理的场景应用，充分释放智慧诉服的放大、叠加、倍增效应。深度应用在线服务平台、律师服务、保全、委托鉴定、送达等平台，积极应用网上申诉信访平台，实现在线诉讼服务全业务覆盖、全流程覆盖、全角色覆盖、四级法院全覆盖，增强在线诉讼服务品质，让人民群众的获得感成色更足。加快建成“化解案件量最多、调解资源最丰富、诉调对接最顺畅、智能程度最领先、纠纷化解最高效的中国特色、世界一流人民法院调解平台”，增强在线解决纠纷能力水平，为深入推进一站式建设增添新动能。

四要推动一站式向重点领域延伸。高度关注本地区矛盾纠纷多发易发领域源头治理和多元化解工作，针对金融、教育、房产、民生、互联网等领域矛盾纠纷，应用司法大数据进行分析研判，找准纠纷产生、演变的规律和深层次原因，会同相关部门从源头、传导、转化等关键环节进行防范和治理，推动一站式更加精细化、精准化、实效化。高度关注特殊群体司法需求，进一步拓展跨域诉讼服务范围，提高对老年人、残疾人、军人及退役军人的诉讼服务水平，实现满意度评价全覆盖，让各类诉讼当事人共享一站式建设成果。

【司法解释】

# 人民法院在线诉讼规则

法释〔2021〕12号

（2021年5月18日最高人民法院审判委员会第1838次会议通过
2021年6月16日最高人民法院公告公布
自2021年8月1日起施行）

为推进和规范在线诉讼活动，完善在线诉讼规则，依法保障当事人及其他诉讼参与人等诉讼主体的合法权利，确保公正高效审理案件，根据《中华人民共和国刑事诉讼法》《中华人民共和国民事诉讼法》《中华人民共和国行政诉讼法》等相关法律规定，结合人民法院工作实际，制定本规则。

**第一条** 人民法院、当事人及其他诉讼参与人等可以依托电子诉讼平台（以下简称“诉讼平台”），通过互联网或者专用网络在线完成立案、调解、证据交换、询问、庭审、送达等全部或者部分诉讼环节。

在线诉讼活动与线下诉讼活动具有同等法律效力。

**第二条** 人民法院开展在线诉讼应当遵循以下原则：

（一）公正高效原则。严格依法开展在线诉讼活动，完善审判流程，健全工作机制，加强技术保障，提高司法效率，保障司法公正。

（二）合法自愿原则。尊重和保障当事人及其他诉讼参与人对诉讼方式的选择权，未经当事人及其他诉讼参与人同意，人民法院不得强制或者变相强制适用在线诉讼。

（三）权利保障原则。充分保障当事人各项诉讼权利，强化提示、说明、告知义务，不得随意减少诉讼环节和减损当事人诉讼权益。

（四）便民利民原则。优化在线诉讼服务，完善诉讼平台功能，加强信息技术应用，降低当事人诉讼成本，提升纠纷解决效率。统筹兼顾不同群体司法需求，对未成年人、老年人、残障人士等特殊群体加强诉讼引导，提供相应司法便利。

（五）安全可靠原则。依法维护国家安全，保护国家秘密、商业秘密、个人隐私和个人信息，有效保障在线诉讼数据信息安全。规范技术应用，确保技术中立和平台中立。

**第三条** 人民法院综合考虑案件情况、当事人意愿和技术条件等因素，可以对以下案件适用在线诉讼：

（一）民事、行政诉讼案件；

（二）刑事速裁程序案件，减刑、假释案件，以及因其他特殊原因不宜线下审理的刑事案件；

（三）民事特别程序、督促程序、破产程序和非诉执行审查案件；

（四）民事、行政执行案件和刑事附带民事诉讼执行案件；

（五）其他适宜采取在线方式审理的案件。

**第四条** 人民法院开展在线诉讼，应当征得当事人同意，并告知适用在线诉讼的具体环节、主要形式、权利义务、法律后果和操作方法等。

人民法院应当根据当事人对在线诉讼的相应意思表示，作出以下处理：

（一）当事人主动选择适用在线诉讼的，人民法院可以不再另行征得其同意，相应诉讼环节可以直接在线进行；

（二）各方当事人均同意适用在线诉讼的，相应诉讼环节可以在线进行；

（三）部分当事人同意适用在线诉讼，部分当事人不同意的，相应诉讼环节可以采取同意方当事人线上、不同意方当事人线下的方式进行；

（四）当事人仅主动选择或者同意对部分诉讼环节适用在线诉讼的，

人民法院不得推定其对其他诉讼环节均同意适用在线诉讼。

对人民检察院参与的案件适用在线诉讼的，应当征得人民检察院同意。

**第五条** 在诉讼过程中，如存在当事人欠缺在线诉讼能力、不具备在线诉讼条件或者相应诉讼环节不宜在线办理等情形之一的，人民法院应当将相应诉讼环节转为线下进行。

当事人已同意对相应诉讼环节适用在线诉讼，但诉讼过程中又反悔的，应当在开展相应诉讼活动前的合理期限内提出。经审查，人民法院认为不存在故意拖延诉讼等不当情形的，相应诉讼环节可以转为线下进行。

在调解、证据交换、询问、听证、庭审等诉讼环节中，一方当事人要求其他当事人及诉讼参与人在线下参与诉讼的，应当提出具体理由。经审查，人民法院认为案件存在案情疑难复杂、需证人现场作证、有必要线下举证质证、陈述辩论等情形之一的，相应诉讼环节可以转为线下进行。

**第六条** 当事人已同意适用在线诉讼，但无正当理由不参与在线诉讼活动或者不作出相应诉讼行为，也未在合理期限内申请提出转为线下进行的，应当依照法律和司法解释的相关规定承担相应法律后果。

**第七条** 参与在线诉讼的诉讼主体应当先行在诉讼平台完成实名注册。人民法院应当通过证件证照在线比对、身份认证平台认证等方式，核实诉讼主体的实名手机号码、居民身份证件号码、护照号码、统一社会信用代码等信息，确认诉讼主体身份真实性。诉讼主体在线完成身份认证后，取得登录诉讼平台的专用账号。

参与在线诉讼的诉讼主体应当妥善保管诉讼平台专用账号和密码。除有证据证明存在账号被盗用或者系统错误的情形外，使用专用账号登录诉讼平台所作出的行为，视为被认证人本人行为。

人民法院在线开展调解、证据交换、庭审等诉讼活动，应当再次验证诉讼主体的身份；确有必要的，应当在线下进一步核实身份。

**第八条**　人民法院、特邀调解组织、特邀调解员可以通过诉讼平台、人民法院调解平台等开展在线调解活动。在线调解应当按照法律和司法解释相关规定进行，依法保护国家秘密、商业秘密、个人隐私和其他不宜公开的信息。

**第九条**　当事人采取在线方式提交起诉材料的，人民法院应当在收到材料后的法定期限内，在线作出以下处理：

（一）符合起诉条件的，登记立案并送达案件受理通知书、交纳诉讼费用通知书、举证通知书等诉讼文书；

（二）提交材料不符合要求的，及时通知其补正，并一次性告知补正内容和期限，案件受理时间自收到补正材料后次日重新起算；

（三）不符合起诉条件或者起诉材料经补正仍不符合要求，原告坚持起诉的，依法裁定不予受理或者不予立案；

当事人已在线提交符合要求的起诉状等材料的，人民法院不得要求当事人再提供纸质件。

上诉、申请再审、特别程序、执行等案件的在线受理规则，参照本条第一款、第二款规定办理。

**第十条**　案件适用在线诉讼的，人民法院应当通知被告、被上诉人或者其他诉讼参与人，询问其是否同意以在线方式参与诉讼。被通知人同意采用在线方式的，应当在收到通知的三日内通过诉讼平台验证身份、关联案件，并在后续诉讼活动中通过诉讼平台了解案件信息、接收和提交诉讼材料，以及实施其他诉讼行为。

被通知人未明确表示同意采用在线方式，且未在人民法院指定期限内注册登录诉讼平台的，针对被通知人的相关诉讼活动在线下进行。

**第十一条**　当事人可以在诉讼平台直接填写录入起诉状、答辩状、反诉状、代理意见等诉讼文书材料。

当事人可以通过扫描、翻拍、转录等方式，将线下的诉讼文书材料或者证据材料作电子化处理后上传至诉讼平台。诉讼材料为电子数据，且诉讼平台与存储该电子数据的平台已实现对接的，当事人可以将电子数据直接提交至诉讼平台。

当事人提交电子化材料确有困难的，人民法院可以辅助当事人将线下材料作电子化处理后导入诉讼平台。

**第十二条** 当事人提交的电子化材料，经人民法院审核通过后，可以直接在诉讼中使用。诉讼中存在下列情形之一的，人民法院应当要求当事人提供原件、原物：

（一）对方当事人认为电子化材料与原件、原物不一致，并提出合理理由和依据的；

（二）电子化材料呈现不完整、内容不清晰、格式不规范的；

（三）人民法院卷宗、档案管理相关规定要求提供原件、原物的；

（四）人民法院认为有必要提交原件、原物的。

**第十三条** 当事人提交的电子化材料，符合下列情形之一的，人民法院可以认定符合原件、原物形式要求：

（一）对方当事人对电子化材料与原件、原物的一致性未提出异议的；

（二）电子化材料形成过程已经过公证机构公证的；

（三）电子化材料已在之前诉讼中提交并经人民法院确认的；

（四）电子化材料已通过在线或者线下方式与原件、原物比对一致的；

（五）有其他证据证明电子化材料与原件、原物一致的。

**第十四条** 人民法院根据当事人选择和案件情况，可以组织当事人开展在线证据交换，通过同步或者非同步方式在线举证、质证。

各方当事人选择同步在线交换证据的，应当在人民法院指定的时间登录诉讼平台，通过在线视频或者其他方式，对已经导入诉讼平台的证据材料或者线下送达的证据材料副本，集中发表质证意见。

各方当事人选择非同步在线交换证据的，应当在人民法院确定的合理期限内，分别登录诉讼平台，查看已经导入诉讼平台的证据材料，并发表质证意见。

各方当事人均同意在线证据交换，但对具体方式无法达成一致意见的，适用同步在线证据交换。

**第十五条** 当事人作为证据提交的电子化材料和电子数据，人民法院应当按照法律和司法解释的相关规定，经当事人举证质证后，依法认定其真实性、合法性和关联性。未经人民法院查证属实的证据，不得作为认定案件事实的根据。

**第十六条** 当事人作为证据提交的电子数据系通过区块链技术存储，并经技术核验一致的，人民法院可以认定该电子数据上链后未经篡改，但有相反证据足以推翻的除外。

**第十七条** 当事人对区块链技术存储的电子数据上链后的真实性提出异议，并有合理理由的，人民法院应当结合下列因素作出判断：

（一）存证平台是否符合国家有关部门关于提供区块链存证服务的相关规定；

（二）当事人与存证平台是否存在利害关系，并利用技术手段不当干预取证、存证过程；

（三）存证平台的信息系统是否符合清洁性、安全性、可靠性、可用性的国家标准或者行业标准；

（四）存证技术和过程是否符合相关国家标准或者行业标准中关于系统环境、技术安全、加密方式、数据传输、信息验证等方面的要求。

**第十八条** 当事人提出电子数据上链存储前已不具备真实性，并提供证据证明或者说明理由的，人民法院应当予以审查。

人民法院根据案件情况，可以要求提交区块链技术存储电子数据的一方当事人，提供证据证明上链存储前数据的真实性，并结合上链存储前数据的具体来源、生成机制、存储过程、公证机构公证、第三方见证、关联印证数据等情况作出综合判断。当事人不能提供证据证明或者作出合理说明，该电子数据也无法与其他证据相互印证的，人民法院不予确认其真实性。

**第十九条** 当事人可以申请具有专门知识的人就区块链技术存储电

子数据相关技术问题提出意见。人民法院可以根据当事人申请或者依职权，委托鉴定区块链技术存储电子数据的真实性，或者调取其他相关证据进行核对。

**第二十条** 经各方当事人同意，人民法院可以指定当事人在一定期限内，分别登录诉讼平台，以非同步的方式开展调解、证据交换、调查询问、庭审等诉讼活动。

适用小额诉讼程序或者民事、行政简易程序审理的案件，同时符合下列情形的，人民法院和当事人可以在指定期限内，按照庭审程序环节分别录制参与庭审视频并上传至诉讼平台，非同步完成庭审活动：

（一）各方当事人同时在线参与庭审确有困难；

（二）一方当事人提出书面申请，各方当事人均表示同意；

（三）案件经过在线证据交换或者调查询问，各方当事人对案件主要事实和证据不存在争议。

**第二十一条** 人民法院开庭审理的案件，应当根据当事人意愿、案件情况、社会影响、技术条件等因素，决定是否采取视频方式在线庭审，但具有下列情形之一的，不得适用在线庭审：

（一）各方当事人均明确表示不同意，或者一方当事人表示不同意且有正当理由的；

（二）各方当事人均不具备参与在线庭审的技术条件和能力的；

（三）需要通过庭审现场查明身份、核对原件、查验实物的；

（四）案件疑难复杂、证据繁多，适用在线庭审不利于查明事实和适用法律的；

（五）案件涉及国家安全、国家秘密的；

（六）案件具有重大社会影响，受到广泛关注的；

（七）人民法院认为存在其他不宜适用在线庭审情形的。

采取在线庭审方式审理的案件，审理过程中发现存在上述情形之一的，人民法院应当及时转为线下庭审。已完成的在线庭审活动具有法律效力。

在线询问的适用范围和条件参照在线庭审的相关规则。

**第二十二条** 适用在线庭审的案件，应当按照法律和司法解释的相关规定开展庭前准备、法庭调查、法庭辩论等庭审活动，保障当事人申请回避、举证、质证、陈述、辩论等诉讼权利。

**第二十三条** 需要公告送达的案件，人民法院可以在公告中明确线上或者线下参与庭审的具体方式，告知当事人选择在线庭审的权利。被公告方当事人未在开庭前向人民法院表示同意在线庭审的，被公告方当事人适用线下庭审。其他同意适用在线庭审的当事人，可以在线参与庭审。

**第二十四条** 在线开展庭审活动，人民法院应当设置环境要素齐全的在线法庭。在线法庭应当保持国徽在显著位置，审判人员及席位名称等在视频画面合理区域。因存在特殊情形，确需在在线法庭之外的其他场所组织在线庭审的，应当报请本院院长同意。

出庭人员参加在线庭审，应当选择安静、无干扰、光线适宜、网络信号良好、相对封闭的场所，不得在可能影响庭审音频视频效果或者有损庭审严肃性的场所参加庭审。必要时，人民法院可以要求出庭人员到指定场所参加在线庭审。

**第二十五条** 出庭人员参加在线庭审应当尊重司法礼仪，遵守法庭纪律。人民法院根据在线庭审的特点，适用《中华人民共和国人民法院法庭规则》相关规定。

除确属网络故障、设备损坏、电力中断或者不可抗力等原因外，当事人无正当理由不参加在线庭审，视为“拒不到庭”；在庭审中擅自退出，经提示、警告后仍不改正的，视为“中途退庭”，分别按照相关法律和司法解释的规定处理。

**第二十六条** 证人通过在线方式出庭的，人民法院应当通过指定在线出庭场所、设置在线作证室等方式，保证其不旁听案件审理和不受他人干扰。当事人对证人在线出庭提出异议且有合理理由的，或者人民法院认为确有必要的，应当要求证人线下出庭作证。

鉴定人、勘验人、具有专门知识的人在线出庭的，参照前款规定执行。

**第二十七条** 适用在线庭审的案件，应当按照法律和司法解释的相关规定公开庭审活动。

对涉及国家安全、国家秘密、个人隐私的案件，庭审过程不得在互联网上公开。对涉及未成年人、商业秘密、离婚等民事案件，当事人申请不公开审理的，在线庭审过程可以不在互联网上公开。

未经人民法院同意，任何人不得违法违规录制、截取、传播涉及在线庭审过程的音频视频、图文资料。

**第二十八条** 在线诉讼参与人故意违反本规则第八条、第二十四条、第二十五条、第二十六条、第二十七条的规定，实施妨害在线诉讼秩序行为的，人民法院可以根据法律和司法解释关于妨害诉讼的相关规定作出处理。

**第二十九条** 经受送达人同意，人民法院可以通过送达平台，向受送达人的电子邮箱、即时通讯账号、诉讼平台专用账号等电子地址，按照法律和司法解释的相关规定送达诉讼文书和证据材料。

具备下列情形之一的，人民法院可以确定受送达人同意电子送达：

（一）受送达人明确表示同意的；

（二）受送达人在诉讼前对适用电子送达已作出约定或者承诺的；

（三）受送达人在提交的起诉状、上诉状、申请书、答辩状中主动提供用于接收送达的电子地址的；

（四）受送达人通过回复收悉、参加诉讼等方式接受已经完成的电子送达，并且未明确表示不同意电子送达的。

**第三十条** 人民法院可以通过电话确认、诉讼平台在线确认、线下发送电子送达确认书等方式，确认受送达人是否同意电子送达，以及受送达人接收电子送达的具体方式和地址，并告知电子送达的适用范围、效力、送达地址变更方式以及其他需告知的送达事项。

**第三十一条** 人民法院向受送达人主动提供或者确认的电子地址送

达的，送达信息到达电子地址所在系统时，即为送达。

受送达人未提供或者未确认有效电子送达地址，人民法院向能够确认为受送达人本人的电子地址送达的，根据下列情形确定送达是否生效：

（一）受送达人回复已收悉，或者根据送达内容已作出相应诉讼行为的，即为完成有效送达；

（二）受送达人的电子地址所在系统反馈受送达人已阅知，或者有其他证据可以证明受送达人已经收悉的，推定完成有效送达，但受送达人能够证明存在系统错误、送达地址非本人使用或者非本人阅知等未收悉送达内容的情形除外。

人民法院开展电子送达，应当在系统中全程留痕，并制作电子送达凭证。电子送达凭证具有送达回证效力。

对同一内容的送达材料采取多种电子方式发送受送达人的，以最先完成的有效送达时间作为送达生效时间。

**第三十二条** 人民法院适用电子送达，可以同步通过短信、即时通讯工具、诉讼平台提示等方式，通知受送达人查阅、接收、下载相关送达材料。

**第三十三条** 适用在线诉讼的案件，各方诉讼主体可以通过在线确认、电子签章等方式，确认和签收调解协议、笔录、电子送达凭证及其他诉讼材料。

**第三十四条** 适用在线诉讼的案件，人民法院应当在调解、证据交换、庭审、合议等诉讼环节同步形成电子笔录。电子笔录以在线方式核对确认后，与书面笔录具有同等法律效力。

**第三十五条** 适用在线诉讼的案件，人民法院应当利用技术手段随案同步生成电子卷宗，形成电子档案。电子档案的立卷、归档、存储、利用等，按照档案管理相关法律法规的规定执行。

案件无纸质材料或者纸质材料已经全部转化为电子材料的，第一审人民法院可以采用电子卷宗代替纸质卷宗进行上诉移送。

适用在线诉讼的案件存在纸质卷宗材料的，应当按照档案管理相关法律法规立卷、归档和保存。

**第三十六条** 执行裁决案件的在线立案、电子材料提交、执行和解、询问当事人、电子送达等环节，适用本规则的相关规定办理。

人民法院可以通过财产查控系统、网络询价评估平台、网络拍卖平台、信用惩戒系统等，在线完成财产查明、查封、扣押、冻结、划扣、变价和惩戒等执行实施环节。

**第三十七条** 符合本规定第三条第二项规定的刑事案件，经公诉人、当事人、辩护人同意，可以根据案件情况，采取在线方式讯问被告人、开庭审理、宣判等。

案件采取在线方式审理的，按照以下情形分别处理：

（一）被告人、罪犯被羁押的，可以在看守所、监狱等羁押场所在线出庭；

（二）被告人、罪犯未被羁押的，因特殊原因确实无法到庭的，可以在人民法院指定的场所在线出庭；

（三）证人、鉴定人一般应当在线下出庭，但法律和司法解释另有规定的除外。

**第三十八条** 参与在线诉讼的相关主体应当遵守数据安全和个人信息保护的相关法律法规，履行数据安全和个人信息保护义务。除人民法院依法公开的以外，任何人不得违法违规披露、传播和使用在线诉讼数据信息。出现上述情形的，人民法院可以根据具体情况，依照法律和司法解释关于数据安全、个人信息保护以及妨害诉讼的规定追究相关单位和人员法律责任，构成犯罪的，依法追究刑事责任。

**第三十九条** 本规则自 2021 年 8 月 1 日起施行。最高人民法院之前发布的司法解释涉及在线诉讼的规定与本规则不一致的，以本规则为准。

# 人民法院在线调解规则

法释〔2021〕23号

（2021年12月27日最高人民法院审判委员会第1859次会议通过
2021年12月30日最高人民法院公告公布
自2022年1月1日起施行）

为方便当事人及时解决纠纷，规范依托人民法院调解平台开展的在线调解活动，提高多元化解纠纷效能，根据《中华人民共和国民事诉讼法》《中华人民共和国行政诉讼法》《中华人民共和国刑事诉讼法》等法律的规定，结合人民法院工作实际，制定本规则。

**第一条** 在立案前或者诉讼过程中依托人民法院调解平台开展在线调解的，适用本规则。

**第二条** 在线调解包括人民法院、当事人、调解组织或者调解员通过人民法院调解平台开展的在线申请、委派委托、音视频调解、制作调解协议、申请司法确认调解协议、制作调解书等全部或者部分调解活动。

**第三条** 民事、行政、执行、刑事自诉以及被告人、罪犯未被羁押的刑事附带民事诉讼等法律规定可以调解或者和解的纠纷，可以开展在线调解。

行政、刑事自诉和刑事附带民事诉讼案件的在线调解，法律和司法解释另有规定的，从其规定。

**第四条** 人民法院采用在线调解方式应当征得当事人同意，并综合考虑案件具体情况、技术条件等因素。

**第五条** 人民法院审判人员、专职或者兼职调解员、特邀调解组织和特邀调解员以及人民法院邀请的其他单位或者个人，可以开展在线调解。

在线调解组织和调解员的基本情况、纠纷受理范围、擅长领域、是否收费、作出邀请的人民法院等信息应当在人民法院调解平台进行公布，方便当事人选择。

**第六条** 人民法院可以邀请符合条件的外国人入驻人民法院调解平台，参与调解当事人一方或者双方为外国人、无国籍人、外国企业或者组织的民商事纠纷。

符合条件的港澳地区居民可以入驻人民法院调解平台，参与调解当事人一方或者双方为香港特别行政区、澳门特别行政区居民、法人或者非法人组织以及大陆港资澳资企业的民商事纠纷。

符合条件的台湾地区居民可以入驻人民法院调解平台，参与调解当事人一方或者双方为台湾地区居民、法人或者非法人组织以及大陆台资企业的民商事纠纷。

**第七条** 人民法院立案人员、审判人员在立案前或者诉讼过程中，认为纠纷适宜在线调解的，可以通过口头、书面、在线等方式充分释明在线调解的优势，告知在线调解的主要形式、权利义务、法律后果和操作方法等，引导当事人优先选择在线调解方式解决纠纷。

**第八条** 当事人同意在线调解的，应当在人民法院调解平台填写身份信息、纠纷简要情况、有效联系电话以及接收诉讼文书电子送达地址等，并上传电子化起诉申请材料。当事人在电子诉讼平台已经提交过电子化起诉申请材料的，不再重复提交。

当事人填写或者提交电子化起诉申请材料确有困难的，人民法院可以辅助当事人将纸质材料作电子化处理后导入人民法院调解平台。

**第九条** 当事人在立案前申请在线调解，属于下列情形之一的，人民法院退回申请并分别予以处理：

（一）当事人申请调解的纠纷不属于人民法院受案范围，告知可以采用的其他纠纷解决方式；

（二）与当事人选择的在线调解组织或者调解员建立邀请关系的人民法院对该纠纷不具有管辖权，告知选择对纠纷有管辖权的人民法院邀请的调解组织或者调解员进行调解；

（三）当事人申请调解的纠纷不适宜在线调解，告知到人民法院诉讼服务大厅现场办理调解或者立案手续。

**第十条** 当事人一方在立案前同意在线调解的，由人民法院征求其意见后指定调解组织或者调解员。

当事人双方同意在线调解的，可以在案件管辖法院确认的在线调解组织和调解员中共同选择调解组织或者调解员。当事人同意由人民法院指定调解组织或者调解员，或者无法在同意在线调解后两个工作日内共同选择调解组织或者调解员的，由人民法院指定调解组织或者调解员。

人民法院应当在收到当事人在线调解申请后三个工作日内指定调解组织或者调解员。

**第十一条** 在线调解一般由一名调解员进行，案件重大、疑难复杂或者具有较强专业性的，可以由两名以上调解员调解，并由当事人共同选定其中一人主持调解。无法共同选定的，由人民法院指定一名调解员主持。

**第十二条** 调解组织或者调解员应当在收到人民法院委派委托调解信息或者当事人在线调解申请后三个工作日内，确认接受人民法院委派委托或者当事人调解申请。纠纷不符合调解组织章程规定的调解范围或者行业领域，明显超出调解员擅长领域或者具有其他不适宜接受情形的，调解组织或者调解员可以写明理由后不予接受。

调解组织或者调解员不予接受或者超过规定期限未予确认的，人民法院、当事人可以重新指定或者选定。

**第十三条** 主持或者参与在线调解的人员有下列情形之一，应当在接受调解前或者调解过程中进行披露：

（一）是纠纷当事人或者当事人、诉讼代理人近亲属的；

（二）与纠纷有利害关系的；

（三）与当事人、诉讼代理人有其他可能影响公正调解关系的。

当事人在调解组织或者调解员披露上述情形后或者明知其具有上述情形，仍同意调解的，由该调解组织或者调解员继续调解。

**第十四条** 在线调解过程中，当事人可以申请更换调解组织或者调解员；更换后，当事人仍不同意且拒绝自行选择的，视为当事人拒绝调解。

**第十五条** 人民法院对当事人一方立案前申请在线调解的，应当征询对方当事人的调解意愿。调解员可以在接受人民法院委派调解之日起三个工作日内协助人民法院通知对方当事人，询问是否同意调解。

对方当事人拒绝调解或者无法联系对方当事人的，调解员应当写明原因，终结在线调解程序，即时将相关材料退回人民法院，并告知当事人。

**第十六条** 主持在线调解的人员应当在组织调解前确认当事人参与调解的方式，并按照下列情形作出处理：

（一）各方当事人均具备使用音视频技术条件的，指定在同一时间登录人民法院调解平台；无法在同一时间登录的，征得各方当事人同意后，分别指定时间开展音视频调解；

（二）部分当事人不具备使用音视频技术条件的，在人民法院诉讼服务中心、调解组织所在地或者其他便利地点，为其参与在线调解提供场所和音视频设备。

各方当事人均不具备使用音视频技术条件或者拒绝通过音视频方式调解的，确定现场调解的时间、地点。

在线调解过程中，部分当事人提出不宜通过音视频方式调解的，调解员在征得其他当事人同意后，可以组织现场调解。

**第十七条** 在线调解开始前，主持调解的人员应当通过证件证照在线比对等方式核实当事人和其他参与调解人员的身份，告知虚假调解法律后果。立案前调解的，调解员还应当指导当事人填写《送达地址确认书》等相关材料。

**第十八条** 在线调解过程中，当事人可以通过语音、文字、视频等形式自主表达意愿，提出纠纷解决方案。除共同确认的无争议事实外，当事人为达成调解协议作出妥协而认可的事实、证据等，不得在诉讼程序中作为对其不利的依据或者证据，但法律另有规定或者当事人均同意的除外。

**第十九条** 调解员组织当事人就所有或者部分调解请求达成一致意见的，应当在线制作或者上传调解协议，当事人和调解员应当在调解协议上进行电子签章；由调解组织主持达成调解协议的，还应当加盖调解组织电子印章，调解组织没有电子印章的，可以将加盖印章的调解协议上传至人民法院调解平台。

调解协议自各方当事人均完成电子签章之时起发生法律效力，并通过人民法院调解平台向当事人送达。调解协议有给付内容的，当事人应当按照调解协议约定内容主动履行。

**第二十条** 各方当事人在立案前达成调解协议的，调解员应当记入调解笔录并按诉讼外调解结案，引导当事人自动履行。依照法律和司法解释规定可以申请司法确认调解协议的，当事人可以在线提出申请，人民法院经审查符合法律规定的，裁定调解协议有效。

各方当事人在立案后达成调解协议的，可以请求人民法院制作调解书或者申请撤诉。人民法院经审查符合法律规定的，可以制作调解书或者裁定书结案。

**第二十一条** 经在线调解达不成调解协议，调解组织或者调解员应当记录调解基本情况、调解不成的原因、导致其他当事人诉讼成本增加的行为以及需要向人民法院提示的其他情况。人民法院按照下列情形作出处理：

（一）当事人在立案前申请在线调解的，调解组织或者调解员可以建议通过在线立案或者其他途径解决纠纷，当事人选择在线立案的，调解组织或者调解员应当将电子化调解材料在线推送给人民法院，由人民法院在法定期限内依法登记立案；

（二）立案前委派调解的，调解不成后，人民法院应当依法登记立案；

（三）立案后委托调解的，调解不成后，人民法院应当恢复审理。

审判人员在诉讼过程中组织在线调解的，调解不成后，应当及时审判。

**第二十二条** 调解员在线调解过程中，同步形成电子笔录，并确认无争议事实。经当事人双方明确表示同意的，可以以调解录音录像代替电子笔录，但无争议事实应当以书面形式确认。

电子笔录以在线方式核对确认后，与书面笔录具有同等法律效力。

**第二十三条** 人民法院在审查司法确认申请或者出具调解书过程中，发现当事人可能采取恶意串通、伪造证据、捏造事实、虚构法律关系等手段实施虚假调解行为，侵害他人合法权益的，可以要求当事人提供相关证据。当事人不提供相关证据的，人民法院不予确认调解协议效力或者出具调解书。

经审查认为构成虚假调解的，依照《中华人民共和国民事诉讼法》等相关法律规定处理。发现涉嫌刑事犯罪的，及时将线索和材料移送有管辖权的机关。

**第二十四条** 立案前在线调解期限为三十日。各方当事人同意延长的，不受此限。立案后在线调解，适用普通程序的调解期限为十五日，适用简易程序的调解期限为七日，各方当事人同意延长的，不受此限。立案后延长的调解期限不计入审理期限。

委派委托调解或者当事人申请调解的调解期限，自调解组织或者调解员在人民法院调解平台确认接受委派委托或者确认接受当事人申请之日起算。审判人员主持调解的，自各方当事人同意之日起算。

**第二十五条** 有下列情形之一的，在线调解程序终结：

（一）当事人达成调解协议；

（二）当事人自行和解，撤回调解申请；

（三）在调解期限内无法联系到当事人；

（四）当事人一方明确表示不愿意继续调解；

（五）当事人分歧较大且难以达成调解协议；

（六）调解期限届满，未达成调解协议，且各方当事人未达成延长调解期限的合意；

（七）当事人一方拒绝在调解协议上签章；

（八）其他导致调解无法进行的情形。

**第二十六条** 立案前调解需要鉴定评估的，人民法院工作人员、调解组织或者调解员可以告知当事人诉前委托鉴定程序，指导通过电子诉讼平台或者现场办理等方式提交诉前委托鉴定评估申请，鉴定评估期限不计入调解期限。

诉前委托鉴定评估经人民法院审查符合法律规定的，可以作为证据使用。

**第二十七条** 各级人民法院负责本级在线调解组织和调解员选任确认、业务培训、资质认证、指导入驻、权限设置、业绩评价等管理工作。上级人民法院选任的在线调解组织和调解员，下级人民法院在征得其同意后可以确认为本院在线调解组织和调解员。

**第二十八条** 人民法院可以建立婚姻家庭、劳动争议、道路交通、金融消费、证券期货、知识产权、海事海商、国际商事和涉港澳台侨纠纷等专业行业特邀调解名册，按照不同专业邀请具备相关专业能力的组织和人员加入。

最高人民法院建立全国性特邀调解名册，邀请全国人大代表、全国政协委员、知名专家学者、具有较高知名度的调解组织以及较强调解能力的人员加入，参与调解全国法院有重大影响、疑难复杂、适宜调解的案件。

高级人民法院、中级人民法院可以建立区域性特邀调解名册，参与本辖区法院案件的调解。

**第二十九条** 在线调解组织和调解员在调解过程中，存在下列行为之一的，当事人可以向作出邀请的人民法院投诉：

（一）强迫调解；

（二）无正当理由多次拒绝接受人民法院委派委托或者当事人调解申请；

（三）接受当事人请托或者收受财物；

（四）泄露调解过程、调解协议内容以及调解过程中获悉的国家秘密、商业秘密、个人隐私和其他不宜公开的信息，但法律和行政法规另有规定的除外；

（五）其他违反调解职业道德应当作出处理的行为。

人民法院经核查属实的，应当视情形作出解聘等相应处理，并告知有关主管部门。

**第三十条** 本规则自 2022 年 1 月 1 日起施行。最高人民法院以前发布的司法解释与本规则不一致的，以本规则为准。

# 《立案工作指导》征稿启事

本书主要收录有关立案的司法解释理解与适用、各级人民法院立案工作的实践经验、调研报告和案例评析等。本书对各级人民法院立案工作具有重要指导作用和参考价值。

欢迎您向以下栏目赐稿：

**【司法解释理解与适用】** 关于最新出台的有关立案工作的司法解释的理解与适用文章，包括司法解释制定背景、意义、条文理解以及司法实践中应注意的问题等内容。

**【理论与实践探索】** 关于立案工作的理论研究成果与实践探索经验。

**【调查研究】** 关于立案领域问题探讨与解决的调查研究报告。

**【案例评析】** 通过对典型案例的阐述和评论，对相关理论进行深层次分析解读。

**【经验交流】** 介绍各地法院实践中积累的典型经验，促进法院间立案经验交流。

来稿请发送到以下电子邮箱，并注明联系人电话等联系方式，写作规范及体例请参照已出版图书相应栏目的文章。

联系人：李朋

电话：010-67550082

电子邮箱：523717204@ qq. com

**最高人民法院立案庭**